ULTIMATE
BAR BOOK
얼티밋 바 북

ULTIMATE
BAR BOOK
얼티밋 바 북

홈텐딩과 바텐딩을 위한 1000가지 칵테일의 모든 것

미티 헬미히 지음
아서 마운트 그림
양희진 옮김

미래지식

༺ 미티 헬미히 Mittie Hellmich 지음

믹솔로지스트인 그녀는 2008년 제임스 비어드 상(James Beard Award) 최고의 와인과 증류주 분야 후보에 올랐다. 미 오리건주 일간신문인 <The Oregonian>의 칼럼니스트로 활동했으며, 《Paradise on Ice》, 《Sangria》 등도 저술했다. 《Paradise on Ice》, 《Highballs High Heels》, 《Beaches》, 《Sail Away》, 《Escape》 등의 사진 작업도 진행했다.

༺ 양희진 옮김

대학에서 중국 문학과 국제 통상학을 공부하고 독일계 기업의 국내외 지사에서 근무하며 다양한 세상과 사람을 경험했다. 책에 담긴 작가의 세계를 온전히 전하는 쓸모를 다하고 싶어 번역가가 되었다. 글밥아카데미 출판 번역 과정을 수료하고 현재 바른번역 소속 전문 번역가로 활동 중이다.

ULTIMATE
BAR BOOK
얼티밋 바 북

초판 1쇄 인쇄 2024년 5월 20일
초판 1쇄 발행 2024년 5월 24일

지은이 미티 헬미히
그린이 아서 마운트
옮긴이 양희진
펴낸이 박수길
펴낸곳 (주)도서출판 미래지식
디자인 (주)프리즘씨 • 강소이

주소 경기도 고양시 덕양구 통일로 140 삼송테크노밸리 A동 3층 333호
전화 02)389-0152
팩스 02)389-0156
홈페이지 www.miraejisig.co.kr
전자우편 miraejisig@naver.com
등록번호 제 2018-000205호

* 이 책의 판권은 미래지식에 있습니다.
* 값은 표지 뒷면에 표기되어 있습니다.
* 잘못된 책은 구입하신 서점에서 바꾸어 드립니다.

ISBN 979-11-93852-11-8 (13590)

* 미래지식은 좋은 원고와 책에 관한 빛나는 아이디어를 기다립니다.
이메일(miraejisig@naver.com)로 간단한 개요와 연락처 등을 보내주시면 정성껏 고견을 참고하겠습니다. 많은 응모바랍니다.

이 책을 아버지 니콜라스 찰톤 피어스에게 바친다.

인생의 맛이 느껴지는 사제락을 즐기며 애정을 담아
피아노를 치던 그의 모습은 마치 완벽한 연금술사와 같았고,
우리에게 마법 같은 수많은 순간을 안겨주었다.

THE ULTIMATE BAR BOOK
Text copyright © 2006 by Mittie Hellmich.
Illustrations copyright © 2006 by Arthur Mount.
All rights reserved. No part of this book may be reproduced in any form without written permission from the publisher.
First published in English by Chronicle Books LLC, San Francisco, California.

Korean Translation Copyright ©2024 by Miraejisig Publishing
Korean edition is published by arrangement with Chronicle Books LLC through Imprima Korea Agency

이 책의 한국어판 저작권은 Imprima Korea Agency를 통해 Chronicle Books LLC사와의 독점계약으로 미래지식에 있습니다.
저작권법에 의해 한국 내에서 보호를 받는 지적물이므로 무단전재와 무단복제를 금합니다.

머리말   8

I

이 책의 효과적인 활용법   11
원하는 정보를 쉽고 빠르게

II

꼭 필요한 칵테일 제조 도구들   15
기본 장비에 대해서   16
글라스웨어 가이드   23
홈 바를 꾸미는 데 필요한 술과 재료   29
칵테일과 재료의 계량 단위   33
용어 사전   36

III

믹솔로지 시작하기   47
가니시 & 림_칵테일의 미학과 장식   59
인퓨징 & 시럽   67

IV

칵테일 파티를 성공적으로 여는 법 75

V

베이스 증류주 & 칵테일 및 음료 85

맥주&사케 86
브랜디 106
샴페인 & 스파클링 와인 142
진 168
리큐어 207
리큐어와 비터스 용어 사전 225
럼 243
테킬라 279
보드카 303
위스키 332
와인 & 강화 와인 373
핫 드링크 397
펀치 408
슈터 418
무알코올 음료 433
숙취 해소용 칵테일과 픽미업 446

색인 457

머리말

조명에 희미하게 반짝이는 마티니의 나른한 매력을 대표하는 칵테일이 화려하면서도 마치 종교 의식과도 같은 절차를 지닌 채 '노스탤지어의 바람'을 타고 다시 돌아왔다. 유행을 선도하는 바(bar)들은 독특한 시그니처 칵테일과 창의력을 한껏 발휘한 숙성 증류주를 선보이고, 트렌디한 레트로 스타일의 바 도구와 잔은 홈텐딩을 더욱 돋보이게 한다.

하지만 우리는 오래전 칵테일을 만들던 기술을 자세히 알지 못한다. 우리의 부모님 혹은 그 윗세대에서는 일반적으로 칵테일을 능숙하게 만들었지만, 요즘 사람들은 고리타분하다는 이유로 굳이 알려고 하지 않았다. 지금까지는 말이다. 그래서 이 책은 새로운 세대의 바텐더와 홈텐더를 돕고, 칵테일을 새로운 시대로 데려오기 위해 저술했다.

20세기, 칵테일은 서서히 예술의 형태를 갖추며 진화했다. 1920년대 밀매업자들이 몰래 팔던 술부터 마침내 금주법의 폐지를 기념하는 건배주, 제2차 세계 대전의 종전을 축하하며 찾아온 1950년대 차가운 마티니 잔에 담긴 아토믹 칵테일의 유행까지, 반세기에 거쳐 이제는 클래식이라고 부르는 다양한 칵테일이 탄생했다. 그리고 1960년대와 1970년대 초 마티니의 혁신이 이어졌다. 진을 무색하게 만드는 보드카 마티니, 롱 아일랜드 아이스티 같은 고옥탄 칵테일, 하비 월뱅어처럼 참신한 칵테일이 모습을 드러냈고, 관능적인 이름을 가진 샷 칵테일이 사람들을 사로

잡기 시작했다. 이후 20년 동안 레트로 칵테일에 대한 관심이 커지며 코스모폴리탄, 레몬 드롭과 같은 '새로운 클래식' 몇 가지가 칵테일 바 레퍼토리에 추가되었다.

밀레니엄 시대로 접어들면서 칵테일과 멋진 칵테일 파티를 여는 기술에 대한 열기가 한층 더 뜨거워졌다. 오늘날 칵테일 파티에서 손님에게 대접하는 술은 좋은 재료를 선호하는 현대적 경향을 반영한다. 1970년대와 1980년대 우리를 힘들게 했던 저렴한 술로 만든 강렬한 리큐어와 지나치게 달콤한 칵테일이 신선한 재료와 질 좋은 증류주로 균형을 잘 맞춘 묘약에 점차 자리를 내주기 시작하면서 이전 칵테일은 한층 고급스러워졌고 새로운 조합의 칵테일도 나타났다.

이 모든 창의력 넘치는 믹솔로지의 세계가 기본적인 칵테일 기술에 대한 엄청난 관심과 함께 스피릿, 리큐어, 와인에 대한 지식을 얻고자 하는 열망을 불러일으킨 것은 어찌 보면 당연한 일이다.

이 책은 특히 칵테일을 만들고 차려내는 방법에 대해 기본적이면서도 꼭 필요한 기술을 배우는 데 도움을 준다. 실용적이고 쉽게 활용할 수 있는 내용으로 구성되었으며, 칵테일을 만드는 다양한 요령은 호기심을 해소하고 지식의 공백을 메꾸기에 충분할 것이다. 그러니 멋진 홈 바를 꾸며놓았거나, 클래식 칵테일을 마스터하고 싶거나, 또는 이 시대의 참신한 하이브리드 칵테일이나 자신만의 혁신적인 칵테일을 만들 계획이거나, 파티 분위기를 즐기고 칵테일을 선보이는 데 필요한 팁을 얻거나, 샹그리아 피처로 손님을 대접할 예정이라는 등 그 어떤 관심사를 가졌든 간에 이 책은 당신이 스타일리시하고 편안하게 칵테일을 만들어 따를 수 있도록 자신감을 심어줄 것이다. 그리고 이 안에서 세련된 라틴 카이피리냐와 모히토부터 클래식 마티니, 올드 패션드, 우아한 푸스 카페와 신나고 활기찬 슈터와 젤로 샷까지 취향에 딱 맞는 칵테일을 찾을 것이다.

Salut! 마음껏 즐겨보기를!

미티 헬미히 *Mittie Hellmich*

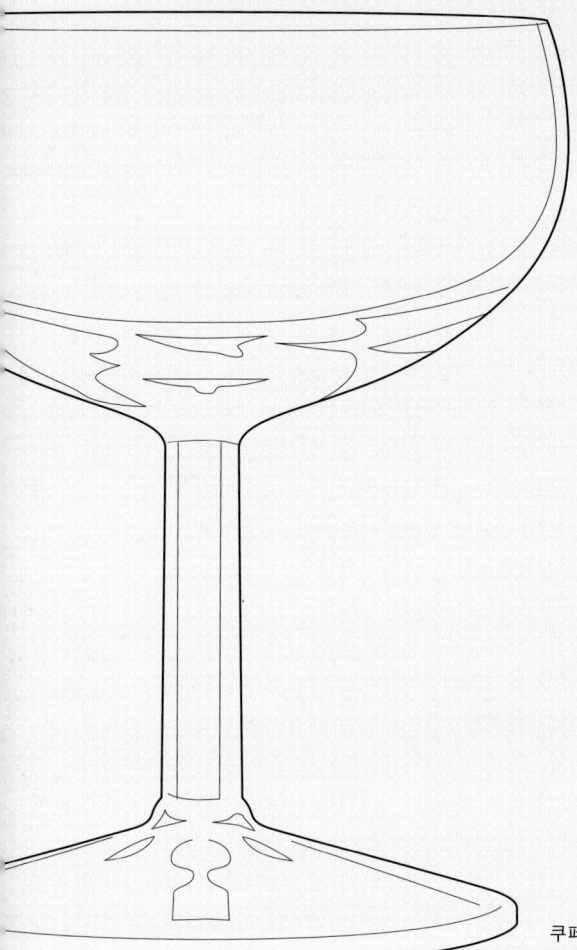

쿠페 글라스

I

이 책의 효과적인 활용법

원하는 정보를 쉽고 빠르게

LIQUID MOBILITY | 1장 | TO OVER 1,000 COCKTAILS | beer & sake / brandy / gin / rum / tequila / vodka / whiskey / sparkling wine

칵테일을 만드는 데 필요한 모든 정보가 담긴 이 종합 가이드북은 이제 막 홈텐딩을 시작한 사람은 물론 전문 바텐더에게도 매우 유용한 참고서다. 특정 칵테일을 빠르게 찾을 수 있는 인덱스는 바텐더들의 마음을 사로잡을 정도로 편리하다.

이 책은 크게 두 가지 섹션으로 명확하게 나누어 원하는 정보를 쉽게 찾을 수 있도록 구성했다. 첫 번째 섹션에서는 주로 칵테일을 만들고, 기술을 익히고, 즐기기 위한 여러 기본 요소를 설명했으며, 두 번째 섹션에서는 다양한 주류와 칵테일 레시피를 집중적으로 다루었다. 조주 계량 단위는 oz(온스)뿐만 아니라 ts(티스푼)나 컵처럼 친숙한 기준으로도 표시했다. 몇 방울을 의미하는 Dashes(대시)는 가장 작은 조주 계량 단위이다.

특정 칵테일을 빠르게 찾을 수 있도록 가장 많이 들어가는 베이스 술의 종류에 따라 정리했다. 가령 브랜디가 베이스인 특정 칵테일을 찾고 싶거나 브랜디로 어떤 칵테일을 만들 수 있는지 알고 싶다면, 브랜디 섹션을 펼쳐 알파벳 순으로 나열된 다양한 칵테일을 살펴보면 된다. 와인 섹션은 포트와인, 셰리와인과 같이 증류주를 첨가해 알코올 도수를 높인 강화 와인을 베이스로 하는 칵테일을 포함한다.

샴페인은 와인의 한 종류이지만 따로 다룬다. 축하하는 자리에 인기가 많은 샴페인 칵테일은 축제 분위기에 걸맞은 특유의 스타일로 별도의 섹션을 차지할 자격이 충분하다. 펀치, 슈터, 핫 드링크, 숙취 해소제 등은 독특하게도 인기를 끄는 명확한 때와 장소가 있다. 각각 별도의 섹션에서 다루고 있으니 적절한 상황에 맞닥뜨렸을 때 신속하게 찾아보자.

레시피에 관한 몇 가지 세부 사항

칵테일 레시피와 함께 표시한 잔 모양의 아이콘은 권장하는 칵테일 글라스를 나타낸다. 해당 아이콘은 칵테일에 어울리는 잔을 결정할 뿐만 아니라 칵테일을 만들기 전에 잊지 않고 글라스를 냉장고나 냉동실에 넣어 둘 수 있어 편리하다. 모든 레시피는 특별한 언급이 없다면 한 사람을 위한 한 잔의 칵테일이 기준이다. 레시피에 '재료를 얼음과 함께 힘차게 흔들어 준다'라고 적혀 있으면 기본 칵테일 셰이커를 사용하면 된다.

∽ **주스** 이 책에 실린 레시피는 대부분 갓 짠 시트러스[1]과일즙을 요구하지만, 신선한 과일즙을 구할 수 없거나 취향이 다르다면, 시중에 판매하는 과일 주스나 농축액을 희석한 주스로 대체할 수 있다.

∽ **날달걀** 살모넬라균에 의한 식중독이 걱정거리가 아니던 시절, 클래식 칵테일에는 종종 달걀이 사용되곤 했다. 정통 비법을 따르는 클래식 레시피에는 날달걀이 포함되어 있지만, 대신 저온 살균된 달걀 혹은 달걀흰자 파우더를 사용하거나 아니면 아예 달걀을 생략해도 된다. 날달걀은 재량껏 신중하게 사용하도록 하자.

∽ **사이드바** 마르가리타 같은 클래식 칵테일이나 헤밍웨이 다이키리처럼 유명한 시그니처 칵테일은 강조하기 위해 칵테일 레시피를 페이지 옆에 별도로 실어 눈에 띄도록 했다.

---

1 오렌지, 레몬, 라임, 자몽 등 상큼하고 풋풋한 감귤류 과일을 의미한다.

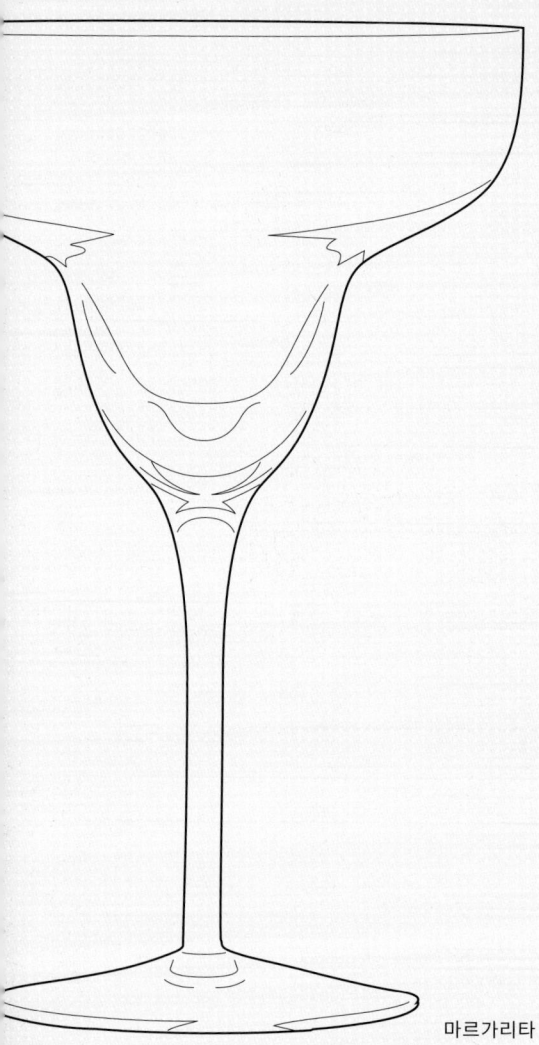

마르가리타 글라스

II

꼭 필요한 칵테일 제조 도구들

기본 장비에 대하여
글라스웨어 가이드
홈 바를 꾸미는 데 필요한 술과 재료
칵테일과 재료의 계량 단위
용어 사전

기본 장비에 대하여

칵테일 장비가 매력적인 이유는 스테인리스의 멋진 반짝거림도 있지만, 무엇보다 바에 도구가 잘 갖춰져 있다면 칵테일을 언제든지 쉽게 만들 수 있기 때문이다.

칵테일을 만들 때 사용하는 도구는 종류가 매우 다양해서 멋진 칵테일을 만들 수 있는 홈 바를 위한 가장 필수적인 도구를 선택하는 일이 조금 어려울 수 있다. 매혹적인 레트로 스타일의 유리 마티니 피처나 크롬으로 만든 아이스 버킷이 꼭 있어야 한다고 고집부리는 사람도 있겠지만, 사실 정교한 칵테일을 만드는 데 필요한 것은 중요한 도구 몇 가지가 전부다.

스트레이너 결합형 칵테일 셰이커, 더블 지거/포니, 과일과 가니시를 자르기 위한 작고 날카로운 칼, 좋은 와인오프너와 병따개, 신선한 시트러스 과일즙이 상당량 필요할 때 사용할 레몬 착즙기, 얼음 분쇄가 가능한 질 좋은 블렌더 등이면 충분하다. 과일을 자르는 데 사용할 도마, 시트러스 과일 껍질을 쉽게 벗길 수 있는 필러, 바 스푼, 바 타월, 스타일리시한 칵테일 픽 등이 있으면 편리한 몇 가지 추가적인 도구 외에는 늘어나는 칵테일 레퍼토리에 따라 점차 장비를 갖춰 나가는 것이 가장 좋다.

도구 용어들

다음은 가장 필수적이고 실용적인 병따개부터 현란한 전자 착즙기까지 칵테일을 만들 때 사용하는 도구 관련 용어를 망라한 목록으로, 다채로운 칵테일을 순조롭게 만드는 데 도움이 될 설명을 덧붙였다.

압생트 스푼 Absinthe Spoon
압생트 칵테일을 마시는 마치 의식과도 같은 절차[2]에 사용하는 고풍스러운 장식의 전용 스푼이다. 보통 모종삽 모양으로 작은 구멍이 뚫려 있고, 압생트 잔에 걸친 다음 스푼 위에 각설탕을 올릴 수 있도록 만들어졌다. 물을 각설탕 위로 방울방울 떨어뜨려 녹이면, 스푼의 구멍을 통해 흘러 압생트와 섞인다.

바 스푼 Bar Spoon
긴 잔에 담는 술과 무탄산 칵테일을 만들 때 젓거나 섞는 데 사용하는 스푼이다. 재료를 찧거나 부수는 머들링과 설탕을 계량하는 티스푼의 기준으로도 쓰인다. 끄트머리에 작은 숟가락이 달린 가늘고 긴 스푼을 찾아보자. 어떤 스푼은 한쪽으로 저어주기 쉽게 가운데가 꽈배기처럼 꼬인 모양으로 되어 있다. 스테인리스 재질이 좋다.

블렌더 Blender
과일 맛이 나는 프라페나 다이키리 스타일의 칵테일을 만들 때 꼭 필요한 장비다. 얼음과 퓌레용 과일을 잘 갈 수 있는 강력한 모터와 빠르게 냉각시키는 스테인리스 소재의 본체를 가진 블렌더가 칵테일을 만드는 데 가장 이상적이다.

보스턴 셰이커 Boston Shaker
주로 바텐더가 선호하는 전문가용 클래식 셰이커이다. 고깔 모양의 큰 금속 컵과 약간 작은 믹싱 글라스가 세트로 되어 있으며, 믹싱 글라스는 셰이킹을 할 때 음료가 새지 않도록 거꾸로 뒤집은 끝이 금속 컵에 딱 맞게 되어 있다. 보스턴 셰이커는 칵테일을 따를 때 컵 입구에 맞는 별도의 칵테일용 스트레이너가 필요하다. 보통 호손 스트레이너 또는 줄렙 스트레이너를 사용한다.

---

2   압생트는 도수가 높고 향이 강하기 때문에 샷으로 마시지 않고 전용 잔과 스푼을 이용한 특수한 음용법인 압생티아나(Absinthiana)로 마신다.

병따개 Bottle Opener
작은 금속도구로 '교회 열쇠(Church Key)'[3]라고도 부른다. 일반적으로 한쪽 끝이 병의 윗부분을 딸 수 있도록 둥근 절단부가 있고, 다른 쪽 끝에는 뾰족한 삼각형 모양의 캔 따개가 있다.

샴페인 스토퍼 Champagne Stopper
샴페인 병목에 단단히 고정할 수 있도록 만든 스프링이 달린 마개로, 개봉한 샴페인이나 다른 스파클링 음료의 기포가 날아가는 것을 방지하는 데 도움이 된다. 스토퍼는 대부분 병에 꽂아 밀봉하는 고무마개와 병목에 내려서 거는 두 개의 금속 걸개로 되어 있다.

시트러스 주서 Citrus Juicer
착즙기, 압착기 등으로 부르기도 한다. 간단하면서도 효과적인 도구로 주서를 사용하면 신선한 시트러스 과일즙이 필요할 때 성가시게 손으로 쥐어짜지 않아도 된다. 착즙 용량에 따라 크기가 다양하며 플라스틱, 세라믹, 유리부터 작은 우든 리머(reamer)까지 스타일도 가지각색이다. 대용량 전동 착즙기는 칵테일 파티를 열 때 특히 도움이 된다.

시트러스 스파우트 Citrus Spout
주둥이처럼 생긴 도구로 나선형 스크루를 레몬, 라임, 오렌지 꼭지에 꽂고 쭉 짜면 스트레이너를 거쳐 과일즙이 바로 나온다. '레몬 스파우트'라고 부르기도 한다.

시트러스 스퀴저 / 익스트렉터 Citrus Squeezer / Extractor
손에 쥘 수 있을 만한 크기의 금속 도구로, 반으로 자른 시트러스 과일을 압착해서 즙을 짤 때 사용한다. 빠르고 간편하며 레몬, 라임, 오렌지 등 다양한 시트러스 과일에 맞는 여러 가지 크기가 있다.

시트러스 스트리퍼 Citrus Stripper
레몬, 라임, 오렌지 껍질을 구불구불하게 혹은 나선형으로 깎기 위해 필요한 스테인리스 도구이다. 홈이 파인 끄트머리로 과일 껍질을 약 5mm 너비로 벗겨낸다. 생강, 오이, 초콜릿 등을 깎을 때도 유용하다. 급할 때는 채소 필러로 대신할 수 있지만, 모양이 비뚤고 정밀하게 깎기 어렵다.

---

[3] 고전적인 형태의 병따개는 1900년대 초에 만들어졌으며 교회 열쇠의 모양과 비슷해서 붙여진 이름이다. 중세 시대 맥주와 와인을 관리하던 교회에 대한 존중이 담긴 이름이라는 설도 있다.

칵테일 셰이커 Cocktail Shaker
칵테일을 만들 때 가장 일반적으로 쓰이며 '코블러 셰이커'라고도 부른다. 꼭 필요한 바 도구이며, 스트레이너가 포함된 단순한 디자인이 장점이다. 캡이 딱 맞아 갑자기 열릴 위험이 없어 칠링, 셰이킹, 푸어링이 쉬운 클래식 스테인리스 스틸 버전부터 주둥이가 있는 실버 탑을 가진 세련되고 우아한 모양의 유리 버전, 촘촘한 금속 거름망이 있는 유명 브랜드 셰이커까지 스타일이 다양하다. 홈텐더라면 대부분 미적인 요소와 취향에 따라 일반 셰이커와 보스턴 셰이커 중 하나를 선택하지만, 전문 바텐더에게는 사용하기 편리하고 빠르게 씻을 수 있는 보스턴 셰이커가 좀 더 매력적이다.

코르크 스크루 Corkscrews
술병의 코르크 마개를 따는 도구로 종류가 여러 가지이지만, 날개형 스크루나 소믈리에 스크루처럼 굵고 단단한 나선형 금속 부속품('스파이럴 스크루' 또는 '웜'이라고 한다)이 있는 단순한 스크루가 가장 좋다.

~ 버틀러스 프렌드 Butler's Friend (코르크 풀러 또는 코르크 포크) 일반적인 스크루로 오래되고 약해 부서지기 쉬운 코르크를 손상 없이 딸 수 있다. 두 개의 얇은 날을 코르크와 병목 사이에 끼우고 밀어 넣는다. 그리고 살짝 흔들어 돌리면서 손잡이를 부드럽게 당기면 코르크 마개가 자연스럽게 빠져나온다.

~ 클래식 코르크 스크루 Classic Corkscrew 가장 기본적이고 전통적인 디자인으로 나무나 금속 손잡이에 스크루가 달려 있다. 스크루를 코르크에 돌려 넣은 뒤 손잡이를 당겨 코르크를 뽑는다.

~ 레버형 스크루 Lever Pull (더블 액션 코르크 스크루) 손잡이를 병 윗부분에 딱 맞게 끼워서 잡고 레버를 열었다가 닫으며 코르크를 뽑아내는 도구이다.

~ 스크루풀 Screwpull 나비 너트 모양의 손잡이에 스크루가 달려 있으며, 병 윗부분에 딱 맞는 두 개의 갈라진 걸개가 있다. 손잡이를 돌려 스크루를 코르크에 깊숙이 꽂은 다음 걸개의 지렛대 원리를 이용하여 코르크 마개를 뽑는다.

~ 소믈리에 코르크 스크루 Sommelier's Corkscrew (웨이터스 프렌드 또는 웨이터 코르크 스크루) 소믈리에나 웨이터가 가장 일반적으로 사용하며 작고 휴대가 가능한 디자인이다. 코르크를 따는 스크루, 병따개, 술병 윗부분의 포일과 왁스를 제거할 수 있는 나이프가 함께 들어 있다.

~ **날개형 코르크 스크루** Winged Corkscrew (날개형 오프너 혹은 고메 코르크 스크루) 가장 쉽게 사용할 수 있는 코르크 스크루 중 하나로 양쪽 날개의 레버가 지렛대 역할을 하며 코르크 마개를 뽑는 구조이다. 가운데 위치한 스크루를 코르크에 끼우고 날개를 들어 올리면 스크루가 깊숙이 박힌다. 그리고 날개를 다시 아래로 누르면 코르크 마개가 딸려 나온다.

도마 Cutting Board
질 좋고 튼튼한 나무 도마가 있으면 과일, 허브, 가니시 등을 준비할 때 유용하다.

디캔터 Decanter
와인이나 스피릿 고유의 색을 마음껏 뽐낼 수 있고 음료 맛에 영향을 주지 않는 유리 재질의 디캔터가 가장 좋다. 이상적인 디캔터는 마개가 있어 풍미가 쉽게 변할 수 있는 와인이 과도하게 산소에 노출되는 것을 방지한다. 더 큰 매그넘 디캔터, 마개가 없고 목이 좁은 유리병인 카라프, 피처 역시 와인 에어레이션에 적합하며, 특히 영 와인(기간이 짧은 와인으로, 보통 1~2년 정도 숙성시킨 와인)의 맛과 향기를 한껏 끌어내기에 완벽하다.

포일 커터 Foil Cutter
와인 병 윗부분의 포일을 쉽게 도려내고 제거하는 데 사용하는 작고 편리한 도구다.

호손 스트레이너 Hawthorn Strainer
스프링 코일이 있는 스테인리스 재질의 자그마한 스트레이너로, 16oz(480mL) 용량의 믹싱 글라스나 셰이커의 입구에 잘 맞도록 만들어졌으며, 칵테일과 혼합 음료를 만들 때 내용물을 거르는 데 사용한다.

아이스 버킷 Ice Bucket
바 도구 목록에 추가할 만한 완벽한 기능성 용품이다. 유리, 은, 스테인리스 스틸부터 형형색색의 플라스틱까지 스타일이 매우 다양하다. 일부는 얼음을 더 오랫동안 차갑게 유지하기 위해 단열 효과가 있는 뚜껑이 달려 있다. 보통 칵테일을 서빙할 때 얼음을 집을 수 있는 금속이나 플라스틱 집게 한 쌍이 함께 들어 있다. 최고급 아이스 버킷은 은이나 크롬 재질로 된 진공 버킷으로, 단열을 위한 글라스 라이너와 얼음이 최대한 천천히 녹게 하는 자동 덮개가 있다.

지거 Jigger
칵테일이나 혼합 음료를 만들 때 액체의 양을 재기 위해 사용하는 도구로 보통 1 ½oz가 표준 용량이다. 금속 혹은 유리로 된 계량컵을 '지거 글라스'라고 부르기도 한다. 한쪽은 1oz, 다른 한쪽은 1 ½oz 들이 잔 두 개가 모래시계처럼 서로 붙어 있는 '더블 지거'가 일반적이다. 때때로 계량 용량이 정확하지 않은 지거도 있으므로 칵테일을 만들기 전에 실제 용량을 재보는 것이 좋다.

줄렙 칵테일 스트레이너 Julep Cocktail Strainer
호손 스트레이너 대신 사용할 수 있는 구멍 뚫린 타원형 금속 거름망으로 믹싱 글라스나 셰이커와 함께 편리하게 쓸 수 있다.

마티니 피처와 스티어 Martini Pitcher, Stirrer
약간 길고 우아한 유리 피처는 마티니나 맨해튼처럼 투명한 칵테일을 젓고 칠링할 때 사용하며, 한 번에 두 잔 이상을 만들 때 유용하다. 칵테일을 따를 때 얼음이 딸려오지 않도록 뾰족한 주둥이가 달려 있고, 샴페인이나 다른 탄산음료로 만든 칵테일을 젓는데 유용한 유리 스티어를 함께 주는 피처가 최고다.

계량스푼 Measuring Spoons
¼ts부터 1TBS까지 스푼 여러 개가 포개진 금속 재질의 주방용품이다. ½oz 미만의 용량을 재거나 액체가 아닌 재료를 조금씩 재야 하는 레시피에 사용한다.

믹싱 글라스 Mixing Glass
약 16-20oz 용량의 긴 믹싱 글라스는 셰이킹이 아닌 스터가 필요한 칵테일을 만들 때 쓴다. 일부는 칵테일을 편하게 따를 수 있도록 뾰족한 주둥이가 있지만, 보스턴 셰이커의 믹싱 글라스 부분은 큰 유리컵이기만 하면 문제없다.

머들러 Muddler
잔 바닥에서 재료를 으깨거나 섞어 에센스를 뽑는 아주 편리한 도구이다. 보통 단단한 나무로 만든 둥근 머들러와 페슬은 카이피리냐 칵테일을 만들 때 라임과 설탕을 으깨거나 줄렙에 들어가는 민트 같은 허브를 찧을 때, 그리고 얼음을 부술 때 유용하다. 나무 숟가락이나 도자기로 만든 미니 절구와 절굿공이를 써도 된다.

패링 나이프 Paring Knife
가니시를 준비하거나 생강, 조그만 과일 같은 재료를 자를 때 사용하는 작은 과도이다. 칼날이 톱니 모양인 나이프는 시트러스나 다른 과일을 자르기에 적합하다.

스위즐 스틱 Swizzle Sticks
낱개로 된 칵테일 스티어로 술을 젓거나 특히 가니시를 건져낼 때 유용하다. 마트에서 쉽게 볼 수 있는 빈티지 스타일의 플라스틱 스틱을 준비해도 좋고, 수제 유리 모양의 좀 더 세련된 제품이나 예쁘고 다양한 스틱을 사용해도 된다.

와인 쿨러 Wine Cooler
손잡이가 달린 입구가 넓은 버킷으로 보통 금속 재질이다. 얼음을 채워 넣어 샴페인, 화이트 와인, 달콤한 디저트 와인을 차갑게 유지할 때 사용한다.

〈칠링을 위한 또 다른 방법〉

~ **칠링백 또는 벨트형 쿨러** 물을 채워 냉동실에 두었다가 병을 넣거나 감싸서 사용한다. 와인 쿨러만큼 효과적이고 휴대성도 뛰어나다.

~ **진공 쿨러** 주변 온도와 관계없이 술병을 일정한 온도로 유지해 준다. 보통 화이트 와인은 상온보다 낮게, 레드 와인은 높게 설정한다.

글라스웨어 가이드

칵테일 잔은 디자인, 스타일, 색상이 무궁무진하며 기능도 다양하다. 수많은 글라스 중에서 적당한 잔을 찾을 수 있도록 이번 섹션은 가장 일반적으로 사용하는 글라스부터 특정 칵테일이나 알코올 음료용으로 고안된 특별한 글라스까지 각 칵테일에 가장 적합한 잔을 기준으로 분류했다. 칵테일의 황금기를 떠올릴 수 있는 흥미로운 글라스도 몇 가지 포함하고 있어, 그 잔들을 찾아서 사용한다면 당신이 가장 좋아하는 클래식 칵테일에 신비로운 매력을 더해줄 것이다.

칵테일을 음미하는 과정은 마치 의식과도 같아서 잔에 담긴 칵테일이 어떻게 보이는지는 매우 중요한 문제다. 멋진 잔에 담긴 칵테일은 시각적으로 입맛을 돋우며 기분을 좋게 만든다. 적절한 글라스를 사용하면, 가장 단순한 모양의 잔에 따른 칵테일도 우아함을 더한다는 걸 부인할 수 없지만, 어떤 칵테일은 순전히 기능적인 이유만으로 특별한 잔이 필요하다. 칵테일 잔은 단순히 글라스에 맞는 양의 술을 따르거나 칵테일을 차갑게 유지하는 것은 물론 각각 목적에 맞게 디자인되었다. 어떤 재료를 머들링해서 만든 칵테일에 어떤 잔이 어울리는지, 셰리, 코냑, 와인의 숙성된 향을 돋보이게 하는 잔은 무엇인지, 어떤 잔이 고급 샴페인의 탄산을 유지할 수 있는지 알아둔다면, 칵테일을 만들 때 무척 유용하므로 관련된 정보도 함께 담았다.

칵테일 잔에 대한 설명에 곁들인 그림은 가장 기본적이고 대표적인 디자인으로 표시했다. 적절한 잔을 빠르게 살펴볼 수 있도록 칵테일 레시피에서도 같은 그림을 넣었다. 또한 각 글라스 설명에 표시한 용량은 일반적인 잔의 크기를 기준으로 한 근사치이며, 이 책의 레시피대로 만든 칵테일의 총량과 일치한다는 점을 유의하자. 요즘 나오는 칵테일 잔, 특히 마니티 글라스는 전통적인 클래식 스타일에 비해 점차 커지는 추세이므로 자신이 가진 잔의 용량에 맞게 칵테일 주조 비율을 조절해야 한다.

홈 바를 꾸밀 때 이 글라스웨어 섹션이 부담스럽지 않으면 한다. 스타일리시한 외양이나 적절한 기능을 위해 칵테일 잔을 종류별로 모두 갖춰 놓을 필요는 없다. 다양한 칵테일을 더욱 아름답게 보여줄 몇 가지 기본적인 잔은 다음과 같다.

- 칵테일 글라스
- 하이볼 글라스
- 올드 패션드 글라스
- 더블 올드 패션드 글라스
- 샴페인 플루트
- 와인 글라스 : 화이트 와인 잔보다 레드 와인 잔을 더 다양하게 사용할 수 있지만, 와인 애호가라면 두 종류의 와인 글라스를 모두 준비하는 게 좋다.

잔의 종류

맥주 잔 Beer Mug
특히 탭비어(생맥주)에 적합하며 용량은 일반적으로 10-16oz이다. 유리 재질에 크고 무거운 손잡이가 달린 파인트 사이즈 잔이다. 차가운 맥주를 즐길 수 있도록 서빙 전에 냉동실에 넣어두자.

브랜디 잔 Brandy Snifter
스템의 길이가 짧고 딱 봐도 알 수 있을 만큼 보울이 둥글어 브랜디, 고급 코냑, 리큐어를 스월링하고 숙성된 향기를 잡아주는 데 완벽한 디자인이다. 보통 5-25oz 용량의 다양한 잔이 있으며, 48oz짜리 브랜디 스니프터도 있다.

샴페인 쿠페 글라스, 샴페인 소서 Champagne Coupe, Saucer

마리 앙투아네트의 가슴을 본떠서 만들었다는 샴페인 잔의 전설을 들어봤을 것이다. '쿠페 글라스'라고 부르며 입구가 넓고 둥근 접시 모양의 유리잔이다. 전통적으로 얕고 용량은 3-6oz 정도로 결혼식 축배에 많이 사용한다. 상징적이고 매혹적인 잔이지만, 기포가 쉽게 사라지므로 다이키리나 사우어 계열의 칵테일에 더 적합하다.

샴페인 플루트 글라스 Champagne Flute

샴페인과 스파클링 와인에 적합한 플루트 글라스는 거품이 꺼지지 않도록 좁은 입구에 길쭉한 모양으로 샴페인의 기포와 와인의 숙성된 향기를 효과적으로 잡아준다. 용량은 6-9oz 정도로, 우아한 아름다움이 느껴지는 긴 보울과 가느다란 스템이 특징이라 '튤립 글라스'라고도 부르며, 다양한 재료의 샴페인 칵테일을 만끽하기에 완벽하다.

칵테일 글라스 Cocktail Glass

전통적인 칵테일 글라스는 마티니 잔과 비슷하지만 보울이 약간 더 둥글다. 3-6oz, 최대 10oz 용량으로 셰이킹이나 스터링 칵테일을 담는 대표적인 잔이다. 칵테일 글라스와 마티니 글라스라는 용어는 보통 서로 바꾸어 사용하기도 한다.

콜린스 글라스 Collins Glass

종종 하이볼 글라스와 혼동하는데, 콜린스 글라스가 약간 더 좁고 길다. 용량은 10-14oz 정도로 콜린스 계열 칵테일뿐만 아니라 모히토, 아이스티, 씨 브리즈, 탄산이 들어간 써머 쿨러처럼 얼음을 함께 넣는 칵테일에 최적화되어 있다. 침니 글라스로 알려진 좀 더 높고 큰 콜린스 잔은 16oz를 담을 수 있고 싱가포르 슬링, 마이 타이, 좀비처럼 특색 있는 칵테일을 만들 때 쓴다.

코디얼 글라스 Cordial Glass

다양한 형태가 있으며 스템 길이가 짧은 코디얼 글라스는 1-2oz, 최대 4oz 정도 용량의 작은 잔이다. 주로 홀짝이며 마시는 달콤한 리큐어, 과일 브랜디, 푸스 카페에 사용한다. 1oz짜리 코디얼 글라스는 '포니 글라스'로도 알려져 있다.

하이볼 글라스 Highball Glass
두루두루 쓰이는 하이볼 글라스는 곧게 뻗은 긴 형태로 얼음과 탄산이 들어간 하이볼, 쿨러, 차가운 줄렙, 케이프 코더, 블러디 메리, 각종 롱 드링크에 적합하다. 용량은 8-10oz 정도이며, 침니 글라스라고 부르는 12-14oz짜리 더 긴 잔은 종종 콜린스 글라스와 혼동되기도 한다.

허리케인 글라스 Hurricane Glass
허리케인 램프라고 불리던 석유 램프를 닮은 굴곡진 긴 보울과 짧은 스템을 가졌으며, 뉴올리언스의 유명한 허리케인 칵테일에서 이름을 따왔다. 당신이 가장 좋아하는 프로즌 칵테일이나 이국적이고 화려한 트로피컬 칵테일 16-20oz 가량을 담을 수 있다.

아이리시 커피 글라스 Irish Coffee Glass
8-10oz 정도 용량에 열에 강한 투명하고 두툼한 유리로 만들며, 손잡이가 있고 스템이 짧다. 베이스와 손잡이가 스테인리스 스틸로 된 잔도 있다. 핫 토디나 핫 버터드 럼을 만들 때도 쓴다.

마르가리타 글라스 Margarita Glass
마르가리타 칵테일 전용으로 특별히 만들어졌으며 용량은 6-8oz, 큰 잔은 10-14oz 정도이다. 디저트 그릇을 스템 위에 얹어 놓은 듯한 마르가리타 글라스는 어떤 프로즌 칵테일에도 잘 어울린다. 같은 목적으로 큰 와인 고블렛 잔을 사용해도 좋다.

마티니 글라스 Martini Glass
4-6oz 용량의 뒤집은 원뿔 모양에 가늘고 우아한 스템을 가진, 우리에게 아주 친숙한 잔이다. 투명하거나 보석 같은 빛을 띠는 셰이킹, 스터링 칵테일에 완벽하게 어울린다.

올드 패션드 글라스 Old-fashioned Glass
4-8oz 정도 용량에 넓은 입구, 땅딸막하고 곧게 뻗어 내려가는 형태로 바닥이 두툼해 머들링을 견딜 수 있다. 잔이 단단해서 스카치나 소다수처럼 얼음을 넣고 술을 따르는 칵테일에 적합하다. 위스키 글라스, 락 글라스, 텀블러라고 부르기도 한다.

더블 올드 패션드 글라스 Double Old-fashioned Glass
더블 락 글라스라고도 알려진 12-16oz짜리 텀블러로 무 알코올성 칵테일용 음료를 더한 많은 양의 로우볼과 더블샷 칵테일 온더락에 잘 맞는다.

파르페 글라스 Parfait Glass
살짝 굴곡진 우아한 모양의 파르페 글라스는 용량이 8-10oz 정도이며, 프로즌 칵테일과 과일이 들어간 달콤한 리큐어 칵테일에 어울린다. '프라페 잔'이라고도 한다.

필스너 글라스 Pilsner Glass
체코 라거인 필스너 전용 잔으로 이름도 그대로 따왔다. 길쭉한 V자 모양에 동그란 베이스가 특징이다. 용량은 10-16oz 정도로 주로 병맥주나 탭비어, 에일을 따를 때 사용한다.

포니 글라스 Pony Glass
1-2oz 가량의 리큐어나 브랜디를 따를 수 있는 작은 잔으로 스템이 가늘고 길며 '코디얼 글라스'라고도 한다.

푸스 카페 글라스 Pousse-cafe Glass
푸스 카페류에 최적화된 잔으로 용량은 2-4oz 정도로 곧게 뻗은 보울과 짧은 스템은 리큐어를 겹겹이 띄우며 쌓아 올리는 레이어링에 적합하다.

펀치 잔 Punch Cup
손잡이가 있는 둥근 유리잔으로 찻잔과 비슷하게 생겼다. 용량은 6-8oz로, 보통 펀치볼 세트에 함께 들어 있다.

셰리 또는 포트 글라스 Sherry or Port Glass
스템이 짧고 용량은 1-3oz 정도이며 코디얼, 리큐어, 식전주인 아페리티프를 따를 때도 사용한다. 좀 더 전통적인 스타일인 스페인 코피타는 튤립 모양의 작은 글라스로 셰리 와인을 마시기에 적합하다. 와인 잔의 큰 버전인 4oz짜리 글라스는 애주가들이 셰리 와인의 향기를 한층 더 깊게 음미할 수 있게 해준다.

샷 글라스 Shot Glass
작고 도톰한 잔으로 술을 가득 따르면 1 ½oz가 된다. 2-4oz정도의 좀 더 가늘고 긴 버전은 보드카 잔, 슈냅스 글라스, 아페리티프 글라스 등으로도 알려져 있다. 가끔 술의 용량을 재는 지거 용도로 쓰기도 한다. 주로 한입에 털어 넣는 술이나 슈터에 적합하다.

사워 글라스 Sour Glass
위스키 사워 글라스 또는 델모니코 글라스로도 알려진 튤립 모양에 다리가 짧은 잔으로 용량은 5-6oz 정도이다. 전통적으로 사워 계열 칵테일에 적합하며, 크러스타 계열 칵테일에도 자주 쓴다.

와인 글라스 Wineglasses
일반적인 바 와인 잔보다 스템이 더 길고 보울이 넓다. 보울에 와인이 충분히 담겨 잔을 부드럽게 돌릴 수 있도록 만든 와인글라스가 좋다.

레드 와인 글라스 Wineglass, Red
레드 와인을 따르는 일반적인 잔으로 두루 쓰인다. 용량은 10-14oz, 최대 24oz 정도이며 화이트 와인 글라스보다 크고 입술이 닿는 윗부분이 더 넓어 와인의 향기를 풍부하게 즐길 수 있다. 더 크고 둥근 벌룬 와인 글라스는 16oz 정도 용량으로 부르고뉴산 와인이나 풀바디 레드 와인에 적합하다. 종종 하이볼, 트로피컬 칵테일, 스프리처, 샹그리아, 생거리 등에 우아함을 더하기 위해 쓰기도 한다.

화이트 와인 글라스 Wineglass, White
6-10oz 용량에 보통 레드 와인 글라스보다 보울이 약간 작고 입구가 좁아 화이트 와인을 차갑게 유지하는 데 도움을 준다. 얼음이 들어간 칵테일을 만들 때도 자주 쓴다.

홈 바를 꾸미는 데 필요한 술과 재료

집에서 손님맞이에 가장 좋은 공간이나 부엌 한편에 멋진 홈 바를 꾸며놓았든 아니든 간에, 필요한 물품이 모두 갖춰져 있다면 언제라도 칵테일 파티를 열 수 있다. 다양한 클래식 및 기본적인 칵테일을 만들 수 있도록 최소한의 도구와 재료를 갖춘 미니멀 바로 시작해도 좋지만 전문 지식이 어느 정도 쌓였다면, 이번 섹션에서 완벽한 바를 위해 비축해 두면 좋은 물품들을 찾을 수 있을 것이다. 그쯤 되면 조주기능사 자격증을 따고 사업을 시작하는 것도 좋다.

이 섹션에서는 원하는 칵테일이라면 뭐든지 만들 수 있는 홈 바를 꾸미는 데 필요한 기본적인 술과 재료를 다루었다. 사용자의 개인적인 취향과 즐거움을 더하기 위해 목록을 조정하는 옵션 템플릿으로 쓸 수 있다. 칵테일 레퍼토리가 늘어나면 홈 바도 점점 커지게 된다. 브랜드를 선택할 때는 주머니 사정이 허락하는 한 늘 최고의 스피릿을 사서 비축해 두도록 하자. 장기적으로 보면 자신은 물론 맞이할 손님들 역시 진가를 인정하게 될 테니까.

미니바를 위한 기본 재료

########## 가니시와 칵테일 향료 ##########

1병 기준 :
- 앙고스투라 비터스
- 그레나딘 시럽
- 로즈[4] 같은 감미로운 라임 주스
- 타바스코 소스
- 우스터 소스

1단지 기준 :
- 그린 칵테일 올리브
- 칵테일 어니언

- 홀스래디쉬
- 마라스키노 체리
- 가니시로 쓰거나 즙을 짤 수 있는 신선한 레몬, 라임, 오렌지
- 코셔 소금[5]과 신선하게 갈아 쓸 수 있는 통후추
- 설탕 (최고급 그래뉴당과 슈가파우더)
- 넛맥 (통넛맥 혹은 넛맥 파우더)
- 심플 시럽(72p)
- 각설탕

########## 도구 ##########

- 바 스푼
- 계량스푼
- 계량컵
- 바 타올
- 병따개
- 코르크 스크루
- 칵테일 냅킨
- 지거
- 패링 나이프
- 도마

- 칵테일 셰이커 (또는 보스턴 셰이커와 칵테일 스트레이너)
- 얼음을 갈 수 있는 블렌더
- 아이스 버킷과 집게 (또는 아이스 스쿱)
- 스위즐 스틱과 빨대
- 가니시를 건져 담을 빈 그릇과 빨대를 꽂아둘 만한 빈 잔
- 아이스 쿨러나 탄산음료, 맥주, 와인을 칠링할 수 있게 얼음을 채운 큰 통

4 Rose's lime juice, 로즈사의 단맛이 강한 라임 주스
5 Kosher salt, 요오드와 같은 첨가물을 넣지 않은 거친 소금

---------- 술 ----------

홈 바를 꾸미는 데 필요한 기본적인 술은 다음과 같다.

❧ 증류주

750㎖짜리 한 병 기준 :
- 버번위스키 (스몰 배치 버번이 이상적)
- 브랜디 (프렌치 브랜디가 이상적)
- 캐나다 위스키 같은 블렌디드 위스키
- 블렌디드 스카치위스키 (취향에 따라 싱글몰트 위스키를 준비해도 좋다)
- 진 (런던 드라이 진)
- 라이트 럼
- 테킬라 (아가베 100%인 테킬라가 이상적)
- 보드카

❧ 와인
- 피노 셰리
- 루피 포트 또는 타우니 포트
- 드라이 베르무트
- 스위트 베르무트
- 드라이 레드 와인
- 드라이 화이트 와인
- 브뤼 샴페인 또는 스파클링 와인

❧ 리큐어
- 애프리콧 브랜디
- 쿠앵트로 (또는 다른 오렌지 리큐어)
- 크렘 드 카카오 (화이트와 다크)
- 크렘 드 멘테
- 칼루아 (또는 다른 커피 리큐어)
- 페르노 (또는 다른 아니스 풍미가 있는 리큐어)
- 아마레토, 크렘 드 카시스, 샹보르, 프란젤리코, 삼부카 등 자신이 좋아하는 칵테일 종류에 필요한 갖가지 리큐어

❧ 맥주 외
- 맥주, 라거 또는 에일 24병
- 주스, 소다수, 탄산수 등 다양한 무 알코올성 칵테일용 음료

---------- 완벽한 바를 위한 재료 ----------

꼭 필요한 기본적인 재료를 넘어 더 채워 넣을 준비가 되었다면, 아래 목록에서 취향에 따라 골라보자.

❧ 증류주
- 아네호 테킬라
- 카샤사
- 다크 럼
- 레몬, 블랙커런트 등의 향이 나는 보드카
- 그라파
- 자메이카 럼
- 페어 브랜디
- 프랑스산 V.S.O.P. 등급의 코냑
- 싱글몰트 위스키
- 아이리시 위스키

❧ 아페리티프
- 캄파리
- 듀보네 루즈
- 페르네 브랑카 (퍼넷)
- 릴레 블랑
- 핌즈 넘버원

❧ 리큐어
- 베네딕틴
- 블랙베리 브랜디
- 블루 큐라소
- 칼바도스 또는 다른 사과 브랜디
- 샹보르
- 샤르트뢰즈 (그린 또는 옐로우)
- 크렘 드 바나나
- 드람부이
- 프란젤리코
- 갈리아노
- 그랑 마르니에
- 아이리시 크림 리큐어
- 예거마이스터
- 마라스키노 리큐어
- 미도리 멜론 리큐어
- 우조
- 피치 슈냅스
- 삼부카
- 슬로 진
- 서던 컴포트
- 스트로베리 리큐어
- 투아카

❧ 무 알코올 음료 및 칵테일용 음료
1ℓ 기준:
- 클럽소다
- 레몬 라임 소다
- 진저 에일
- 콜라
- 물
- 토닉 워터

1쿼트 기준 :
- 오렌지 주스 (갓 짠 즙이나 멸균용 주스)
- 크랜베리 주스
- 그레이프프루트 주스
- 토마토 주스
- 크림 또는 하프 앤 하프 (홍차, 커피에 넣는 우유와 크림을 반반 섞은 혼합물)
- 우유
- 크러시드 아이스 10~15kg

❧ 있으면 좋은 재료
- 진저 비어
- '오랑지나'처럼 과일 맛이 나는 탄산음료
- 파인애플 주스
- 코코넛 크림
- 구아바, 망고, 파파야, 패션프루트, 복숭아, 리치 같은 트로피컬 과일 주스와 넥타

칵테일과 재료의 계량 단위

액체류 표준 계량 단위

1대시 = ⅓ 바 스푼 = ⅛ ts = 0.6㎖

1바 스푼 = ½ ts = ⅙ TBS = 2.5㎖

1ts = 8대시 = 5㎖

1TBS = 3ts = ½ fl. oz. = 15㎖

2TBS = 1포니 = 1 fl. oz. = 30㎖

3TBS = 1지거 = 1½ fl. oz. = 45㎖

⅛컵 = 1 fl. oz. = 30㎖

¼컵 = 2 fl. oz. = 60㎖

⅓컵 = 2⅔ fl. oz. = 83㎖

½컵 = 4 fl. oz. = 120㎖

⅔컵 = 5 fl. oz. = 165㎖

¾컵 = 6 fl. oz. = 180㎖

1컵 = ½ 파인트 = 8 fl. oz. = 8포니 = 5 ⅓지거 = 250㎖

2컵 = 1파인트 = 16 fl. oz. = 500㎖

4컵 = 2파인트 = 1쿼트 = ¼갤런 = 32 fl oz = 1ℓ

8컵 = 4파인트 = 2쿼트 = ½갤런 = 64 fl oz = 2ℓ

16컵 = 8파인트 = 4쿼트 = 1갤런 = 4ℓ

클래식 또는 보통 바에서 사용하는 와인 글라스 1잔 = 4온스 = ½컵

1ℓ들이 한 병 = 33.8온스

기타 계량 단위

핀치: 가루로 된 재료를 엄지와 검지로 집은 양(한 꼬집)

스플래시: 보통 대시보다 많지만 ½온스보다는 적은 몇 방울로 믹솔로지스트에 따라 다르다.

계량 방식에 따른 재료의 양

중간 크기의 라임 1개 = 라임즙이나 주스 2TBS 또는 1oz = 제스트 2ts

중간 크기의 레몬 1개 = 레몬즙이나 주스 3TBS 또는 1 ½oz = 제스트 1TBS

중간 크기의 오렌지 1개 = 오렌지즙이나 주스 ⅓컵 또는 2 ⅔oz = 제스트 2TBS

헤비 크림 1컵은 휘핑 후에는 2컵 분량

달걀 4-6개 = 1컵 분량

달걀 흰자 8-11개 = 1컵 분량

달걀 노른자 12-14개 = 1컵 분량

그래뉴당(알갱이 설탕) 1파운드 = 2컵 분량

컨펙셔너 설탕(가루 설탕) 또는 슈가파우더 1파운드 = 4 ½컵 분량

갈색 설탕 1파운드 = 2 ½컵 분량

리큐어 보틀

명칭	올드 보틀 사이즈	미터법 기준 용량	보틀당 1 ½온스 샷
미니어처 Miniature	1.6 oz	50㎖ = 1.7 oz	1
하프 핀트 Half pint	8 oz	200㎖ = 6.8 oz	4 ½
핀트 Pint	16 oz	500㎖ = 16.9 oz	11 ¼
피프스 Fifth	25.6 oz	750㎖ = 25.4 oz	17
쿼트 Quart	32 oz	1ℓ = 33.8 oz	22
하프 갤런 Half gallon	64 oz	1.76ℓ = 59.2 oz	39 ½

와인 보틀

명칭	미터법 기준 용량	미국 기준	보틀당 4 ½온스 잔
스플릿 Split	187㎖	12.7 oz	1 ½
텐스 Tenth	375㎖	12.7 oz	3
피프스 Fifth	750㎖	25.4 oz	6
쿼트 Quart	1,000㎖	33.8 oz	8
매그넘 Magnum	1.5ℓ	50.7 oz	12
더블 매그넘 Double magnum	3ℓ	101.4 oz	24

용어 사전

칵테일 관련 용어

ABV 'Alcohol by Volume'의 약자로 술에 함유된 알코올의 부피 농도를 백분율로 표시해 알코올 도수를 나타낸다. 예를 들어 어떤 스피릿에 ABV 40%라고 표시되어 있으면 알코올이 40%, 물이 60%라는 의미이다. ABV는 보통 프루프(proof, 술의 알코올 함량을 나타내는 또 다른 단위법으로 보통 미국에서 사용)와 마찬가지로 술병 라벨에 명시되어 있다.

아페리티프(식전주) Aperitif
식욕을 돋우기 위해 식사 전에 마시는 가벼운 칵테일이나 음료로, 라틴어 동사 아페리레(aperire)에서 파생된 단어로 식욕을 '열다' 혹은 '돋우다'라는 의미이다. 흔히 즐기는 아페리티프는 아니스 향이 나는 술이나 와인 베이스의 스피릿으로 비터스, 가향 와인, 강화 와인을 포함한다. 미국에서는 마티니, 사이드카, 화이트 와인 스프리처, 맨해튼, 올드 패션드 같은 칵테일을 식전주로 선호하는 경향이 있다. 유럽에서는 베르무트, 아메르 피콘, 치나, 캄파리, 듀보네, 키르, 릴레, 셰리 등을 니트 또는 얼음을 넣어 즐기며, 샴페인 칵테일, 아메리카노[6], 네그로니, 아니스 향이 나는 페르노, 파스티스, 소다수나 물을 섞은 우조처럼 칵테일 형태로 마시기도 한다. 독일에서는 식전주로 맥주를 선호한다.

---

6   커피가 아니라 이탈리아에서 즐기는 클래식 칵테일의 한 종류로 캄파리에 베르무트를 넣어 만든다.

아쿠아 비테 Aqua Vitae
독한 증류주인 스피릿 주류를 지칭하는 용어로 '생명의 물'이라는 라틴어에서 유래했다. 덴마크어로 '아크바비트(akvavit)', 프랑스어로 '오드비(eau-de-vie)', 아일랜드 게일어로 '위스게바하(usquebaugh)', 스코틀랜드 게일어로는 '이시카 바하(uisce beatha)'라고 부른다.

가향 와인 Aromatized Wines
다양한 허브 향료를 첨가해서 향을 입힌 와인을 말하며 릴레, 치나, 듀보네, 베르무트 등의 식전주가 가향 와인에 속한다.

비터스 Bitters
리큐어, 갖가지 허브, 과일을 섞은 후 증류해서 추출한 고농축 알코올 영약으로, 원래 약용으로 쓰이던 술이다. 앙고스투라 비터스와 페이쇼드 비터스는 매우 진하게 농축된 형태라서 칵테일을 만들 때 방울 단위로 계량한다. 캄파리처럼 얼음을 넣어 즐길 수 있는 비터스도 있다.

체이서 Chaser
보통 샷 같은 독한 술을 넘기자마자 입가심으로 마시는 음료이다. 대개 맥주, 클럽소다, 주스 등을 마신다.

코디얼 Cordial
종종 '리큐어'와 혼용하는 단어이다.

대시 Dash
비터스 병에서 한 번 흔들어 나오는 몇 방울이나 1/8ts에 해당하는 양으로, 어떤 사람들은 1/16ts이라고도 한다.

디제스티프 Digestif
식사를 마친 후 소화를 돕기 위해 마시는 술로 비터스를 그대로 내오는 페르네 블랑카부터 B&B, 브랜디 알렉산더, 화이트나 블랙 러시안과 같은 식후주나 잠자리에 들기 전 마시는 침주까지 다양하다.

증류 Distillation
발효가 끝난 양조주를 단식 혹은 연속식 증류기에 넣고 끓여 알코올을 추출하는 과정이다. 증발한 기체를 모아 냉각시켜 다시 알코올 도수가 더 높은 정제된 액체로 만든다.

드램 Dram
아일랜드, 스코틀랜드, 카리브해 지역을 포함한 많은 나라에서 작은 술 한잔(보통 위스키)을 가리키는 용어이다.

드라이 Dry
술이 달지 않다는 의미의 용어로 드라이 와인을 가리키거나 스위트 베르무트 대신 드라이 베르무트를 넣어 만든 드라이 마티니처럼 단맛이 없는 증류주 혹은 칵테일을 설명할 때 사용한다. 발효 과정에서 효모가 당분을 거의 다 소모하면서 알코올을 만들어내면 단맛이 나지 않는 드라이한 술이 된다.

오드비 Eau-de-vie
프랑스어로 '생명의 물'을 의미하며 일반적으로 숙성 과정 없이 발효된 과일을 증류하여 얻은 무색의 증류주를 가리킨다. 프렌치 브랜디는 포도, 키르슈는 체리이고, 푸아 윌리암스는 서양배로 만든 오드비이다.

플로트 Float
보통 리큐어나 크림 같은 술을 음료 표면 위에 조금씩 천천히 부어 다른 액체와 섞이지 않고 띄우는 기술을 일컫는다. 일반적으로 스푼의 뒷면을 이용해 천천히 붓는 기법을 포함한다.(플로팅 기법과 43p의 푸스 카페 레이어링 참조)

강화 와인 Fortified wines
브랜디나 다른 증류주를 첨가해 알코올 도수를 높이고 단맛을 더한 와인이다. 셰리, 포트, 마데이라 등이 강화 와인에 속한다. 종종 디저트 와인으로 분류하기도 한다.

그레나딘 시럽 Grenadine
달콤하고 녹진하며 진한 붉은색이 도는 시럽으로 원래 그레나다의 카리브해섬에서 나는 석류로 만들었지만, 지금은 대부분 상품이 다른 과일즙으로 생산한다. 브랜드별로 알코올 도수가 낮거나 아예 없는 시럽은 칵테일을 만들 때 단맛을 내거나 붉은색을 입히는 용도로 쓴다.

믹서 Mixer
과일 주스, 소다수, 크림, 클럽소다 등 술이나 칵테일에 첨가하는 무알코올성 음료다.

모디파이어 Modifier
칵테일의 풍미를 내는 데 필수적인 재료로 비터스, 시럽, 로즈 라임 주스나 코코넛 크림 같은 감미료는 모두 칵테일에 맛과 질감을 더해 주는 모디파이어이다.

마우스필 Mouthfeel
와인이나 증류주를 맛볼 때 쓰는 용어로 입안에서 느껴지는 증류주나 와인의 밀도, 질감 등을 나타낸다.

머들링 Muddle
과일이나 비터스 또는 설탕을 넣은 허브를 작은 우든 머들러 또는 스푼으로 잔 바닥에 으깨서 향과 맛을 내는 기술이다.

니트 Neat
중류주나 리큐어를 얼음, 물을 포함한 어떤 재료도 섞지 않고 상온에서 스트레이트 업 잔에 따라 그대로 즐기는 방법을 말한다.

뉴트럴 스피릿 Neutral Sprit
곡물을 증류해 ABV 95.5%의 무미 무색에 가까운 알코올로 만든 술이다. 보드카나 진은 칵테일 베이스로 사용하며, 스트레이트 위스키나 다른 술, 리큐어 등과 블렌딩하기도 한다.

노즈 Nose
술의 향이나 풍미를 뜻한다.

온더락 On the rocks
술이나 칵테일에 얼음을 넣어 즐기는 방법으로, 얼음을 넣지 않고 마시는 방법은 '업(up)'이라고 한다.

퍼펙트 Perfect
드라이나 스위트 베르무트를 동량으로 함유한 특정 칵테일을 나타내는 용어로 퍼펙트 맨해튼, 퍼펙트 마티니 등이 있다.

프루프 Proof
술의 알코올 세기를 나타내는 법적 단위이다. 미국에서는 '1프루프=ABV 0.05%'로 계산한다. 즉 술병 라벨에 '80프루프'라고 표시되어 있으면 ABV 40%, '100프루프'는 ABV 50%인 식이다.

스플래시 Splash
대시와 1oz가량 사이에 해당하는 몇 방울로, 사람마다 조금씩 양이 다르다.

스트레이트 Straingt
다른 리큐어나 믹서를 넣지 않은 술이다. 차가운 잔에 얼음과 함께 또는 클럽소다나 물만 약간 섞어 마시는 술을 의미하기도 한다.

스위즐 스틱 Swizzle Stick
스위즐 스틱은 원래 카리브해 지역에서 긴 잔에 담긴 럼 칵테일을 섞는 데 쓰던 나무 막대였다. 칵테일이나 음료를 젓는 데 쓰는 스위즐 스틱은 이제 유리 막대, 플라스틱, 나무 등 스타일과 길이가 다양하다.

투탑 또는 탑오프 To top or Top off
바텐더가 쓰는 용어로 클럽소다나 진저에일 같은 칵테일 조주의 마지막 재료를 잔의 꼭대기 끝까지 채운다는 의미다. 탭비어를 맥주잔에 가득 따를 때도 쓴다.

업 Up
칵테일 잔에 얼음을 넣지 않고 마시는 술을 의미한다. 보통 셰이커로 만든 칵테일을 스트레이너에 걸러 차갑게 칠링한 칵테일 잔에(up) 따른다. 잔에 얼음을 먼저 넣고 그 위에 술이나 칵테일을 따르는 온더락과 과정이 반대다.

사워 Sour

신선하고 상쾌한 레몬주스를 사용하는 사워 계열 칵테일은 기원이 1800년대 중반으로 미국에서 가장 오래된 칵테일 중 하나이다. 오리지널 사워는 브랜디와 계란 흰자를 섞어 만들었지만, 프랑스산 브랜디 수입량이 줄어들면서 미국 위스키가 점차 그 자리를 차지하기 시작해 1900년대쯤에는 위스키가 주요 사워 칵테일 베이스로 사용되었다. 탄산이 없는 콜린스와 비슷한 사워는 레몬주스, 위스키, 설탕을 넣고 셰이크 기법으로 섞은 뒤 사워 글라스에 따르고 오렌지 슬라이스와 마라스키노 체리로 장식해 완성한다. 얼음이 담긴 하이볼 잔이나 올드 패션드 글라스를 사용하기도 한다. 브랜디 베이스의 사워는 칠레산 피스코 브랜디로 만든 피스코 사워로 결국 다시 돌아왔다. 진 사워, 럼 사워, 애플잭 사워 등의 베리에이션이 있다.

스위즐 Swizzle

스위즐 계열 칵테일은 이름처럼 긴 막대로 재료를 젓는 방식으로, 긴 스위즐 스틱을 빙빙 돌리며 섞어 만든 칵테일을 의미한다. 스위즐 칵테일은 1800년대 초 카리브해 지역에서 처음 선보였는데, 전통적으로 크러시드 아이스가 담긴 긴 잔에 럼을 붓고 긴 막대로 저어 만든다. 요즘에는 보통 바 스푼을 사용하고, 럼 스위즐을 비롯해 스카치 스위즐, 진 스위즐처럼 다양한 술을 베이스로 쓴다.

톨 드링크 Tall Drink

'롱 드링크(Long drink)'라고도 부르며, 콜린스나 하이볼 글라스에 보통 6oz 정도나 그 이상을 담는 칵테일을 일컫는다. 숏 글라스 칵테일을 약간 묽게 만든 버전이다.

믹싱 글라스

믹솔로지 시작하기

가니시 & 림 _ 칵테일의 미학과 장식
인퓨징 & 시럽

칵테일의 미학을 완성하는 기술

완벽한 칵테일을 위한 비결은 세심한 부분까지 주의를 기울이는 데 있다. 비율적으로 균형이 잘 맞아야 하며, 모든 조주 과정이 빈틈없이 이루어져야 한다. 칵테일을 만든다는 건 재료와 기술이 조화를 이루는 오케스트라와 같은 예술 행위이며, 믹솔로지스트는 지식과 경험이 풍부한 명지휘자와도 같다. 아름답고 멋진 칵테일을 위해서는 전문 바텐더의 셰이크 기법을 익히고, 알맞게 칠링한 잔을 준비하고, 칵테일을 장식하는 가니시에 대한 필수적인 도구와 기본적인 기법을 숙지하고, 다양한 스피릿, 와인, 리큐어의 특징을 구분할 줄 아는 등 몇 가지 기본적인 기술이 필요하다.

재료에 대해서

도수가 높은 증류주에서 상큼한 과일 주스까지, 좋은 재료는 좋은 칵테일을 위한 첫걸음이다. 프리미엄급 술은 온더락이나 마티니처럼 단일 종류의 스피릿이 적어도 90% 정도 되어야 그 진가를 알아보고 이해할 수 있으며, 칵테일이 다른 재료와 섞이면 고급스러움을 잃기 때문에 결국 돈 낭비만 하는 꼴이 된다. 그래서 선택을 잘해야 한다. 비싼 5년산 아네호 테킬라는 사서 잘 보관했다가 혼자 홀짝이며 즐기도록 하자. 봄베이 사파이어 같은 프리미엄 진이나 노브 크릭, 우드포드 리저브 같은 싱글 배럴 버번위스키만 있어도 맛과 향이 훨씬 뛰어난 진토닉과 민트 줄렙을 만들 수 있다.

일반적으로 칵테일에는 비싸지 않고 적당한 가격의 술이 잘 어울린다. 그리고 가끔은 질과 양의 문제로 귀결되기도 한다. 친구 몇몇을 위한 마르가리타라면 가장 좋은 테킬라를 고르자. 하지만 피나 콜라다, 다이키리, 마르가리타를 대량으로 만들어야 하는 상황이라면, 적당한 가격의 럼이나 테킬라를 쓰는 것이 현명하다. 베이스 술보다 과일 맛이 지배적이기 때문이며, 리큐어와 과일 주스를 섞어 만드는 칵테일 대부분이 그렇다. 다만 이런 계열의 칵테일은 풍미를 어느 정도 수준까지 끌어올려야 하므로 가능하다면 신선한 과일이나 주스를 사용하는 게 좋다. 싱싱하고 상큼한 주스는 그저 그런 칵테일과 멋진 칵테일을 가르는 척도다. 갓 짠 레몬즙으로 만든 사이드카나 신선한 오렌지 주스로 만든 스크루드라이버의 끝내주는 맛은 비할 데가 없다.

　좋은 럼으로 만든 다이키리에 갓 짠 라임즙과 신선한 과일을 곁들이지 않는다면 전체적인 칵테일의 수준이 떨어질 수 있다. 과일즙을 바로 짜서 쓰기 어려울 때는 그레이프프루트 주스, 크렌베리 주스 칵테일, 무가당 파인애플 주스, 토마토 주스 같은 병이나 캔에 들어있는 주스 또는 얼린 농축액으로 대신한다.

---------- **믹서** ----------

　칵테일 조주에 가장 자주 사용하는 믹서는 토닉 워터, 탄산수, 진저 에일, 콜라, 레몬-라임 소다 등이다. 보통 칵테일의 ⅔ 정도를 차지하며 베이스 술을 묽게 하고 풍미를 더한다. 믹서는 반드시 냉장고에 넣어 차갑게 준비한다. 상온 상태의 믹서는 얼음을 빨리 녹여서 칵테일이 지나치게 희석된다.

---------- **오렌지 플라워 워터** ----------

　비터 오렌지꽃을 증류한 향료로 칵테일에 향긋한 오렌지의 풍미를 더하며 특히 클래식 라모스 진 피즈를 만들 때 없어서는 안 될 재료이다. 마트나 주류 매장에서 살 수 있다.

---------- **시럽** ----------

❦ **오르가트 시럽** 아몬드, 설탕, 장미수나 오렌지 플라워 워터로 만든 시럽으로 아몬드 맛과 향이 강하게 나며 다양한 칵테일의 재료로 쓰인다. 오르가트 시럽이 없다면, 아몬드 시럽으로 대체할 수 있다.

❦ **그레나딘 시럽** 달콤하고 녹진하며 진한 붉은색이 도는 시럽으로 원래 그레나다의 카리브해섬에서 나는 석류로 만들었지만, 지금은 판매한 상품 대부분이 다른 과일즙으로 만든다. 브랜드별로 알코올 도수가 낮거나 아예 없는 시럽은 칵테일을 만들 때 단맛을 내고 붉은색을 입히는 데 쓴다.

〈칵테일에 자주 사용하는 시럽〉
  - 모닌 시럽 Monin: 패션프루트 시럽
  - 시로 드 카시스 Sirop de cassis: 블랙커런트 시럽
  - 시로 드 시트론 Sirop de citron: 달콤하고 톡 쏘는 레몬 시럽
  - 시로 드 그로제이 Sirop de groseilles: 레드 커런트 시럽

---------- 크림 ----------

크림은 다양한 칵테일에 풍부하고 진한 질감을 더한다. 레시피에 크림이 표시되어 있다면 되도록 헤비 크림을 사용한다. 하프 앤 하프 크림을 써도 되지만 확실히 질감이 덜하다.

---------- 슈가파우더 ----------

칵테일의 황금기부터 이어진 클래식 레시피는 대개 옥수수 녹말로 만들어 빠르게 녹는 슈가파우더를 사용하라고 적혀 있지만, 칵테일 주조에 그다지 적합한 재료는 아니다. 좀 더 나은 풍미를 즐기기 위해 가능하다면 그래뉴당이나 고급 설탕, 심플 시럽 등을 사용하자.

---------- 날달걀에 대한 논란 ----------

예로부터 달걀흰자와 노른자는 칵테일에 질감을 더하고 거품을 내는 데 사용해 왔다. 살모넬라균에 의한 식중독이 조금이라도 걱정이 된다면 저온 살균된 달걀이나 달걀 흰자 파우더를 사용하거나, 아예 달걀을 넣지 않아도 괜찮다. 날달걀은 재량껏 신중하게 사용하자.

칵테일의 구조

칵테일은 베이스 술, 바디 또는 모디파이어, 퍼퓸 또는 향미제 세 가지 주요 성분으로 구성된다.

########## **베이스** ##########

칵테일을 만들기 위한 주재료이다. 베이스는 맛을 좌우하는 가장 큰 요소로, 칵테일의 종류 및 적절히 어울리는 다른 요소를 결정한다. 가령 브랜디가 베이스인 사이드카는 브랜디 계열, 럼이 베이스인 다이키리는 럼 계열 칵테일로 분류하는 식이다. 오래된 규칙을 중시하는 클래식 칵테일에서 진과 테킬라를 섞은 베이스는 믹솔로지의 철학에 어긋나지만, 롱 아일랜드 아이스티처럼 규칙은 언제나 깨지기 마련이다.

########## **바디** ##########

기술적인 용어로는 '모디파이어(modifier)'라고 하며, 베이스 술의 맛과 향에 어느 정도 영향은 주지만 본질은 해치지 않는 재료를 뜻한다. 모디파이어가 들어가지 않는 음료는 칵테일이라고 부를 수 없다. 가벼운 주스, 샴페인, 투명한 베르무트, 헤비 크림 등이 있으며 칵테일에 넣어 농도, 무게, 질감 등을 더해주는 구성 요소이다.

########## **퍼퓸** ##########

퍼퓸은 베이스 술을 돋보이게 하거나 강화하는 역할로 보통 가장 적은 비율을 차지하는 요소이다. 과일, 견과류, 커피, 허브 리큐어 등을 사용하며, 때로는 독특한 향기로 칵테일에 새로운 역동성을 불어넣는 헤이즐넛, 오렌지, 딸기, 바닐라, 체리 시럽이나 비터스를 쓰기도 한다. 이러한 향미제는 달콤하거나 쌉싸름한 풍미는 물론 다양한 색채를 더하며 아주 적은 양으로도 칵테일의 미세한 균형을 완성할 수 있다.

---------- **네그로니 칵테일의 구성 요소 (예시)** ----------

- 베이스 : 진
- 바디 : 스위트 베르무트
- 퍼퓸 : 캄파리

칵테일 주조 계량

눈대중으로 칵테일을 만드는 건 전문가에게 맡기도록 하자. 나는 어쨌든 바텐더들이 만드는 칵테일 맛이 매번 조금씩 다르지 않나 은근히 의심이 들 때가 있다. 완벽한 레시피가 의도한 결과에 이르는 가장 좋은 방법은 정확한 방식으로 지거를 사용하는 것이다.

칵테일 조주는 화학 공식과도 같아, 레시피에 적힌 용량을 그대로 따른다면 제대로 된 칵테일을 즐길 수 있다. 기존 칵테일 관련 책에서는 지거, 포니, 대시 등 고루한 옛날 단위를 쓰거나 스피릿2에 리큐어1처럼 단순한 비율 또는 백분율로 나타내는 경우가 많았다. 여기서는 액량 온스 단위를 사용한다. 일단 클래식 칵테일의 재료 간 균형에 조금 익숙해지고 나면 칵테일이 대부분 비슷한 기본 공식을 가지고 있고, 주조 비율에는 다 이유가 있다는 사실을 알게 될 것이다.

칵테일 글라스웨어 준비하기

술을 니트로 따르든, 마티니처럼 반짝이는 맑은 칵테일을 세이킹해서 담든 중요한 건 깨끗한 잔을 쓰는 것이다. 프리미엄급 증류주가 주는 풍미를 온전히 즐기기 위해서는 술잔을 향이 없는 세제로 씻어낸 다음 뜨거운 물로 헹궈내야지, 그렇지 않으면 칵테일에서 주방세제 맛이 날 수도 있다. 찬장에 보관한 글라스는 특유의 냄새가 배어나므로, 사용하기 전에 부드럽고 보풀이 없는 마른 천으로 닦아 준비한다.

글라스 칠링

　냉동실에 미리 넣어 칠링한 잔으로 손님에게 칵테일을 대접하면 방금 만든 칵테일을 매력적으로 보이게 하며, 술을 차갑게 유지하는 가장 좋은 방법이다. 차가운 물에 컵을 헹구고 냉동실에 한 시간 정도 넣어두면 하얗게 서리가 어린다. 칠링한 글라스가 급히 필요한 경우 크랙트 아이스와 클럽소다 또는 차가운 물로 잔을 채워 두면 칵테일을 만드는 동안 잔이 차가워진다. 칵테일이 완성되면 글라스의 얼음과 물을 버리고 깨끗하게 닦은 다음 칵테일을 따른다. 고급 크리스털 잔을 가지고 있다면 유리에 금이 가지 않도록 냉장고에 넣어두거나 아이스 큐브를 이용해 칠링한다.

얼음

　얼음은 칵테일의 풍미에 영향을 주므로 정수한 물이나 생수를 사용해 깨끗한 얼음을 만드는 게 가장 좋다. 가능하면 수돗물은 피하자. 칵테일 칠링을 위해 가장 중요한 요소인 얼음은 형태가 다양하다. 스터링이나 셰이킹 기법으로 만든 칵테일 또는 온더락에는 큐브 아이스, 미스트 계열 칵테일처럼 갈아서 만드는 음료나 싱글 스피릿에는 크랙트 아이스를 사용한다. 크랙트 아이스는 봉지 채로 살 수 있고, 직접 얼음을 깨트려 만들 수도 있다. 아이스 큐브를 플라스틱 봉지에 넣고 타월로 감싼 다음 나무망치나 무겁고 무딘 도구로 깨면 간단하다.

셰이킹과 스터링

　흔드느냐, 젓느냐, 그것이 문제로다. 마티니, 맨해튼, 김렛, 스팅어처럼 투명한 증류주를 베이스로 하는 칵테일의 클래식 레시피는 일반적으로 저어서 만드는 스터 기법을 원칙으로 한다. 스터링을 할 때는 증류주의 특징인 선명함과 질감을 흩트리지 않으면서 희석을 최소화할 수 있도록 가볍게 젓는다. 흔드는 셰이크 기법은 칵테일이 뿌옇고 거품이 일게 된다. 베이스 술에 주스, 크림, 리큐어를 섞거나 다양한 재료를 많이 넣는 칵테일은 거품과 가벼움이 특징이므로 셰이크 기법이 이상적이다. 힘차게 흔드는 셰이킹은 다양한 무게와 질감을 가진 재료를 적절하게 섞을 수 있다는 장점이 있다.

    진 마티니를 즐기는 사람은 진의 풍미가 상하지 않도록 저어서 만드는 걸 선호하며, 보드카 마티니 애호가들은 제임스 본드처럼 흔들어 만드는 데 동의한다. 사실 이 모든 건 개인적인 취향에 달려 있지만 말이다. 셰이크 기법으로 만든 칵테일은 조금 불투명할 수 있지만 얼음 조각들이 주는 청량감을 느낄 수 있고, 적절한 마티니는 얼음이 녹으며 약간 묽어져야 한다.

---------- **셰이킹** ----------

    셰이크 기법이 필요한 칵테일은 대부분 일반 셰이커나 보스턴 셰이커로 만들 수 있다(17p). 일반적인 3피스 칵테일 셰이커는 캡이 안정적으로 딱 맞고 용량이 커서 내용물이 흘러내리지 않아 총 용량이 4oz가 넘는 액체류 재료를 흔들어 섞는 칵테일에 적합하다. 믹솔로지 마스터처럼 보이는 가장 빠른 방법은 셰이커의 은빛이 흐릿해 보이도록 힘차게 흔드는 것이다. 빠르고 강하게 흔들면 칵테일의 표면에 상쾌하게 반짝이는 얼음 조각들이 생긴다. 보통 설탕, 크림, 과일 주스, 리큐어 등과 같이 탁한 재료가 들어간 칵테일은 고루 섞일 수 있도록 충분한 셰이킹이 필요하다.

    칵테일 잔을 냉동실에 넣어 칠링하고 가니시를 잘라 준비했다면, 이제 셰이킹을 시작할 시간이다. 일반 셰이커를 사용할 때는 먼저 크랙트 아이스나 아이스 큐브 한 컵을 넣고 재료를 더한 다음 캡을 닫는다. 두 손으로 셰이커를 잡고 한 손은 캡 윗부분을 누른 채 셰이커가 차가워질 때까지 흔든다. 부끄러워하지 말고 아래위로 힘껏 흔들자. 셰이킹이 끝나면 캡을 열어 칠링한 잔에 내장된 스트레이너를 대고 빠르게 칵테일을 따른다.

    보스턴 셰이커를 사용한다면 믹싱 글라스에 ⅔ 정도 얼음을 채우고 재료를 넣은 다음 스틸 텀블러를 딱 맞게 결합한다. 그런 후 양 끝을 잡고 위아래로 힘차게 흔든다. 셰이킹이 끝나면 한쪽 면을 적당히 힘을 주며 부드럽게 누르거나 두드려 결합 부위가 풀리도록 한다. 믹싱 글라스와 스틸 텀블러가 맞물려 있는 상태에서 스틸 텀블러가 아래로 오도록 뒤집은 다음 믹싱 글라스를 벗겨낸다. 스틸 텀블러 입구에 호손 스트레이너를 대고 거르면서 잔에 따른다.

--------- 스터링 ---------

칵테일에 얼음을 넣고 젓는 의식과 차갑고 수정처럼 맑은 술이 담긴 하얗게 성에가 낀 피처나 글라스 안에서 작은 소용돌이를 그리며 네모난 얼음들이 부딪히며 내는 소리는 고전적인 분위기를 자아낸다. 진 마티니나 맨해튼처럼 맑고 투명한 재료로 만드는 칵테일과 샴페인이나 탄산음료처럼 기포가 이는 재료가 들어가는 칵테일에는 스터 기법이 이상적이다. 이런 칵테일을 셰이크 기법으로 만들면 기포나 탄산이 빠져나가 묽고 탁한 리큐어가 되어 버린다.

스터링은 마티니 피처에 큐브 아이스 5~6개를 넣고 얼음 위로 베이스 술을 따른 다음 칵테일이 차가워지도록 아래부터 위로 빠르지만 차분하게 저어준다. 그리고 칵테일을 칠링한 잔에 따른다. 피처의 뾰족한 주둥이에 충분히 걸릴 수 있도록 크랙트 아이스보다는 큐브 아이스가 낫다. 보스턴 셰이커의 아랫부분인 믹싱 글라스도 스터링에 사용할 수 있다. 호손 스트레이너(20p)를 대고 완성된 칵테일을 거르면서 따른다. 샴페인이나 탄산음료로 만드는 칵테일에 스터 기법을 사용하는 경우 항상 유리로 된 스터링 막대나 길쭉한 나무 숟가락을 사용한다. 금속으로 된 바 스푼은 탄산을 사라지게 하므로 절대 사용하지 않는다.

블렌딩

블렌더를 사용하면 많은 양의 재료와 얼음을 빠르게 섞어 칵테일을 쉽게 준비할 수 있다. 단단한 과일 재료를 퓨레로 만들거나 프로즌 칵테일 또는 스무디에 필요한 얼음을 갈고, 칵테일을 한 번에 두 명분 이상 만들 때 유용하다. 트로피컬 칵테일 주조에 적합하며 특히 마르가리타와 피나 콜라다를 편리하게 많이 만들 수 있다.

프로즌 칵테일을 만들 때는 잘게 부서진 얼음 때문에 칵테일이 더 희석되기 쉬우므로 모든 재료를 조금 넉넉히 넣는 게 좋다. 블렌더 모터와 날로 쉽게 갈 수 있는 크러시드 아이스를 사용하는 게 가장 적합하며, 바 블렌더가 아닌 가정용이라면 특히 더 그렇다. 블렌더에는 얼음을 먼저 넣은 다음 재료를 차례로 담는다. 처음 몇 초간은 저속으로 약하게 갈다가 속도를 올린다.

플레이밍

플레이밍은 핫 드링크 및 알코올 도수가 높은 증류주가 들어가는 콜드 칵테일 몇 가지에 자주 사용하는 기법이다. 알코올의 인화성 때문에 매우 주의해야 하는 기술이며, 가급적 전문 바텐더의 몫으로 남겨두는 게 좋다. 대부분 알코올 유형은 불을 붙이기 위한 사전 가열이 필수로, 그 시점부터 기화가 시작되어 가연성이 극도로 높아진다. 음료가 차가운 상태에서 불을 붙이려면 알코올 도수가 적어도 100에서 151프루프 정도로 매우 높아야 한다. 전문 바텐더는 항상 불꽃의 크기를 조절할 수 있는 ¾oz 정도의 아주 적은 양을 사용하며, 불에서 멀리 떨어진 상태에서 벽난로에 불을 붙일 때 사용하는 아주 긴 성냥을 쓴다.

주의사항: 이미 불꽃이 어른거리는 칵테일 잔이나 미니 화로에 절대 술을 따르지 않도록 한다. 불꽃이 술병에 옮겨붙어 병째 타오를 수 있다. 플레이밍 칵테일 위로 몸을 숙이거나 근처를 얼쩡거리지 않도록 한다. 불꽃 근처에 뚜껑을 연 술병을 절대 두지 않는다.

플로팅

술이 서로 섞이지 않도록 층층이 띄워 쌓아 올리는 플로팅 기술은 약간의 인내심과 스푼만 있다면 쉽게 익힐 수 있다. 보통 크림이나 리큐어가 들어가는 칵테일에 사용하는 기법으로 증류주(보통 리큐어나 크림)를 칵테일 표면에 천천히 부어서 다른 액체와 섞이지 않고 위에 뜨거나 아래에 가라앉게 한다. 일반적으로 바 스푼의 둥근 뒷면을 액체 표면에 최대한 가깝지만 닿지 않을 정도로 두고 술을 천천히 흘려 넣는다.

푸스 카페는 보통 3~6가지의 리큐어를 동량으로 농도가 진한 재료가 아래로 가도록 해서 순서대로 층층이 쌓아 만든다. 칵테일의 맛도 맛이지만, 많은 사람이 플로팅 기법으로 겹겹이 쌓인 매력적인 모양새에 매료된다. 조금씩 홀짝이며 각각의 레이어가 주는 풍미를 따로따로 즐길 수 있는 것도 특징이다. 푸스 카페는 미리 만들어 냉장고에 넣어둘 수 있다.

칠링 와인

샴페인과 대부분 화이트 와인, 스위트 와인은 충분히 차가운 상태여야 제대로 즐길 수 있다. 하지만 샴페인이나 탄산이 들어간 술, 음료는 병이 터질 수 있으므로 절대 얼리지 않도록 주의하자. 다음은 와인을 쉽게 칠링하는 두 가지 방법이다.

천천히

시간이 꽤 걸리는 방법으로 샴페인, 화이트 와인, 디저트 와인 등을 서빙하기 최소 2~3시간 전에 냉장고에 넣어 보관한다.

빠르게

아이스 버킷에 얼음과 물을 채우고 병을 넣어두는 방법으로 칠링하는 데 15~30분 정도 걸린다. 병을 부드럽게 앞뒤로 돌려주면 더 빨리 차가워진다. 전용 칠링 백이나 진공 쿨러(22p)를 사용해도 좋다.

시트러스 과일즙을 짤 때

 시트러스 과일즙이나 주스는 다양한 칵테일의 재료로 쓰인다. 라임, 레몬, 오렌지, 귤, 자몽 등의 즙을 짜는 데 유용한 기술이 몇 가지 있다. 즙을 짜기 전에 과일을 굴려주면 안에서 과일과 즙이 분리되는 데 도움이 된다. 단단한 바닥에 대고 손바닥으로 꽉 누르면서 과일을 굴려주기만 하면 된다.

 더 많은 양의 과일즙을 짜려면 시트러스 과일을 뜨거운 물에 30분 정도 담가 놓는다. 과도나 패링 나이프로 반을 자른 다음 손이나 시트러스 리머, 시트러스 프레스 등으로 즙을 짜낸다.

가니시 & 림 _ 칵테일의 미학과 장식

우아하고 세련된 마티니, 호박색이 감도는 맨해튼, 보석처럼 영롱한 엘릭서, 다채로운 트로피컬 쿨러 등 멋진 칵테일을 서빙할 때 약간의 장식을 곁들이면 시각적인 즐거움이 배가 된다. 아주 자그마한 시트러스 과일 껍질 조각이라도 칵테일에 감미롭고 향기로운 역동성을 더해줄 수 있다. 가니시는 창의성을 여지없이 발휘할 수 있는 영역이며, 칵테일의 톤을 결정하는 데 도움이 되는 완벽한 시각적 요소이다. 금욕주의적인 술 애호가라 할지라도 완성도 높은 예술적인 가니시는 인정하고 즐기기 마련이므로, 표준화된 단조로운 오렌지 슬라이스나 마라스키노 체리에 만족하지 말자.

가니시는 칵테일 위에 띄운 싱싱한 민트 줄기나 상쾌하면서도 우아한 시트러스 과일 슬라이스처럼 간단하게 장식할 수 있다. 세련미가 넘치고 흥미로운 모양새를 한 긴 스파이럴 필도 있고, 전통적으로 트로피컬 칵테일에 장식하는 이국적 향취가 물씬 풍기고 식료품점에서 쉽게 구할 수 있는 식용 꽃도 있다. 섬세한 향기를 느낄 수 있도록 로즈마리, 바질, 세이지 같은 싱싱한 허브를 보드카 마티니나 테킬라 토닉에 곁들여 보자. 아니면 마티니에 평범한 올리브 대신 문어 다리를 올린다거나 앤쵸비, 키세스 초콜릿, 스위트콘, 할라피뇨 페퍼처럼 좀 더 난해하거나 과격한 가니시에 도전해 봐도 괜찮다.

클래식 칵테일의 경우 보통 위스키처럼 은은한 갈색빛이 감도는 술과 스위트 베르무트가 들어가는 칵테일은 대개 마라스키노 체리로 장식하며, 드라이 베르무트로 만든 칵테일에는 레몬이나 오렌지 트위스트를 곁들인다. 현대 칵테일의 가니시는 살짝 띄운 얇은 라임 슬라이스처럼 기품이 느껴지는 미니멀한 스타일이 많지만, 트로피컬 칵테일을 장식하는 정교한 형태의 장식도 있다. 호놀룰루 루루 칵테일에 장미 꽃잎 한 장을 띄우거나 먹음직스러운 케밥 꼬치를 꽂거나, 아니면 플라스틱 동물 마커를 걸쳐 놓는 등 사실 어떤 종류의 미학을 추구하든 가니시는 당신이 만든 칵테일에 스타일을 더해준다. 가니시는 항상 칵테일을 만들고 따른 다음 마지막 단계에 곁들여야 하며, 레몬 껍질을 잔 테두리에 두르거나 트위스트를 얹거나 아니면 칵테일 핀에 꽂아 섬세하게 균형을 맞춰 장식하는 등 언제나 스타일과 모양에 주의를 기울여야 한다.

칵테일은 우리에게 때로는 참신하고 기발한, 때로는 예술적이고 기품 있는 낭만을 장식할 기회를 준다. 차갑게 칠링한 잔 테두리에 묻힌 달콤한 코코아 가루, 씨솔트와 시트러스 제스트, 보석처럼 반짝이는 터비나도 설탕은 칵테일의 맛을 환상적인 차원으로 끌어올릴 뿐만 아니라 시각적인 호기심도 불러일으킨다. 잔 테두리에 완벽하게 걸쳐진 난초나 핀에 아름다운 모양새로 꽂혀 있는 신선한 과일은 단순함의 극치로 세련된 우아함을 자아낸다. 수정처럼 맑게 빛나는 마티니에 감긴 시트러스 스파이럴 가니시를 보면 더없이 행복한 기분으로 마티니를 홀짝이고 싶은 마음이 든다.

이번 섹션은 칵테일 스타일링에 대한 실습 가이드로 간단한 레몬 트위스트부터 스파이럴, 휠, 슬라이스까지 정교한 가니시를 준비하는 방법과 프로스팅 기법을 다룬다.

가니시

시트러스 가니시

많은 칵테일이 레몬, 라임, 오렌지 같은 시트러스 과일을 베이스로 만든다는 점을 생각해 보면, 보통 가니시로 시트러스 과일이 잘 어울릴 거라는 사실은 그리 놀랍지 않다. 얼룩 없는 과일을 골라 깨끗하게 씻어두자. 트위스트, 스파이럴, 제스트 등을 준비하기 위해 과일을 자르거나 껍질을 벗길 때 쓴맛이 나는 하얀 부분은 가능한 한 피하도록 한다.

❧ **제스트** 시트러스 과일의 반질반질한 겉껍질을 제스트용 강판인 그레이터 또는 제스터(끝에 작은 구멍이 한 줄로 나 있는 날카로운 금속 도구)로 도려낸다. 시럽이나 차에 넣을 수도 있고 잔 테두리에 문지르거나 크림을 얹은 핫 드링크 위에 뿌릴 수도 있다.

❧ **트위스트** 날이 잘 선 패링 나이프나 필러로 껍질을 세로로 약 5cm 정도 잘라낸다. 겉 부분을 아래로 둔 상태에서 껍질을 비틀어 모양을 잡고 칵테일 위에 올려 향긋한 오일 성분의 에센스가 표면에 퍼지도록 한다. 그런 다음 잔 가장자리를 따라 문지르고 칵테일 속에 넣는다.

❧ **스파이럴** 나선형의 스파이럴 가니시는 어떤 칵테일에도 섬세한 우아함을 더해준다. 야채 필러나 잘 드는 패링 나이프를 사용하면 길고 얇은 껍질을 쉽게 도려낼 수 있다. 과일의 한쪽 끝에서 시작해 과일을 천천히 돌려가며 껍질을 나선형으로 길게 끊기지 않게끔 벗긴다. 손가락으로 살짝 감으면서 천천히 칵테일에 나선형으로 넣는다.

---------- **과일 슬라이스와 휠** ----------

전통적인 휠 형태에서 좀 더 이국적인 향취를 자아내는 키위, 블러드 오렌지, 금귤 등으로 만든 슬라이스까지, 과일로 만든 가니시는 매력적인 장식으로 칵테일에 다채로운 색깔과 질감을 더한다. 기본적인 과일 슬라이스와 휠은 패링 나이프로 준비한다. 먼저 과일 양쪽 꼭지 부분을 잘라낸다. 양 끝을 가로 방향으로 놓고 가운데를 자른 다음, 약 0.5m 간격으로 썰어주면 둥근 형태의 휠이 된다. 다시 그 휠을 반으로 자르면 반달 모양의 슬라이스가 되며, 칵테일 잔 끝에 걸쳐 장식하는 가니시로 활용한다.

❧ **바나나 슬라이스** 칵테일을 완성하고 서빙 직전에 준비한다. 바나나는 사선으로 자른다. 얼룩이 없는 노란 껍질도 색채를 더하기 위해 같이 쓰거나 벗겨서 알맹이만 장식해도 괜찮다. 갈변을 방지하기 위해 바나나 슬라이스는 레몬 주스에 담궈둔다.

---------- **금귤 꽃 가니시** ----------

시트러스 계열 과일의 자그마한 구성원인 금귤로 만든 꽃 모양의 가니시는 탄산이 들어간 시트러스 베이스 칵테일에 향긋함을 더한다. 앙증맞은 금귤 꽃은 패링 나이프로 한쪽 끝부분부터 시작해 3~4부분으로 나누어 벗겨내며, 다른 끝부분은 껍질이 붙은 채로 둔다. 나눈 부분의 껍질을 꽃잎처럼 뒤로 젖혀 우아하고 이국적인 모양을 잡는다. 칵테일 픽으로 몇 개를 꼬치처럼 함께 꽂고, 잔 가장자리에 균형을 잘 잡아 장식한다.

---------- **멜론** ----------

멜론 가니시는 미도리 그린 칵테일의 가장자리에 조형미를 더해준다. 멜론을 잘라 짙은 녹색의 껍질과 함께, 또는 시원한 연둣빛의 달콤한 과육만 약 2.5cm 너비에 5~7cm 정도 길이의 웨지 또는 슬라이스 형태로 잘라 칵테일 잔의 끄트머리에 걸친다. 다채로운 색감의 멜론볼은 칸달루프, 허니듀, 수박, 멜론 등의 과육을 스쿱으로 동그랗게 떠서 나무 꼬치나 칵테일 픽에 꽂아 만든다.

---------- **코코넛** ----------

코코넛 과육이나 갈색빛이 도는 껍질을 강판에 갈아 칵테일 위에 뿌리거나 패링 나이프를 사용해 약 0.5mm 두께로 자른 조각에 칼집을 낸 다음 잔 가장자리에 끼운다. 아니면 과일을 꽂은 칵테일 픽에 웨지 형태로 자른 코코넛을 더해 트로피컬 칵테일의 강렬함을 돋보이게 할 수도 있다.

코코넛 컵 가끔은 열대 섬 분위기가 물씬 풍기도록 토바고 코코넛 플립을 담는 코코넛 컵 준비에 심혈을 기울여 보자. 매끄럽게 컵 모양으로 잘라 안쪽의 과육을 파내기 쉽게 가운데 테두리를 따라 금이 나 있는 코코넛을 찾아 준비한다. 뾰족하고 날카로운 도구와 망치로 구멍을 뚫어 코코넛 즙을 잔에 따른다. 코코넛 껍질의 금을 따라 망치로 두들겨 쪼갠 다음 '코코넛 잔'을 더 쉽게 만들기 위해 물기를 제거한 코코넛을 약 180도로 예열된 오븐에 10분 동안 넣어둔다. 그렇게 하면 과육이 수축하여 훨씬 수월하게 파낼 수 있다.

---------- **파인애플** ----------

  가니시의 영역에서 파인애플은 머리부터 끝까지 버릴 게 하나도 없이 다양한 용도로 쓸 수 있는 과일이다. 푸릇한 녹색의 뾰족한 잎 부분은 다른 색감의 과일 가니시와 함께 사용해 보자. 파인애플을 가로 방향으로 눕히고 약 1.5cm 간격으로 잘라 질감이 느껴지도록 껍질이 붙어있는 휠을 만든다. 아니면 4분의 1등분으로 잘라 파인애플 웨지를 만들 수도 있다.

❧ 파인애플 컵   럼 펀치를 색다르게 즐기는 방법이다. 파인애플의 가시 돋친 윗부분을 잘라내고 날이 잘 선 나이프와 스푼으로 껍질은 그대로 둔 채 안의 과육만 파낸다. 파인애플 껍질은 칵테일을 담을 잔으로 사용할 때까지 냉장고에 넣어둔다. 과육과 즙은 다른 칵테일을 위한 베이스로 남겨뒀다가 사용한다.

---------- **꽃** ----------

  네스트리움, 난초, 바이올렛, 보리지, 장미 꽃잎, 오렌지꽃, 히비스커스와 같은 식용꽃은 트로피컬 칵테일에 이국적인 섬의 향취를 더한다. 꽃이나 꽃잎을 부드럽게 헹군 다음 칵테일 위에 띄우거나 칵테일 픽에 꽂아 잔 가장자리에 둘 수도 있고, 꽃꽂이용 철사로 칵테일 잔의 다리에 고정해 장식하기도 한다. 좀 더 큰 난초나 히비스커스를 잔의 다리 부분에 붙일 수도 있다.

---------- **과일 꼬지** ----------

  칵테일용 꼬지나 픽에 과일, 채소, 꽃 등 서로 다른 종류 세 가지 정도를 예쁘게 조합해 꽂아 준비한다. 칵테일 잔 가장자리에 균형을 잡아 장식하거나 술 안에 넣는다. 파르페 아무르 베이스 칵테일에는 바이올렛 몇 송이에 레몬과 오렌지 조각을, 트로피컬 칵테일에는 파인애플 웨지, 라임 휠, 귤 한 조각을 장식하는 식으로 칵테일의 맛과 색상에서 떠오르는 영감을 마음껏 발휘해 보자.

---------- **설탕을 묻힌 슬라이스** ----------

좀 더 현대적이고 달콤한 칵테일에 주로 사용하는 가니시로 잔 테두리에 설탕을 묻힌 칵테일에 쉽게 우아함을 더할 수 있다. 껍질을 벗긴 레몬, 라임, 귤, 블러드 오렌지 같은 시트러스 과일 슬라이스나 딸기를 그래뉴당 몇 테이블 스푼에 굴려 간단히 완성할 수 있다. 슬라이스 중간에 살짝 칼집을 넣고 잔 가장자리에 밀어 넣어 장식한다.

---------- **칵테일용 장식품** ----------

칵테일은 즐겁게 마시는 술이다. 장식용 종이우산부터 잔에 걸어 놓는 플라스틱 원숭이 모형까지 흥을 돋을 아이템은 무한하다. 클래식 진토닉, 마티니, 그린 엘릭서 등에 곁들인 황새치, 원숭이, 인어, 도마뱀 플라스틱 모형처럼 다양한 칵테일 장식은 너무 촌스러워서 오히려 힙한 느낌이 나며 보기만 해도 웃음을 자아낸다. 예상치 못한 가니시는 아주 진지한 칵테일에도 활기를 불어넣을 수 있다.

프로스팅

서리가 내린 듯이 차갑게 칠링한 칵테일 잔 테두리에 질감과 색채를 지닌 달콤하거나 톡 쏘는 맛의 재료를 묻히고, 뿌리는 프로스팅 기법은 칵테일에 시각적인 매력과 직관적인 우아함을 선사한다. 악센트를 더하면 좋아하는 칵테일을 예쁘게 장식할 수 있을 뿐만 아니라 다채롭고 흥미로운 풍미도 함께 느낄 수 있다.

기본적인 프로스팅 기법은 다양한 재료에 적용할 수 있다. 칵테일 잔은 차갑게 칠링해서 사용하는 게 이상적이지만 급할 때는 상온 글라스를 그대로 사용해도 무방하다.

---------- **기본 프로스팅** ----------

1) 레몬이나 라임 웨지를 잔 가장자리에 문질러 촉촉하게 만든다.
2) 작은 접시나 작고 넓은 그릇에 소금이나 설탕 같은 프로스팅 재료 5-6TBS을 넣고 부드럽게 흔들어 골고루 퍼지도록 한다.

3) 잔을 거꾸로 들고 테두리 부분을 재료에 앞뒤로 부드럽게 돌려가며 묻힌 다음, 많이 묻은 부분은 털어낸다.

4) 완성된 칵테일을 잔 테두리에 묻지 않도록 조심스럽게 따른다.

---------- 솔트 림 ----------

라임이나 레몬즙으로 잔 가장자리를 촉촉하게 문지른 후 풍미와 질감을 느낄 수 있는 씨솔트로 기본 방식을 따라 프로스팅한다.

---------- 슈거 림 ----------

사이드카나 레몬 드롭 같이 톡 쏘는 맛이 나는 칵테일에 약간의 달콤함은 금상첨화다. 시트러스 웨지로 잔 테두리를 촉촉하게 문지른 후 아주 고운 입자의 설탕으로 기본 방식을 따라 프로스팅한다. 슈가 파우더는 섬세하고 우아한 분위기를 자아내며, 좀 더 굵은 터비나도 설탕은 보석처럼 반짝이는 질감을 더해 초콜릿이나 커피 베이스 계열 칵테일에 더할 나위 없이 잘 어울린다.

---------- 솔트 앤 슈거 림 ----------

새콤달콤한 조합을 좋아하는 사람들을 위한 슈퍼 림으로 마르가리타나 다이키리 칵테일에 어울린다. 라임으로 잔 가장자리를 촉촉하게 한 다음, 작고 넓은 그릇에 소금 3TBS과 그래뉴당 3TBS을 섞고 기본 방식을 따라 프로스팅한다.

---------- 시트러스 제스트 림 ----------

솔트 앤 라임 제스트 림은 일반적인 솔트 림 마르가리타에 향취를 더하고 오렌지, 레몬, 라임 제스트에 설탕을 더하면 시트러스 베이스 계열 칵테일에 풍미를 돋울 수 있다. 먼저 잘 어울리는 주스나 리큐어로 잔 테두리를 적신다. 그래뉴당 또는 소금 4TBS을 오렌지, 레몬, 라임 제스트 3TBS과 섞은 뒤 기본 방식을 따라 프로스팅한다. 잔 크기에 따라 대략 3~4잔 정도를 리밍할 수 있다.

########## **코코넛 림** ##########

곱게 간 신선한 코코넛이나 달지 않은 마른 코코넛 가루를 사용한 축제 분위기의 트로피컬 림은 코코넛 베이스 계열 칵테일에 질감을 더해준다. 쿠앵트로나 샹보르처럼 풍미를 더하는 리큐어 ¼컵을 작고 얕은 그릇에 붓고, 잔 테두리를 담갔다가 꺼낸 후 기본 방식을 따라 프로스팅한다. 코코넛 플레이크 반 컵 분량이면 대략 3~4잔 정도를 리밍할 수 있다.

########## **초콜릿 또는 코코아 림** ##########

적당히 달콤한 초콜릿을 곱게 갈아 잔 테두리에 묻혀 보는 건 어떨까? 초콜릿은 레몬이나 오렌지 풍미가 나는 칵테일에는 쌉싸름한 매력을, 약간 더 씁쓸한 에스프레소나 커피 리큐어가 들어간 칵테일에는 은은한 달콤함을 더해준다. 코코아 림은 크림이나 아이스크림이 들어간 칵테일과 잘 맞는다. 작고 넓은 그릇에 담긴 달지 않은 코코아 가루 몇 테이블 스푼만 있어도 꽤 여러 잔에 입힐 수 있다. 아니면 코코아 가루에 넛맥 가루 반 티스푼을 섞어 보는 것도 시도해볼 만하다.

인퓨징 & 시럽

꿈꾸는 사람이자 의욕이 충만한 사람이라면, 그래서 다른 누군가의 칵테일 레시피로는 충분하지 않다면 이제 새로운 모험을 시작해 볼 시간이다. 이 섹션에는 과일과 허브로 인퓨징한 나만의 술과 시럽을 위한 레시피 및 바텐딩에 필수인 심플 시럽과 스위트 앤 사워 레시피를 담았다.

인퓨징

칵테일 믹솔로지의 세계에서 유행인 독특한 풍미를 가진 보드카, 럼, 심지어 진을 보면 인퓨징한 술이 새롭고 창조적인 표현처럼 보일 수 있다. 하지만 뉴트럴 스피릿을 허브, 향신료, 과일 등의 향미제로 인퓨징하는 방법은 수 세기 동안 이어져 왔다. 네덜란드에서 러시아에 이르기까지 쌀쌀한 날씨의 북반구에서는 값싼 술에 풍미를 더하는 것은 물론 허브를 첨가한 약이기도 했던, 집에서 직접 인퓨징한 술에 대한 오랜 역사가 스며 있다.

보드카는 대표적인 뉴트럴 스피릿으로, 어떤 풍미를 가진 재료로든 쉽게 인퓨징할 수 있는 이상적인 빈 캔버스와도 같다. 럼에 바나나나 파인애플 같은 트로피컬 과일 또는 바닐라처럼 보완적인 향취를 가진 재료로 인퓨징할 수도 있다. 테킬라에는 매운 고추로 얼얼한 맛을 내거나 딸기로 과일의 풍미를 더하기도 한다. 인퓨징은 항상 양질의 술과 허브, 과일, 향신료로 시작하자. 술의 종류는 다양한 레시피와 함께 얼마든지 바꿔서 사용해도 괜찮다. 인퓨징은 놀라우리만큼 쉽지만, 어떤 술에도 예상을 뛰어넘는 훌륭하고 깊은 풍미를 준다.

성공적인 인퓨징을 위한 몇 가지 기본적인 지침을 알아보자.

첫째, 인퓨징은 적어도 1.5ℓ 용량의 깨끗한 밀폐 유리 용기를 사용한다. 인퓨징이 끝나면 원래의 리큐어 병에 액체만 걸러서 보관한다. 둘째, 인퓨징하는 시간은 재료에 따라 달라진다. 레몬처럼 향이 강한 재료는 하루나 이틀이 채 걸리지 않지만, 라즈베리나 파인애플 같은 과일은 우러나는 데 1~3주 정도가 필요하다. 셋째, 인퓨징한 술은 병에 깔때기를 꽂고 촘촘한 거름망을 사용해 부어준다. 간혹 어떤 재료는 너무 오래 우리면 쓴맛이 날 수도 있고, 어떤 재료는 인퓨징하면서 너무 잘게 부서져 스트레이너에 커피 필터나 면보를 대고 걸러야 할 수도 있다. 넷째, 인퓨징한 술은 맛과 향을 더 오래 보존할 수 있도록 냉장고에 보관하는 것이 가장 좋다.

--------- **럼 인퓨징** ---------

열대의 향취가 가득하다. 스트레이트로 섬세한 풍미를 그대로 즐기거나 좋아하는 다이키리, 펀치 계열 칵테일에 섞어 새로운 맛을 느껴보자.

파인애플 럼

신선한 파인애플 1개
고급 라이트 럼 750㎖ 한 병

날이 잘 든 칼로 파인애플 껍질과 심지를 벗긴 후 과육을 작은 정육면체 모양으로 자른다. 자른 파인애플을 큰 유리 용기에 넣고 럼을 부은 다음 뚜껑을 꼭 닫는다. 향이 잘 우러나도록 2~3일에 한 번씩 부드럽게 흔들어 주면서 1주일 정도 실온에 두고, 그다음 1주일은 마찬가지로 2~3일에 한 번씩 부드럽게 흔들어 주며 냉장고에 보관한다. 풍미를 강화하는 과정이므로 맛을 봐 가면서 필요하다면 일주일 정도 더 우린다. 인퓨징이 끝나면 원래 럼이 담겨 있던 병에 액체만 걸러 담는다. 술병 뚜껑을 꼭 닫고 라벨을 붙인 다음 칵테일에 사용하기 전까지 냉장 보관한다.

코코넛 럼

막 갈아낸 신선한 코코넛 3컵
좋은 품질의 라이트 럼 750㎖ 한 병

간 코코넛을 큰 유리 용기에 넣고 럼을 부은 다음 뚜껑을 잘 닫는다. 2~3일에 한 번씩 부드럽게 흔들어 주면서 3주 동안 실온에 둔다. 상태를 확인하면서 시간이 필요할 경우 일주일 정도 더 우린다. 인퓨징이 끝나면 원래 럼이 담겨 있던 병에 액체만 걸러 담는다. 술병 뚜껑을 꼭 닫고 라벨을 붙인 다음 칵테일에 쓰기 전까지 냉장 보관한다.

바닐라 럼

바닐라빈 4개 (작은 조각으로 부러뜨려 사용한다)
실버나 골드 럼 750㎖ 한 병

럼이 담긴 병에 바닐라빈 조각을 넣고 뚜껑을 꼭 닫는다. 2~3일에 한 번씩 부드럽게 흔들어 주며 적어도 일주일 정도 우린다. 바닐라빈은 향이 계속 우러나도록 그대로 둔 채 냉장 보관한다. 칵테일에 사용할 때는 촘촘한 거름망을 이용해 거르거나 칵테일 잔에 따른다.

---------- **보드카 인퓨징** ----------

보드카를 인퓨징하면 아주 향긋한 보드카 마티니를 만들 수 있다. 보드카 1ℓ에 신선한 민트 2컵이나 로즈메리 반 컵, 또는 바닐라빈 2개를 넣어 인퓨징한다. 시트러스 버전의 경우 큰 레몬, 오렌지, 귤 또는 라임 껍질을 추가한다. 스파이시 클로브 보드카는 클로브 25개 정도로 인퓨징한다. 커피빈 보드카는 커피빈 20알 정도를 넣어 하루에서 이틀 정도 우려낸다. 베리 보드카는 신선한 딸기, 라즈베리 또는 블랙베리 2컵을 넣고 적어도 1주일에서 2주일 정도 필요에 따라 우린다.

진저 보드카 알싸한 생강의 풍미는 칵테일에 아시아의 우아한 향취를 더한다.

얇게 썬 생강 1컵
좋은 품질의 보드카 한 병 (750㎖)

큰 유리 용기에 생강을 넣고 보드카를 부은 다음 뚜껑을 꼭 닫는다. 향이 잘 우러나도록 가끔 부드럽게 흔들어 주며 상온에 이틀 정도 둔다. 맛을 보고 필요하면 4일 정도까지 더 우린다. 인퓨징이 끝난 후 원래 보드카 병에 액체만 걸러내어 붓고 병뚜껑을 잘 닫은 다음 냉장 보관한다.

플로럴 허브 보드카 풍성한 향취가 섬세하고 향긋한 풍미를 선사하며 마티니와 잘 어울린다. 보드카 대신 진을 써도 좋다. 싱싱한 꽃잎이 있다면 금상첨화겠지만 건강식품 매장에서 판매하는 말린 꽃잎을 사용해도 괜찮다. 말린 꽃잎의 경우 꽃 종류별로 ¼컵 정도만 준비하면 된다.

싱싱한 히비스커스 생화 꽃잎 1컵
싱싱한 오렌지 생화 꽃잎 1컵
싱싱한 바이올렛 생화 꽃잎 1컵
싱싱한 라벤더 생화 꽃잎 ¼컵
작은 바닐라빈 조각 1개
좋은 품질의 보드카 한 병 (750㎖)

꽃잎과 바닐라빈을 큰 유리 용기에 넣고 보드카를 부은 다음 뚜껑을 꼭 닫는다. 3~4일에 한 번씩 부드럽게 흔들어 주며 상온에 2주 정도 둔다. 맛과 향에 따라 필요하면 4주까지도 우린다. 인퓨징이 끝나면 원래 보드카 병에 커피 필터를 사용해 액체만 걸러낸다. 병뚜껑을 잘 닫고, 라벨을 붙인 다음 냉장 보관한다.

테킬라 인퓨징

바닐라 럼 레시피에서 럼 대신 테킬라를 쓰면 끝내주는 풍미를 느낄 수 있다.

페퍼 테킬라 웜 테킬라[7] 이후 다시 한번 선풍적인 인기를 끌 만큼 매력적인 페퍼 테킬라는 블러디 마리아에 알싸한 향을 더하고 싶을 때 잘 어울린다.

세라노 페퍼 1개 (꼭지를 떼고 세로로 4등분한 다음 씨앗이 있는 채로 준비)
할라피뇨 페퍼 1개 (꼭지를 떼고 세로로 4등분한 다음 씨앗이 있는 채로 준비)
레드 페퍼 1개 (꼭지를 떼고 세로로 4등분한 다음 씨앗이 있는 채로 준비)
품질이 좋은 실버 테킬라 1ℓ

페퍼류를 모두 큰 유리 용기에 담고 테킬라를 부은 다음 뚜껑을 잘 닫는다. 이따금 향이 잘 배도록 부드럽게 흔들어 주며 이틀 정도 상온에 둔다. 인퓨징이 끝나면 원래 테킬라 병에 액체만 걸러 담는다. 병뚜껑을 꼭 닫고, 라벨을 붙인 다음 냉장 보관한다.

스트로베리 테킬라 기본 마르가리타에 달달한 딸기 향을 더하기 좋다.

싱싱한 딸기 3컵 (꼭지를 따고 얇게 썬다)
품질이 좋은 테킬라 1병 (750㎖)

얇게 썬 딸기를 큰 유리 용기에 넣고 테킬라를 부은 다음 뚜껑을 잘 닫는다. 1주일 정도 실온에 둔다. 맛을 보고 필요하면 일주일 정도 더 인퓨징한다. 3주 이상 우리면 쓴맛이 날 수 있으므로 주의한다. 인퓨징이 끝나면 원래 테킬라 병에 액체만 걸러 담는다. 병뚜껑을 꼭 닫고, 라벨을 붙인 다음 냉장 보관한다.

---

[7] 아가베 웜(agave worm)이라고도 부르는, 용설란 표면에 붙어사는 나방 유충의 일종인 벌레가 들어간 테킬라. 과거 술의 농도를 정확하게 측정하지 못한 시절 벌레를 넣고 썩지 않으면 충분한 농도였다는 걸 판단하기 위해 넣었다는 설, 실수로 넣은 벌레가 결과적으로 테킬라 맛을 좋게 했다는 설, 순전히 상업적 유인책으로 넣었다는 설 등 다양한 이야기가 전해진다.

시럽

멋진 칵테일을 만들기 위해서는 신선하고 질 좋은 재료가 필수적이다. 향을 첨가한 시럽이나 인퓨징 증류주는 가게에서도 쉽게 구할 수 있지만, 직접 만든 시럽이나 인퓨징한 술은 노력을 들일 만한 가치가 충분한 풍미를 선사한다. 시럽이나 증류주에 과일, 향신료, 허브 에센스를 입히는 작업은 생각보다 훨씬 쉽고, 새롭고 창의적인 칵테일을 위한 다양한 가능성을 열어준다.

수제 시럽을 사용하면 과일이나 향신료 에센스를 칵테일에 편리하고 빠르게 첨가할 수 있다. 시럽은 그래뉴당 설탕보다 빠르게 녹아서 칵테일에 쉽게 섞을 수 있다. 미리 만들어 냉장고에 최대 2주 정도 보관한다.

스위트 앤 사워 시럽 전문 바텐더들이 사용하는 필수 재료 중 하나로 마르가리타를 포함해 여러 칵테일에 꼭 들어가는 시럽이다. 달콤함과 시트러스의 상큼하고 톡 쏘는 맛을 동시에 낼 수 있어 아주 편리하다. 갓 만든 수제 스위트 앤 사워의 풍미는 마트에서 산 믹스로 만든 시럽과 비교할 수 없을 만큼 뛰어나다. 최고의 맛을 위해 수돗물 대신 생수나 정수기 물을 사용하자. 아래 레시피는 스위트 앤 사워 시럽 2컵 분량으로 칵테일 열 잔 정도 만들기에 충분한 양이다.

차가운 심플 시럽 ½컵 (아래 레시피 참조)
신선한 라임즙 또는 라임 주스 ¾컵
신선한 레몬즙 또는 레몬 주스 ¾컵
물 ¼컵

깨끗한 유리 단지에 모든 재료를 넣고 뚜껑을 빈틈없이 꼭 닫은 다음 재료들이 잘 섞이도록 흔들어 준다. 완성된 시럽은 냉장 보관한다. 일주일에서 열흘 정도 보관할 수 있다.

심플 시럽(기본) 설탕 시럽으로도 알려진 심플 시럽은 그래뉴당처럼 녹이는 데 시간이 필요하거나 칵테일을 지나치게 저을 필요가 없어 다양한 칵테일에 필수 재료로 사용한다. 아래 레시피를 참조하여 추가로 만들거나 반만 만들 수도 있다. 깨끗하고 밀폐 뚜껑이 달린 유리 단지에 넣어 냉장 보관하면 한 달 정도 쓸 수 있다. 다음 레시피는 심플 시럽 2컵 분량이다.

물 1컵
설탕 2컵

슈거팬이나 작은 팬에 물을 끓이다가 불을 끄고 설탕을 넣는다. 설탕이 모두 녹을 때까지 젓는다. 사용하거나 냉장고에 보관하기 전까지 완전히 식힌다. 완성된 심플 시럽을 유리 단지에 넣고 뚜껑을 잘 닫아 냉장 보관한다.

향미 시럽

여기서 다루는 다양한 향미 시럽은 심플 시럽에 적절한 재료를 더해 만들 수 있다. 설탕이 완전히 녹고 뜨거운 상태에서 향을 내는 재료를 첨가하자. 시럽이 식으면 고운 거름망에 걸러 깨끗한 유리 단지에 부은 다음 뚜껑을 닫고 2주 정도 냉장 보관한다.

- **진저 시럽** : 뜨거운 시럽 혼합물에 곱게 간 생강 2TBS을 넣는다.
- **금귤 시럽** : 작은 금귤 10개를 반으로 자른 다음 뜨거운 시럽 혼합물에 넣는다. 45분 정도 식으며 향이 배도록 놔 둔다. 남은 금귤은 살짝 데쳐서 유리 용기에 넣은 다음 냉장고에 얼려놨다가 이국적인 향취의 칵테일을 만들 때 '아이스 큐브'처럼 사용한다.
- **오렌지 시럽** : 뜨거운 시럽 혼합물에 오렌지 제스트 ½컵을 넣는다.
- **민트 또는 바질 시럽** : 뜨거운 시럽 혼합물에 싱싱한 민트나 바질 잎 ½컵을 넣는다.
- **바닐라 시럽** : 뜨거운 시럽에 바닐라빈 한 개를 넣는다.
- **레몬 또는 라임 시럽** : 뜨거운 시럽에 레몬이나 라임 제스트 ½컵을 넣는다.
- **시나몬 시럽** : 뜨거운 시럽에 곱게 간 계피 가루 1TBS을 넣는다.
- **클로브 시럽** : 뜨거운 시럽에 곱게 간 클로브 가루 1TBS을 넣는다.
- **티 시럽** : 물 대신 진하게 우려낸 차를 사용한다. 차는 블랙티부터 녹차까지, 얼그레이부터 레드 징거까지 다양하게 쓸 수 있다.
- **레몬그라스 시럽** : 뜨거운 시럽에 약 1.2cm 길이로 자른 싱싱한 레몬그라스 2줄기를 넣는다.
- **히비스커스 시럽** : 물 대신 진하게 우려낸 히비스커스 차를 사용한다.

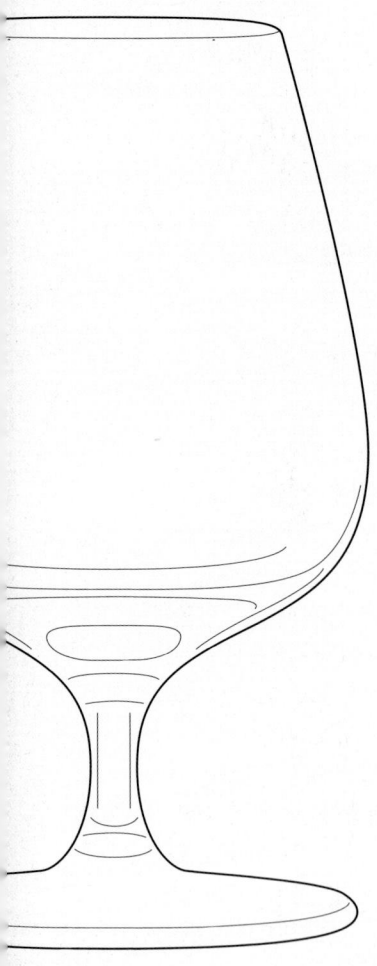

브랜디 잔

IV

칵테일 파티를
성공적으로 여는 법

겉보기에는 즐기기만 하면 될 것 같은 손님맞이는 사실 계획이 필요하다. 그래서 손님을 대접하는 건 좋아하지만, 칵테일을 마시려고 한껏 신난 채 떠들썩하게 줄 선 사람들이 가득한 분위기가 당황스러울 사람을 위해 칵테일 파티를 위한 조언과 제안을 담았다. 소규모 파티를 위한 갖가지 칵테일을 만들고 서빙하는 법부터 샹그리아 피처와 얼음 조각을 띄운 대용량 펀치를 준비하는 비결까지, 여기에 잘 정리된 준비법들로 파티를 여는 호스트는 물론 놀러온 손님들도 밤새 편히 즐길 수 있을 것이다. 물론 파티 규모가 너무 커져서 혼자서는 감당할 수 없다는 판단 아래 바텐더나 케이터링 전문가의 도움을 구할 수도 있다. 하지만 꼭 기억하자. 칵테일 파티는 느긋하고 즐겁게 사람들과 어울리며 좋은 시간을 보내라고 여는 것이다.

테마 선택하기

칵테일은 어떤 이벤트에서도 목마른 손님들의 기대에 부응하는 최고의 유동 자산이다. 개인적인 축하나 특별한 행사를 위해 칵테일 몇 잔을 즐길 수 있다는 초대보다 손님들을 설레게 하는 건 없다. 아니면 당신은 단순히 파티를 위해 파티를 열 이유를 찾고 있는 건지도 모른다.

칵테일 파티의 테마를 선택하는 일은 파티를 열기 위한 즐거운 구실이 될 뿐만 아니라 머릿속에서만 맴돌던 칵테일 주조 아이디어가 흘러나와 제자리를 찾도록 돕기도 한다. 보통 바깥 날씨와 연중 특정 시즌이 독특한 테마를 정하는 원동력이다. 뜨겁고 후텁지근한 열대의 밤과 선선한 날씨에 안뜰 마당에서 여는 파티에서부터, 포근하고 정겨운 겨울날의 핫 토디 홀리데이 파티, 아니면 비 내리는 날 활기를 북돋워줄 칵테일 아우어에 이르기까지 모든 요소에서 영감을 받을 수 있다. 가장 기억에 남는 여행지나 클래식 영화에서 파티에 적절한 분위기와 톤을 더하는 테마를 떠올릴 수도 있다.

어떤 테마를 선택하든지 간에, 모든 파티는 성공을 위해 꼼꼼한 계획과 기술적인 창의성이 조금 필요하다. 2주 전쯤 미리 초대장을 보내 손님들이 일정을 맞출 수 있는 충분한 시간을 주도록 하자. 모든 것을 공들여 준비한 후에는 조금 여유를 갖자. 칵테일 파티는 단순히 기분 전환과 즐거움을 위한 초대일 뿐이다. 새롭고 신나는 칵테일로 친구들의 마음을 끌어보자.

분위기에 어울리는 음악

파티 분위기는 음악 하나로 무르익기도 하고 와장창 깨지기도 한다. 그러므로 칵테일 파티의 테마나 분위기에 적합한 음악을 선택하자. 프랭크 시나트라(Frank Sinatra)의 세련된 도시의 분위기, 베벨 질베르토(Bebel Gilberto)의 정열적인 브라질 사운드, 재즈 피아노의 클래식한 칵테일 파티, 펑키하고 신나는 분위기나 50년대 트로피컬 라운지 등 즐길 음악은 다양하다. 어떤 음악을 선택하든, 플레이리스트에 모든 곡을 담아 잘 정리해두자.

적절한 칵테일 메뉴 선택하기

스스로 만든 칵테일에 자부심을 느끼는 만큼, 나는 칵테일을 만드는 동안의 모든 재미를 놓치고 싶지 않다. 어떤 칵테일을 내놓을지 선택해야 할 때 내가 고려하는 요소는 모든 사람을 편안하게 만들 수 있어야 한다는 점이다. 즉, 손님에게 칵테일을 적당한 때 제공할 수 있도록 좋은 칵테일 몇 가지만 내놓는 현명함이 필요하다.

사이드카, 코스모, 다이키리, 마르가리타 같은 칵테일은 비교적 빠르고 쉽게 만들 수 있어 몇 가지 흥미로운 베리에이션을 더하더라도 번거로움 없이 만들 수 있다. 새로운 칵테일도 대부분 이런 클래식을 조금씩 변형한 형태일 뿐이다. 초대한 손님이 2~4명 정도로 소규모라면, 마이 타이나 층층이 쌓인 푸스 카페 같이 좀 더 정교한 칵테일을 시도해봐도 좋다. 대용량 칵테일 셰이커는 재료 비율의 균형을 잃지 않고 한 번에 2잔 정도 분량의 칵테일을 쉽게 만들 수 있다.

########## **손님이 많을 때** ##########

파티의 흥을 돋우는 데는 샹그리아만한 술이 없다. 내가 개인적으로 좋아하는 손쉬운 방법은 과일 피처를 휘휘 저어 손님들이 도착하기 두세 시간 전 냉장고에 넣어 두는 것이다. 샴페인을 베이스로 한 미모사와 벨리니 피처도 쉽게 즐길 수 있는 훌륭한 후보들이다. 오렌지즙은 주스로 대신할 수 있고, 복숭아 퓨레는 미리 준비해 놓을 수 있다. 손님들이 도착하면 칠링한 샴페인을 피처에 넣고 섞기만 하면 된다.

블렌더를 써서 만든 칵테일은 손님이 서넛 이상일 경우 선택할 수 있는 비교적 빠르고 쉬운 또 다른 방법이다. 더 많은 손님에게 서빙할 수 있을 만큼 충분한 양을 만들 수 있는데, 밤새 칵테일 셰이킹에 시달리고 싶지 않다면 특히 그렇다. 만드는 시간을 줄이고 프로즌, 프루티 칵테일에 청량감을 더하기 위해서는 선택한 과일을 미리 잘라 사용할 준비가 될 때까지 냉동실에 보관하면 된다.

손님의 규모가 6~8명 이상이라면 펀치를 고려하자. 펀치는 많은 사람이 편안하고 여유롭게 즐길 수 있는 술이다. 칵테일을 따랐을 때 청량감이 유지되도록 만들기 전에 모든 재료를 미리 칠링해 두자. 일부 펀치는 미리 만들어 냉장 보관해 두면 편리하다. 펀치는 다채로운 색감의 술과 둥둥 떠 있는 과일을 뽐낼 수 있도록 아름답고 큰 유리그릇에 담으면 파티에 어울리는 우아한 장식이 된다. 화려하고 반짝이는 도자기 그릇도 좋은 선택이다.

########## **그 밖의 칵테일 및 음료** ##########

칵테일 파티에는 알코올 도수가 낮은 술을 선호하는 사람들을 위해 다양한 음료와 다과가 준비되어야 한다. 냉장고에서 차갑게 칠링한 맥주, 드라이한 화이트 와인, 레드 와인 몇 병을 선택하자. 칵테일을 적당히 마시고 싶은 손님이 있다면 알코올 도수가 낮은 칵테일을 대접한다. 캄파리 소다, 아니면 베이스 알코올 약간에 신선한 주스를 가득 넣고 설탕이나 단맛을 조금 더해 청량감이 넘치는 샴페인 또는 진저 에일처럼 탄산이 들어간 토퍼를 올린 상쾌한 쿨러 계열 칵테일도 좋은 선택이다. 손님 중 다수가 더 독한 칵테일을 즐길 수도 있지만, 술을 양껏 마시지 않겠다고 결정한 사람이 있을 수도 있다. 생수, 스파클링 워터, 스파클링 소다, 다양한 주스 등 무알코올 음료도 다양하게 준비해 모든 사람이 갈증을 해소할 수 있도록 하자.

오랑지나, 자메이카 진저 비어, 마르티넬리 스파클링 사이다 같은 다양한 탄산 음료는 샴페인이 버거운 사람들에게 축복과도 같다. 아니면 차갑게 칠링한 칵테일 글라스에 갓 짠 과일즙이나 주스를 넣고 이탈리아 시럽과 오르가트 시럽 몇 방울을 더한 다음 싱싱한 민트로 장식한 우아한 '목테일'을 선보여도 좋다.

∾ 술을 마셨다면, 운전이나 드라이빙은 물론 퍼팅도 하지 말도록.

– 딘 마틴

책임감 있게 즐기는 흥취

사려 깊은 호스트는 무알코올과 저알코올 음료를 적절한 비율로 준비할 뿐만 아니라 밤이 깊어질수록 오르는 손님들의 취기를 피할 수 있게 가벼운 칵테일과 음료를 제공해 에티켓과 접대의 훌륭한 기술을 선보인다. 모두 함께 즐거운 시간을 보낼 수 있는 방법이다.

물론, 당신이 여는 칵테일 파티는 손님에게 분명 즐겁고 신나는 기억으로 남겠지만, 집에 가기 전 행복해 보이는 표정은 분위기 때문이 아니라 술에 취해서일 수도 있다는 점을 기억하자. 운전할 만한 상태가 아닌 손님들을 주의 깊게 살피고, 필요하다면 차를 태워주거나 택시를 불러주는 센스를 발휘하도록.

음식 곁들이기

칵테일에는 항상 음식을 곁들이도록 하자. 잘 맞는 음식은 칵테일의 완벽한 반주가 될 뿐만 아니라 알코올을 흡수하는 근본적인 역할을 해 모든 사람에게 적절한 영양분을 공급하고 똑바로 서 있게 한다. 칵테일 파티는 균형을 맞추고 칵테일을 보완할 수 있는 전채요리, 타파스, 믹스너츠, 프레첼, 핑거푸드 등이 있으면 충분하다. 칵테일 냅킨이나 작은 접시에 담기 충분할 정도로 작거나 한입 크기면 이상적이다.

칵테일 파티 준비하기

칵테일 파티의 모든 요소가 순조롭게 진행되기 위해서는 파티 준비가 필수적이며, 이는 첫 번째 손님이 도착하기 전에 모든 재료를 갖추고 대비한다는 의미이다. 가니시를 모두 잘라두고, 과일즙을 짜놓고, 칵테일 잔을 설탕에 리밍하고, 필요한 잔을 칠링하고, 피처에 미리 섞어 차갑게 냉장고에 넣어 놓는다. 미리미리 준비해두면 파티가 본격적으로 시작되었을 때 편안하고 기분 좋게 즐길 수 있다.

---------- **신선한 과일즙 또는 주스** ----------

신선한 과일즙으로 여러분이 만드는 칵테일의 격이 달라진다. 노력을 들일 만한 가치가 있으며 손님들은 그 숭고한 칵테일을 홀짝이며 진심으로 감사해할 것이다. 신선한 과일즙은 미리 짜서 충분히 준비해 둬야 한다. 그래야 당신이 약속한 멋진 마르가리타나 다이키리를 점점 더 많은 사람이 초조하게 기다리는 동안 시트러스 즙을 다급하게 짜는 상황을 피할 수 있다.

시트러스 리머가 쓰기 편하지만, 대용량으로 만들어야 할 때는 전기 주서가 훨씬 더 낫다. 갓 짠 과일즙이 필요할 경우 신선한 착즙 주스는 훌륭한 대체품이 될 수 있으며, 과일이 동났을 때를 대비하기에도 좋다. 냉동 과일 농축액도 위기가 닥쳤을 때 전적으로 도움이 된다. 블렌더 칵테일이나 음료에 적합하며 냉동실에 편리하게 보관할 수 있다. 카이피리냐처럼 시트러스 과일을 머들링해 곁들인 칵테일을 대접할 계획이라면, 한 시간 정도 전에 과일을 웨지 형태로 미리 잘라 칵테일을 빨리 만들 수 있도록 한다.

---------- 와인 서빙 ----------

화이트 와인과 샴페인은 파티가 시작되기 몇 시간 전 냉장고에 넣어 차갑게 칠링한다. 경우에 따라 다르지만 보통 1인당 반병 정도의 와인이 필요하며 식사 전이나 식사 중에 서빙한다. 와인을 마시면서 자주 입을 헹굴 수 있도록 물 한잔도 함께 곁들이는 것을 잊지 말자.

화이트 와인과 레드 와인 둘 다 따를 수 있도록 적어도 두 종류의 와인 글라스를 준비하고, 샴페인이 있다면 샴페인 플루트 글라스도 미리 칠링해 두도록 한다.

---------- 글라스웨어 준비하기 ----------

글라스웨어는 칵테일을 돋보이게 하는 역할을 맡고 있으므로 반짝반짝 윤이 날 정도로 깨끗해야 한다. 플라스틱 잔은 색채감이 떨어지기 때문에 가급적 피하자. 유리잔에 담긴 칵테일이 훨씬 더 생동감 있어 보이고 음료를 차갑게 유지하는 데도 도움이 된다. 파티에 걸맞게 하얀 서리가 어린 잔을 준비하려면 냉장고나 냉동실(고급 크리스털 잔일 경우 깨질 수 있으니 냉동실은 피한다)에 공간을 만들어 잔을 미리 넣어둔다. 자리가 없거나 미리 칠링한 잔을 사용할 경우 빠르게 칠링하는 방법(53p)으로 준비한다.

대략 몇 잔 정도의 글라스가 필요할지 계산해보는 센스도 발휘해야 한다. 어울리지 않는 잔을 써야 할 상황을 피할 수 있도록 보통 한 사람당 적어도 두 가지 스타일의 잔을 준비하는 게 좋다. 대규모 파티를 위해 다양한 스타일, 많은 수량, 적당한 가격을 갖추고 있는 주방용품 매장을 찾아보자. 아니면 파티용품점에서 잔을 대여할 수도 있다.

########## **얼음 준비하기** ##########

　　냉동실에 얼음을 항상 충분히 준비해두도록 한다. 얼음은 멋진 칵테일 파티를 완성하기 위해 꼭 필요하면서도 값이 나가지 않는 재료이다. 파티 중에 얼음이 부족하지 않도록 냉동실에 아이스 큐브와 비닐 백에 담은 크러시드 아이스를 넉넉히 준비해서 칵테일에 필요할 때마다 쓸 수 있게 한다. 대규모 이벤트라면 쿨러에 얼음을 가득 채워둔 다음, 빠르고 쉽게 꺼내 쓸 수 있도록 가까이에 둔다.

　　펀치 계열 칵테일에는 큰 얼음덩어리가 가장 적합하다. 작은 금속 팬, 그릇, 플라스틱 용기, 좀 더 축제 분위기를 내고 싶다면 번트 팬 등에 정수한 물을 채운 다음 얼려서 쉽게 만들 수 있다. 또한 과일이나 식용 꽃을 함께 얼려 아이스 블록이나 아이스 링을 만들 수도 있다.

########## **가니시 준비하기** ##########

　　우아한 마티니, 열대의 향취가 느껴지는 블렌더 칵테일, 톨 쿨러나 피지 쿨러 등 이벤트에 맞게 선택하는 칵테일에 따라 가니시는 작지만 칵테일 파티의 분위기를 좌우할 수 있다. 사람들은 시각적으로 감탄하는 것을 좋아하므로, 가니시로 이벤트의 테마를 떠올릴 수 있도록 창의력을 마음껏 발휘해 보자.

　　식용 꽃은 이국적인 느낌을 주며 무더운 열대 지역의 로맨스가 떠오르는 환상적인 느낌을 더한다. 우아하고 섬세한 긴 스파이럴 필은 맑게 반짝이는 마티니에 도시적인 느낌을 주기도 하고, 정교한 꽃과 과일을 더하면 트로피컬 테마에 딱 맞는 가니시가 되기도 한다. 때때로 가니시는 칵테일 위에 띄운 향기롭고 신선한 민트 줄기나 청량하면서도 우아한 얇은 시트러스 슬라이스처럼 단순할 수도 있다.

　　가니시는 칵테일을 만들기 한 시간 전쯤 미리 잘라두고, 필요하다면 칵테일 픽에 꽂아 냉장고에 보관한다. 너무 일찍 준비하면 과일이 시들거나 마르고 갈변될 수 있다.

칵테일을 위한 세팅

주방 한편이든 파티룸이든 장소에 상관없이 당신의 '홈 바'는 언제고 칵테일을 만들 준비가 되어 있어야 한다. 레트로 스타일의 유리로 만든 마티니 피처와 스티어, 크롬 재질의 덮개가 있는 진공 아이스 버킷, 껍질을 쉽게 벗길 수 있는 제스터 등 바에 그럴듯한 도구를 갖춰 놓고 싶을지도 모르겠다. 하지만 내 경험에 비추어 볼 때, 바 세팅을 위한 도구는 꼭 필요한 몇 가지가 전부다. 칵테일 셰이커, 지거, 잘 드는 패링 나이프, 휴대용 착즙기, 좋은 블렌더 및 가니시를 위한 도마, 바 스푼, 각양각색의 바 타월 같이 기본적인 바 도구로도 충분히 정교한 칵테일을 만들 수 있다.

집게가 같이 있는 아이스 버킷은 시각적으로도 세련되어 보일 뿐만 아니라 소규모 파티에서 칵테일을 대접할 때 기능적으로도 편리하며, 손님들이 물이 흥건한 얼음을 손으로 한 움큼 잡는 상황을 피하게 해준다.

독창적인 가니시, 창의력이 풍부한 초대장, 적절한 메뉴, 분위기에 맞는 음악 그리고 무엇보다 완벽한 칵테일에 자신만의 독특한 개성을 불어넣은 파티를 열어보자. 하지만 가장 중요한 것은 칵테일 파티를 느긋한 태도로 즐기는 것임을 잊지 말자.

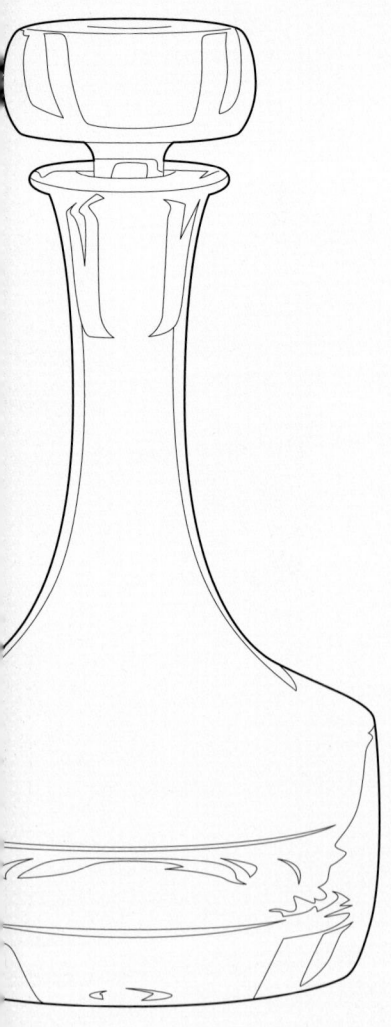

디캔터

V

베이스 증류주 & 칵테일 및 음료

맥주 & 사케
브랜디
샴페인 & 스파클링 와인
진
리큐어
리큐어와 비터스 용어 사전
럼
테킬라

보드카
위스키
와인 & 강화 와인
핫 드링크
펀치
슈터
무알코올 음료
숙취 해소용 칵테일과 픽미업

SPIRITS & DRINKS

5장

TO OVER 1,000 COCKTAILS

beer & sake / brandy / gin / rum / tequila / vodka / whiskey / sparkling wine

맥주 & 사케

맥주

> 미래의 볼링장에는 대여용 신발을 신겨주고 공을 던져주는 기계도 있을 겁니다. 여러분은 그냥 맥주만 마시면 된다니까요.
> — 데이브 베리(미국 코미디언)

곡물로 만들어 홉의 풍미가 가득한 양조주인 맥주는 가장 오래된 형태의 발효 음료 중 하나이다. 6000년 전 고대 이집트인이 처음 양조해 즐기기 시작한 후 점차 다른 고대 문화로 퍼져나갔다. 초기 맥주는 오늘날 우리에게 친숙한 맥주와는 많이 다르다. 15세기가 되어서야 네덜란드인이 맥주 특유의 향과 쓴맛을 내는 풍미는 물론 부패를 방지하는 홉을 맥주 양조, 즉 브루잉의 중요한 요소로 첨가하게 되었다. 스코틀랜드 위스키도 거슬러 올라가면 맥주에 그 뿌리를 두고 있는데, 보리 맥아를 으깨고 발효시켜 만든 기본적인 맥주의 증류주로 볼 수 있다.

현대 맥주의 시작은 1295년 바이에른과 보헤미아로 거슬러 올라간다. 당시 바츨라프 왕은 체코 플젠의 모든 시민에게 보헤미안 홉으로 집에서 맥주를 양조할 수 있는 권리를 부여했다. 1516년 즈음부터 독일이 질 좋은 맥주를 생산하기 시작했고, 바이에른 공국의 빌헬름 4세가 내린 맥주순수령은 지금까지도 여전히 지켜지고 있다. 풍부한 브루잉 역사와 함께 독일은 꾸준히 프리미엄 라거와 에일을 만들고 마음껏 즐긴다. 독일보다 맥주를 더 많이 마시는 나라는 체코가 유일하다. 아일랜드와 영국은 로버스트 포터와 스타우트, 독일은 대량 생산하는 고급 밀 맥주로 유명하며 벨기에 라거는 많은 이의 찬사를 받는다. 미국에서는 고급 보스턴 라거를 생산하는 사무엘 아담스 같은 프리미엄 맥주 브랜드부터 '크래프트 비어'라고 불리는 인기 많은 마이크로 브루잉 맥주까지, 완벽하면서도 복잡 미묘함을 지닌 고품질 맥주를 생산한다.

맥주나 에일 주조는 색과 맛을 내기 위해 다양한 온도에서 구워낸 보리 맥아, 즉 몰트부터 시작한다. 낮은 온도로 구우면 몰트 색이 옅고, 더 오랫동안 구울수록 점점 진한 색을 띠며 쓴맛이 강해진다. 이렇게 구운 몰트를 갈아서 으깬 다음 홉을 첨가하면 '워트'라고 불리는 액체가 만들어진다. 홉은 부패를 막아줄 뿐만 아니라 몰트의 달콤함과 씁쓸함 사이 풍미의 균형을 잡아주는 역할을 한다. 워트는 에일이 될지 맥주가 될지를 정하는 특정 유형의 효모를 첨가해 발효시킨다. 발효조 아래에서 낮은 온도로 발효하는 '하면 발효 방식'을 거치면 라거, 발효조 윗부분에서 더 높은 온도로 발효하는 '상면 발효 방식'을 거치면 에일이 된다. 발효 후 최소 2~4주간의 냉각 및 저장 기간이 지나면 맥주를 거르고 병에 담아 보통 저온 살균(특히 캔맥주) 과정을 거쳐 완성한다.

라거와 에일은 발효 과정뿐만 아니라 맛과 질감에도 차이가 난다. 에일은 높은 온도에서 브루잉해 보통 더 진하고 씁쓸한 맛이 나며, 라거보다 탄산이 약간 적고 알코올 함량이 높다. 라거는 '저장'을 뜻하는 독일어 명칭에서 알 수 있듯이 부드럽게 발효시키기 위해 냉각기에서 에일보다 더 오랜 기간 숙성시킨다. 미국에서는 옅은 색을 띤 가벼운 바디감의 라거가 인기가 많다.

---------   라거   ---------

라거는 하면 발효 과정을 거쳐 에일보다 저온에서 오랫동안 숙성 또는 저장해 만든 맥주로 풍미와 바디감이 가볍다. 미국 라거가 좀 더 옅은 색과 약한 맛을 띠는 경향이

있으며, 바디감이 풍부한 황갈색의 라거도 많다. 지금부터 다양한 라거를 살펴보자.

필스너 Pilsner 진정한 필스너 비어는 체코 플젠에서 브루잉한 맥주로 밝은색에 드라이한 바디감을 가진 라거이다. 다른 곳에서 생산된 필스너 맥주는 단순히 스타일만 따라 만들었을 뿐이다. 미국산 라이트 라거가 필스터 스타일 맥주의 대표적인 예로, 옅은 색과 약간의 풍미를 가진다.

복 Bock 복 비어는 진한 풍미에 어두운 호박색을 띠며 풀바디감과 달고 묵직한 몰트의 맛이 느껴진다. 달콤한 맛이 느껴지는 복도 있고, 그 중에는 더블 복 비어 또는 도플 복 비어 같이 더 강렬하고 묵직하며 단맛이 나는 버전도 있다. 아이스 복(eisbock 또는 ice bock)은 복을 얼려서 농축해 만든다. 물을 얼리면서 제거하면 알코올 함량이 높아져 고도수의 맥주가 된다. 살짝 달콤하면서도 몰트 특유의 맛이 느껴지는 메이 복은 봄에 만들며, 옥토버페스트를 위한 약간 더 진한 복 비어인 메르첸은 3월에 만들어 여름 내내 숙성시킨다.

라우흐비어 Rauchbier 스카치와 비슷하게 연기처럼 매캐한 맛이 나는 '훈연 맥주'로 나무나 이탄 불에 말린 맥아로 독특한 풍미를 띤다.

몰트 리커 Malt liquor 법에 따라 알코올 함량이 너무 높아 맥주로 정의할 수 없는 모든 종류의 몰트 음료를 의미한다. 예를 들어 발리 와인은 달콤한 영국식 에일 맥주로 어두운색에 진한 풍미와 시럽처럼 걸쭉한 질감을 가졌으며, 보통 14%에 달하는 매우 높은 알코올 함량을 지니고 있어 몰트 리커로 분류한다.

라이트 비어 Light beer 이 용어는 국가별로 다르게 사용한다. 유럽에서는 옅은 색과 짙은 색 라거를 구별하는 데 쓰며, 미국에서는 열량이 낮고 알코올 함량이 적은 맥주를 의미한다.

아이스 비어 Ice beer 액체가 얼 정도로 낮은 온도에서 저장 또는 숙성시킨 맥주이다. 수분이 얼면서 농축된 맥주는 알코올 도수가 약 13%까지 올라간다.

언더 라거 Under lagers 일반적인 미국식 맥주보다 좀 더 복합적인 미국식 마이크로 브루잉 스타일의 라거로, 보통 호박색에 진하고 풍부하며 달콤한 풍미로 필스너보다는 복 비어에 더 가깝다.

---------- 에일 ----------

에일은 상면 발효 과정을 거쳐 생산되며, 보통 묵직한 홉의 풍미와 함께 풀바디감을 선사한다. 대중적으로 널리 알려진 영국의 비터나 앰버 에일부터 독일과 벨기에의 위트 에일까지 종류가 다양하다.

엠버 에일 Amber ale 스타일이 다양하며 보통 라거보다 바디감이 무겁고, 옅은 호박색에서 진한 황갈색을 띤다. 묵직한 홉의 풍미를 느낄 수 있다.

비터 Bitter 앰버 에일로도 알려져 있다. 홉의 톡 쏘는 맛과 씁쓸한 풍미가 두드러진다.

브라운 에일 Brown ale 달콤하고 진한 갈색빛을 띤다.

크림 에일 Cream ale 가벼운 바디감을 선사하는 에일로 가끔 라거와 블렌딩하기도 한다. 알코올 도수가 낮다.

마일드 에일 Mild ale 홉의 풍미를 가볍게 즐길 수 있는 짙은 색에 단맛이 나는 에일이다.

올드 에일 Old ale 이름이 말하듯, 이 어둡고 달콤한 셰리 같은 에일은 캐스크에서 1년 이상 장기간 숙성시키거나 효모를 추가해 병에서 숙성시킨다.

페일 에일(또는 인디아 페일 에일, IPA) Pale ale 가벼운 홉의 풍미를 느낄 수 있는 옅은 금색의 에일이다.

포터 Porter 가벼운 바디감을 가진 진하고 풍부한 색의 에일로, 알코올 도수가 낮은 스타우트라고 볼 수 있다. 풍성한 커피 같은 풍미를 가진 영국식 에일이다.

스카치 에일 Scotch ale 스코틀랜드에서 브루잉한 살짝 단맛이 돌고 가벼운 홉의 향과 묵직한 몰트의 풍미를 느낄 수 있는 에일이다.

스타우트 Stout 영국에서 유래한 스타우트는 진하게 로스팅한 검게 볶은 곡물로 만든 묵직한 바디감과 검은색을 띤 에일이다. 몰트의 풍미와 홉의 향을 강하게 느낄 수 있으며 알코올 도수가 높다. 스타우트는 세 가지 스타일로 분류한다. 원래 러시아의 차르를 위해 브루잉했던 임페리얼 스타우트는 매우 진하고 드라이한 풍미에 단맛이 나지 않는다. 아이리시 스타우트는 쓴맛이 강하며 볶은 보리의 풍미가 진하게 느껴진다. 밀크 스타우트는 이름에서 알 수 있듯이, 아이리시 스타우트보다 부드럽고 달큰하다.

트라피스트 에일 Trappist ale 중세 시대 네덜란드와 벨기에 수도원의 트라피스트 수사들이 만들기 시작한 에일로 풍미가 가득하고 과일 향이 나며 진한 호박색을 띤다. 알코올 도수가 높다

---------- 벨기에 에일 ----------

벨기에 에일은 독특한 범주에 속한다. 램빅 스타일로 밀과 보리를 사용해 상면 발효 방식으로 만들며 공기에 노출 시켜 외부의 야생 효모가 자연스럽게 닿도록 한다. 대체로 시큼한 맛이 두드러지지만, 청량감과 단맛이 느껴지는 파로 램빅, 올드 램빅과 영 램빅을 미묘하게 블렌딩해 와인 같은 풍미가 느껴지는 괴즈 램빅도 있다. 과일 향이 더해진 램빅도 있는데 프람부아즈 램빅은 라즈베리, 크릭 램빅은 체리를 넣어 만든다.

---------- 위트 비어 ----------

바이스 비어, 바이젠 비어, 화이트 비어 등으로 불리는 독특한 스타일의 위트 비어는 바이에른에서 유래되었으며, 상면 발효 방식으로 브루잉하기 때문에 엄밀히 따지면 에일로 분류한다. 밀과 보리 맥아로 만들며 밝고 옅은 색과 가벼운 홉 향에 살짝 톡 쏘는 맛이 난다. 위트 비어에는 기본적으로 세 가지 종류가 있다.

헤페바이젠 Hefeizen 독일어로 '효모-밀'이라는 의미로 필터링을 거치지 않고 병에서 두 번째 발효를 거쳐 효모가 풍부하다.
크리스탈바이젠 Kristalweizen 효모를 필터링해 맑고 깔끔한 맛이 난다.
프루트 위트 비어 Fruit wheat beers 과일과 함께 브루잉한 위트 비어이다.

########## **맥주를 서빙하고 즐기는 법** ##########

맥주는 숙성에 적합한 술이 아니다. 병맥주는 6개월(캔맥주는 3개월) 정도 지나면 신선도가 떨어지므로 구입 즉시 가능한 한 신선한 상태로 마시는 게 좋다. 빛과 온도에 영향을 받으므로 서늘하고 어두운 곳에 두는 게 좋으며 냉장 보관이 가장 이상적이다. 라거처럼 가벼운 스타일의 맥주는 대부분 7℃ 정도의 온도로 칠링해 서빙한다. 더 차가워지면 맥주가 탁해지고 풍미가 사라진다. 맛과 향이 더 강한 에일의 경우 13℃ 정도의 온도로 서빙해야 보다 복잡미묘한 풍미를 적절히 느낄 수 있다.

영국인은 에일을 상온으로 즐기지만 보통 맥주나 에일을 얼음처럼 차갑게 해서 마시는 미국인의 입맛에는 약간 뜨뜻미지근하게 느껴진다. 더운 여름날 청량하게 들이키는 필스너 스타일의 라거가 여전히 많은 사람에게 사랑받고 있지만, 페일 에일과 앰버 에일, 특히 마이크로 브루어리에서 나오는 수제 맥주 등도 인기를 끌고 있다.

맥주는 대개 유리로 만든 비어 머그, 필스너 글라스, 스테인 글라스 그리고 무엇보다 냉동실에 넣어두었다가 바로 꺼내 하얗게 서리가 어린 글라스에 서빙한다. 맥주를 잔 가운데에 부으면 거품이 일면서 맥주의 다채로운 풍미를 느낄 수 있다.

맥주 칵테일

사람들은 대부분 맥주를 그대로 즐긴다. 맥주로 만든 칵테일은 대개 이것저것 섞어 마시다 보니 음미하게 된 축에 속한다. 하지만 맥주 칵테일의 기원은 한참 거슬러 올라가며 수 세기에 걸친 찬란한 맥주의 역사 속 한 부분을 차지하고 있다.

에일 플립 Ale Flip

신선한 레몬즙이나 레몬주스 1oz
차갑게 칠링한 에일 12oz
다진 생강 한 꼬집
설탕 1TBS
계란 노른자 1개
브랜디 1oz

소스 팬에 에일 2oz(60㎖), 레몬즙, 설탕, 다진 생강을 넣고 설탕이 녹을 때까지 적당한 불로 가열한다. 작은 그릇에 브랜디를 따르고 계란 노른자를 섞는다. 달궈진 내용물을 계란 노른자와 브랜디를 섞은 그릇에 넣고 부드러워질 때까지 젓는다. 맥주잔에 부은 다음 남은 에일을 천천히 따르고 스터링한다.

비어 버스터 Beer Buster

냉동실에 넣어 차갑게 칠링한 보드카 1½oz
타바코 소스 2-3 대시
차가운 라거나 에일 8-12oz

칠링한 맥주잔에 보드카와 타바코 소스를 섞은 다음 맥주에 천천히 따른다.

블랙 앤 탄 Black and Tan

클래식 맥주 칵테일로 항상 같은 양의 검은색 스타우트 계열 맥주와 갈색이 도는 페일 에일이나 라거 계열 맥주를 섞어 만들기 때문에 가끔 '하프 앤 하프'라는 적절한 이름으로도 불린다.

라거 계열 맥주 또는 페일 에어 6oz
스타우트 계열 맥주 6oz

칠링한 맥주잔에 라거 계열 맥주를 천천히 따르고 스타우트 계열 맥주를 천천히 더한다.

블랙 벨벳 Black Velvet 1861년 알버트 왕자의 죽음을 기리기 위해 만든 칵테일로 탄산 기포가 어마어마한 조합이다. 은색 탱카드 잔에 서빙한다.

기네스 또는 아이리시 스타우트 8oz
차가운 샴페인 4oz

차갑게 칠링한 비어 머그, 탱카드 잔, 콜린스 글라스 등에 스타우트를 천천히 따른다. 샴페인을 서서히 더한 다음 부드럽게 스터링한다.

블랙 벨베틴 Black Velveteen
블랙 벨벳과 비슷하지만 샴페인 대신 하드 사이더를 넣어 만든다.

스타우트 6oz
하드 사이더 6oz

스타우트와 사이더를 차가운 비어 머그나 톨 글라스에 천천히 따른다.
베리에이션 : **스네이크 바이트**(Snake Bite)는 스타우트를 에일이나 라거로 대체한다.

블러디 브루 Bloody Brew 블러디 메리의 변형 칵테일로 홉의 풍미가 더 진하게 느껴진다.

보드카 1½oz
토마토 주스 4oz
차가운 맥주 4oz
타바코 소스 1대시
딜 피클 스피어

얼음을 채운 하이볼 글라스에 보드카와 토마토 주스를 따른다. 맥주와 타바스코 소스를 각각 천천히 더하고 부드럽게 스터링한다. 피클 스피어 가니시로 장식한다.

보일러메이커 Boilermaker 1920년대 등장한 마초스러운 칵테일로 크고 증기를 내뿜는 괴물 같은 보일러를 수리하던 사람들의 이름을 적절하게 따왔다. 테네시 사워 매시, 버번, 아이리시나 블렌디드 캐나다 위스키 등 좋아하는 위스키라면 뭐든 베이스로 써도 괜찮다.

위스키 1½oz
차가운 라거 또는 페일 에일 8oz

샷 글라스에 위스키를, 칠링한 비어 머그에 맥주를 각각 따른다. 위스키를 한입에 털어 넣고 바로 이어서 체이서(독주를 마신 다음 먹는 음료)처럼 맥주를 마신다. 아니면 위스키가 담긴 샷 잔을 맥주가 있는 비어 머그에 떨어뜨린 다음 마신다.

베리에이션 : 스피릿 샷을 마신 뒤 먹는 맥주는 언제나 클래식 체이서 역할을 한다. 위스키 대신 테킬라, 알싸한 풍미의 보드카, 슈냅스 등 취향에 맞는 스피릿을 골라 다양한 베리에이션을 즐겨 보자.

뎁스 차지 Depth Charge

페퍼민트 슈냅스 1½
차가운 에일 또는 라거 12oz

칠링한 비어 머그에 슈냅스를 따르고 맥주를 천천히 더한다.

베리에이션: 프렌치 뎁스 차지 슈냅스 대신 쿠앵트로 1oz를 샷 글라스에 따른 후 맥주가 담긴 비어 머그에 떨어뜨려 마신다.

도그 노즈 Dog's Nose

대개 페일 에일을 선호하지만, 풍부한 포터 맥주도 좋은 선택지다.

차가운 에일 12oz
진 1oz

차가운 비어 머그에 에일을 천천히 따른 후 진을 더한다. 또는 진을 칠링한 샷 글라스에 따른 후 맥주가 담긴 비어 머그에 떨어뜨려 마신다.

라거 앤드 블랙 Lager and Black

블랙커런트 시럽 1½oz
차가운 라거 12oz

칠링한 비어 머그에 시럽을 넣고 라거를 천천히 따른다.

베리에이션: **라거 앤드 라임**(Lager and Lime)은 블랙커런트 시럽 대신 로즈 라임 주스를 넣는다. **스타우트 앤드 블랙**(Stout and Black)은 라거 대신 스타우트를 넣는다.

레몬 탑 Lemon Top

차가운 에일 또는 라거 12oz
차가운 레몬-라임 소다 2oz

칠링한 비어 머그에 에일을 천천히 따르고 그 위에 소다를 더한다.

미첼라다 Michelada

조금 느슨하게 번역하면 '나의 차가운 맥주'라는 의미로 뜨거운 여름날 시원하게 즐기는 멕시코의 클래식 맥주 칵테일이다. 테킬라나 타바스코 소스를 더하는 등 다양한 베리에이션이 있지만, 시트러스 과일, 소금, 얼음을 더한 맥주는 꼭 들어간다. 다음 몇 가지 버전을 소개한다.

미첼라다 #1

라임 웨지

코셔 소금

퍼시피카나 코로나 같은 차가운 멕시칸 라거 12oz

라임 웨지로 칠링한 필스너 글라스의 가장자리를 문지른 다음 코셔 소금을 묻혀 리밍한다. 글라스에 얼음을 채우고 라임 웨지는 즙을 짠 다음 잔에 넣는다. 맥주를 천천히 따른다.

미첼라다 #2

신선한 레몬 주스 4oz

소금 1 ts

테킬라 1½oz

퍼시피카나 코로나 같은 멕시칸 라거 12oz

얼음을 채운 비어 머그에 레몬주스를 붓는다. 소금과 테킬라를 넣고 저어서 섞어준 다음 맥주를 천천히 따른다.

미첼라다 #3

라임 반 조각 (키 라임이라면 더욱 좋다)

코셔 소금

우스터 소스 2 대시

간장 1 대시

타바스코 소스 1 대시

블랙페퍼 한 꼬집

네그라 모델로 같은 멕시칸 흑맥주 12oz

라임 반 조각으로 칠링한 비어 머그의 가장자리를 문지른 다음, 코셔 소금을 묻혀 리밍한다. 글라스에 얼음을 채우고 라임즙을 짜 넣는다. 우스터 소스, 간장, 타바스코 소스,

블랙페퍼를 차례로 더한다. 맥주를 천천히 따른 뒤 부드럽게 스터링한다.

레드 아이 Red Eye

토마토 주스 3oz
에일 또는 라거 12oz

칠링한 머그 비어에 토마토 주스를 넣고 에일을 천천히 따른다.

샌디 가프 Shandygaff 19세기 후반 영국에서 등장한 칵테일로 맥주 1파인트를 뜻하는 런던 슬랭인 '산트 가터(shant of gatter, 산트 혹은 산터는 펍, 가터는 물을 의미한다)'에서 유래한 것으로 추정된다. 이 '펍 워터'는 맥주의 도수를 낮추는 참신한 방법이었다. 진저 에일은 쌉싸름한 향이 더 강한 진저 비어로 대체할 수 있다.

차가운 진저 비어 6oz
차가운 라거 또는 페일 에일 6oz

칠링한 비어 머그에 진저 비어를 따른 후 라거를 천천히 더해준다.
베리에이션 : 샌디(Shandy)는 진저 비어 대신 레모네이드 또는 레몬 라임 소다를 넣는다.

스타우트 생거리 Stout Sangaree 맛과 향이 진하며 묵직한 바디감이 특징이다.

심플 시럽 2 ts
스타우트 12oz
루비 포트 2oz
갓 간 넛맥 가루 한 꼬집
시나몬 가루 한 꼬집

칠링한 비어 머그에 심플 시럽을 넣고 스타우트를 거품이 충분히 일도록 천천히 따른다. 루비 포트를 위에 띄우고 넛맥과 시나몬 가루를 뿌리면 완성이다.

사케

고급 일본 술인 사케는 오래전부터 전해진 주조 방식에 따라 만든다. 사케는 청주도, 증류주도, 과실주도 아닌 맥주 같은 발효주다. 지극히 자연스러운 방식으로 빚어낸 술로 곡물(쌀)을 발효해 맑고 탄산이 없으며, 알코올 함량이 15~16% 정도로 맥주보다 높은 편이다.

좋은 사케는 쌀, 물, 효모, 기후, 지역 등 모든 요소를 결합하는 데 중요한 기술적 전문 지식을 가진 토우지(杜氏)라고 불리는 사케 양조 기술자가 세세한 부분까지 심혈을 기울이는 복잡한 방식으로 만든다. 사케를 빚는 과정은 아주 단순한 용어로 설명하자면, 일단 쌀을 씻고 찌는 것부터 시작한다. 효모와 녹말을 용해하는 누룩, 즉 코지를 첨가해 시코미(shikomi)라는 발효 과정을 거친다. 며칠 동안 찐 쌀, 물, 코지를 첨가하는 과정을 세 번 반복한다. 이렇게 만들어진 걸쭉한 술덧인 모로미(moromi)를 특정 풍미를 내기 위해 발효 온도를 조정해 가며 2주에서 한 달 정도 발효한다. 발효가 끝나면 압착, 여과, 혼합과정을 거친다.

최고급 사케는 정미한 쌀, 물, 코지 세 가지 재료만 써서 만들며, 준마이 슈 또는 맑은 청주가 된다. 사케는 약 80%가 물이기 때문에 양질의 물과 쌀을 사용하는 것이 핵심이다. 일부 사케는 방부제 역할을 하는 뉴트럴 알코올을 첨가하기도 한다. 술덧은 대부분 기계로 압착해 걸러내지만, 고급 사케를 주조하는 양조장에서는 더 전통적인 방식을 선호한다. 천으로 만든 자루에 술덧을 넣고 짜거나 액체가 걸러져 흘러나오도록 매달아 두어 맑고 신선한 사케를 추출한다.

사케는 대부분 주조 과정에서 적어도 한 번 이상은 저온 살균 과정을 거치며, 일부는 숙성 후에 박테리아를 제거하고 맛과 색이 변하지 않도록 다시 한번 열처리를 한다. 나마자케(生酒)는 살균 과정을 생략한 사케로 이름에 걸맞게 효모 본연의 풍미를 느낄 수 있으며, 병입 후에도 발효가 지속하므로 냉장 보관이 필수다. 사케는 대부분 맛과 향이 부드럽기 때문에 와인과는 달리 숙성 기간이 6개월을 넘지 않는다. 병에서 잘 숙성되지도 않으니 보통 출하 이후 7~8개월 내에 마시는 게 좋으며, 1년 이상 된 사케라면 굳이 마실 필요가 없다.

사케는 양조 방법과 정미율에 따라 다섯 가지 기본적인 종류로 나눈다. 도정을 거치지 않은 현미부터 특정 비율로 정미한 쌀까지 다양하다. 쌀을 깎아내는 양, 즉 정미율은 사케의 맛에 영향을 준다. 나마자케를 제외한 사케는 대부분 맛과 향이 비슷해서 미묘한 차이를 분별하기가 어렵다. 보통 긴조를 프리미엄급 사케로 치며, 바로 아래 긴조의 품질과 풍미에 가까운 고급 사케 혼조조와 준마이가 있다.

준마이 슈

이름 그대로 다른 곡물, 녹말, 양조 알코올 등을 첨가하지 않고 쌀만 주원료로 빚은 순미주(純米酒)이다. 정미율이 최소 70% 이하인 쌀로 만들며, 다른 사케보다 바디감이 풍부하고 살짝 톡 쏘는 향이 특징이다.

혼조조 슈

혼조조슈는 정미율 70% 이하인 쌀로 빚으며 양조 알코올인 주정을 소량 첨가한다. 남아 있는 곡물의 양이 많아 긴조 슈보다는 묵직하고 준마이 슈보다는 가벼운 풍미가 느껴진다. 주정을 첨가해 향기롭고 쌉싸름한 흙내음이 느껴진다. 사케를 데워 마시는 걸 선호한다면 혼조조 슈는 더없이 완벽한 선택이다.

긴조 슈

긴조 슈는 섬세하고 가벼운 사케로 정미율 60% 이하의 쌀로 빚는다. 일반적인 긴조 사케는 양조 알코올을 소량 첨가하지만, 준마이긴조의 경우 주정을 생략하고 만든다. 복잡하고 특별한 제법으로 빚는 고급 사케로 풍성하고 향기로운 것이 특징이다.

다이긴조 슈

다이긴조 슈라는 이름이 붙으려면 쌀을 적어도 50% 이하의 정미율로 깎아내 빚어야 한다. 양조 알코올을 첨가하면 일반적인 다이긴조가 되며, 주정을 생략할 경우 준마이다이긴조가 된다. 둘 다 매우 향기롭고 묵직한 풀바디감을 선사한다.

나마자케

주조 과정에서 저온 살균 과정을 생략한 사케로, 위에서 언급한 어떤 스타일로도 만들 수 있다. 사케 본연의 신선하고 생생한 풍미를 유지하기 위해 반드시 차갑게 냉장 보관해야 한다.

그 밖의 사케

니고리자케

단맛이 느껴지는 니고리자케는 거르기 과정을 생략한 사케로 '카슈'라 부르는 침전물이 들어 있어 흔들면 색이 탁해진다. 브랜드별로 품질이 조금씩 다르다. 약간 낮은 품질의 브랜드는 탁주의 풍미를 더하기 위해 발효 과정이 끝난 다음 술지게미를 다시 첨가하기도 한다.

나마

니고리자케와 비슷하게 거르기 과정을 생략하지만, 나마는 거기에 더해 술지게미를 제거한다. 일반적으로 저온 살균 과정을 거치지 않기 때문에 만약 미국에서 나마 사케를 발견한다면 이미 열처리가 되어 있을 가능성이 크다. 일부 나마 사케는 활성 효모로 인한 탄산이 함유되어 있다.

고급 사케는 대부분 맑은 색을 띠거나 무색이지만, 요즘은 느슨한 여과 과정으로 탁한 빛이 도는 사케도 시장에서 종종 볼 수 있다. 모모카와 펄 사케가 그 대표적인 예로 일본의 전통적인 신선하고 여과되지 않은 사케를 모방해 미국에서 생산한다. 사케는 달콤하거나 드라이한 맛, 부드럽거나 톡 쏘는 향 등 풍미가 다양하며 다른 술에 비해 비교적 가벼운 편이지만, 그 안에서도 묵직함에서 섬세함까지 스펙트럼이 넓다. 꽃과 과일 향이 느껴지는 사케, 쌉싸름하면서도 고소한 풍미의 사케, 쌀 본연의 풍미가 느껴지는 맑은 사케 등 어떤 취향이든 만족할 만큼 다양한 사케가 존재한다. 가성비가 좋은 미국산 하쿠산 사케, 적당한 가격의 고급 미국산 모모카와 다이아몬드 준마이긴조부터 일본에서 건너온 하이엔드 슈퍼 프리미엄급 하쿠류 다이긴조까지 수입 사케와 미국 내에서 생산한 사케 모두 다양한 품질을 제공한다. 많은 사케 애호가들은 은은한 시트러스 향이 풍기는 니고리 드리미 클라우드, 열대 과일의 풍미가 느껴지는 데와자쿠라 이즈미 주단과 같은 탁주 역시 천천히 홀짝이며 즐기기에 좋은 사케로 꼽는다.

사케를 서빙하고 즐기는 법

사케는 사자마자 마시는 게 가장 좋으며 반드시 서늘하고 빛이 닿지 않는 어두운 곳에 보관하거나 냉장 보관해야 한다. 와인과 마찬가지로 병을 여는 순간부터 공기가 닿기 시작해 맛과 향이 바뀐다. 막 딴 술이 가장 즐기기 좋지만 사케가 남았다면 냉장고에 보관하고, 다음 날이나 적어도 이틀 안에는 모두 마시도록 한다.

일반적으로 사케는 데워서 내놓는 것이 널리 알려진 방법이지만 모든 사케가 그런 식으로 소비되지는 않는다. 긴조 같은 고급 사케는 데우면 오히려 맛과 향이 흐려지므로 지나치지 않게 살짝 시원한 정도로 칠링하거나 실온으로(특히 준마이의 경우) 내놓는 것이 가장 좋다. 그런데도 굳이 데워 마시기를 고집한다면, 혼조 슈가 적절하며 체온보다 약간 높은 38℃ 정도로 덥힌다.

사케는 전통적으로 큰 사케용 술병에서 작은 일본식 도자기 잔에 술을 따르는 방식으로 서빙한다. 일본만의 독특하고 매력적인 사회적 의식처럼 행해지는 이런 서빙은 사케가 최음제로 일컬어지기도 하는 명성에 책임이 있기도 하다. 아주 자그마한 사케 잔은 곧 큰 술병에서 술을 계속 따라 마셔야 한다는 의미이며, 술을 따르는 호스트는 병을 양손으로 잡고, 술을 받는 사람은 한 손으로 잔 바닥을 받친 상태에서 다른 한 손으로는 잔 주위를 감싸 들어 올린다.

사케 칵테일

사케 전문가 대다수는 이토록 맑게 빚어낸 술을 칵테일 베이스로 쓰려는 생각조차 신성모독이라고 여기지만, 창의적인 칵테일 바의 세계에서 사케는 이제 새로운 선망의 대상이다. 사케 레몬 드롭이나 사케 코스모 같은 클래식 칵테일의 베리에이션부터 완전히 다른 새로운 칵테일에 이르기까지, 무궁무진한 가능성을 지닌 사케 칵테일은 어쩌면 독창성이라는 빙산의 일각에 불과할지도 모르겠다. 그레이프프루트, 레몬, 블랙 라즈베리, 배와 같은 식물성 풍미를 사케에 입힌 혁신적인 인퓨전은 샷으로 즐길 수 있다. 사케는 알코올 함량이 낮아 도수가 낮은 칵테일이 필요할 때 좋은 대안이 될 수 있으며, 보통 다른 술에서 숙취를 유발하는 미량 성분인 착향료가 거의 없다.

사케티니(Saketini) 주조에는 일반적으로 프리미엄 사케가 어울리지만, 다양한 풍미를 선사하는 사케 칵테일 대부분은 가성비가 좋은 적당한 가격의 사케면 충분하다. 오제키나 하쿠산처럼 국내(미국)에서 여과 과정을 거쳐 생산한 사케는 좀 더 드라이한 칵테일 주조 베이스에 적합하며, 여과 과정을 거치지 않은 니고리 스타일의 사케는 과일의 풍미를 한껏 선사하는 프루티한 칵테일 주조 베이스로 최고의 선택이다.

아시안 메리 Asian Mary

사케 4oz
토마토주스 3oz
와사비 아주 약간
라임 트위스트

사케, 토마토주스, 와사비를 얼음과 함께 셰이킹한다. 얼음을 채운 하이볼 글라스에 스트레이너를 대고 따른다. 라임 껍질을 칵테일 위에서 비틀어 트위스트를 만든 후 넣는다.

망고 사케 사워 Mango Sake Sour

니고리자케 3oz
스위트 앤 사워 1oz
망고 퓨레 1oz
레몬 트위스트

얼음을 채운 셰이커에 액체류 재료를 모두 넣고 힘차게 셰이킹한다. 칠링한 사워 글라스에 스트레이너를 대고 따른다. 레몬 껍질을 칵테일 위에서 비틀어 트위스트를 만든 후 칵테일에 넣는다.

모모카와 모히토 Momokawa Mojito
사케 3oz (모모카와 다이아몬드면 더 좋다)
갓 짠 라임즙이나 주스 ½oz
심플 시럽 1oz
싱싱한 민트 잎 5~6장 (일본산 시소 민트면 더 좋다)
싱싱한 민트 줄기 1개

사케, 라임즙, 심플 시럽, 민트 잎을 얼음과 함께 힘차게 셰이킹한다. 칠링한 칵테일 글라스나 얼음을 채운 하이볼 글라스에 스트레이너를 대고 따른다. 민트 줄기를 가니시로 올리면 완성이다.

니고리 벨리니 Nigori Bellini

니고리자케 3oz
백도 퓨레 또는 복숭아 2oz
차가운 샴페인 1oz
복숭아 슬라이스

얼음을 채운 셰이커에 사케와 백도 퓨레를 넣고 힘차게 셰이킹한다. 칠링한 칵테일 글라스에 스트레이너를 대고 따른다. 완성된 칵테일에 샴페인을 띄우듯이 따르고 복숭아 슬라이스로 장식한다.

오렌지 사케 미모사 Orange Sake Mimosa
사케 3oz
귤 향이 나는 보드카 ½oz
그랑 마르니에 ½oz
갓 짠 오렌지즙 또는 오렌지 주스 1oz
차가운 샴페인 스플래시
오렌지 슬라이스

얼음을 채운 셰이커에 샴페인을 제외한 모든 액체류 재료를 넣고 셰이킹한다. 칠링한 샴페인 플루트 잔에 스트레이너를 대고 따른다. 그 위로 샴페인 스플래시를 뿌린 후 오렌지 슬라이스를 얹으면 완성이다.

펄 마티니 Pearl Martini 탁주인 니고리 스타일의 모모카와 펄 사케로 만든 모던 미니멀리즘 칵테일

차가운 고급 사케 3oz
보드카 ½oz
얇은 생강편 2~3조각
설탕에 조린 생강 슬라이스

얼음을 채운 셰이커에 사케, 보드카, 생강편을 넣고 셰이킹한다. 칠링한 칵테일 글라스에 스트레이너를 대고 따른다. 조린 생강 슬라이스로 장식한다.

사케 콜라다 Sake Colada

니고리자케 3oz
파인애플 주스 1oz
갓 짠 라임즙 또는 라임 주스 ½oz
타이 코코넛 밀크 ½oz
심플 시럽 ½oz
파인애플 슬라이스

얼음을 채운 셰이커에 파인애플 슬라이스를 제외한 모든 재료를 넣고 힘차게 셰이킹한다. 칠링한 칵테일 글라스에 스트레이너를 대고 따른 후 파인애플 슬라이스로 장식한다.

사케 코스모 Sake Cosmo

사케 3oz
쿠앵트로 ½oz
크렌베리 주스 1oz
갓 짠 라임즙 또는 라임 주스 ½oz
라임 트위스트

얼음을 채운 셰이커에 액체류 재료를 넣고 힘차게 셰이킹한다. 칠링한 칵테일 글라스에 스트레이너를 대고 따른다. 라임 껍질을 칵테일 위에서 비틀어 트위스트를 만든 후 칵테일에 넣는다.

사케 레몬 드롭 Sake Lemon Drop

사케 3oz
갓 짠 레몬즙 또는 레몬 주스 1oz
갓 짠 오렌지즙 또는 오렌지 주스 ¼oz
심플 시럽 ½oz
레몬 트위스트

얼음을 채운 셰이커에 액체류 재료를 넣고 힘차게 셰이킹한다. 칠링한 칵테일 글라스에 스트레이너를 대고 따른다. 레몬 껍질을 칵테일 위에서 비틀어 트위스트를 만든 후 칵테일에 넣는다.

사케티니 Saketini 모모카와 다이아몬드 오제키 사케와 같이 질 좋은 사케로 만들면 최고인 칵테일

차가운 사케 4oz
봄베이 사파이어처럼 질 좋은 진 ½oz
드라이 베르무트 ½ts
레몬 트위스트

얼음을 채운 셰이커에 액체류 재료를 넣고 힘차게 셰이킹한다. 칠링한 칵테일 글라스에 스트레이너를 대고 따른다. 레몬 껍질을 칵테일 위에서 비틀어 트위스트를 만든 후 칵테일에 넣는다.
베리에이션: 진을 드라이 셰리 ½oz로 대체할 수 있다.

도쿄티니 Tokyotini 레몬 보드카, 사케, 향기로운 생강이 한데 어우러져 동서양의 절묘한 조화를 이루는 칵테일이다. 가능하다면 '캔톤 델리케이트 진저 리큐어(Canton Delicate ginger liqueur)'라고 불리는 진저 리큐어를 시럽 대신 사용해도 좋다.

레몬 웨지
슈가파우더
시트론 보드카 1½oz
질 좋은 사케 ½oz
갓 짠 레몬즙 또는 레몬주스 1oz
진저 시럽 ½TBS (73p 참조)
절인 생강 슬라이스

레몬 웨지로 칠링한 칵테일 글라스 가장자리를 문지른 다음 슈거파우더를 묻혀 리밍한다. 얼음을 채운 셰이커에 액체류 재료를 넣고 힘차게 셰이킹한다. 리밍한 칵테일 글라스에 스트레이너를 대고 따른 후 생강 슬라이스로 장식한다.

젠 큐컴버 Zen Cucumber

질 좋은 사케 4oz
갓 짠 레몬즙 또는 레몬 주스 1oz
심플 시럽 1oz
얇게 썬 오이 슬라이스 4~5조각 (잉글리시 큐컴버면 더 좋다)

얼음을 채운 셰이커에 오이 슬라이스를 제외한 모든 재료를 넣고 힘차게 셰이킹한다. 칠링한 칵테일 글라스에 스트레이너를 대고 따른다. 칵테일에 오이 슬라이스를 띄워 장식한다.

베리에이션: 셰이킹이 끝난 후 거르지 않고 얼음을 포함한 내용물을 모두 하이볼 글라스에 따른 다음 차가운 클럽소다를 올린다.

.... 브랜디 ....

◠ 좋은 코냑은 그 깊이와 탁월함에서 견줄만한 술이 없다.

'코냑' 하면, 늦은 저녁 반짝이는 잔 속에서 호박색이 감도는 강렬한 풍미와 아찔한 목 넘김을 선사하며 영혼을 따뜻하게 데워주는 그림 같은 순간이 떠오른다.

전통적인 브랜디(brandy)는 발효한 포도주를 증류해서 만든 코냑과 아르마냑 외에도 다른 발효 과실주를 증류해 만든 술까지 포함한다. 일반적으로 포도주 또는 칼바도스처럼 사과주로 만든 브랜디는 우든 캐스크에서 숙성시키지만, 맑고 무색이 특징인 오드비 같은 다른 과실주 브랜디는 숙성 과정을 생략한다. 어떤 재료로 만든 술까지 브랜디로 봐야 하는지도 종종 혼란이 있다. 가령 카샤사는 넓은 의미에서 럼 계열뿐만 아니라 사탕수수즙을 발효시켜 증류한 브랜디로 분류할 수 있다. 또 다른 브랜디 종류로는 그라파, 마르, 키르슈 및 기타 과실주를 증류한 오드비 등이 있다. 따라서 과일 브랜디는 특정 과일 증류주를 가리키는 데 사용하는 일반적인 용어가 되었고, 더 나아가 과일 향이 나고 달콤한 뉴트럴 브랜디 베이스를 의미하기도 한다. 이와 같은 이유로 애프리콧 브랜디나 피치 브랜디는 굳이 따지자면 리큐어에 속하지만 브랜디라고 부른다.

브랜디의 어원은 네덜란드에서 1500년대까지 각지로 수출했던 포도주 베이스의 증류주, 즉 '불타는(증류한) 와인'이라는 의미의 네덜란드어인 '브란데바인(brandewijn)'에서 유래했다. 프랑스가 코냑과 아르마냑 같이 유명한 브랜디를 만들고 자기들이 원조라 주장하지만(이탈리아, 네덜란드, 스페인도 마찬가지다), 사실 브랜디의 뿌리는 이집트와 중동까지 거슬러 올라간다. 브랜디는 서기 900년 무어인들이 스페인 안달루시아 지역으로 전파했다. 과연 그 술이 제대로 정제된 마시기에 적합한 증류주였을지는 순전히 추측만 할 뿐이지만, 아마 그랬을 가능성은 꽤 낮다.

코냑

코냑(Cognag)은 브랜디 중에서 가장 유명하고 잘 알려진, 모든 술이 열망하는 우상과도 같은 술이다. 프랑스 보르도 북쪽에 위치한 코냑 지방에서 생산하는 코냑은 샤랑트와 샤랑트마리팀 지역의 포도밭에서 나는 포도로 만들어야 한다. 주로 산도가 있어 부드럽고 향기로운 브랜디로 증류하기에 완벽한 화이트 와인을 만들 수 있는 위니 블랑 및 폴 블랑슈와 콜롬바드 등의 백포도 품종을 혼합해서 만든다. 코냑 지방은 그랑드 샹파뉴, 쁘띠 샹파뉴, 보르더리, 팡 부아, 봉 부아, 부아 오르디네르의 6개 지역으로 세분화해서 나눈다. 브랜디 라벨링과 관련된 지역적인 중요성에 대해서는 별도로 다루기로 한다.

코냑을 증류하는 기술은 17세기로 거슬러 올라간다. 코냑은 전통 코냑 팟 스틸 증류기인 샤랑뜨 증류기에서 이중 증류를 거친다. 1차 증류에서 생성된 약간 탁한 액체는 알코올 도수가 30%(60프루프)로 '브루이'라 부르며, 다시 2차 증류를 거치면 '본 쇼프'라고 불리는 맑고 설익은 상태의 코냑이 만들어진다. 2차 증류를 마친 첫 1ℓ를 '헤드', 이후 증류 과정의 마지막에 나오는 술을 '테일'이라 하며 헤드와 테일을 제외한 코어 또는 하트라 불리는 증류 과정 중간의 오드비가 가장 좋은 품질의 코냑이 된다. 2차 증류를 거친 코냑 원액은 보통 알코올 도수가 70ABV(140프루프) 정도이며, 증류수와 낮은 도수의 코냑 등을 블렌딩해 최소 40ABV(80프루프)까지 희석한 뒤 병에 담는다. 그래서 우리가 사는 브랜디와 코냑은 대부분 알코올 도수가 40ABV(80프루프)이다.

코냑은 토스팅한 리무쟁 오크 캐스트나 배럴에서 최소 2년 이상, 길게는 20년 이상 숙성하며, 특유의 바닐라 향과 함께 브랜디에 색과 타닌을 입힌다. 증류소에 따라 코냑 원액을 새 오크 캐스트에서 1~2년 정도 숙성한 후 과도한 타닌을 피하고 다채로운 풍미를 더하기 위해 오래된 오크 캐스트로 옮겨 주입하며, 이후 숙성 과정을 거치면 깊고 부드러운 향과 맛을 가진 증류주가 완성된다.

몇 가지 예외를 제외하면, 코냑은 보통 각기 다른 지역, 숙성 기간, 빈티지를 가진 단일 코냑들을 블렌딩해서 만든다. 블렌딩은 일반적으로 캐스크 숙성 및 보틀링 과정에서 이루어지며, 양조장마다 해당 과정에서 코냑에 그들만의 독특한 풍미, 스타일, 품질을 입힌다. 일부 증류소는 덜 숙성된 원액의 색감을 좀 더 어둡게 조정하고 병입한 술의 색이 일정할 수 있도록 카라멜 색소를 첨가하기도 한다.

코냑 라벨링

코냑의 숙성 기간, 약어, 지역 등이 적힌 라벨을 해독하기란 여간 어려운 일이 아니다. 여기서는 가장 기본적인 용어로 코냑의 종류와 하위 범주 및 그에 따른 상징적인 표현의 의미를 살펴보자.

코냑은 포도 재배 지역에 따라 품질이 달라진다. 지역별 기후와 토양의 석회질 함유량은 물론 고도까지 포도의 특성에 영향을 미치며 다채롭고 풍부한 선택지로 입체적인 블렌딩이 가능하다. 코냑 지방의 6개 지역은 각각 재배하는 포도의 품질에 따라 분류한다. 최고급 코냑은 그랑드 샹파뉴와 쁘띠 샹파뉴 지역에서 생산되는데, 이는 해당 지역의 스파클링 와인 때문이 아니라 재배하는 포도가 최상급이기 때문이다. 코냑의 라벨에는 종종 특정 지역이 표기되어 있는데, 이는 보통 고급 샴페인을 나타내며, 코냑을 만드는 데 사용한 와인의 60% 이상이 그랑드 샹파뉴산 포도라는 의미이다.

---------- **코냑의 지역별 분류** ----------

❧ **그랑드 샹파뉴** (GRANDE CHAMPAGNE) 최고 등급의 코냑을 위한 프리미엄급 와인을 생산한다. 와인은 주로 장기간 숙성하는 코냑 블렌딩에 사용한다.

❧ **쁘띠 샹파뉴** (PETITE CHAMPAGNE) 두 번째로 높은 등급의 와인을 생산한다. 그랑드 샹파뉴와 쁘띠 샹파뉴 코냑을 블렌딩하는 데 사용한다.

❧ **보르더리** (BORDERIES) 풍부한 향이 느껴지는 부드러운 코냑을 만드는 데 필요한 와인을 생산한다.

❧ **팡 부아** (FINS BOIS) 코냑을 만드는 와인의 약 40%가 이곳에서 재배된 포도로 만들며 상대적으로 숙성 기간이 짧고 강렬한 풍미의 코냑을 만드는 데 쓰인다.

❧ **봉 부아** (BONS BOIS) 이 지역에서 생산되는 와인은 등급이 좀 더 낮은 스트롱 코냑을 만드는 데 쓰인다.

❧ **부아 오르디네르** (BOIS ORDINAIRES) 코냑을 만드는 데 필요한 와인의 약 3%만 해당 지역에서 공급한다.

---------- **숙성 기간 표기** ----------

코냑 라벨에 표시된 별의 개수는 얼마나 오래 숙성되었는지를 나타낸다.

- 별 1개: 최소 3년 이상 숙성한 코냑
- 별 2개: 최소 4년 이상 숙성한 코냑
- 별 3개 또는 그 이상: 최소 5년 이상 숙성한 코냑

별 외에도 라벨에는 코냑의 우수성과 품질 및 최소 숙성 기간(대부분 최소 숙성 기간을 넘긴다), 즉 가장 최근에 블렌딩한 성분을 캐스크에서 숙성시킨 기간을 나타내는 약어가 표기되어 있다. 가장 일반적으로 사용하는 약어는 다음과 같으며 각 항목에 대해 포괄적이고 기본적인 설명을 덧붙였다.

V.S. (VERY SPECIAL)
최소 2년 반 이상 숙성한 코냑

V.O. (VERY OLD)
최소 4년 반 이상 숙성한 코냑. 상대적으로 강렬한 풍미의 영 코냑에 해당한다.

V.S.O.P. (VERY SUPERIOR OLD PALE)
10년 정도의 숙성 기간을 거친 코냑

V.V.S.O.P. (VERY VERY SPECIAL OLD PALE)
V.S.O.P. 보다 더 긴 기간 숙성한 코냑

X.O. (EXTRA OLD)
프리미엄급 코냑

증류소마다 엑스트라 또는 나폴레옹 X.O.와 같이 최고의 프리미엄급 코냑임을 나타내기 위해 추가적인 명칭을 사용하기도 한다. 이는 상당한 숙성 기간을 의미하지만, 구체적인 연수를 명시하지는 않는다. 마찬가지로 코냑 라벨은 약간 모호한 용어로 등급을 나타내는 경향이 있다.

---------- **유명한 코냑 브랜드** ----------

레미 마틴(Rémy Martin)은 상큼한 시트러스 톤과 가벼운 허브 향이 느껴지는 V.S.O.P., 상쾌한 시트러스와 알싸한 스파이스가 어우러진 고급 X.O.가 있다. 하인(Hine) 역시 멋진 선택으로 하인 앤티크는 로스팅 스파이스의 풍미가, 하인 레어 앤 델리케이트는 입체적이고 풍부한 과일 향이, 하인 트리옹페(Triomphe)는 섬세하고 우아한 과일 맛을 느낄 수 있다. 크루보아제(Courvoisier)는 산뜻하고 가벼운 V.S., 달달하고 부드러운 우디 향이 특징인 V.S.O.P.가 있다. 마텔(Martell) V.S.는 쌉쌀한 스파이스의 풍미가 느껴지면서도 우디 향으로 깔끔한 맛이 나며 헤네시(Hennessy)

V.S.O.P.는 부드러운 우디 향과 과일 향이 어우러져 잘 숙성된 풍미를 선사한다.

아르마냑

한 모금 마시기만 해도 프랑스 아르마냑 지역의 풍부한 맛을 모두 경험할 수 있는 향기롭고 다채로운 풍미를 지닌 브랜디이다. 코냑만큼 잘 알려지진 않았지만 가장 오래된 브랜디이며, 최고로 치는 고급 브랜디 중 하나로서 코냑과 동등하게 높은 평가를 받고 있다. 아르마냑(Armagnac)은 코냑보다 약 200년 먼저 등장했다. 프랑스 아르마냑 지역은 스페인에서 피레네 산맥을 거쳐 전해졌다고 한다. 15세기 초 마실 만한 브랜디의 첫 생산지로 기록되어 있으며, 아르마냑은 주로 콜롬바드, 폴 블랑슈, 위니 블랑 등 백포도 품종을 다양하게 사용하며 가스코뉴 지역에서 나오는 와인을 바 아르마냑, 테나레즈, 오 아르마냑 세 지역에서 증류해 만든다.

아르마냑은 전통적으로 와인을 '알람빅 아르마냐세즈'로 알려진 작은 증류기에서 저온으로 한 번에 연속 증류해 만든다. 그래서 단식 증류를 두 번 거치는 코냑과 상당히 다른 촉촉한 흙내음이 선사하는 풍미가 가득하다. 또한 증류 및 숙성과 동시에 블렌딩하는 코냑과 다르게 아르마냑은 다양한 오드비(117p), 증류주가 병입까지 분리되어 단일 빈티지 브랜디 생산도 가능하다. 아르마냑은 전통적으로 몬레준 오크(지금은 보통 리무쟁 오크를 사용하는 추세다)를 사용해 3년에서 40년까지 숙성한다.

---------- **아르마냑 라벨링** ----------

아르마냑은 주요 지역 세 곳에 따라 스타일과 품질이 달라진다. 오 아르마냑 지역은 주로 블렌딩에 사용하는 브랜디를 생산한다. 테나레즈 지역에서는 가볍고 향기로운 과일의 풍미가 느껴지는 프리미엄급 아르마냑을, 바 아르마냑 지역에서는 부드러운 브랜디를 만든다. 세 지역에서 만든 프리미엄 아르마냑은 그랑드 샹파뉴 코냑에 버금가는 명칭을 라벨에 표기한다. 기본 등급에 속하는 아르마냑은 블렌딩 브랜디로 간단히 '아르마냑'이라고만 표시한다. 아르마냑의 숙성 기간은 코냑처럼 라벨에 명시되어 있으며, 코냑과는 달리 빈티지 연도를 구체적으로 나타내기도 한다.

- 최소 3년 이상 숙성: V.S. 또는 별 3개

- 최소 4년 이상 숙성: V.O.

- 최소 5년 이상 숙성: 엑스트라, 나폴레옹, X.O., 비에이유 리제르브

- 최소 7년 이상 숙성: V.S.O.P., 리제르브

- 최소 10년 이상 숙성: 오 다주, X.O.

빈티지 브랜디를 생산하는 유명한 아르마냑 브랜드 : 클레 드 뒤크(Cles des Ducs), 쟈노(Janneau), 샤또 드 로바드(Cheteau de Laubade), 샤또 뒤 타리케(Cheteau du Tariquet), 마르키 드 몽테스큐(Marquis de Montesquiou), 사마랑스(Samalens, 바 아르마냑산)

스페인 브랜디

증류주로서의 브랜디는 약 900년경 안달루시아의 고대 증류 기술이 풍부했던 도시 헤레스에서 시작되었다. 브랜디는 원래 와인의 풍미를 강화하기 위해 만들었으며, 그래서 헤레스에서는 여전히 셰리가 주요 생산 품목이다.

스페인의 대표적인 브랜디는 가장 오래된 양조장에서 만든 '푼다도르(Fundador)'와 '레판토로(Lepanto)'로, 대부분 헤레스 데 라 프론테라 지역의 대규모 셰리 하우스에서 생산하며, 보통 고급 셰리를 만들 때와 같은 솔레라 방식을 사용한다. 가장 큰 차이는 포도 품종으로, 셰리는 헤레스에서 재배한 포도를 쓰지만, 브랜디는 더 북쪽의 라만차 지역에서 나는 포도로 만든다. 프랑스 외 국가 중에서 스페인은 두 번째로 큰 브랜디 생산국이며, 품질과 생산량 면에서 프랑스 브랜디와 버금가는 브랜드가 꽤 된다. 스페인 브랜디는 올드 셰리 캐스크에서 숙성해 셰리 노트로 정의할 수 있는 살짝 달큰하고 톡 쏘는 풍미가 가득하다. 라벨에는 가장 짧게 숙성한 '브랜디 데 헤레스 솔레라(Brandy de Jerez Solera),'부터 '솔레라 레세르바(Solera Reserva)', 가장 오래 숙성한 '솔레라 그랑 레세르비(Solera Gran Reserva)'까지 숙성 기간이 표기되어 있다. 헤레스 외에도 프랑스 아르마냑과 가까운 카탈루냐 지역에서 몇몇 양조장이 아르마냑 스타일과 비슷한 브랜디를 생산한다. 토레스(Torres)와 마스카로(Mascaro)가 가장 유명한

하우스이며, 특히 마스카로는 코냑에 버금가는 고급 브랜디를 만든다. 그 밖에 스페인 브랜디로는 산체스 로마테의 카르데날 멘도사, 보바딜라, 페드로 도메크, 그랑 두케 달바, 오스본의 콘데 드 오스본 등의 브랜드가 있다.

그 밖에 브랜디

아과르디엔테

스페인어로 '불타는 물'이라는 뜻인 아과르디엔테(Aguardiente)는 보통 강렬하고 낮은 품질의 다양한 증류주를 총칭한다. 압착한 포도 껍질과 부산물을 증류해서 만든 브랜디인 프랑스의 마르(marc)를 스페인에서 일컫는 용어이다.

포르투갈에서는 아과르디엔테가 브랜디를 의미한다. 포트 와인 캐스크에서 숙성한 브랜디부터 다양한 과일 발효액을 증류한 술까지 다채로운 스타일을 자랑한다. 남아메리카, 주로 브라질과 멕시코에서는 숙성 기간이 짧고 단순 증류법으로 만든, 때때로 아니스 풍미가 느껴지는 사탕수수 증류주를 '아과르디엔테 데 카냐(aguardiente de caña)'라고 부른다.

카샤사

사탕수수를 압착해서 추출한 생즙으로 만든 브라질의 브랜디 같은 럼으로 '핑가(pinga)'라고도 불린다. 수백 가지 서로 다른 카샤사(Cachaça)가 브라질에서 생산되며, 미국에서 가장 흔히 볼 수 있는 브랜드는 카샤사 51, 카샤사 데 카리체, 네가 풀로, 피투 등이 있다.

그라파

이탈리아산 증류주인 그라파(Grappa)는 와인이 아니라 와인을 만들기 위해 포도를 압착한 후 남은 껍질과 줄기 등 부산물을 뜻하는 포마체를 증류해서 만들기 때문에 엄밀히 말하면 브랜디가 아니다. 이전에는 입이 얼얼할 만큼 강렬하고 톡 쏘는 풍미를 가진 갓 만든 증류주로 여겨졌지만, 최근 많은 와인 양조업자가 그라파 주조를 위한 특정 포도 품종의 이해와 사용에 능숙해지고 우든 캐스크에서 2~4년 숙성시키면서 체리우드의 달콤함부터 오크의 드라이한 풍미까지 맛과 향이 다양해지고 있다. 일부 양조장은 다른 풍미를 첨가하거나 아름다운 모양의 보틀을 사용하기도 한다. 전통적으로 베니스와 프리울리 지역의 그라파를 최고로 친다.

마르

마르(Marc)는 재활용에 대한 와인 양조장의 독창성과 기업가 정신을 보여주는 좋은 예다. 그라파와 마찬가지로 프랑스의 마르는 와인을 증류하는 대부분 브랜디와 다르게 프랑스어로 포마체를 뜻하는 마르, 즉 와인을 만들고 남은 압착 포도의 껍질과 부산물을 증류해 만든 또 다른 의미의 '브랜디'이다. 일반적으로 노르스름하거나 옅은 색을 띠며, 양조업자의 브랜디 또는 가난한 자의 브랜디로 알려진 마르는 가볍고 섬세한 마르 드 샹파뉴(Marc de Champagne)부터 더 강렬하고 향기로운 풍미의 마르 드 부르고뉴(Marc de Bourgogne)에 이르기까지 스타일이 다양하다. 보통 식후주로 마신다.

메탁사

그리스에서 가장 유명한 브랜디인 메탁사(Metaxa)는 붉은 포도, 달콤한 무스카트 포도, 백포도인 사바티노 포도로 만들어 향기로운 허브와 스파이스의 풍미가 한층 더 강화된 와인 같은 맛과 향을 선사한다. 감미료를 첨가해 코냑보다 훨씬 달달하며 특히 숙성 기간이 짧은 별 3개 등급의 메탁사는 거의 리큐어에 가까울 정도다.

라벨은 숙성 기간에 따라 별 3개부터 5개까지 세 등급으로 나누며 토피, 견과류 향이 나는 캐스크에서 숙성한 골든 암포라, 어두운 호박색에 셰리의 풍미가 가득한 그랑드 피네(Grande Fine)는 별 7개가 표기되어 있다.

피스코 브랜디

브라질에 카샤사가 있다면 칠레와 페루에는 피스코 브랜디(Pisco brandy)가 있으며, 여전히 누가 이 쌉싸름한 스파이시 브랜디를 처음 주조하기 시작했는지를 놓고 말이 많다.

잉카로 거슬러 올라가는 남미의 증류주 피스코는 독특한 과일의 풍미가 특징인 무색의 브랜디이다. 대부분 산티아고의 북쪽에 있는 공식 재배 지역에서 기른 향기로운 무스카트 포도로 만든 와인을 사용하며, 페드로 히메네스와 토론텔 품종으로 만든 와인과 블렌딩하는 경우가 많다. 피스코는 술에 색을 남기지 않는 점토 항아리나 고대 오크 캐스트에서 숙성하기 때문에 숙성 기간에 상관없이 옅은 빛이 도는 브랜디가 만들어진다.

컨트롤 그란 피스코(Control Gran Pisco) 같은 최고의 피스코 브랜디는 입안이 얼얼할 만큼 강렬하고 원액에 가까운 술이라는 명성에도 불구하고, 세련미와 고급스러움이 느껴진다. 가장 인기 많은 브랜드는 피스코 컨트롤(Pisco Control), 피스코 카펠(PiscoCapel), 그리고 칠레의 '마르'격인 돈 세자르(Don César) 등이 있다.

---------- **미국 브랜디** ----------

지난 30년 동안, 많은 미국 브랜디 생산자들은 품질이 떨어진다거나 가성비가 좋다는 등의 나쁜 평가를 받으며 고군분투해왔다. 식사용 와인이나 건포도 제조용으로 적합한 포도를 사용해 요리에나 쓸 수 있는 브랜디에서 벗어나 슈냉 블랑, 피노 누아, 샤르도네, 무스카트 등 적절한 등급의 다양한 포도 품종을 사용하여 더 세련되고 숙성된 술을 제조하기 시작했다.

미국 브랜디는 주로 캘리포니아의 나파 밸리 와인 양조 지역에서 스페인식 증류법으로 만든다. 하지만 몇몇 특별한 부티크 양조장은 코냑 스타일의 단식 증류기를 사용해 최고의 V.S.O.P. 등급 코냑에 버금가는 세계 최고 수준의 브랜디를 생산한다. 미국 브랜디는 보통 미국산 오크 배럴에서 최소 2년 이상 숙성해 가벼운 과일 향이 난다. E&J 갤로처럼 많은 브랜디가 칵테일에 잘 어울리지만, 브랜디 자체를 즐기고 싶다면 제르맹 로빈(Germain-Robin)이나 카르네로스 알람빅(Carneros Alambic) 같이 최고급 브랜디를 만드는 나파 밸리 지역의 브랜디를 선택하자.

---------- **바인브란트** ----------

바인브란트(Weinbrand, 와인과 브랜디의 결합어)는 독일 브랜디를 뜻하며, 의무적으로 최소 6개월 이상 숙성해야 한다. 12개월 이상 숙성하면 알터 바인브란트 또는 V.S.O.P.로 표기한다. 독일 브랜디는 대개 다른 국가에서 수입한 와인으로 만들며,

코냑과 아르마냑 지역의 와인을 사용한 브랜디는 대부분 품질을 보장할 수 있다.

프랑스의 코냑과 결이 비슷한 아스바흐 우랄트(Asbach Uralt)는 오크 배럴에서 숙성하며 가장 인기 있는 독일 브랜디 브랜드 중 하나이다.

--------- 과일 브랜디 ---------

브랜디라는 단어를 단독으로 사용하면 일반적으로 코냑이나 아르마냑처럼 와인, 즉 포도주로 만든 브랜디를 가리킨다. 과일 브랜디는 포도가 아닌 다른 과일이나 와인을 양조하고 남은 부산물인 포메이스(pomace)로 만든다.

❧ **애프리콧 브랜디** APRICOT BRANDY 살구 발효주를 증류해서 만든 모든 브랜디로 감미료를 첨가한 리큐어에 가까운 술도 포함한다(238p).

❧ **애플 브랜디** APPLE BRANDY 사과 발효주를 증류해서 만든 모든 브랜디로 '사이더 브랜디'라고 부르기도 한다. 애플잭과 칼바도스가 애플 브랜디로 가장 유명하다.

~ **애플잭** APPLEJACK 프랑스 칼바도스의 미국판 애플 브랜디로 애플 사이더를 증류해 만들며 우든 캐스크에서 2~5년 숙성한다. 고급스러운 칼바도스 대신 애플 브랜디가 들어가는 칵테일에 쓰기 좋다.

~ **칼바도스** CALVADOS 포도보다 사과 재배에 더 적합한 기후인 프랑스 노르망디에서 만든 고급 애플 브랜디로 16세기부터 양조하기 시작했다. 칼바도스는 발효한 애플 사이더를 증류해 만들며 가끔 복합적인 풍미에 균형을 더하기 위해 서양배를 첨가한다. 단식 증류기인 팟 스틸로 생산하는 페이도주 지역의 칼바도스를 최고급으로 치며, 라벨에 지역명이 표기되어 있다. 그 외 칼바도스는 라벨에 단순히 '칼바도스'라고 표시한다.

오크 캐스트에서 오래 숙성하면 묵직하고 알싸한 바닐라의 풍미가 느껴지지만, 숙성 기간이 짧은 영 브랜디는 독특한 사과의 향과 맛을 선사한다. 칼바도스의 숙성 기간을 나타내는 라벨링은 코냑이나 아르마냑과 비슷하다. 칼바도스 중에서도 특히 6년 이상 숙성한 오다쥬(Hors d'age)는 아르마냑만큼이나 섬세하고 풍미가 가득해 칵테일보다는 브랜디 전용 잔에 따라 즐기거나 서빙하는 것이 좋다.

숙성 기간이 짧은 칼바도스는 보통 얼음이 담긴 잔에 토닉 스플래시를 더해 마신다. 애플 브랜디가 들어가는 칵테일에는 고급 칼바도스를 낭비하지 말고 애플잭을 쓰도록 하자.

오드비 EAUX-DE-VIE

순수하게 과일 발효주를 증류해 만든 무색투명한 술이다. 코냑처럼 캐스크가 아닌 병입 후 숙성된다. 오드비는 '생명의 물'을 의미하는 라틴어 '아쿠아비타(aqua vitae)'에서 유래한 프랑스어 단어로, 발효한 과일을 증류해 만든 모든 증류주를 의미한다. 딸기(프레즈), 서양배(푸아르), 라즈베리(프람부아즈), 노란 자두(미라벨), 자두(프루노) 등을 포함해 다양한 과일을 증류한 오드비는 보통 90프루프 정도로 알코올 도수가 높으며, 과일을 증류해서 만들지는 않았지만 과일 에센스와 감미료로 맛과 향을 낸 달콤한 크렘 과일 리큐어에 비해 드라이한 풍미를 선사한다. 그라파, 마르, 키르슈 등도 오드비로 볼 수 있다.

모든 오드비는 알코올 함량이 높으므로 적은 양을 차갑게 칠링해 니트로 서빙하는 게 최고다. 클럽소다와 블렌딩하기 좋지만, 다른 풍미를 지닌 재료와 섞으면 섬세하고 풍부한 과일 향이 사라진다.

키르슈 KIRSCH

체리를 증류해 만든 무색의 오드비이다. 전통적으로 바이에른산 블랙 모렐로 체리를 써서 만들지만 다양한 레드 체리 품종도 종종 사용한다. 체리를 압착해 즙을 짠 다음 초기 발효를 거치는 과정에서 씨가 으깨어지며 살짝 쌉쌀한 아몬드 풍미를 낸다. 키르슈는 나무통이 아닌 큰 자기 항아리에서 짧게 숙성해 무색 투명하다.

저녁 식후주로 마시기 좋은 브랜디로 작은 리큐어 잔에 살짝 차갑게 마신다. 바이에른의 블랙 포레스트 지역에서 생산한 '키르슈바서(kirschwasser)', '슈바르츠발트(schwarzwalder)'라고도 불리는 독일 키르슈를 최고로 친다. 또한 프랑스 알자스와 프랑슈콩테 지역, 스위스, 오스트리아에서 생산하는 키르슈도 있다.

~ **미라벨** MIRABELLE 노란 미라벨 자두로 만든 프랑스 오드비이다. 가볍고 알싸하며 살짝 단맛이 나는 자두의 풍미가 느껴진다.

~ **푸아르 윌리암스** POIRE WILLIAMS 윌리암스 배의 풍미가 담긴 오드비이다.

~ **기타 오드비** 클리어 클리크는 다른 과일 브랜디와 마찬가지로 오리건주에서 생산하는 오드비 스타일의 서양배 브랜디이다. 파스콜(Pascall)은 라 비에유 프룬으로 만든 프랑스 브랜디로 자두의 맛과 향이 느껴진다. 프랑부아즈 소바쥬(Framboise Sauvage)는 고급 오드비로 야생 라즈베리의 풍미를 선사한다.

브랜디 칵테일

브랜디는 단지 고급 빈티지의 풍미를 음미하거나 식후주로 마시기 위한 술이 아니다. 따져보면 결국 브랜디는 뉴올리언스의 약사였던 페이쇼드가 지인들에게 만들어주면서 탄생한 칵테일의 역사와 함께였다. 처음부터 브랜디는 칵테일 베이스로 쓰였고, 사람들은 건강에 좋은 원기 회복용 술로 즐겨 마셨다. 이후 다채로운 매력으로 많은 칵테일의 혁신과 제법에 영감을 불어넣었다.

A.J. 애플잭의 약자

애플잭 또는 칼바도스 1½oz
갓 짠 그레이프프루트즙 또는 주스 1½oz
그레나딘 시럽 4대시

얼음을 채운 셰이커에 재료를 넣고 힘차게 셰이킹한다. 칠링한 칵테일 글라스에 스트레이너를 대고 따른다.

앨라배마 Alabama 사이드카와 비슷하지만 레몬 대신 라임 주스를 사용한다.

브랜디 1oz
쿠앵트로 1oz
갓 짠 라임즙 또는 주스 ½oz
설탕 ½ts
오렌지 트위스트

얼음을 채운 셰이커에 액체류 재료와 설탕을 넣고 힘차게 셰이킹한다. 칠링한 칵테일 글라스에 스트레이너를 대고 따른다. 오렌지 껍질을 칵테일 위에서 비틀어 트위스트를 만든 후 칵테일에 넣는다.

아메리칸 뷰티 American Beauty

아메리칸 뷰티 장미에서 이름을 따온 클래식 칵테일이다.

브랜디 ½oz
드라이 베르무트 ½oz
갓 짠 오렌지즙 또는 오렌지 주스 ½oz

그레나딘 시럽 ¼ts

화이트 크렘 드 멘테 ¼ts

루비 포트 ¾oz

얼음을 채운 셰이커에 루비 포트를 제외한 모든 재료를 넣고 힘차게 셰이킹한다. 칠링한 칵테일 글라스에 스트레이너를 대고 따른다. 루비 포트를 칵테일 위에 띄운다.

베리에이션: 브랜디, 루비 포트, 파인애플 주스를 각각 ¾oz로 대체하고 그레나딘 시럽과 트리플 섹 몇 방울을 추가한다. 얼음을 채운 셰이커에 모든 재료를 넣고 힘차게 셰이킹한 후 칠링한 칵테일 글라스에 스트레이너를 대고 따른다.

엔젤 페이스 Angel Face

브랜디 ¾oz

진 ¾oz

애프리콧 브랜디 ½oz

애플 브랜디 ½oz

얼음을 채운 셰이커에 모든 재료를 넣고 힘차게 셰이킹한 후 칠링한 칵테일 글라스에 스트레이너를 대고 따른다.

애플 브랜디 하이볼 Apple Brandy Highball

칼바도스 2oz

차가운 클럽소다 3~5oz

사과 필 스파이럴

얼음을 채운 하이볼 글라스에 칼바도스를 따른다. 그 위에 클럽소다를 붓고 사과 필 스파이럴로 장식하면 완성이다.

애플 스위즐 Apple Swizzle

애플 브랜디 ½oz

라이트 럼 1oz

갓 짠 라임즙 또는 주스 ¾oz

앙고스투라 비터스 2~4대시

설탕 1ts

라임 슬라이스

얼음을 채운 하이볼 글라스에 액체류 재료와 설탕을 따른 다음 잘 젓는다. 라임 슬라이스를 얹어 장식한다.

애프리콧 칵테일 Apricot Cocktail

애프리콧 브랜디 1½oz
진 ¼oz
갓 짠 레몬즙 또는 주스 ¾oz
갓 짠 오렌지즙 또는 주스 ¾oz

얼음을 채운 셰이커에 재료를 넣고 힘차게 셰이킹한다. 칠링한 칵테일 글라스에 스트레이너를 대고 따른다.

오 커런트 사이드카 Au Currant Sidecar

풍미가 가득하고 벨벳처럼 부드러운 메탁사를 사용한 사이드카의 베리에이션으로 그리스의 향취가 브랜디 리큐어와 만나 크렘 드 카시스의 달콤하고 쌉싸름한 블랙커런트의 맛과 향을 느낄 수 있다.

레몬 웨지
설탕
메탁사 1½oz
갓 짠 레몬즙 또는 주스 1oz
갓 짠 오렌지즙 또는 주스 1oz
크렘 드 카시스 ½oz
그랑 마르니에 1oz
슈퍼파인 슈가 1ts
레몬 트위스트

레몬 웨지로 칠링한 칵테일 글라스의 가장자리를 문지른 다음 설탕을 묻혀 리밍한다. 얼음을 채운 셰이커에 액체류 재료와 슈퍼파인 슈가를 넣고 힘차게 셰이킹한다. 준비한 글라스에 스트레이너를 대고 따른다. 레몬 껍질을 칵테일 위에서 비틀어 트위스트를 만든 후 칵테일에 넣는다.
베리에이션: 크렘 드 카시스 대신 블랙 라즈베리 맛이 나는 샹보르 리큐어를 넣어도 좋다.

바톤 스페셜 칵테일 Barton Special Cocktail

칼바도스 또는 애플 브랜디 1½oz
진 ¾oz
스카치위스키 ¾oz
레몬 트위스트

얼음을 채운 셰이커에 액체류 재료를 넣고 힘차게 셰이킹한 후 칠링한 칵테일 글라스에 스트레이너를 대고 따른다.
선택 사항: 칵테일에 아이스 큐브 1~2개를 더하고 레몬 껍질을 칵테일 위에서 비틀어 트위스트를 만든 후 칵테일에 넣는다.

더 바루조 The Barujo 누에보 라티노 칵테일인 더 바루조는 모히토의 콜롬비아 버전이다. 푸에르토리코의 올드 산후안에 있는 콜롬비아 레스토랑인 '바루(Baru)'에서 즐길 수 있다. '불타는 물' 또는 '경수(硬水)'라는 의미의 '아과르디엔테'로 만든다. 브라질의 카샤사와 비슷한 콜롬비아 리큐어로 럼의 풍미와 은은한 아니스 향을 느낄 수 있다.

싱싱한 민트 잎 4~5장
갓 짠 레몬즙 또는 주스 1oz
슈퍼파인 슈가 1ts
아과르디엔테 1½oz
차가운 클럽소다 2~3oz

민트 잎, 레몬즙, 슈퍼파인 슈가를 칠링한 하이볼 글라스에 넣고 머들링한다. 잔에 얼음을 채우고 아과르디엔테를 따른 다음 저어주면서 클럽소다 스플래시를 더해 완성한다.

버뮤다 하이볼 Bermuda Highball

브랜디 1oz
진 1oz
드라이 베르무트 1oz
차가운 진저에일 2~3oz
레몬 트위스트

얼음을 채운 하이볼 글라스에 브랜디, 진, 베르무트를 따른다. 그 위로 진저에일을 붓고 부드럽게 젓는다. 레몬 껍질을 칵테일 위에서 비틀어 트위스트를 만든 후 칵테일에 넣는다.

벳시 로스 Betsy Ross

브랜디 2oz
루비 포트 1½oz
트리플 섹 ½ts

믹싱 글라스에 재료를 넣고 얼음과 함께 스터링한 후 칠링한 칵테일 글라스에 스트레이너를 대고 따른다.

비트윈 더 시츠 Between the Sheets

완벽한 균형의 풍미를 선사하는 1920년대 클래식 칵테일이다.

브랜디 또는 코냑 1oz
라이트 럼 1oz
쿠앵트로 1oz
갓 짠 레몬이나 라임즙 또는 주스 1oz
심플 시럽 몇 방울
레몬 트위스트

얼음을 채운 셰이커에 액체류 재료를 넣고 힘차게 셰이킹한다. 칠링한 칵테일 글라스에 스트레이너를 대고 따른다. 레몬 껍질을 비틀어 트위스트를 만든 후 칵테일에 넣는다.

블랙잭 Blackjack

브랜디 1½oz
매우 차갑고 진한 커피 1½oz
키르슈 ¾oz
레몬 트위스트

액체류 재료를 얼음과 함께 힘차게 셰이킹한다. 얼음을 채운 하이볼 글라스에 스트레이너를 대고 따른다. 레몬 트위스트로 장식하면 완성이다.

봄베이 칵테일 Bombay Cocktail

브랜디 1oz
드라이 베르무트 ½oz
스위트 베르무트 ½oz
쿠앵트로 ½ts
페르노 몇 방울

얼음을 채운 셰이커에 모든 재료를 넣고 힘차게 셰이킹한 후 칠링한 칵테일 글라스에 스트레이너를 대고 따른다.

보점 카레서 Bosom Caresser

브랜디 1½oz
마데이라 ¾oz

트리플 섹 ½oz

그레나딘 시럽 1ts

얼음을 채운 셰이커에 재료를 넣고 힘차게 셰이킹한다. 칠링한 칵테일 글라스에 스트레이너를 대고 따른다.

브랜디드 포트 Brandied Port

브랜디 1oz

타우니 포트 1oz

갓 짠 레몬즙 또는 주스 ½oz

마라스키노 리큐어 1½ts

오렌지 슬라이스

액체류 재료를 얼음과 함께 힘차게 셰이킹한 후 얼음을 채운 올드 패션드 글라스에 스트레이너를 대고 따른다. 오렌지 슬라이스로 장식하면 완성이다.

브랜디 알렉산더 Brandy Alexander
클래식 칵테일인 브랜디 알렉산더는 주류 밀매업자들이 값싼 브랜디를 내놓던 금주령 시대에 등장했다. 입안이 얼얼할 만큼 독한 브랜디 맛을 감추기 위해 크림을 넣어 만들었다.

브랜디 또는 코냑 1oz

브라운 크렘 드 카카오 1oz

헤비 크림 1oz

갓 갈은 넛맥 가루

얼음을 채운 셰이커에 재료를 넣고 힘차게 셰이킹한다. 칠링한 칵테일 글라스에 스트레이너를 대고 따른다. 칵테일 위에 넛맥 가루를 뿌려준다.

베리에이션: **블렌디드 아이스크림 칵테일**(Blended Ice cream)은 위 레시피에서 브랜디와 크렘 드 카카오를 각각 2oz로 늘리고, 헤비 크림 대신 바닐라 아이스크림 ½컵과 함께 블렌더에 넣은 후 부드러워질 때까지 섞은 후 넛맥 가루를 뿌려주면 완성이다. **파나마 칵테일**(Panama Cocktail)은 위 레시피에서 브라운 크렘 드 카카오 대신 화이트 크렘 드 카카오를 넣는다.

브랜디 카시스 Brandy Cassis

브랜디 1½oz

갓 짠 레몬즙 또는 주스 1oz

크렘 드 카시스 1½oz

레몬 트위스트

얼음을 채운 셰이커에 재료를 넣고 힘차게 셰이킹한다. 칠링한 칵테일 글라스에 스트레이너를 대고 따른다. 레몬 껍질을 칵테일 위에서 비틀어 트위스트를 만든 후 칵테일에 넣는다.

브랜디 코블러 Brandy Cobbler

브랜디 2oz
심플 시럽 ½
차가운 클럽소다 2oz
마라스키노 체리
오렌지 슬라이스
싱싱한 민트 줄기

얼음을 채운 와인 글라스에 브랜디와 심플 시럽을 따른다. 그 위에 클럽소다를 붓고 부드럽게 스터링한다. 체리, 오렌지 슬라이스, 민트 줄기로 장식하면 완성이다.

브랜디 크러스타 Brandy Crusta

크러스타 계열 칵테일에는 언제나 설탕 리밍과 긴 시트러스 과일 스파이럴이 빠지지 않으며, 전통적으로 브랜디가 들어간다. 뉴올리언스 클래식 칵테일인 브랜디 크러스타는 사이드카와 비슷하지만, 사워 글라스에 서빙한다는 점이 다르다.

레몬 웨지
슈퍼파인 슈가
브랜디 2oz
쿠앵트로 ½oz
갓 짠 레몬즙 또는 주스 ½oz
마라스키노 리큐어 몇 방울
레몬 필 스파이럴

레몬 웨지로 칠링한 사워 글라스의 테두리를 문지르고 설탕을 묻혀 리밍한다. 얼음을 채운 셰이커에 액체류 재료를 넣고 힘차게 셰이킹한 후 준비한 글라스에 스트레이너를 대고 따른다. 레몬 필 스파이럴로 장식하면 완성이다.

브랜디 줄렙 Brandy Julep

조지아 줄렙(Georgia Julep)으로도 알려졌다.

싱싱한 민트 잎 8~10장
설탕 1TBS

피치 브랜디 ¼oz

브랜디 1½~2oz

싱싱한 민트 줄기

올드 패션드 글라스에 민트 잎, 설탕, 피치 브랜디를 넣고 머들링한다. 잔에 얼음을 채우고 브랜디를 따른 후 스터링한다.

브랜디 리키 Brandy Rickey

브랜디 2oz

갓 짠 라임즙 또는 주스 ½oz

차가운 클럽소다 3~5oz

라임 웨지

브랜디와 라임 주스를 얼음을 채운 하이볼 글라스에 넣고 클럽소다를 가득 채운 후 부드럽게 저어준다. 라임 웨지를 칵테일 위에서 짠 후 그대로 넣어준다.

브랜디 생거리 Brandy Sangaree

설탕 ½ts

브랜디 2oz

차가운 클럽소다 2~3oz

루비 포트 ½oz

갓 간 넛맥 가루

올드 패션드 글라스에 설탕과 브랜디를 넣고 얼음을 채운 후 클럽소다를 따른다. 루비 포트를 위에 띄우고 넛맥 가루를 뿌려주면 완성이다.

브랜디 슬링 Brandy Sling

브랜디 2½oz

그랑 마르니에 ½oz

갓 짠 레몬즙 또는 주스 ½oz

차가운 클럽소다 2~4oz

레몬 웨지

브랜디, 그랑 마르니에, 레몬즙을 얼음과 함께 힘차게 셰이킹한 후 얼음을 채운 하이볼 글라스에 스트레이너를 대고 따른다. 클럽소다를 붓고 부드럽게 스터링한다. 레몬 웨지를 짠 후 넣어준다.

브랜디 사워 Brandy Sour

브랜디 2oz

갓 짠 오렌지즙 또는 주스 ¾oz

심플 시럽 ½oz

마라스키노 체리

오렌지 슬라이스

얼음을 채운 셰이커에 액체류 재료를 넣고 힘차게 셰이킹한 후 칠링한 사워 글라스에 스트레이너를 대고 따른다. 체리와 오렌지 슬라이스로 장식하면 완성이다.

베리에이션: 레몬-라임 브랜디 사워(Lemon-lime Brandy Sour)는 오렌지 주스 대신 라임즙과 레몬즙을 각각 ½oz 씩 넣는다. **애플 브랜디 사워**(Apple Brandy Sour)는 브랜디를 칼바도스나 애플잭으로 대신하고 그레나딘 시럽 몇 방울을 추가한다. **파이어맨스 사워**(Fireman's Sour)는 위 레시피에 그레나딘 시럽 1oz를 더하면 완성이다.

칼바도스 카 Calvados Car

레몬 웨지

설탕

칼바도스 (또는 기타 애플 브랜디) 1oz

쿠앵트로 (또는 트리플 섹) 1oz

갓 짠 오렌지즙 또는 주스 ½oz

갓 짠 레몬즙 또는 주스 ½oz

레몬 웨지로 칠링한 칵테일 글라스의 테두리를 문지르고 설탕을 묻혀 리밍한다. 얼음을 채운 셰이커에 재료를 넣고 힘차게 셰이킹한다. 잔에 스트레이너를 대고 따른다.

찰리 채플린 Charlie Chaplin

애프리콧 브랜디 1oz

슬로 진 1oz

갓 짠 라임즙 또는 주스 1oz

라임 웨지

얼음을 채운 셰이커에 재료를 넣고 힘차게 셰이킹한다. 칠링한 칵테일 글라스에 스트레이너를 대고 따른다. 라임 웨지를 짠 후 넣는다.

체리 블로섬 Cherry Blossom

브랜디 1½oz
키르슈 또는 기타 체리 브랜디 1oz
쿠앵트로 또는 트리플 섹 ½oz
갓 짠 레몬즙 또는 주스 ¼oz
그레나딘 시럽 몇 방울

얼음을 채운 셰이커에 재료를 넣고 힘차게 셰이킹한다. 칠링한 칵테일 글라스에 스트레이너를 대고 따른다.

시카고 칵테일 Chicago Cocktail

레몬 웨지
설탕
브랜디 1½oz
쿠앵트로 ¼oz
앙고스투라 비터스 몇 방울

레몬 웨지로 칠링한 칵테일 글라스의 테두리를 문지르고 설탕을 묻혀 리밍한다. 얼음을 채운 셰이커에 재료를 넣고 힘차게 셰이킹한다. 잔에 스트레이너를 대고 따른다.
베리에이션: **판타지오(Fantasio)**는 위 레시피에 마라스키노 리큐어 ¼oz를 추가한다.

코프스 리바이버 Corpse Reviver
맛보면 죽은 사람도 다시 일어난다는 강렬한 풍미가 인상 깊으며 원래 해장술로 만들어졌다(454p).

코프스 리바이버 #1

브랜디 1oz
애플잭 1oz
스위트 베르무트 1oz

얼음을 채운 믹싱 글라스에 재료를 넣고 스터링한 후 칠링한 칵테일 글라스에 스트레이너를 대고 따른다.

코프스 리바이버 #2

브랜디 1oz
페르네 브랑카 1oz
크렘 드 멘테 1oz

얼음을 채운 믹싱 글라스에 재료를 넣고 스터링한 후 칠링한 칵테일 글라스에 스트레이너를 대고 따른다.

뎁스 밤 Depth Bomb

칼바도스 (또는 애플잭) ¾oz
코냑 (또는 브랜디) ¾oz
갓 짠 레몬즙 또는 주스 ¼oz
그레나딘 시럽 몇 방울
사과 슬라이스

얼음을 채운 셰이커에 재료를 넣고 힘차게 셰이킹한다. 칠링한 칵테일 글라스에 스트레이너를 대고 따른다.

드림 Dream

브랜디 1½oz
쿠앵트로 (또는 트리플 섹) ¾oz
아니제트 ½ts

얼음을 채운 셰이커에 재료를 넣고 힘차게 셰이킹한다. 칠링한 칵테일 글라스에 스트레이너를 대고 따른다.

이스트 인디아 East India

브랜디 1½oz
쿠앵트로 ¼oz
파인애플 주스 1½oz
앙고스투라 비터스 몇 방울
레몬 트위스트
마라스키노 체리

얼음을 채운 셰이커에 재료를 넣고 힘차게 셰이킹한다. 칠링한 칵테일 글라스에 스트레이너를 대고 따른다. 레몬 트위스트와 체리를 얹어 장식하면 완성이다.

프렌치 커넥션 French Connection

브랜디 2oz

아마레토 1oz

얼음을 채운 올드 패션드 글라스에 브랜디와 아마레토를 따르고 스터링한다.

하버드 칵테일 Harvard Cocktail

브랜디 1½oz

스위트 베르무트 ¾oz

갓 짠 레몬즙 또는 주스 ½oz

그레나딘 시럽 1ts

앙고스투라 비터스 몇 방울

얼음을 채운 셰이커에 재료를 넣고 힘차게 셰이킹한다. 칠링한 칵테일 글라스에 스트레이너를 대고 따른다.

하버드 쿨러 Harvard Cooler

애플 브랜디 2oz

갓 짠 레몬즙 또는 주스 ½oz

심플 시럽 1ts

차가운 클럽소다 3~5oz

레몬 필 스파이럴

얼음을 채운 하이볼 글라스에 액체류 재료를 따른 후 스터링한다. 레몬 스파이럴로 장식하면 완성이다.

베리에이션: **문라이트(Moonlight)**는 위 레시피에서 클럽소다를 뺀다. 얼음을 채운 셰이커에 액체류 재료를 넣고 힘차게 셰이킹한 후 칠링한 칵테일 글라스에 스트레이너를 대고 따른다.

허니문 Honeymoon

애플 브랜디 1½oz

베네딕틴 ¾oz

쿠앵트로 ¼oz

갓 짠 레몬즙 또는 주스 1oz

레몬 트위스트

얼음을 채운 셰이커에 액체류 재료를 넣고 힘차게 셰이킹한 후 칠링한 칵테일 글라스에 스트레이너를 대고 따른다. 레몬 껍질을 칵테일 위에서 비틀어 트위스트를 만든 후 칵테일에 넣는다.

후플라 Hoopla

브랜디 ¾oz

릴레 블랑 ¾oz

쿠앵트로 (또는 트리플 섹) ¾oz

갓 짠 레몬즙 또는 주스 1oz

오렌지 트위스트

얼음을 채운 셰이커에 재료를 넣고 힘차게 셰이킹한다. 칠링한 칵테일 글라스에 스트레이너를 대고 따른다. 오렌지 껍질을 칵테일 위에서 비틀어 트위스트를 만든 후 칵테일에 넣는다.

인터내셔널 칵테일 International Cocktail

코냑 (또는 브랜디) 2oz

아니제트 ¼oz

쿠앵트로 ¼oz

보드카 ¼oz

얼음을 채운 셰이커에 재료를 넣고 힘차게 셰이킹한다. 칠링한 칵테일 글라스에 스트레이너를 대고 따른다.

이즈 파리 버닝? Is Paris Burning?

브랜디 2oz

샹보르 ½oz

레몬 트위스트

얼음을 채운 셰이커에 재료를 넣고 힘차게 셰이킹한다. 칠링한 칵테일 글라스에 스트레이너를 대고 따른다. 레몬 껍질을 비틀어 짠 후 넣는다.

잭-인-더-박스 Jack-in-the-Box

애플잭 1½oz
파인애플 주스 1½oz
갓 짠 레몬즙 또는 주스 몇 방울
앙고스투라 비터스 몇 방울
얼음을 채운 셰이커에 재료를 넣고 힘차게 셰이킹한다. 칠링한 칵테일 글라스나 얼음을 넣은 올드 패션드 글라스에 스트레이너를 대고 따른다.

칼루아 토레아도르 Kahlua Toreador

브랜디 2oz
칼루아 1oz
흰자 1개
얼음을 채운 셰이커에 재료를 넣고 힘차게 셰이킹한다. 칠링한 칵테일 글라스에 스트레이너를 대고 따른다.

레이디 비 굿 Lady Be Good

브랜디 1½oz
화이트 크렘 드 멘테 ½oz
스위트 베르무트 ½oz
얼음을 채운 셰이커에 재료를 넣고 힘차게 셰이킹한다. 칠링한 칵테일 글라스에 스트레이너를 대고 따른다.

라 호야 La Jolla

브랜디 1½oz
크렘 드 바나나 ½oz
갓 짠 레몬즙 또는 주스 ¼oz
갓 짠 오렌지즙 또는 주스 ¼oz
얼음을 채운 셰이커에 재료를 넣고 힘차게 셰이킹한다. 칠링한 칵테일 글라스에 스트레이너를 대고 따른다.

리버티 칵테일 Liberty Cocktail
각설탕 1개

라임 웨지 1조각
칼바도스 1oz
라이트 럼 ¾oz

올드 패션드 글라스에 각설탕과 라임 웨지를 넣고 머들링한다. 얼음을 채우고 칼바도스와 럼을 따른 후 스터링한다.

메탁사 사이드카 Metaxa Sidecar

라임 웨지
설탕
메탁사 1½oz
리몬첼로 ½oz
갓 짠 오렌지즙 또는 주스 1oz
갓 짠 라임즙 또는 주스 ½oz

라임 웨지로 칠링한 사워 글라스의 테두리를 문지르고 설탕을 묻혀 리밍한다. 얼음을 채운 셰이커에 재료를 넣고 힘차게 셰이킹한다. 잔에 스트레이너를 대고 따른다.

메트로폴리탄 Metropolitan 클래식 레시피로 맨해튼(Manhattan)과 비슷하다. 코스모폴리탄(317p)의 베리에이션인 누보 메트로폴리탄(Nouveau Metropolitan)과 혼동하지 말자.

브랜디 1½oz
스위트 베르무트 1½oz
심플 시럽 ½ts
앙고스투라 비터스 2대시
마라스키노 체리

얼음을 채운 믹싱 글라스에 액체류 재료를 붓고 스터링한다. 칠링한 칵테일 글라스에 스트레이너를 대고 따른다. 체리로 장식하면 완성이다.

미드나잇 칵테일 Midnight Cocktail

애프리콧 브랜디 1½oz
트리플 섹 ¾oz
갓 짠 레몬즙 또는 주스 ¾oz

얼음을 채운 셰이커에 재료를 넣고 힘차게 셰이킹한다. 칠링한 칵테일 글라스에 스트레이너를 대고 따른다.

미카도 Mikado

브랜디 1½oz

쿠앵트로 (또는 트리플 섹) ½oz

크렘 드 누아요 (또는 아마레토) ¼oz

그레나딘 시럽 1ts

앙고스투라 비터스 몇 방울

얼음을 채운 셰이커에 재료를 넣고 힘차게 셰이킹한다. 얼음을 넣은 올드 패션드 글라스에 스트레이너를 대고 따른다.

몬타나 Montana

브랜디 2oz

루비 포트 1oz

드라이 베르무트 ½oz

얼음을 채운 올드 패션드 글라스에 재료를 붓고 스터링한다.

올림픽 Olympic

브랜디 1oz

쿠앵트로 (또는 트리플 섹) 1oz

갓 짠 오렌지즙 또는 주스 1oz

갓 짠 레몬즙 또는 주스 ¼oz

오렌지 트위스트

얼음을 채운 셰이커에 재료를 넣고 힘차게 셰이킹한다. 칠링한 칵테일 글라스에 스트레이너를 대고 따른다. 오렌지 껍질을 비틀어 트위스트를 만든 후 칵테일에 넣는다.

오스텐드 피즈 Ostend Fizz

키르슈 ¾oz

크렘 드 카시스 ¾oz

갓 짠 레몬즙 또는 주스 ½oz

차가운 클럽소다 3~5oz

레몬 슬라이스

셰이커에 얼음을 넣고 키르슈, 크렘 드 카시스, 레몬즙을 부은 후 힘차게 셰이킹한다. 얼음을 채운 하이볼 글라스에 스트레이너를 대고 따른다. 클럽소다를 칵테일 위에 붓고 살짝 저어준다. 레몬 슬라이스로 장식하면 완성이다.

파라다이스 Paradise

애프리콧 브랜디 1oz
진 ¾oz
갓 짠 오렌지즙 또는 주스 ¾oz

얼음을 채운 셰이커에 재료를 넣고 힘차게 셰이킹한다. 칠링한 칵테일 글라스에 스트레이너를 대고 따른다.

베리에이션: 색다른 버전의 파라다이스 진을 1oz로 늘리고 라임즙을 ½oz 더한다. **로열 스마일 칵테일**(Royal Smile Cocktail)은 위 레시피에 오렌지즙 대신 레몬즙이나 주스 ½oz를 넣고 그레나딘 시럽 몇 방울을 더한다.

페어 드림 Pear Dream

피츠제럴드와 헤밍웨이가 어울리며 술잔을 기울이던 것으로 유명한 코트다쥐르 해안의 앙티브에 위치한 호텔 벨 리브(Belle Rive)가 선보인 시그니처 칵테일이다.

페어 브랜디 1½oz
갓 짠 핑크 그레이프프루트즙 또는 주스 2oz
애프리콧 넥타 2oz
그레나딘 시럽 스플래시
라임 슬라이스

얼음을 채운 셰이커에 재료를 넣고 힘차게 셰이킹한다. 칠링한 칵테일 글라스에 스트레이너를 대고 따른다. 라임 슬라이스로 장식하면 완성이다.

피카소 Picasso

브랜디 1½oz
듀보네 1oz
갓 짠 레몬즙 또는 주스 ¼oz
레몬 트위스트와 오렌지 트위스트

얼음을 채운 하이볼 글라스에 액체류 재료를 붓는다. 레몬과 오렌지 껍질을 칵테일 위에서 비틀어 트위스트를 만든 후 칵테일에 넣는다.

베리에이션: **피비 스노우**(Phoebe Snow)는 위 레시피에서 레몬 주스 대신 페르노(또는 아니제트)를 사용한다.

피스코 펀치 Pisco Punch

피스코 브랜디 2oz
갓 짠 라임즙 또는 주스 ¼oz
파인애플 주스 ¼oz
앙고스투라 비터스 2대시
라임 슬라이스

블렌더에 크러시드 아이스 ½컵을 담고 액체류 재료를 부은 후 부드러워질 때까지 갈아준다. 칠링한 와인 글라스에 따르고, 라임 슬라이스로 장식한다.

피스코 사이드카 Pisco Sidecar

레몬 웨지
설탕
피스코 브랜디 1½oz
쿠앵트로 ¾oz
갓 짠 레몬즙 또는 주스 ½oz
갓 짠 오렌지즙 또는 주스 ½oz

레몬 웨지로 칠링한 칵테일 글라스의 테두리를 문지르고 설탕을 묻혀 리밍한다. 얼음을 채운 셰이커에 재료를 넣고 힘차게 셰이킹한다. 잔에 스트레이너를 대고 따른다.

피스코 사워 Pisco Sour

피스코 브랜디 1½oz
갓 짠 레몬즙 또는 주스 ¾oz
심플 시럽 ¼oz
마라스키노 체리

얼음을 채운 셰이커에 재료를 넣고 힘차게 셰이킹한다. 칠링한 사워 글라스에 스트레이너를 대고 따른다. 체리로 장식하면 완성이다.

폴로네이즈 Polonaise

브랜디 1½oz
블랙베리 브랜디 ½oz
드라이 셰리 ½oz
갓 짠 레몬즙이나 주스 몇 방울
오렌지 비터스 몇 방울

셰이커에 얼음을 넣고 재료를 부은 후 힘차게 셰이킹한다. 얼음을 채운 올드 패션드 글라스에 스트레이너를 대고 따른다.

베리에이션: 품 덱 칵테일(Poop Deck Cocktail)은 위 레시피에서 셰리를 루비 포트 1oz로 대체한다. 재료를 셰이킹한 후 칠링한 칵테일 글라스에 스트레이너를 대고 따른다.

퀘이커스 칵테일 Quakers Cocktail

브랜디 ¾oz
럼 ¾oz
갓 짠 레몬즙 또는 주스 ¾oz
라즈베리 시럽 ¼oz
레몬 트위스트

얼음을 채운 셰이커에 재료를 넣고 힘차게 셰이킹한 후 칠링한 칵테일 글라스에 스트레이너를 대고 따른다. 레몬 껍질을 칵테일 위에서 비틀어 트위스트를 만든 후 칵테일에 넣는다.

사라토가 칵테일 Saratoga Cocktail

브랜디 2oz
파인애플 주스 ¼oz
갓 짠 레몬즙 또는 주스 몇 방울
마라스키노 리큐어 몇 방울
앙고스투라 비터스 몇 방울

얼음을 채운 셰이커에 재료를 넣고 힘차게 셰이킹한 후 칠링한 칵테일 글라스에 스트레이너를 대고 따른다.

사이드카

1900년대 초쯤 등장한 클래식 파리 칵테일인 사이드카(Sidecar)는 그 기원을 둘러싸고 수많은 설이 나돌지만, 파리에 있는 해리스 뉴욕 바의 해리 치프리아니(Harry Cipriani)가 만들었다는 이야기가 가장 많이 들린다. 프랑스인 단골손님이 기사가 운전하는 오토바이 사이드카를 타고 바를 자주 드나들던 데서 칵테일 이름이 지어졌다고 한다. 강렬함, 달콤함, 상큼함이 완벽하게 조화를 이루는 사이드카는 마르가리타와 다이키리 계열 칵테일에 버금가는 오리지널 칵테일이라고 생각한다. 취향에 따라 잔 테두리에 설탕을 묻히거나 레몬 트위스트를 추가해도 좋다. 제대로 칠링한 글라스는 필수다.

레몬 웨지
슈퍼파인 슈가
코냑 (또는 브랜디) 1½oz
쿠앵트로 (또는 트리플 섹) ¾oz
갓 짠 레몬즙 또는 주스 ¾oz
레몬 트위스트

레몬 웨지로 칠링한 사워 글라스의 테두리를 문지르고 설탕을 묻혀 리밍한다. 얼음을 채운 셰이커에 재료를 넣고 힘차게 셰이킹한 후 칠링한 칵테일 글라스에 스트레이너를 대고 따른다. 레몬 껍질을 비틀어 짠 후 넣는다.

베리에이션: **망고 사이드카**(Mango Sidecar)는 위의 레시피에 망고 퓨레 1oz를 더한다. **투아카 사이드카**(Tuaca Sidecar)는 쿠앵트로 대신 투아카를 넣고 오렌지즙과 라임즙을 각각 ½oz씩 더한다. **보스턴 사이드카**(Boston Sidecar)는 브랜디를 1oz로 줄이고 라이트 럼 1oz를 추가한다. 레몬즙을 라임즙으로 대체한다. **폴리시 사이드카**(Polish Sidecar)는 위 레시피에 블랙베리 브랜디 ¾oz를 추가하고, 싱싱한 블랙베리 몇 알을 가니시로 올린다.

스팅어

금주령 시절 인기를 끌던 또 다른 클래식 칵테일인 스팅어(Stinger)는 당시 질 낮은 브랜디 맛을 숨기기 위해 크렘 드 멘테를 썼다. 이안 플레밍, 에블린 워, 윌리엄 서머싯 몸 같은 유명한 작가를 비롯한 걸출한 팬을 거느린 칵테일이다. 크렘 드 멘테가 상당량 들어가므로 스팅어는 민트 맛에 대한 호불호가 갈리는 편이다. 본인이 민트를 좋아하는지 아닌지를 알아보려면 스팅어를 마셔 보자.

보통 나이트캡으로 마시며 항상 녹색이 아닌 흰색의 깔끔한 크렘 드 멘테가 들어간다. 엄밀히 말하면 스팅어는 크렘 드 멘테만 있으면 브랜디 뿐만 아니라 럼, 버번, 갈리아노, 데킬라 등 어떤 종류의 술로도 만들 수 있다.

클래식 스팅어 Classic Stinger

브랜디 1½oz

화이트 크렘 드 멘테 1½oz

얼음을 채운 믹싱 글라스에 재료를 넣고 스터링한다. 칠링한 칵테일 글라스에 스트레이너를 대고 따른다. 또는 셰이커에 얼음과 재료를 넣고 셰이킹한 후 크러시드 아이스를 채운 올드 패션드 글라스에 스트레이너를 대고 따른다.

컨템포러리 스팅어 Contemporary Stinger

브랜디 2oz

화이트 크렘 드 멘테 ¾oz

올드 패션드 글라스에 크러시드 아이스를 넣는다. 브랜디와 화이트 크렘 드 멘테를 붓고 스터링한다

스터럽 컵 Stirrup Cup

브랜디 1½oz
체리 브랜디 1½oz
갓 짠 레몬즙 또는 주스 ¾oz
심플 시럽 1ts

얼음을 채운 셰이커에 재료를 넣고 힘차게 셰이킹한다. 얼음을 채운 올드 패션드 글라스에 스트레이너를 대고 따른다.

베리에이션: **밴더빌트**(Vanderbilt)는 레몬즙을 빼고 망고스투라 비터스 3대시를 더한다. 얼음을 채운 셰이커에 재료를 넣고 힘차게 셰이킹한 후 칠링한 칵테일 글라스에 스트레이너를 대고 따른다.

스톤 펜스 Stone Fence

애플잭 2oz
앙고스투라 비터스 2대시
차가운 애플 사이더 2~4oz
오렌지 트위스트

얼음을 채운 올드 패션드 글라스에 액체류 재료를 붓고 스터링한다. 오렌지 껍질을 칵테일 위에서 비틀어 트위스트를 만든 후 칵테일에 넣는다.

타이거스 밀크 Tiger's Milk

브랜디 1oz
럼 1oz
설탕 1ts
하프 앤 하프 4oz
갓 갈은 넛맥 가루

얼음을 채운 셰이커에 브랜디, 럼, 설탕, 하프 앤 하프를 넣고 힘차게 셰이킹한다. 칠링한 와인 글라스에 스트레이너를 대고 따른다. 넛맥 가루를 뿌려주면 완성이다.

튤립 칵테일 Tulip Cocktail

애플 브랜디 ¾oz
스위트 베르무트 ¾oz
애프리콧 브랜디 ¼oz
갓 짠 레몬즙 또는 주스 몇 방울
얼음을 채운 셰이커에 재료를 넣고 힘차게 셰이킹한 후 칠링한 칵테일 글라스에 스트레이너를 대고 따른다.

발렌시아 Valencia

애프리콧 브랜디 2oz
갓 짠 오렌지즙 또는 주스 1oz
오렌지 비터스 3대시
얼음을 채운 셰이커에 재료를 넣고 힘차게 셰이킹한 후 칠링한 칵테일 글라스에 스트레이너를 대고 따른다.

비아 베네토 Via Veneto

브랜디 2oz
삼부카 ½oz
갓 짠 레몬즙 또는 주스 ½oz
심플 시럽 1ts
계란 흰자 ½ (선택사항)
얼음을 채운 셰이커에 재료를 넣고 힘차게 셰이킹한 후 칠링한 칵테일 글라스에 스트레이너를 대고 따른다.

위도우스 키스 Widow's Kiss

애플 브랜디 1oz
베네딕틴 ½oz
옐로우 샤르트뢰즈 ½oz
앙고스투라 비터스 몇 방울
얼음을 채운 셰이커에 재료를 넣고 힘차게 셰이킹한 후 칠링한 칵테일 글라스에 스트레이너를 대고 따른다.

샴페인 & 스파클링 와인

> 부르고뉴 와인은 우스꽝스러운 짓을 생각하게 만들고, 보르도 와인은 그것을 말하게 하지만, 샴페인은 그것을 행동하게 만든다.
>
> — 장 앙텔름 브리야 사바랭(프랑스의 미식가이자 작가, 사법관)

축제의 상징과도 같은 샴페인은 아름다움과 세련미, 낭만과 유쾌함, 우아함과 고급스러움, 그리고 삶에 즐거움을 불어넣는 모든 것을 떠오르게 만든다. 그 모든 게 끝내주는 이 스파클링 와인의 작디작은 거품 속에 담겨 있다.

엄밀히 말해 프랑스 북동부의 샹파뉴 지역에서 생산한 술에만 '샴페인'이라는 이름을 붙일 수 있다. 다른 지역에서 나는 술은 단순히 '스파클링 와인'이라고 불린다. 샹파뉴산이 아닌 스파클링 와인이라도 메토드 샹쁘누아즈(Methode Champenoise)[8]로 분류하는 경우가 있는데, 이는 해당 스파클링 와인이 전통적인 샴페인 제조법에 따라 주조되었다는 의미이다. 이제는 '전통 양조법(샹파뉴 사람들이 샴페 제조법이라는 용어를 사용하는 것조차 반대했기에)'이라고 불리는 복잡하고 섬세한 과정 덕분에 엄청난 인기와 성공에 힘입어 메토드 샹쁘누아즈는 널리 적용되고 있으며, 많은 브랜드가 전통

---

8 샴페인 제조법이라는 의미로 샴페인의 제조에 해당하는 모든 작업 과정을 총칭한다. 해당 방식으로 만든 스파클링 와인은 와인이지만, 샴페인과 비슷한 느낌을 준다.

제조법으로 자신들의 스파클링 와인이 프랑스 샹파뉴(샴페인의 프랑스식 발음)에 버금가는 품질을 달성했다고 주장한다.

샴페인 주조는 피노 누아, 피노 뮈니에, 샤르도네 세 가지 품종의 포도를 압착한 즙을 활발하게 발효하는 것으로 시작한다. 어둡고 서늘한 지하 셀러나 에어컨(요즘 더 일반적으로 사용)이 가동되는 곳에서 와인을 식히면 발효가 점차 느려지고 마침내 멈추게 된다. 발효가 끝난 와인은 겨우내 냉기를 머금고 봄이 되어 따뜻해지기 시작하면 병에 담겨 다시 발효시킨다. 와인이 병 안에서 지속해서 발효되기 때문에 조기 병입은 필수다. 이 발효 과정에서 와인에 용해되는 가스가 생성된다. 자연 발효 과정은 약간의 설탕과 이스트가 더해져 한층 활발해지며 밝고 옅은 빛이 도는 와인을 만든다. 병입 후 2년 정도 지나면(논빈티지 샴페인은 최소 15개월, 빈티지 샴페인은 최소 3년) 독특한 특성, 강도, 거품을 지닌 샴페인이 완성된다.

이 복잡한 이중 발효 과정은 17세기 프랑스 수사 돔 페리뇽(Dom Pérignon)이 우연히 탄산을 만드는 방법을 찾게 되면서 발명했다. 어쩌다 와인을 오크통 대신 병에 넣어 숙성시키게 되었는데, 겨울이 지나 봄이 되고 보니 얇고 고급스러운 와인 병이 모두 엄청난 거품과 함께 폭발해 깨져 ㅇ있었다.

샴페인 브랜드는 퀴베를 만드는 방식, 즉 블렌딩에서 차이가 난다. 보통 다양한 영 와인을 블렌딩하며 깊이 있는 풍미를 더하기 위해 올드 또는 리저브 와인을 조금 더 하기도 한다.

논빈티지 샴페인(Nonvintage champagne)은 여러 해에 걸쳐 숙성한 다양한 와인을 블렌딩해 품질에 균형을 맞춘다. 샴페인은 특별히 엄선한 빈티지 와인 또는 멀티빈티지 블렌딩으로 만든 고급 퀴베를 사용한다. 기존의 샴페인 하우스는 섬세한 떼땅져 샴페인에서 고풍스러운 클리코, 대담한 볼랭저 샴페인까지 매년 품질과 풍미에서 독특한 스타일을 유지해 그들의 명성을 지켜야 한다. 샴페인 빈야드에서 특별히 훌륭한 한 해를 경험한다면 최고 품질의 포도로 빈티지 샴페인을 만들 수 있다. 그해의 포도로만 압착과 발효를 거쳐 빈티지 샴페인을 생산하며, 해당 연도를 라벨에 표시한다.

샴페인 라벨링

- **블랑 드 블랑** (BLANC DE BLANCS) 청포도인 샤르도네 품종으로만 만든 샴페인으로 보통 가볍고 상쾌하며 드라이한 풍미를 선사한다.
- **블랑 드 누아** (BLANC DE NOIRS) 어두운 보랏빛 껍질을 가진 피노 누아와 적포도인 피노 뮈니에 품종으로만 만든 샴페인으로 가볍고 드라이하다.
- **퀴베** (CUVÉE) 특정 샴페인을 만들기 위해 블렌딩한 베이스 와인
- **크레망** (CRÉMANT) 부드러운 스파클링 샴페인
- **논빈티지** (NONVINTAGE) (NV) 1년 이상 숙성한 여러 와인을 블렌딩해 만든 샴페인
- **리치** (RICH) 단맛이 강하게 느껴지는 샴페인
- **리저브** (RESERVE) 와이너리에서 가장 좋은 와인을 의미하는 단어로 엄청나게 쓰이지만 그래서 별 의미가 없는 용어가 됐다.
- **빈티지** (VINTAGE) 특정 연도의 포도로 만든 샴페인으로 수확 연도를 라벨에 표기한다.
- **로제** (ROSÉ) 샹파뉴 지역의 레드 와인과 스파클링 화이트 와인을 블렌딩한 샴페인
- **그랑 크뤼** (GRAND CRU) 상위 17개 중 한두 지역 이상의 와인을 블렌딩해 만든 샴페인

샴페인의 당도 표기

샴페인 스타일을 당도에 따라 분류하고 라벨에 표기한다.

- 엑스트라 브뤼 (Extra brut) : 당도가 거의 없어 매우 드라이하다.
- 브뤼 (Brut) : 드라이
- 섹 (Sec) : 샴페인 용어로 미디엄 드라이, 중간 정도의 당도가 희미하게 느껴진다.
- 드미 섹 (Demi-sec) : 중간 당도
- 두 (Doux) : 가장 당도가 높은 스위트 와인

샴페인 병의 크기

전문가들은 큰 병을 사용할수록 샴페인의 풍미가 좋아진다고 주장하기도 한다.

- 스플릿 (Split) : 187㎖
- 스탠다드 보틀 (Standard bottle) : 750㎖
- 매그넘 (Magnum) : 1.5ℓ (스탠다드 보틀 2병)
- 제로보암 (Jeroboam) : (또는 더블 매그넘) : 3ℓ (스탠다드 보틀 4병)
- 르호보암 (Rehoboam) : 4.5ℓ (스탠다드 보틀 6병)
- 므두셀라 (Methuselah) : 6ℓ (스탠다드 보틀 8병)
- 살마나자르 (Salmanazar) : 9ℓ (스탠다드 보틀 12병)
- 발타자르 (Balthazar) : 12ℓ (스탠다드 보틀 16병)
- 네브카드네자르 (Nebuchadnezzar) : 15ℓ (스탠다드 보틀 20병)

그 밖에 스파클링 와인

- **프랑스의 크레망** (FRENCH CRÉMANT) 샴페인으로 만든 부드러운 스파클링 와인
- **독일의 젝트** (GERMAN SEKT) 리슬링과 샤르도네 품종으로 만든 스파클링 와인
- **이탈리아의 아스티 스푸만테** (ITALIAN ASTI SPUMANTE) 스푸만테는 이탈리아어로 '스파클링'이라는 뜻이다. 이탈리아 피에몬테의 아스티 지역에서 재배한 무스카트 포도로 만든 달달한 스파클링 화이트 와인이다. 상대적으로 알코올 도수가 낮으며 보통 식전주나 식후주로 마신다.
- **이탈리아의 프로세코** (ITALIAN PROSECCO) 이탈리아 베네토에서 재배한 화이트 프로세코 포도로 만든 스파클링 와인으로 가볍고 드라이한 풍미가 특징이다.
- **스페인의 카바** (SPANISH CAVA) 카탈루냐 지역에서 생산하는 고급 스파클링 와인으로 전통적인 메토드 샹쁘누아즈 방식을 써서 만든다. 샴페인의 발포성이 가장 좋은 지역 중 하나다.

☙ **미국의 스파클링 와인** 대부분 캘리포니아 북부 지역에서 만들며 일부 와인은 북서부 지역에서도 생산한다. 미국의 스파클링 와인은 피노 누아와 샤르도네 품종을 사용해 전통적인 메토드 샴쁘누아즈 방식으로 만들어진다.

> ☙ 샴페인은 재미있는 물건이야, 나는 위스키에 익숙해. 위스키는 등을 툭 치는 것 같고, 샴페인은 내 눈앞에 무거운 안개처럼 느껴져.
>
> — 지미 스튜어트(미국 배우, 영화 〈필라델피아 스토리〉 중에서)

샴페인을 서빙하고 즐기는 법

샴페인과 스파클링 와인은 오래 두면 기포가 사라져서 특유의 풍미를 잃기 때문에 오래 숙성하는 게 큰 의미가 없으므로 빈티지라 할지라도 되도록 빨리 마시는 게 좋다. 특유의 풍미를 유지하기 위해 샴페인은 서늘하고 건조한 실온에서 보관한다. 냉장고에 장기간 넣어두지 말자. 하지만 서빙할 때는 항상 차갑게 칠링한다. 샴페인을 내기 2~3시간 전 냉장고에 넣거나 같은 양의 얼음과 물을 채운 버킷에 넣어 빠르게 칠링한다. 고급 빈티지 샴페인 같은 최상급 샴페인은 7도, 논빈티지 샴페인은 6도, 젝트나 카바 같은 스파클링 와인은 3도 이하로 내려가지 않도록 주의한다.

샴페인은 코르크 마개를 여는 순간부터 기포가 천천히 사라지므로 병목에 은수저를 걸어둔다든가 샴페인 스토퍼를 쓴다든가 하는 이상한 기술을 사용하는 대신 거품이 충분히 일 때 한 병 전체를 즐기는 게 가장 좋다.

샴페인 병에 담긴 휘발성 거품은 매우 위험할 정도로 충분한 압력을 가지고 있어 병을 딸 때 그 방향이 잘못되지 않게 특히 조심해야 한다. 심지어 코르크 마개는 건드리지 않아도 터져나가는 것으로 알려져 있다. 코르크 마개를 뻥 터트리는 소리가 마치 영화에서처럼 축제 분위기를 자아내고 즐거워 보이지만, 기포가 지나치게 빠져나가기 때문에 샴페인 병을 여는 올바른 방법은 아니다. 샴페인은 병 윗부분에 수건을 댄 다음 코르크 마개를 단단히 잡고 비틀면서 병을 천천히 돌려 기포가 새어나가는 걸 최대한 막으며 여는 것이 가장 좋다.

마리 앙투아네트의 가슴 모양을 본떠 만든 전설의 잔인 쿠페 글라스는 매혹적인 모양이 특징이고 보통 받침에 조각이 새겨져 있다. 거품이 넘치지 않도록 천천히 따라야 하는 플루트 글라스보다 술을 빠르게 따를 수 있고, 자리에 걸맞게 레트로한 매력을 더해주기 때문에 성대한 축하 파티나 결혼식 축배에 이상적이다. 고급 샴페인을 조금씩 홀짝이며 즐기거나 소규모 모임을 열 때는 샴페인 기포를 붙잡아두기 좋게 디자인된 샴페인 플루트 글라스가 가장 잘 어울린다.

샴페인 칵테일

거품이 많이 이는 샴페인의 특성상 샴페인 칵테일은 상쾌하고 활기가 넘친다. 보통 알코올 함량이 낮고, 살짝 달달하거나 톡 쏘는 맛이 나며 대부분 갓 짠 신선한 과일즙을 사용한다. 샴페인 특유의 섬세한 풍미를 살릴 수 있도록 최고의 샴페인 칵테일은 주로 다른 재료의 양을 최소화하고 샴페인 자체의 맛과 향이 두드러지게 만든다. 비싼 고급 샴페인은 그대로 즐기고 감상할 수 있도록 남겨두자.

칵테일에는 적당한 가격의 드라이한 샴페인이나 스파클링 와인이 적합하다. 칵테일을 만들 때는 다른 재료를 모두 먼저 넣고 샴페인이나 스파클링 와인을 가장 마지막에 아주 천천히 부어야 한다. 그렇지 않으면 거품 때문에 잔이 빠르게 흘러넘칠 수 있다. 샴페인의 기포가 칵테일 재료들을 자연스럽게 섞어준다.

❧ 진실을 밝히는 데는 거짓말 탐지기보다 샴페인이 낫다.

— 그레이엄 그린(영국 소설가)

샴페인 & 스파클링 와인 칵테일

알카자르 Alcazar

보드카 1oz
애프리콧 퓨레 1oz
애프리콧 리큐어 몇 방울
차가운 샴페인 3~5oz

얼음을 채운 셰이커에 샴페인을 제외한 재료를 넣고 힘차게 셰이킹한다. 칠링한 샴페인 플루트 글라스에 스트레이너를 대고 따른다. 그 위로 샴페인을 천천히 붓는다.

알폰소 Alfonso

클래식 칵테일인 알폰소는 미리 냉장고에 넣어 차갑게 칠링한 재료로 만들면 최고의 맛을 낼 수 있다.

각설탕 1개
앙고스투라 비터스 몇 방울
듀보네 1¼oz
차가운 샴페인 3~5oz
레몬 트위스트

칠링한 샴페인 플루트 글라스에 비터스를 넣고 각설탕을 녹인다. 듀보네를 붓고 큐브 아이스를 넣은 다음 샴페인을 천천히 따른다. 레몬 껍질을 글라스 가장자리에 두르고 꼬아서 칵테일 안에 넣는다.

암브로시아 Ambrosia

갓 짠 레몬즙 또는 주스 몇 방울
트리플 섹 몇 방울
브랜디 ¾oz
칼바도스 ¾oz
차가운 샴페인 3~5oz

얼음을 채운 셰이커에 샴페인을 제외한 재료를 넣고 힘차게 셰이킹한다. 칠링한 샴페인 플루트 글라스에 스트레이너를 대고 따른다. 그 위로 샴페인을 천천히 붓는다.

벨리니

가장 유명한 스파클링 아페리티프 중 하나인 벨리니(Bellini)는 1940년대 베니스의 해리스 바에서 르네상스 시기 베네치아파 화가인 조반니 벨리니를 기리며 탄생했다. 전통적인, 그리고 이상적인 벨리니는 신선한 백도 퓨레와 이탈리아산 드라이 스파클링 와인인 프로세코로 만든다. 백도는 제철일 때 잠깐 나서 구하기 어려우므로, 대신 잘 익은 황도나 심지어 천도복숭아를 써도 괜찮다. 복숭아를 구할 수 없다면 피치 넥타 1oz로 대체한다. 풍미가 뛰어나지는 않지만 급한 대로 쓸만하다. 피치 브랜디나 슈냅스도 가끔 사용하지만 순수주의자의 관점에서 그다지 권장하지 않는다.

백도 퓨레 3oz 또는 피치 넥타 1oz
차가운 프로세코 또는 드라이 스파클링 와인 4~6oz
복숭아 슬라이스

차가운 샴페인 플루트 글라스에 백도 퓨레를 붓는다. 프로세코를 천천히 따르고 부드럽게 스터링한다. 싱싱한 복숭아 슬라이스로 장식한다.

봄베이 벨리니 Bombay Bellini

백도 퓨레 2oz
망고 퓨레 2oz
피치 브랜디 ¼oz
갓 짠 레몬즙 또는 주스 몇 방울
차가운 샴페인 3~5oz

차갑게 칠링한 샴페인 플루트 글라스에 샴페인을 제외한 모든 재료를 따른다. 그 위로 샴페인을 천천히 붓는다.

아메리칸 플라이어 American Flyer

라이트 럼 1½oz
갓 짠 라임즙 또는 주스 ½oz
설탕 ½ts
차가운 샴페인 3~5oz

얼음을 채운 셰이커에 샴페인을 제외한 재료를 넣고 힘차게 셰이킹한다. 칠링한 샴페인 플루트 글라스에 스트레이너를 대고 따른다. 그 위로 샴페인을 천천히 붓는다.

바라쿠다 Barracuda

화이트 럼 ½oz
갈리아노 ½oz
파인애플 주스 ½oz
갓 짠 라임즙 또는 라임 주스 ¼oz
차가운 샴페인 3~5oz

셰이커에 얼음과 샴페인을 제외한 재료를 넣고 힘차게 셰이킹한다. 얼음을 채운 콜린스 글라스 또는 칠링한 샴페인 플루트 글라스에 스트레이너를 대고 따른다. 그 위로 샴페인을 천천히 붓는다.

블랙 벨벳 Black Velvet

앨버트 공의 죽음을 기리기 위해 만들어진 칵테일로 비스마르크(Bismarck) 또는 샴페인 벨벳(Champagne Velvet)이라고도 알려져 있다.

차가운 기네스 3oz
차가운 샴페인 3oz

칠링한 샴페인 플루트에 기네스와 샴페인을 차례로 천천히 붓는다. 스터링하지 않는다.

블루 샴페인 Blue Champagne

보드카 또는 진 1oz
갓 짠 레몬즙 또는 주스 ¼oz
블루 큐라소 ¼oz
트리플 섹 몇 방울
차가운 샴페인 3~5oz

차갑게 칠링한 샴페인 플루트 글라스에 샴페인을 제외한 모든 재료를 따른다. 그 위로 샴페인을 천천히 붓는다.

브랜디 샴페인 칵테일 Brandy Champagne Cocktail

각설탕 1개
망고스투라 비터스 2대시
브랜디 ½oz
차가운 샴페인 3~5oz
레몬 트위스트

칠링한 샴페인 플루트 글라스에 비터스를 넣고 각설탕을 녹인다. 브랜디를 붓고 샴페인을 천천히 따른다. 레몬 껍질을 글라스 가장자리에 두르고 꼬아서 칵테일 안에 넣는다.

캄파리 샴페인 칵테일 Campari Champagne Cocktail

캄파리 1oz
차가운 샴페인 3~5oz
오렌지 트위스트

차갑게 칠링한 샴페인 플루트 글라스에 캄파레를 따른다. 샴페인을 천천히 붓고 부드럽게 스터링한다. 오렌지 껍질을 글라스 가장자리에 두르고 꼬아서 칵테일 안에 넣는다.
베리에이션: **듀 캄파리**(Due Campari)는 위 레시피에 코디얼 캄파리 ½oz, 레몬즙 ¾oz를 추가한다.

캐러비안 피즈 Caribbean Fizz

다크 럼 1oz
바나나 퓨레 1oz
파인애플 주스 1oz
차가운 샴페인 3~5oz

얼음을 채운 셰이커에 샴페인을 제외한 재료를 넣고 힘차게 셰이킹한다. 칠링한 샴페인 플루트 글라스에 스트레이너를 대고 따른다. 그 위로 샴페인을 천천히 붓는다.

캐러비안 루아얄 Caribbean Royale

라이트 럼 ½oz
크렘 드 바나나 ½oz
차가운 샴페인 3~5oz
오렌지 비터스 몇 방울
바나나 슬라이스

차갑게 칠링한 샴페인 플루트 글라스에 샴페인을 제외한 모든 재료를 따른다. 그 위로 샴페인을 천천히 붓는다.

카사노바 Casanova

애플 주스 ½oz
라즈베리 퓨레 ½oz
차가운 샴페인 3~5oz
싱싱한 라즈베리 2알

차갑게 칠링한 샴페인 플루트 글라스에 샴페인을 제외한 모든 재료를 따른다. 그 위로 샴페인을 천천히 붓는다. 칵테일에 라즈베리를 넣는다.

샴페인 쿨러 Champagne Cooler

그랑 마르니에 1oz
코냑 ½oz
앙고스투라 비터스 2대시
차가운 샴페인 3~5oz
오렌지 슬라이스

차갑게 칠링한 샴페인 플루트 글라스에 샴페인을 제외한 모든 재료를 따른다. 그 위로 샴페인을 천천히 붓는다. 오렌지 슬라이스로 장식한다.

베리에이션 : **다이너마이트**(Dynamite)는 위의 레시피에 오렌지즙이나 주스 1oz를 더한다.

샴페인 코스모 Champagne Cosmo

크렌베리 넥타 1½oz
페어 브랜디 ½oz
쿠앵트로 ½oz
차가운 샴페인 3~4oz
싱싱한 크렌베리 2알

얼음을 채운 셰이커에 크렌베리 넥타, 페어 브랜디, 쿠앵트로를 넣고 힘차게 셰이킹한다. 칠링한 샴페인 플루트 글라스에 스트레이너를 대고 따른다. 그 위로 샴페인을 천천히 붓고 크렌베리로 장식한다.

샴페인 줄렙 Champagne Julep

싱싱한 민트 잎 6~8장
슈퍼파인 슈가 1ts
갓 짠 레몬즙 또는 주스 ¼oz
코냑 몇 방울
차가운 샴페인 3~5oz
싱싱한 민트 줄기

콜린스 글라스에 민트 잎, 설탕, 레몬즙, 코냑을 넣고 머들링한다. 큐브 아이스 몇 개를 더하고 그 위로 샴페인을 천천히 따른다. 민트 줄기로 장식해 완성한다.

시카고 Chicago

레몬 웨지
슈퍼파인 슈가
브랜디 1½oz
쿠앵트로 ¼ts
앙고스투라 비터스 몇 방울
차가운 샴페인 3~5oz

레몬 웨지로 칠링한 와인 글라스의 테두리를 문지르고 설탕을 묻혀 리밍한다. 얼음을 채운 셰이커에 샴페인을 제외한 재료를 넣고 힘차게 셰이킹한다. 준비한 잔에 스트레이너를 대고 따른 후 그 위로 샴페인을 천천히 붓는다.

시트론 스파클러 Citron Sparkler 때로는 가장 단순하게 만든 술이 제일 맛있다.

부드러운 레몬 셔벗 2TBS
갈리아노 ½oz
차가운 프로세코 (또는 샴페인) 3~5oz
신선한 크렌베리 2알

칠링한 샴페인 플루트 글라스에 레몬 셔벗과 갈리아노를 섞는다. 그 위로 샴페인을 천천히 붓는다. 칵테일 핀에 크렌베리를 꽂아 담그거나 그대로 칵테일에 넣어 장식한다.
베리에이션 : 풍부한 과일 향을 원한다면 갈리아노를 샹보르 1oz로 대체하고 민트 줄기를 곁들여 낸다.

코프스 리바이버 No.3 Corpse Reviver No. 3 파리 리츠 호텔의 캄봉 바에서 선보인 칵테일로 1926년 바텐더 프랭크 마이어가 만들었다.

페르노 1½oz
차가운 샴페인 3~5oz
레몬 웨지 ¼조각

차가운 샴페인 플루트 글라스에 페르노를 따르고 그 위로 샴페인을 천천히 붓는다. 레몬 웨지를 짜 넣는다.

데스 인 디 애프터눈 Death in the Afternoon

'헤밍웨이'라고도 알려진 이 술은 헤밍웨이가 가장 즐겨 마시던 칵테일 중 하나였다. 1920년대 파리 좌안 지구에서 다른 예술가들과 어울리면서 헤밍웨이는 자신의 시그니처 술로 손색없는 압생트 칵테일을 즐겼는데, '데스 인 더 걸프 스트림 칵테일(180p 진 섹션 참조)과 혼동하지 않도록 '데스 인 디 애프터눈'이라는 적절한 이름을 붙였다.

압생트 (또는 페르노) 1½oz
차가운 브뤼 샴페인 3~5oz

칠링한 샴페인 플루트 글라스에 압생트나 페르노를 따른다. 잔 안쪽에 술이 충분히 묻도록 빠르게 소용돌이치듯이 저은 후 그 위로 샴페인을 붓는다.

클래식 샴페인 칵테일

가성비가 좋은 샴페인이면 칵테일을 만들기에 충분하지만, 이 클래식 샴페인 칵테일은 설탕, 비터스, 레몬과 어우러져 완벽함을 자랑하는 고급 드라이 샴페인을 위한 레시피이다.

각설탕 1개
앙고스투라 비터스 2~3대시
차가운 드라이 샴페인 3~5oz
레몬 트위스트

칠링한 샴페인 플루트 글라스에 비터스를 넣고 각설탕을 녹인다. 그 위로 샴페인을 천천히 붓는다. 레몬 껍질을 글라스 가장자리에 두르고 꼬아서 칵테일 안에 넣는다.
베리에이션 : 런던 스페셜(London Sepcial)은 레몬 껍질을 긴 오렌지 필 스파이럴로 대체한다. 반은 칵테일 안에, 반은 잔 끝에 걸쳐둔다. 아이리시 샴페인 칵테일(Irish Champagne Cocktail)은 위 레시피에 아이리시 위스키 1oz를 더한다.

드림 Dream

듀보네 1oz
쿠앵트로 (또는 트리플 섹) ½oz
갓 짠 그레이프프루트즙 또는 주스 ½oz
차가운 샴페인 3~5oz

얼음을 채운 셰이커에 샴페인을 제외한 재료를 넣고 힘차게 셰이킹한다. 칠링한 샴페인 플루트 글라스에 스트레이너를 대고 따른다. 그 위로 샴페인을 천천히 붓는다.

에페르네 Épernay

크렘 드 프랑부아즈 1oz
미도리 멜론 리큐어 ¼oz
차가운 샴페인 3~5oz

차갑게 칠링한 샴페인 플루트 글라스에 샴페인을 제외한 모든 재료를 따른다. 그 위로 샴페인을 천천히 붓는다.

펠리니 Fellini

리몬첼로 ½oz
만다린 나폴레옹 리큐어 또는 트리플 섹 ½oz
갓 짠 만다린즙 또는 주스 1oz
차가운 샴페인 3~5oz

얼음을 채운 셰이커에 샴페인을 제외한 재료를 넣고 힘차게 셰이킹한다. 칠링한 샴페인 플루트 글라스에 스트레이너를 대고 따른다. 그 위로 샴페인을 천천히 붓는다.

플라잉 Flying

진 ¾oz
갓 짠 레몬즙 또는 주스 ¾oz
쿠앵트로 또는 트리플 섹 ¼oz
설탕 1ts
차가운 샴페인 3~5oz

얼음을 채운 셰이커에 샴페인을 제외한 재료를 넣고 힘차게 셰이킹한다. 칠링한 샴페인 플루트 글라스에 스트레이너를 대고 따른다. 그 위로 샴페인을 천천히 붓는다.

프레즈 루아얄 Fraises Royale

크렘 드 프레즈 1oz
리몬첼로 1oz
차가운 샴페인 3~5oz
꼭지를 딴 신선한 딸기 1개

얼음을 채운 셰이커에 크렘 드 프레즈와 리몬첼로를 넣고 힘차게 셰이킹한다. 칠링한 샴페인 플루트 글라스에 스트레이너를 대고 따른 위로 샴페인을 천천히 붓고 딸기로 장식한다.

프렌치 샴페인 칵테일 French Champagne Cocktail

각설탕 1개
앙고스투라 비터스 2대시
크렘 드 카시스 ½oz
차가운 샴페인 3~5oz

칠링한 샴페인 플루트 글라스에 비터스를 넣고 각설탕을 녹인다. 크렘 드 카시스를 붓고 그 위로 샴페인을 천천히 따른다.

프렌치 키스 French Kiss

라즈베리 퓨레 ⅔oz
진저 비어 1oz
애프리콧 브랜디 몇 방울
차가운 샴페인 3~5oz
신선한 라즈베리 2알

차갑게 칠링한 샴페인 플루트 글라스에 샴페인을 제외한 모든 재료를 따른 후 스터링한다. 그 위로 샴페인을 천천히 붓는다. 라즈베리로 장식하면 완성이다.

프렌치 셔벗 French Sherbet

코냑 1oz
키르슈 ½oz
부드러운 레몬 셔벗 2TS
차가운 샴페인 3~5oz

차갑게 칠링한 샴페인 플루트 글라스에 샴페인을 제외한 모든 재료를 따른 후 스터링한다. 그 위로 샴페인을 천천히 붓는다.

프렌치 75

파리의 해리스 뉴욕 바에서 인기를 끌었던 프렌치 75는 제1차 세계 대전에서 사용한 프랑스제 75mm 곡사포의 이름을 따왔다고 전해진다. 원래 얼음과 함께 서빙했지만 요즘은 보통 샴페인 플루트 글라스에 내고, 프랑스 출신답게 다수의 레시피가 베이스 술인 진을 코냑으로 대체한다. 진을 넣은 버전은 종종 '다이아몬드 피즈(Diamond Fizz)'라는 이름으로 불린다.

진 1oz
갓 짠 레몬즙 또는 주스 ½oz
설탕 1ts
차가운 브뤼 샴페인 5oz
오렌지 필 스파이럴

셰이커에 진, 레몬즙, 설탕을 넣고 얼음과 함께 힘차게 셰이킹한다. 얼음을 채운 콜린스 글라스에 스트레이너를 대고 따른다. 그 위로 샴페인을 천천히 붓는다. 오렌지 필 스파이럴로 장식하면 완성이다.

프렌치 125 French 125 프렌치 75의 코냑 버전이다.

코냑 ¾oz
스위트 앤 사워 1½oz
차가운 샴페인 3~5oz

셰이커에 샴페인을 제외한 모든 재료를 넣고 얼음과 함께 힘차게 셰이킹한다. 얼음을 채운 콜린스 글라스나 칠링한 샴페인 플루트 글라스에 스트레이너를 대고 따른다. 그 위로 샴페인을 천천히 붓는다.

〈그 밖에 프렌치 75의 베리에이션〉

스와상 네프(Soixante-Neuf) : 위 레시피에서 설탕을 빼고 레몬 트위스트를 추가한다.
킹스 페그(King's Peg) : 위 레시피에서 설탕과 레몬즙을 뺀다.
프렌치 69(French 69) : 위 레시피에 페르노 ¼oz를 더한다.
프렌치 76(French 76) : 진을 보드카로 대체한다.
프렌치 95(French 95) : 진을 버번으로 대체한다.

진저 피즈 Ginger Fizz

버번 1oz
파인애플 주스 1oz
싱싱한 얇은 생강편 2~3조각
차가운 샴페인 3~5oz

얼음을 채운 셰이커에 샴페인을 제외한 재료를 넣고 힘차게 셰이킹한다. 칠링한 샴페인 플루트 글라스에 스트레이너를 대고 따른다. 그 위로 샴페인을 천천히 붓는다.

제임스 본드 James Bond

각설탕 1개
앙고스투라 비터스 몇 방울
보드카 ¾oz
릴레 ¼oz
차가운 샴페인 3~5oz
레몬 트위스트

칠링한 샴페인 플루트 글라스에 비터스를 넣고 각설탕을 녹인다. 보드카와 릴레를 붓는다. 그 위로 샴페인을 천천히 따른다. 레몬 껍질을 글라스 가장자리에 두르고 꼬아서 칵테일 안에 넣는다.

점핑 젤리빈 Jumping Jellybean

테킬라 1oz
그랑 마니에르 1oz
갓 짠 레몬즙 또는 주스 1oz
차가운 샴페인 3~5oz

얼음을 채운 셰이커에 샴페인을 제외한 재료를 넣고 힘차게 셰이킹한다. 칠링한 칵테일 글라스에 스트레이너를 대고 따른다. 그 위로 샴페인을 천천히 붓는다.

주니퍼 루아얄 Juniper Royale

진 1oz
갓 짠 오렌지즙 또는 주스 ½oz
크렌베리 주스 ½oz
그레나딘 시럽 몇 방울
차가운 샴페인 3~5oz

얼음을 채운 셰이커에 샴페인을 제외한 재료를 넣고 힘차게 셰이킹한다. 칠링한 샴페인 플루트 글라스에 스트레이너를 대고 따른다. 그 위로 샴페인을 천천히 붓는다.

켄터키 샴페인 칵테일 Kentucky Champagne Cocktail

각설탕 1개
페이쇼드 비터스 2~3대시
버번 1oz
피치 리큐어 ½oz
차가운 샴페인 3~5oz
레몬 트위스트

칠링한 샴페인 플루트 잔에 비터스를 넣고 각설탕을 녹인다. 버번과 피치 리큐어를 부은 위로 샴페인을 천천히 따른다. 레몬 껍질을 글라스 가장자리에 두르고 꼬아서 칵테일 안에 넣는다.

키르 루아얄 Kir Royale

크렘 드 카시스 ½oz
차가운 샴페인 4~6oz
레몬 트위스트

칠링한 샴페인 플루트 글라스에 크렘 드 카시스를 따른다. 그 위로 샴페인을 천천히 붓는다. 레몬 껍질을 글라스 가장자리에 두르고 꼬아서 칵테일 안에 넣는다.

라 돌체 비타 La Dolce Vita

바닐라 향이 나는 보드카 1oz
애프리콧 넥타 1oz
쿠앵트로 ½oz
갓 짠 라임즙 또는 주스 ½oz
차가운 프로세코 또는 샴페인 1~2oz

얼음을 채운 셰이커에 프로세코를 제외한 재료를 넣고 힘차게 셰이킹한다. 칠링한 샴페인 쿠페 글라스에 스트레이너를 대고 따른다. 그 위로 프로세코를 띄우듯이 따른다.

레이디 맥베스 Lady Macbeth

차가운 샴페인 3~5oz
루비 포트 1oz
레몬 트위스트

칠링한 샴페인 플루트 글라스에 샴페인을 따른다. 루비 포트를 천천히 붓는다. 스터링 하지 않는다.

리 밀러스 프로비셔 Lee Miller's Frobisher 제2차 세계 대전 종군기자 겸 사진작가이자 맨 레이의 뮤즈이고 모델이었던 리 밀러의 이름을 따서 만든 칵테일이다.

진 2oz
앙고스투라 비터스 몇 방울
차가운 샴페인 4~6oz
레몬 트위스트

얼음을 채운 하이볼 글라스에 진과 앙고스투라 비터스를 따른다. 샴페인을 천천히 붓고 부드럽게 스터링한다. 레몬 껍질을 글라스 가장자리에 두르고 꼬아서 칵테일 안에 넣는다.

멕시칸 피즈 Mexican Fizz

테킬라 1oz
크렘 드 카시스 1oz
샴페인 1oz

얼음을 채운 하이볼 글라스에 테킬라와 크렘 드 카시스를 따른다. 샴페인을 천천히 붓고 부드럽게 스터링한다.

미모사 Mimosa 미국에서 브런치 칵테일로 즐겨 마시는 미모사는 갓 짠 오렌지즙이 필수다. 1925년 파리의 리츠 호텔에서 선보인 후 전설이 된 데에는 다 이유가 있다. 오리지널 레시피에서는 오렌지 반 개를 짠 즙을 사용하라고 되어 있다.

갓 짠 오렌지즙 또는 주스 2oz
쿠앵트로 ¼oz
차가운 샴페인 3~5oz

차가운 샴페인 플루트 글라스에 오렌지즙과 쿠앵트로를 따른다. 그 위로 샴페인을 천천히 붓고 가볍게 스터링한다.

몬테카를로 임페리얼 Monte Carlo Imperial

진 ¾oz
화이트 크렘 드 멘테 ¼oz
갓 짠 레몬즙 또는 주스 ½oz
차가운 샴페인 3~5oz

얼음을 채운 셰이커에 샴페인을 제외한 재료를 넣고 힘차게 셰이킹한다. 칠링한 샴페인 플루트 글라스에 스트레이너를 대고 따른다. 그 위로 샴페인을 천천히 붓는다.

베리에이션: **몬테카를로 하이볼**(Monte Carlo Highball)은 위 레시피에서 진을 1 ¾oz, 레몬즙을 1oz로 늘리고 셰이킹한 후 하이볼 글라스에 스트레이너를 대고 따른다.

네버 온 선데이 Never on Sunday

메탁사 2oz
우조 1oz
갓 짠 레몬즙 또는 주스 ¼oz
앙고스투라 비터스 몇 방울
차가운 샴페인 3oz
진저 비어 3oz
레몬 웨지

얼음을 채운 하이볼 글라스에 메탁사, 우조, 레몬즙, 비터스를 넣는다. 샴페인과 진저 비어를 천천히 붓고 부드럽게 스터링한다. 레몬 웨지로 장식하면 완성이다.

오하이오 Ohio

로쏘 (스위트) 베르무트 ¾oz
캐나다 위스키 ¾oz
트리플 섹 몇 방울
앙고스투라 비터스 몇 방울
차가운 샴페인 3~5oz

칠링한 샴페인 플루트 글라스에 샴페인을 제외한 모든 재료를 따른다. 그 위로 샴페인을 천천히 붓는다.

올드 쿠반 Old Cuban 모히토의 샴페인 베리에이션 격인 올드 쿠반은 뉴욕 칼라일 호텔의 베멜맨즈 바에서 탄생했다.

질 좋은 럼 1½oz
갓 짠 라임즙 또는 주스 ¾oz
앙고스투라 비터스 몇 방울
심플 시럽 1oz
싱싱한 민트 잎 6장
차가운 샴페인 1½oz
바닐라빈 반 개

얼음을 채운 셰이커에 럼, 라임즙, 비터스, 심플 시럽, 민트 잎을 넣고 힘차게 셰이킹한다. 칠링한 샴페인 플루트 글라스에 스트레이너를 대고 따른다. 그 위로 샴페인을 천천히 붓고 부드럽게 스터링한다. 바닐라빈으로 장식하면 완성이다.

파라디스 Paradis

스트레이너에 거른 라즈베리 퓨레 1oz
쿠앵트로 ½oz
크렘 드 바나나 ½oz
차가운 샴페인 3~5oz
싱싱한 라즈베리 1알

칠링한 샴페인 플루트 글라스에 라즈베리 퓨레, 쿠앵트로, 크렘 드 바나나를 따른다. 그 위로 샴페인을 천천히 붓고 라즈베리를 넣는다.

패션 Passion

8년산 바카디 1oz
크렘 드 페슈 ½oz
갓 짠 라임즙 또는 주스 1oz
심플 시럽 ½oz
패션후르츠 퓨레 1oz
차가운 샴페인 3~5oz

샴페인을 제외한 모든 재료를 셰이커에 넣고 얼음과 함께 힘차게 셰이킹한다. 얼음을 채운 하이볼 글라스에 스트레이너를 대고 따른다. 그 위로 샴페인을 천천히 붓는다.

핌즈 로얄 Pimm's Royal

핌즈 넘버원 1½oz
차가운 샴페인 4~5oz
레몬 트위스트
오이 필 스트립

얼음을 채운 하이볼 글라스나 칠링한 샴페인 플루트 글라스에 핌즈를 따른다. 샴페인을 천천히 붓고 부드럽게 스터링한다. 레몬 껍질을 글라스 가장자리에 두르고 꼬아서 칵테일 안에 넣는다. 오이 필 스트립으로 장식하면 완성이다.

파인애플 플러티니 Pineapple Flirtini

보드카 1½oz
차가운 샴페인 1½oz
파인애플 주스 ¼oz
파인애플 슬라이스

얼음을 채운 믹싱 글라스에 액체류 재료를 넣고 부드럽게 스터링한다. 칠링한 칵테일 글라스에 스트레이너를 대고 천천히 따른다. 파인애플 슬라이스로 장식하면 완성이다.

핑크 프람부아즈 드림 Pink Framboise Dream

크렘 드 프랑부아즈 ½oz
쿠앵트로 ½oz
갓 짠 핑크 그레이프프루트즙 또는 주스 1oz
차가운 샴페인 3~5oz

얼음을 채운 셰이커에 샴페인을 제외한 재료를 넣고 힘차게 셰이킹한다. 칠링한 샴페인 플루트 글라스에 스트레이너를 대고 따른다. 그 위로 샴페인을 천천히 붓는다.

프린스 오브 웨일즈 Prince of Wales

브랜디 1oz
메데이라 1oz
쿠앵트로 ¼oz
앙고스투라 비터스 2대시
차가운 샴페인 3~5oz
오렌지 슬라이스

얼음을 채운 셰이커에 브랜디, 메데이라, 쿠앵트로, 비터스를 넣고 힘차게 셰이킹한다. 칠링한 샴페인 플루트 글라스에 스트레이너를 대고 따른다. 그 위로 샴페인을 천천히 붓는다. 오렌지 슬라이스로 장식하면 완성이다.

푸아 윌리암스 샴페인 칵테일 Poire Williams Champagne Cocktail

푸아 윌리암스 (또는 페어 브랜디) 1½oz
심플 시럽 1ts
차가운 샴페인 3~5oz
서양배 슬라이스

칠링한 샴페인 플루트 글라스에 푸아 윌리암스와 심플 시럽을 따른다. 그 위로 샴페인을 천천히 붓는다. 서양배 슬라이스로 장식하면 완성이다.

리츠 Ritz

갓 짠 오렌지즙 또는 주스 ¾oz
코냑 ¾oz
쿠앵트로 ¼oz
차가운 샴페인 3~5oz

얼음을 채운 셰이커에 샴페인을 제외한 재료를 넣고 힘차게 셰이킹한다. 칠링한 샴페인 플루트 글라스에 스트레이너를 대고 따른다. 그 위로 샴페인을 천천히 붓는다.

리츠 75 Ritz 75

파리의 리츠 호텔 바에서 탄생한 칵테일이다.

진 ½oz
갓 짠 레몬즙 또는 주스 ½oz
갓 짠 만다린 주스 ½oz
설탕 1ts
차가운 브뤼 샴페인 4oz

샴페인을 제외한 모든 재료를 셰이커에 넣고 얼음과 함께 힘차게 셰이킹한다. 얼음을 채운 콜린스 글라스나 칠링한 샴페인 플루트 글라스에 스트레이너를 대고 따른다. 그 위로 샴페인을 천천히 붓는다.

로얄 진 피즈 Royal Gin Fizz

진 2oz
갓 짠 레몬즙 또는 주스 1oz
달걀 1개
심플 시럽 ¼oz
차가운 샴페인 3~5oz

셰이커에 샴페인을 제외한 모든 재료를 넣고 얼음과 함께 힘차게 셰이킹한다. 얼음을 채운 콜린스 글라스에 스트레이너를 대고 따른다. 그 위로 샴페인을 천천히 붓고 부드럽게 스터링한다.

타이푼 Typhoon

진 1oz
페르노 몇 방울
갓 짠 라임즙 또는 주스 ½oz
차가운 샴페인 4oz
라임 트위스트

셰이커에 진, 페르노, 라임즙을 넣고 얼음과 함께 힘차게 셰이킹한다. 얼음을 채운 하이볼 글라스에 스트레이너를 대고 따른 후 부드럽게 스터링한다. 라임 트위스트로 장식하면 완성이다.

발렌시아 루아얄 Valencia Royale

애프리콧 브랜디 1oz
갓 짠 오렌지즙 또는 주스 1oz
차가운 샴페인 3~5oz

오렌지 슬라이스

칠링한 샴페인 플루트 글라스에 애프리콧 브랜디와 오렌지즙을 따른다. 그 위로 샴페인을 천천히 붓는다. 오렌지 슬라이스로 장식하면 완성이다.

바이올렛 샴페인 다무르 Violet Champagne d'Amour

파르페 아무르 1oz
갓 짠 레몬즙 또는 주스 ½oz
쿠앵트로 ¼oz
차가운 샴페인 3~5oz

싱싱한 바이올렛 잎 2장

칠링한 샴페인 플루트 글라스에 샴페인을 제외한 모든 재료를 따른다. 그 위로 샴페인을 천천히 붓는다. 바이올렛 잎을 칵테일 위에 띄운다.

볼케이노 Volcano

라즈베리 리큐어 ¾oz
블루 큐라소 ¾oz
차가운 샴페인 3~5oz

오렌지 트위스트

얼음을 채운 셰이커에 라즈베리 리큐어와 블루 큐라소를 넣고 힘차게 셰이킹한다. 칠링한 샴페인 플루트 글라스에 스트레이너를 대고 따른다. 그 위로 샴페인을 천천히 붓는다. 오렌지 껍질을 글라스 가장자리에 두르고 꼬아서 칵테일 안에 넣는다.

.... 진 ....

    진(jin)은 전형적인 칵테일 베이스 증류주로 마티니, 네그로니부터 피즈, 리키, 콜린스에 이르기까지 다양한 클래식 칵테일에 독창적인 영감을 불어넣었다. 역사적으로 진은 런던 진 하우스와 금주법 시대 집 욕조에서 몰래 만든 밀주에서부터 칵테일의 황금기에 유명한 작가와 할리우드 스타들이 즐기던 화려한 술까지 악명 높은 양극단의 명성 사이를 오갔다.

    진은 주니퍼 베이스의 약용 음료에서 그 기원을 찾을 수 있다. 1150년경 이탈리아 수사들이 처음 증류하기 시작해 14세기까지 이 주니퍼 베이스의 영약을 신장 합병증 치료에 썼다. 일반적으로 그 영약을 진의 원형이라고 여긴다. 하지만 증류 과정을 다듬어 약제사의 강장제를 술로 만든 건 네덜란드였고, 1650년대까지 주니퍼 베리 향이 진하게 풍기는 게네베르(genever)를 주조했다. 진이라는 단어는 주니퍼, 즉 노간주나무를 뜻하는 네덜란드어 '게네베르'에서 유래했다.

    이후 진은 네덜란드에서 배탈 치료제로 쓰였을 뿐만 아니라 전쟁터에서 군인들이 '두려움에 무감각해질 수 있는' 술로 명성을 떨쳤다. 30년 전쟁(1618~1648년) 동안 네덜란드를 지원했던 영국 용병들은 네덜란드군의 용맹함에 대한 무용담을 게네베르

몇 병과 함께 가지고 집으로 돌아갔다. 원래 건강 강장제로 사용했던 진은 공식적으로는 의학적 가치가 없지만, 마티니 애호가들은 여전히 긍정적인 효과가 많다고 주장한다.

영국인들이 선택한 증류주인 진의 인기는 1689년 영국의 왕위에 오른 네덜란드 빌헬름 3세가 막을 열었다. 그는 다른 증류주를 비롯해 당시 영국인이 가장 좋아했던 프랑스산 브랜디에 막대한 관세를 부과하며, 네덜란드 진에 대한 남다른 애착을 보였다. 주니퍼 베리를 더한 곡주였던 이 진 스타일의 증류주는 빠르게 인기를 얻을 수밖에 없었고, 곧 브리스톨, 플리머스 같은 런던 항구 도시에 주요 증류 중심지가 들어서게 되었다. 이후 상류층 사교계 인사들이 모여들며 '진의 신전'이라는 별명이 붙은 햄프턴 코트 궁전 뱅퀴팅 하우스부터 런던 뒷골목의 빈민가까지 진은 지루한 일상과 가난을 잊게 만드는 완벽한 일탈로 자리 잡았다.

1690년까지 맥주에 붙던 막대한 세금과 상대적으로 느슨한 증류법 덕분에 진의 주조는 가성비가 좋은 선택이었고, 1730년까지 수백만 갤런의 진이 소비된 이후 가정용으로만 주류 판매가 가능하도록 법이 바뀌었다. 하지만 이 조치로 오히려 진을 몰래 파는 술집인 악명높은 '진 숍'이 다섯 집 건너 하나씩 우후죽순 생겨났다. 초짜 증류업자들은 아무런 제한 없이 강렬한 주니퍼 베리 풍미만 입혀 위험할 만큼 질 낮은 증류주를 만들었고, 진의 역사에서 가장 어두웠던 이 시기는 이후 수십 년 동안 진의 나쁜 평판을 초래했다. 이후 각종 규제가 뒤따랐고 명망 높은 양조업자이자 1769년 진 증류 면허를 최초로 취득한 사람 중 하나였던 알렉산더 고든(Alexander Gordon)은 이전의 풍미를 되찾고 통제된 품질의 진을 생산하는 데 앞장섰다.

진의 인기는 마티니의 문화적 역사에도 깊은 뿌리를 두고 있다. 세기가 바뀔 즈음 칵테일 세계에서 진은 세련된 상류층 도시 사람들만 마셨고, 이후 금주법 시대를 거쳐 1920년대와 1930년대 퇴폐미가 넘치던 데카당스의 시기에는 집 욕조에서 몰래 만든 밀주 진의 시대가 시작되었다. 당시 진은 독한 술맛을 가리기 위해 단순히 베이스 술에 주니퍼 베리 에센스를 더해서 악명높았던 런던 진 숍 시절을 떠오르게 했다. 이렇게 진은 마시는 사람도, 만드는 방법도 시대에 따라 달라졌지만, 마티니의 베이스 술이라는 역할은 변함없이 이어졌다.

마티니 애호가였던 프랭클린 루스벨트 전 미 대통령은 1933년 금주법을 해제하면서 최초로 '합법적인' 마티니를 인정했고, 이는 1950년대와 1960년대 극도로 드라이한 마티니 열풍으로 이어졌다. 사실 진은 1950년대 후반까지 제임스 본드와 스미노프(Smirnoff, 세계적인 러시아 보드카 브랜드)가 러시아 보드카에 대한 세련된 선호도를 대중문화의 주류로 홍보한 덕에 존재감이 크지 않았다. 하지만 그때조차도, 마티니를 만들 때 사람들은 자연스럽게 진을 찾았다.

진의 품질은 원료, 첨가한 물의 순도, 증류법 등에 따라 달라진다. 증류업자들은 일반적인 진의 주니퍼 베리와 실란트로(고수) 풍미를 넘어 뚜렷한 개성을 가진 진을 만들기 위해 그들만의 독특한 식물학적 조합을 더하기도 한다. 클로브, 레몬, 오렌지 껍질에서 감초, 아니스, 안젤리카, 주니퍼 베리, 이리스 뿌리, 아몬드, 카다멈, 계피까지 다양한 재료로 진에 미묘한 향취를 불어넣는다. 진은 무색에 가벼운 바디감을 가진 증류주로 보드카처럼 밀 또는 호밀과 같은 곡물이나 사탕수수(당밀)를 증류해서 만들지만, 베이스에 향료를 입히면 보드카와는 완전히 다른 풍미를 갖는다. 진은 연속 증류기로 맑고 가벼운 바디감에 알코올 도수가 높은 베이스 술을 증류한 다음, 보통 올드 월드 단식 증류기로 다양한 식물성 향료를 입혀 재증류하는 방식으로 만든다. 최고급 진 브랜드는 복잡 미묘한 풍미를 내기 위해 서스펜딩 및 기화 과정을 거치는 반면, 대량 생산 브랜드는 식물성 향료를 베이스 술에 인퓨징한 후 재증류한다. 가성비가 좋은 컴파운드 진은 단순히 베이스 증류주에 식물성 에센스와 추출물을 더해 만든다.

진의 종류

진이라고 하면 보통 칵테일에 가장 많이 사용하는 런던 드라이 진을 의미하지만, 사실 고전적인 주니퍼 베리 풍미에서 벗어난 새로운 세대의 진을 포함해 선택할 수 있는 종류가 다양하다. 혀가 얼얼할 정도로 강력한 진부터 다양한 향취의 변형을 거쳐 부드러운 진까지, 모든 증류업자는 진에 섬세하지만 복합적인 독특한 특징을 부여하기 위해 온 힘을 다한다. 이 섹션에서는 몇 가지 브랜드의 예를 들어 차이점을 명확하게 설명하겠지만, 물론 어떤 진이 최고인지 알아보는 가장 좋은 방법은 다양한 진을 마셔보는 것이다.

---------- 올드 톰 진 ----------

올드 스타일 진 중에 남아있는 몇 안 되는 예 중 하나인 올드 톰 진(Old Tom gin)은 18세기 영국에서 인기를 끌었던 살짝 달콤한 스타일의 대표주자이다. 더는 이전 방식으로 주조하지 않고 설탕 시럽으로 단맛을 낸 식물성 향료를 입힌 뉴트럴 그레인 스피릿이다.

---------- 플리머스 진 ----------

영국 법에 따르면 플리머스 진(Plymouth gin)은 플리머스시에서만 생산할 수 있다. 런던 드라이 진과 비슷하지만 향이 강하고 풀 바디감을 선사한다. 과일 향과 시트러스 향이 살짝 나고 매우 드라이한 편으로 마음에 쏙 드는 완벽한 마티니를 만들 수 있다.

---------- 런던 드라이 진 ----------

클래식 드라이 진은 전형적인 영국 스타일로 입술이 바짝 마를 정도로 드라이하며 살짝 얼얼할 정도의 향이 난다. 18세기 올드 스타일의 오리지널 올드 톰 진에 비해 달달함이 덜하다. 런던 드라이 진(London dry gin)은 식물성 향료를 나중에 첨가하지 않고 진으로 증류되는 좀 더 정제된 과정으로 만든다. 가볍고 향기로운 런던 드라이 진은 가장 인기가 많은 스타일로, 마티니뿐만 아니라 믹싱 칵테일 베이스로도 더할 나위 없이 잘 어울린다.

<런던 드라이 진의 예시>

- 비피터 Beefeater : 강한 향으로 라임, 오렌지, 라벤더 향이 난다.
- 비피터 크라운 주얼 Beefeater Crown Jewel : 더 가볍고 섬세하며, 시트러스 향이 난다.
- 봄베이와 봄베이 사파이어 Bombay and Bombay Sapphire : 섬세하며, 소나무 숲 향이 난다.
- 클래식 탠커레이 Classic Tanqueray : 주니퍼와 고수 향이 강하며, 풍부하고 강한 향이 난다.
- 탠커레이 넘버 텐 Tanqueray No. TEN : 부드러운 스타일의 진이다.
- 덴마크의 반 고흐 Van Gogh, from Denmark : 우아한 클래식 드라이 진이다.
- 부들스, 부스 하이&드라이와 하우스 오브 로즈, 길비, 밀러스

미국 드라이 진

런던 드라이 진보다 부드럽고 향이 옅은 편으로 믹싱 칵테일에 쓰기 좋다. 주니페로(Junipero), 플라이슈만스(Fleischmann's) 등의 브랜드가 있다.

네덜란드 진

'게네베르'로도 알려진 네덜란드 진은 짙은 주니퍼 베리 풍미와 함께 강렬한 향이 특징이다. 맥아와 곡물을 으깨어 증류하는 올드 스타일 진인 '오우드 게네베르(oude genever)'는 영국의 올드 톰 진과 비슷하면서도 정제된 증류 과정을 거쳐 품질이 훨씬 더 좋다. 얼얼할 만큼 강렬하고 단맛이 은은히 감돌며 밝은 노란빛에 풀 바디감을 선사한다. 영 진을 의미하는 '용 게네베르(jonge genever)'는 런던 드라이 진과 비슷하게 바디감이 더 가볍고 드라이하며, 오크통에 숙성한 게네베르는 '코런베인(korenwijn)'이라고 부른다. 네덜란드 진은 특유의 강렬한 풍미를 즐길 수 있도록 니트 방식이나 간단히 얼음만 곁들여 마시는 게 좋으며, 믹싱 칵테일에는 그리 적합하지 않다. 유명한 네덜란드 진 브랜드로는 볼스(Bols), 복마(Bokma), 디카이퍼(De Kuyper) 등이 있다.

중간 정도 세기의 진

몇몇 진은 중간 정도 세기의 범주로 묶을 수 있다. 강렬함의 정도가 비피터(beefeater)[9]와 부드럽고 매끄러운 탱커레이 넘버텐 사이를 맴도는 진 브랜드를 소개한다.

올드 라제 Old Raj : 사프란을 넣어 황금빛이 감돈다.
시타델 Citadelle : 라임 향이 가득한 균형 잘 잡힌 프랑스산 프리미엄 진
마젤란 Magellan : 식물 뿌리와 허브로 인해 푸른빛이 감돈다.

새로운 진

새롭게 등장한 '2세대' 진은 오렌지, 클로브, 혼합 시트러스, 서양배처럼 향기로운 식물성 원료를 다양하게 사용한다. 심지어 마젤란 진처럼 푸른빛을 띠기도 하고, 멋들어진 독특한 병에 보틀링하기도 한다.

---

9 런던탑을 지키는 붉은 제복의 근위 보초병을 뜻한다. 런던 드라이 진의 대표적인 브랜드로 상쾌한 향기와 매끄러운 풍미가 특징이며 래플스 호텔의 '싱가포르 슬링' 베이스로 유명하다.

- 주이담 Zuidam: 바닐라와 향신료로 풍미를 돋운 네덜란드 진
- 웻 Wet: 서양배의 풍미가 물씬 풍기는 비피터의 진
- 담락 Damrak: 다양한 시트러스 노트가 느껴지는 덴마크 진
- 핸드릭스 Hendrick's: 장미 꽃잎과 오이 향으로 신선하고 꽃향기가 가득한 스코틀랜드 진

〈새로운 스타일의 풍미를 선사하는 진〉
- 아몬드 진 : 비터 아몬드를 섞은 진
- 애플 진 : 사과를 첨가한 진
- 블랙커런트 진 : 블랙커런트를 섞은 진
- 레몬 진 : 레몬 또는 레몬 껍질 추출물을 섞은 진
- 오렌지 진 : 비터 오렌지를 첨가한 진

진을 서빙하고 즐기는 법

❦ 진과 베르무트의 적절한 결합은 위대하며, 예상치 못한 기쁨을 선사한다. 세상에서 가장 행복하지만 가장 짧게 끝나는 결혼과도 같다.

— 버나드 디 보토(1897-1955, 미국 비평가이자 역사가)

진은 향기롭고 섬세하며 은은하게 감도는 특성 덕에 각종 주스, 리큐어, 베르무트 등 대부분 재료와 조화롭게 어울리며, 칵테일을 위한 전형적인 베이스 증류주이다. 다양한 재료를 사용하는 칵테일의 경우 고든스 진이나 씨그램스 진처럼 가성비가 뛰어난 진이 적절하다. 고급 진이 가치를 인정받는 마티니나 진 앤 토닉을 위해서는 시타델, 탱커레이, 봄베이 사파이어 등 드라이하고 향긋함이 가득한 프리미엄 진을 사용해 그 은은함을 만끽하도록 하자. 얼음이 칵테일을 빠르게 희석하는 걸 막기 위해 진을 미리 차갑게 칠링하는 경우가 많다. 하지만 차가운 진은 상대적으로 진 특유의 향기가 덜해지므로, 각자 취향에 맞게 칠링 여부를 결정하면 된다.

진 칵테일

애비 칵테일 Abbey Cocktail

진 1½oz
릴레 블랑 ¾oz
갓 짠 오렌지즙 또는 주스 ¾oz
앙고스투라 비터스 2대시
마라스키노 체리

얼음을 채운 셰이커에 액체류 재료를 넣고 힘차게 셰이킹한다. 칠링한 칵테일 글라스에 스트레이너를 대고 따른다. 체리로 장식하면 완성이다.

알렉산더 Alexander 1920년대 탄생한 오리지널 알렉산더는 진으로 만들었지만, 이후 브랜디 베이스 버전이 더 큰 인기를 끌었다.(124p)

진 1oz
화이트 크렘 드 카카오 ¾oz
헤비 크림 ¾oz
갓 갈은 넛맥 가루 몇 꼬집

얼음을 채운 셰이커에 액체류 재료를 넣고 힘차게 셰이킹한다. 칠링한 칵테일 글라스에 스트레이너를 대고 따른 후 넛맥 가루를 뿌린다.
베리에이션 : **아발란체**(Avalanche)는 위 레시피에서 화이트 크렘 드 카카오를 브라운 크렘 드 카카오로 대체한다.

앙티브 Antibes

진 1½oz
베네딕틴 ½oz
갓 짠 그레이프프루트즙 또는 주스 2oz
오렌지 슬라이스

셰이커에 액체류 재료를 넣고 얼음과 함께 힘차게 셰이킹한다. 얼음을 채운 올드 패션드 글라스에 스트레이너를 대고 따른 후 오렌지 슬라이스로 장식한다.

아르카디아 Arcadia

진 1½oz
갈리아노 ½oz
크렘 드 바나나 ½oz
갓 짠 그레이프프루트즙 또는 주스 ½oz

얼음을 채운 셰이커에 재료를 넣고 힘차게 셰이킹한다. 칠링한 칵테일 글라스에 스트레이너를 대고 따른다.

발리 하이볼 Bali Highball

진 1½oz
구아바 넥타 2oz
갓 짠 라임즙 또는 주스 ½oz
석류 시럽 1oz
차가운 클럽소다 3~4oz
라임 휠
오렌지꽃 (또는 기타 식용 꽃)

진, 구아바 넥타, 라임즙, 석류 시럽을 셰이커에 넣고 얼음과 함께 힘차게 셰이킹한다. 얼음을 채운 하이볼 글라스에 스트레이너를 대고 따른다. 그 위로 클럽소다를 붓는다. 라임 휠과 오렌지꽃으로 장식하면 완성이다.

뷰티 스팟 Beauty Spot

진 2oz
화이트 크렘 드 카카오 ½oz
계란 흰자 1개
그레나딘 시럽 ½ts

얼음을 채운 셰이커에 진, 크렘 드 카카오, 계란 흰자를 넣고 힘차게 셰이킹한다. 칠링한 칵테일 글라스에 스트레이너를 대고 따른다. 칵테일 중앙에 그레나딘 시럽을 떨어뜨리고, 젓지 않는다.

벨라, 벨라 Bella, Bella

진 1oz
캄파리 ⅔oz
리몬첼로 ½oz
만다린 나폴레옹 (또는 기타 오렌지 리큐어) ½oz
갓 짠 오렌지즙 또는 주스 ⅔oz
라임 필 스파이럴

얼음을 채운 셰이커에 재료를 넣고 힘차게 셰이킹한다. 칠링한 칵테일 글라스에 스트레이너를 대고 따른다. 라임 필 스파이럴로 장식한다.

블루 먼데이 Blue Monday

진 1oz
쿠앵트로 (또는 트리플 섹) 1oz
블루 큐라소 몇 방울
차가운 클럽소다 3~4oz

얼음을 채운 하이볼 글라스에 진과 쿠앵트로를 따른다. 그 위로 클럽소다를 붓고 스터링한다.

보스턴 칵테일 Boston Cocktail

진 1½oz
애프리콧 브랜디 1½oz
갓 짠 레몬즙 또는 주스 1½oz
그레나딘 시럽 몇 방울

얼음을 채운 셰이커에 재료를 넣고 힘차게 셰이킹한다. 칠링한 칵테일 글라스에 스트레이너를 대고 따른다.

브램블 Bramble

싱싱한 블랙베리 4~5알
설탕 1ts
갓 짠 라임즙 또는 주스 1oz
진 1½oz
크렘 드 뮈르(블랙베리 리큐어) ½oz

차가운 클럽소다 3~4oz
라임 웨지

칠링한 하이볼 글라스에 블랙베리, 설탕, 라임즙을 넣고 머들링한다. 잔에 얼음을 채우고 진과 크렘 드 뮈르를 따른다. 그 위로 클럽소다를 붓고 가볍게 스터링한다. 라임 웨지로 장식하면 완성이다.

브롱스 칵테일 Bronx Cocktail
1906년 월도프 아스토리아 호텔의 바텐더 조니 살롱(Johnny Salon)이 브롱스 동물원을 다녀온 후 만들었다고 전해진다.

진 1½oz
드라이 베르무트 ¼oz
스위트 베르무트 ¼oz
갓 짠 오렌지즙 또는 주스 ¾oz
오렌지 슬라이스

얼음을 채운 셰이커에 재료를 넣고 힘차게 셰이킹한다. 칠링한 칵테일 글라스에 스트레이너를 대고 따른다. 오렌지 슬라이스로 장식하면 완성이다.

카프리 칵테일 Capri Cocktail

진 1½oz
리몬첼로 ½oz
피치 슈냅스 ¼oz
갓 짠 그레이프프루트즙 또는 주스 1oz
망고 주스 1oz
오르가트 시럽 또는 아몬드 시럽 몇 방울

얼음을 채운 셰이커에 재료를 넣고 힘차게 셰이킹한다. 칠링한 칵테일 글라스에 스트레이너를 대고 따른다.

캐러비안 선셋 Caribbean Sunset

진 1oz
크렘 드 바나나 1oz
블루 큐라소 1oz
갓 짠 레몬즙 또는 주스 1oz
헤비 크림 ½oz
그레나딘 시럽 몇 방울

오렌지 슬라이스
마라스키노 체리

셰이커에 액체류 재료를 넣고 얼음과 함께 힘차게 셰이킹한다. 얼음을 채운 하이볼 글라스에 스트레이너를 대고 따른다. 오렌지 슬라이스와 체리로 장식하면 완성이다.

첼시 사이드카 Chelsea Sidecar 사이드카의 베리에이션으로 코냑 대신 진을 넣는다. 첼시 호텔 또는 진 사이드카로도 알려진 뉴욕 첼시 호텔의 시그니처 칵테일이다.

레몬 트위스트
진 2oz
쿠앵트로 ¾oz
갓 짠 레몬즙 또는 주스 ½oz

레몬 껍질로 칠링한 칵테일 글라스의 테두리를 문지른다. 얼음을 채운 셰이커에 재료를 넣고 힘차게 셰이킹한다. 준비한 글라스에 스트레이너를 대고 따른다. 레몬 트위스트로 장식하면 완성이다.

체리 코블러 Cherry Cobbler

진 2oz
체리 헤링 ¾oz
크렘 드 카시스 ¼oz
갓 짠 레몬즙 또는 주스 ¼oz
심플 시럽 ¼oz
차가운 클럽소다 2~3oz (선택사항)
레몬 슬라이스
마라스키노 체리
싱싱한 민트 줄기

얼음을 채운 셰이커에 클럽소다를 제외한 모든 액체류 재료를 넣고 힘차게 셰이킹한다. 칠링한 올드 패션드 글라스에 스트레이너를 대고 따른다. 클럽소다를 칵테일 위에 붓는다. 레몬 슬라이스, 체리, 민트 줄기로 장식한다.

코코 샤넬 Coco Chanel

진 1oz
칼루아 1oz
헤비 크림 1oz

얼음을 채운 셰이커에 재료를 넣고 힘차게 셰이킹한다. 칠링한 칵테일 글라스에 스트레이너를 대고 따른다.

코스타 델 솔 Costa del Sol

진 2oz
쿠앵트로 1oz
애프리콧 브랜디 1oz

얼음을 채운 셰이커에 재료를 넣고 힘차게 셰이킹한다. 칠링한 칵테일 글라스에 스트레이너를 대고 따른다.

크림슨 Crimson

진 1½oz
갓 짠 레몬즙 또는 주스 ½oz
그레나딘 시럽 ¼oz
루비 포트 ¾oz

얼음을 채운 셰이커에 진, 레몬즙, 그레나딘 시럽을 넣고 힘차게 셰이킹한다. 칠링한 칵테일 글라스에 스트레이너를 대고 따른다. 루비 포트를 칵테일 위에 띄운다.
베리에이션 : 루비 포트 대신 타우니 포트 ½oz를 띄우면 좀 더 드라이한 버전의 크림슨이 된다.

던 Dawn

진 1oz
캄파리 ¾oz
갓 짠 오렌지즙 또는 주스 1¾oz
오렌지 슬라이스

셰이커에 액체류 재료를 넣고 얼음과 함께 힘차게 셰이킹한다. 얼음을 채운 올드 패션드 글라스에 스트레이너를 대고 따른다. 오렌지 슬라이스로 장식하면 완성이다.

데스 인 더 걸프 스트림 Death in the Gulf Stream 그 유명한 헤밍웨이가 만든 숙취 해소용 칵테일이다. 때와 장소에 대한 추측이 약간 엇갈려 어떤 이들은 1922년 런던 리츠 호텔, 또 어떤 이들은 1937년 키 웨스트 호텔이라고도 한다. 헤밍웨이는 좀 더 강렬한 네덜란드 진을 선호했지만, 고급 런던 드라이 진을 써도 무방하다. 어느 쪽이든 헤밍웨이는 "톡 쏘는 맛과 쌉싸름한 풍미가 나를 다시 살아나게 한다. 상쾌하다."라고 표현했다.

진 2oz
갓 짠 라임즙 또는 주스 1½oz
슈퍼파인 슈가 몇 꼬집
앙고스투라 비터스 3~4스플래시
라임 필 스파이럴

얼음을 채운 하이볼 글라스에 진과 라임즙을 따른다. 설탕과 앙고스투라 비터스를 더하고 스터링해 섞어준다. 라임 껍질을 칵테일 위에서 비틀어 트위스트를 만든 후 칵테일에 넣는다.

델모니코 넘버 1 Delmonico Number 1 금주법 시대 이전에 등장한 클래식 칵테일로 유명한 뉴욕 델모니코 레스토랑의 하우스 칵테일이다. 전통적으로 사워 글라스와 비슷한 델모니코 글라스에 서빙하며 레몬이나 오렌지 트위스트로 장식한다.

진 1oz
브랜디 또는 코냑 ½oz
드라이 베르무트 ½oz
스위트 베르무트 ½oz
앙고스투라 비터스 2대시
오렌지 트위스트

얼음을 채운 셰이커에 재료를 넣고 힘차게 셰이킹한다. 칠링한 칵테일 글라스에 스트레이너를 대고 따른다. 오렌지 트위스트로 장식하면 완성이다.

디저트 힐러 칵테일 Desert Healer Cocktail

진 1½oz
체리 브랜디 ½oz
갓 짠 오렌지즙 또는 주스 3oz
차가운 진저 비어 3~5oz

오렌지 슬라이스

셰이커에 진, 체리 브랜디, 오렌지즙을 넣고 얼음과 함께 힘차게 셰이킹한다. 얼음을 채운 하이볼 글라스에 스트레이너를 대고 따른다. 그 위로 진저 비어를 붓고 부드럽게 스터링한다. 오렌지 슬라이스로 장식한다.

돌로민트 Dolomint

진 1oz
갈리아노 1oz
갓 짠 라임즙 또는 주스 1oz
차가운 클럽소다 3~5oz
싱싱한 민트 줄기

셰이커에 진, 갈리아노, 라임즙을 넣고 얼음과 함께 힘차게 셰이킹한다. 얼음을 채운 하이볼 글라스에 스트레이너를 대고 따른다. 그 위로 클럽소다를 붓고 부드럽게 스터링한다. 민트 줄기로 장식하면 완성이다.

플라밍고 Flamingo

진 1½oz
애프리콧 브랜디 ½oz
갓 짠 라임즙 또는 주스 ½oz
그레나딘 시럽 ¼oz

얼음을 채운 셰이커에 재료를 넣고 힘차게 셰이킹한다. 칠링한 칵테일 글라스에 스트레이너를 대고 따른다.

플로리다 Florida

진 ¾oz
키르슈 ¼oz
트리플 섹 ¼oz
갓 짠 오렌지즙 또는 주스 1½oz
갓 짠 레몬즙 또는 주스 1ts
오렌지 트위스트

얼음을 채운 셰이커에 재료를 넣고 힘차게 셰이킹한다. 칠링한 칵테일 글라스에 스트레이너를 대고 따른다. 오렌지 트위스트로 장식하면 완성이다.

포그혼 Foghorn

진 2oz

갓 짠 라임즙 또는 주스 ½oz

차가운 진저 에일 또는 진저 비어 3~5oz

라임 웨지

얼음을 채운 올드 패션드 글라스에 진과 라임즙을 따른다. 그 위로 진저 에일을 붓고 부드럽게 스터링한다. 라임 웨지를 짠 후 넣어준다.

베리에이션: **드래곤플라이**(Dragonfly, 프로히비션 샴페인(Prohibition Champagne)으로도 알려져 있다)는 라임즙을 빼고 마지막에 라임 웨지만 짠 후 넣어준다. **립 프로그**(Leap Frog, 기본적으로 진 벅(Gin Buck))는 라임즙을 레몬즙 2oz로 대체한다.

깁슨 Gibson 마티니 섹션 참조

진 앤 씬 Gin and Sin

진 2oz

갓 짠 오렌지즙 또는 주스 ¼oz

갓 짠 레몬즙 또는 주스 ¼oz

그레나딘 시럽 2대시

얼음을 채운 믹싱 글라스에 재료를 넣고 스터링한다. 칠링한 칵테일 글라스에 스트레이너를 대고 따른다.

진 앤 토닉 Gin and Tonic

전형적인 영국식 여름용 칵테일이다. 싱싱한 라임을 가득 넣어 즐긴다.

고급 진 2oz

차가운 토닉 워터 4oz

라임 웨지 1~2조각

얼음을 채운 올드 패션드 글라스에 진과 토닉 워터를 따른 후 잘 저어준다. 라임 웨지를 짠 후 넣는다.

김렛

클래식 칵테일인 김렛(Gimlet)은 원래 영국 해군이 배급받은 진과 라임 주스를 섞어 괴혈병을 예방하는 치료제로 고안했다. 김렛이라는 이름은 라임 주스를 담던 작은 나무통을 따는 코르크 스크루 같은 따개인 '김렛'에서 따왔다. 김렛의 핵심 재료는 1867년 스코틀랜드 출신 선박 잡화 상인이었던 로클린 로즈가 괴혈병의 또 다른 예방제로 소개했던, '라임 코디얼'로도 알려진 로즈 라임 주스이다. 《기나긴 이별(The Long Goodbye)》이라는 책에서 작가 레이먼드 챈들러는 소설 속 탐정 필립 말로가 가장 좋아하는 칵테일에 대해 "진정한 김렛은 진과 로즈 라임 주스만 반반 섞었을 때지. 다른 건 아무것도 필요 없어."라고 말하는 대목을 빌어 대중에게 김렛의 매력을 선보였다. 1930년대 사보이 호텔 바의 클래식 레시피는 실제로 플리머스 진과 로즈 라임 주스를 동량으로 써서 만들도록 전해진다. 물론 개인의 취향에 따라 진과 라임 주스의 비율을 다르게 하는 것부터 물이나 클럽소다를 더하는 것까지 다양한 베리에이션이 있다. 특히 로즈 라임 주스 대신 갓 짠 라임즙을 넣고 싶다면, 설탕 1ts이나 심플 시럽 ½ts을 더해보자. 또한 많은 사람이 라임즙과 설탕으로 칵테일 잔 테두리를 리밍한 버전을 즐긴다.

클래식 김렛 Classic Gimlet

진 1¼oz
로즈 라임 주스 1¼oz
라임 웨지

얼음을 채운 믹싱 글라스에 진과 라임 주스를 넣고 스터링한다. 칠링한 칵테일 글라스에 스트레이너를 대고 따른다. 그 위로 라임 웨지를 짠 후 넣어준다.

컨템포러리 김렛 Contemporary Gimlet

진 2½oz
로즈 라임 주스 ½oz
라임 웨지

얼음을 채운 믹싱 글라스에 진과 라임 주스를 넣고 스터링한다. 칠링한 칵테일 글라스에 스트레이너를 대고 따른다. 그 위로 라임 웨지를 짠 후 넣어준다.

진 피즈 Gin Fizz 금주법 시대에 유명세를 떨쳤던 진 피즈는 클래식 하이볼 계열 칵테일로 베리에이션이 다양하지만 모두 셰이킹 기법을 사용해 조주한다.

진 2oz
갓 짠 레몬즙 또는 주스 1oz
설탕 1ts
차가운 클럽소다 2~3oz

셰이커에 진, 레몬즙, 설탕을 넣고 힘차게 셰이킹한다. 얼음을 채운 하이볼 글라스에 스트레이너를 대고 따른다. 칵테일 위에 클럽소다를 붓고 부드럽게 젓는다.

베리에이션 : **실버 피즈**(Silver Fizz)는 위 레시피에 계란 흰자를 추가한다. **골든 피즈**(Golden Fizz)는 계란 노른자를 추가한다. **로열 진 피즈**(Royal Gin Fizz)는 클럽소다 대신 샴페인을 넣는다. **그랜드 로열 피즈**(Grand Royal Fizz)는 위 레시피에 마라스키노 리큐어 1ts, 오렌지 주스 1oz, 하프 앤 하프 ¼oz를 더한다. **지나**(Gina)는 위 레시피에 크렘 드 카시스 ½oz를 더한다.

진 줄렙 Gin Julep

싱싱한 민트 잎 8~10장
갓 짠 라임즙 또는 주스 ¼oz
갓 짠 레몬즙 또는 주스 ¼oz
설탕 1ts
진 2oz
싱싱한 민트 줄기

올드 패션드 글라스에 민트 잎, 라임즙, 레몬즙, 설탕을 넣고 머들링한다. 얼음과 진을 넣고 가볍게 스터링한다. 민트 줄기로 장식하면 완성이다.

진 리키 Gin Rickey 콜린스나 피즈와 비슷하게 거품이 이는 칵테일로 레몬즙 대신 라임즙을 써서 만든다.

진 2oz
갓 짠 라임즙 또는 주스 1oz
차가운 클럽소다 3~5oz
라임 웨지

얼음을 채운 하이볼 글라스에 진과 라임즙을 따른다. 그 위에 클럽소다를 붓고 부드럽게 스터링한다. 라임 웨지를 짠 후 넣는다.

진 슬링 Gin Sling

진 2oz
쿠앵트로 ½oz
갓 짠 레몬즙 또는 주스 ½oz
차가운 클럽소다 3~5oz
레몬 웨지

셰이커에 진, 쿠앵트로, 레몬즙을 넣고 힘차게 셰이킹한다. 얼음을 채운 하이볼 글라스에 스트레이너를 대고 따른다. 그 위에 클럽소다를 붓고 부드럽게 스터링한다. 레몬 웨지를 짠 후 넣어준다.

골든 던 Golden Dawn 1930년대부터 이어진 클래식 식전주

진 1oz
애프리콧 브랜디 1oz
칼바도스 1oz
갓 짠 오렌지즙 또는 주스 몇 방울
그레나딘 시럽 몇 방울

얼음을 채운 셰이커에 진, 애프리콧 브랜디, 칼바도스, 오렌지즙을 넣고 힘차게 셰이킹한다. 칠링한 칵테일 글라스에 스트레이너를 대고 따른다. 칵테일 위에 그레나딘 시럽을 띄우면 완성이다.

골드 마티니 Gold Martini

진 1½oz
시트론 보드카 ½oz
쿠앵트로 1oz
브랜디 ¼oz
얇은 생강편 3~4조각
설탕에 절인 생강 슬라이스

얼음을 채운 셰이커에 절인 생강 슬라이스를 제외한 재료를 모두 넣고 힘차게 셰이킹한다. 칠링한 칵테일 글라스에 스트레이너를 대고 따른다. 절인 생강 슬라이스로 장식하면 완성이다.

그라스 스커트 Grass Skirt

진 1½oz
쿠앵트로 1oz
파인애플 주스 1oz
그레나딘 시럽 ½ts

얼음을 채운 셰이커에 재료를 넣고 힘차게 셰이킹한다. 칠링한 칵테일 글라스에 스트레이너를 대고 따른다.

그린 데빌 Green Devil   그린백(Greenback)으로도 알려져 있다.

진 1½oz
크렘 드 멘테 ¾oz
갓 짠 라임즙 또는 주스 ½oz
차가운 클럽소다 2~3oz (선택사항)

셰이커에 진, 크렘 드 멘테, 라임즙을 넣고 힘차게 셰이킹한다. 얼음을 채운 올드 패션드 글라스에 스트레이너를 대고 따른다. 필요할 경우 그 위로 클럽소다를 붓는다.

구겐하임 Guggenheim   클래식 칵테일인 '비트윈 더 시츠'의 진 베이스 베리에이션

진 1oz
브랜디 1oz
쿠앵트로 1oz

얼음을 채운 셰이커에 재료를 넣고 힘차게 셰이킹한다. 칠링한 칵테일 글라스에 스트레이너를 대고 따른다.

호놀룰루 Honolulu

진 2oz
오렌지 큐라소 ½oz
갓 짠 라임즙 또는 주스 ¼oz
갓 짠 오렌지즙 또는 주스 ¼oz
레몬 트위스트

얼음을 채운 셰이커에 액체류 재료를 넣고 힘차게 셰이킹한다. 칠링한 칵테일 글라스에 스트레이너를 대고 따른다. 레몬 껍질을 비틀어 트위스트를 만든 후 칵테일에 넣는다.
베리에이션 : 위 레시피에 파인애플 주스 ¼oz와 앙고스투라 비터스 몇 방울을 더한다.

임페리얼 진 Imperial Gin

진 2oz
갓 짠 레몬즙 또는 주스 1oz
갓 짠 라임즙 또는 주스 1oz
차가운 클럽소다 2~3oz
레몬 필 스파이럴

셰이커에 진, 레몬즙, 라임즙을 넣고 힘차게 셰이킹한다. 얼음을 채운 하이볼 글라스에 스트레이너를 대고 따른다. 클럽소다를 붓고 부드럽게 스터링한다. 레몬 필 스파이럴로 장식하면 완성이다.

자메이카 글로우 Jamaica Glow

진 1½oz
드라이 레드 와인 ½oz
다크 럼 ½oz
갓 짠 오렌지즙 또는 주스 ½oz

얼음을 채운 셰이커에 재료를 넣고 힘차게 셰이킹한다. 칠링한 칵테일 글라스에 스트레이너를 대고 따른다.

젯 블랙 Jet Black

진 1½oz
스위트 베르무트 2ts
(오팔 네라 같은) 블랙 삼부카 ¼oz

얼음을 채운 셰이커에 재료를 넣고 힘차게 셰이킹한다. 칠링한 칵테일 글라스에 스트레이너를 대고 따른다.

쥬얼 오브 더 나일 Jewel of the Nile

진 1½oz
그린 샤르트뢰즈 ½oz
옐로우 샤르트뢰즈 ½oz

얼음을 채운 믹싱 글라스에 재료를 넣고 스터링한다. 칠링한 칵테일 글라스에 스트레이너를 대고 따른다.

자키 클럽 Jockey Club

진 2oz
크렘 드 누아요 ¼oz
화이트 크렘 드 카카오 ¼oz
갓 짠 레몬즙 또는 주스 ¼oz
오렌지 비터스 몇 방울

얼음을 채운 셰이커에 재료를 넣고 힘차게 셰이킹한다. 칠링한 칵테일 글라스에 스트레이너를 대고 따른다.

주니퍼 루아얄 Juniper Royale

진 1oz
갓 짠 오렌지즙 또는 주스 ½oz
크렌베리 주스 ½oz
그레나딘 시럽 몇 방울
차가운 샴페인 3~4oz

얼음을 채운 셰이커에 샴페인을 제외한 재료를 넣고 힘차게 셰이킹한다. 칠링한 샴페인 플루트 글라스에 스트레이너를 대고 따른다. 샴페인을 붓고 부드럽게 스터링한다.

주피터 칵테일 Jupiter Cocktail

진 1½oz
드라이 베르무트 ½oz
파르페 아무르 ¼oz
갓 짠 오렌지즙 또는 주스 ¼oz

얼음을 채운 셰이커에 재료를 넣고 힘차게 셰이킹한다. 칠링한 칵테일 글라스에 스트레이너를 대고 따른다.

키 라임 마티니 Key Lime Martini

라임 웨지
설탕
진 1½oz
투아카 1oz
갓 짠 키 라임즙 또는 기타 라임 주스

슈퍼파인 슈가 1ts
얇게 자른 라임 휠

라임 웨지로 칠링한 칵테일 글라스의 테두리를 문지르고 설탕을 묻혀 리밍한다. 얼음을 채운 셰이커에 라임 휠을 제외한 모든 재료를 넣고 힘차게 셰이킹한다. 잔에 스트레이너를 대고 따른다. 칵테일 위에 라임 휠을 띄워 장식한다.

교토 칵테일 Kyoto Cocktail

진 1½oz
드라이 베르무트 ½oz
멜론 리큐어 ½oz
갓 짠 레몬즙 또는 주스 몇 방울

얼음을 채운 셰이커에 재료를 넣고 힘차게 셰이킹한다. 칠링한 칵테일 글라스에 스트레이너를 대고 따른다.
베리에이션: 에버그린(Evergreen)은 위 레시피로 주조한 칵테일 위에 블루 큐라소 몇 방울을 뿌리고 마라스키노 체리로 장식한다.

레이디 다이애나 Lady Diana

진 1oz
캄파리 1oz
갓 짠 라임즙 또는 주스 ⅔oz
심플 시럽 몇 방울
라임 트위스트

얼음을 채운 셰이커에 재료를 넣고 힘차게 셰이킹한다. 칠링한 칵테일 글라스에 스트레이너를 대고 따른다. 라임 껍질을 칵테일 위에서 비틀어 트위스트를 만든 후 칵테일에 넣는다.

라무르 L'Amour

진 2oz
체리 브랜디 몇 방울
그레나딘 시럽 몇 방울
갓 짠 레몬즙 또는 주스 몇 방울
싱싱한 민트 줄기 2개

얼음을 채운 셰이커에 재료를 넣고 힘차게 셰이킹한다. 칠링한 칵테일 글라스에 스트레이너를 대고 따른다. 민트 줄기로 장식하면 완성이다.

마티니

> 아이들에게 칵테일을 만들게 하지 말라. 보기 흉한 데다 베르무트를 너무 많이 넣는다.
>
> — 스티브 앨런(미국의 유머리스트)

순수한 믹솔로지의 연금술과 매혹적인 아름다움의 상징인 화려하고 유명한 마티니(Martini)는 진의 주니퍼 베리 풍미와 드라이 베르무트의 허브향이 선사하는 완벽한 균형으로 구성된다. 이 유명한 칵테일의 기원은 다소 불분명하며 다양한 이야기들이 각자 마티니의 시초임을 주장한다.

어떤 이들은 드라이 마티니가 1800년대 후반 영국에서 등장했으며, 영국 왕실 군대가 가장 즐겨 사용하던 마티니-헨리 소총의 이름을 따왔다고 믿는다. 마르티네즈 마을의 리슐리외라는 바텐더가 만들었다는 이야기도 전해오고, 반대로 샌프란시스코 옥시덴탈 호텔의 이른바 칵테일 '선생'인 제리 토마스가 마르티네즈 마을로 가던 광부들을 위해 만들었다고도 한다. 1910년 뉴욕 니커보커 호텔 바텐더로 일하던 마티니 디 아르마 디 트라기가 선보인 칵테일이라는 전설도 있다. 런던 드라이 진과 노일리 프랏 드라이 베르무트로 만든 '진 앤 프렌치(Gin and French)'라는 인기 칵테일에서 발전한 바텐더 마티니의 베리에이션으로, 얼음을 많이 넣고 스터링한 후 스트레이너에 걸러내는 방식으로 만들며, 거기에 니커보커 호텔 바의 단골들이 레몬 트위스트 가니시를 올리브로 바꾸면서 지금의 마티니가 되었다는 이야기도 있다.

진실 여부는 결코 알 수 없을지도 모르지만, 런던 드라이 진과 노일리 프랏 드라이 프렌치 베르무트를 같은 비율로 섞고 오렌지 비터스 몇 방울을 더한 오리지널 마티니가 현대적인 취향에 충분히 드라이하지 않다는 사실은 명확하다. 마티니의 '드라이함'은 상대적인 용어로, 1930년대 마티니의 믹싱 비율이 서서히 진화해 1950년대에는 칠링한 진을 스트레이트로 마시면서 드라이 마티니라고 일컫는 지경까지 이르렀다. 마티니는 믹솔로지 순수주의자에게 거의 종교와도 같은 칵테일로, 그들은 다른 사람들이 마티니를 적게든 많게든 손을 대 바꿔보려는 걸 볼 때마다 혼란스러워하고 피폐해진다. 각 진영은 서로의 특정한 입장을 옹호하는 걸출한 애호가 목록을 가지고 있기도 하다. 물론 각자의 방식이 옳다고 주장한다. 마티니가 점점 더 드라이해지면서 베르무트를 눈금에 맞춰 정확하게 분사하는 특수 주사기(고햄 마티니 스파이크)부터 칠링한 진을 따른 칵테일 글라스 위에 베르무트 미스트가 맴돌게 하는 스프레이까지, 베르무트의 비율을 조절하는 의식도 더욱 우스꽝스럽고 복잡해졌다. 섞는 비율이 어떻든 간에, 심지어 그게 노일리 프랏을 안개처럼 스치듯 뿌리는 것으로 귀결되더라도, 결국 마티니라 부르려면 반드시 베르무트가 있어야 한다.

그리고 영원히 끝나지 않는 싸움을 벌이고 있는 또 다른 두 진영이 있다. 흔들 것인가, 저을 것인가. 1930년대 《사보이 칵테일 북(Savoy Cocktail Book)》의 저자 해리 크래독은 유명한 사보이 호텔 런던에서 자신의 마티니를 선보인 이후 마티니는 충분히 차갑도록 얼음을 넣고 힘차게 셰이킹해 만들어야 한다는 입장을 고수하고 있으며, 제임스 본드 덕분에 흔들어 만드는 마티니의 매력이 더해졌지만, 순수주의자들은 여전히 마티니란 본디 저어서 만들어야 한다고 주장한다. 마티니를 절대 셰이킹해서 만들면 안 된다고 굳게 믿었던 영국 소설가 겸 극작가인 윌리엄 서머싯 몸은 '마티니란 언제나 흔들지 말고 저어서 분자들이 서로의 위에 감각적으로 놓일 수 있도록 해야 한다'라는 시적인 표현을 썼다. 또한 셰이킹 방식으로 만든 마티니는 셰이커에 담긴 얼음이 녹으면서 칵테일이 지나치게 희석될 수 있는데, 저어서 만드는 스터링 방식은 이를 방지할 수 있다. 마티니는 쿠앵트로나 페르노, 포트나 사케 같은 다양한 리큐어 또는 주스로 글라스를 스월링하는 것부터 제임스 본드와 스미노프가 유행을 이끈 냉전 시대 보드카 마티니 트렌드에 이르기까지 수많은 변화를 견뎌냈다.

진정한 마티니는 흔들거나 저어 만드는 방식과는 상관없이 진과 드라이 베르무트라는 두 가지 재료로 만든다. 처칠이 프랑스 쪽으로 꾸벅 인사만 한 채 베르무트를 빼고 스트레이트 진으로 만들어 즐겼던 마티니처럼 뭔가 더하거나 덜면 아무리 마티니라고 불러봐도, 마티니가 아니다. 전통적인 드라이 베르무트는 '프렌치 노일리 프랏'이지만 '마티니&로씨'도 매우 인기 있는 대안이다. 마티니의 주재료인 진을 고를 때, 프리미엄급 진이 완벽한 마티니를 보장하는 유일한 이유가 된다는 사실을 기억하자. 평균 이하의 진은 칵테일을 망칠 수 있다. 맛과 향에 미묘한 차이가 있는 다양한 고급 또는 울트라 프리미엄 진이 존재하며, 이는 마티니를 더욱 매력적으로 돋보이게 한다.

########## 최고의 마티니를 만드는 법 ##########

얼음처럼 차가운 냉기가 필수이므로 진과 글라스는 모두 냉동실에 넣어둔다. 유리로 된 마티니 피처나 메탈 재질의 믹싱 글라스(메탈 칵테일 셰이커)에 크랙트 아이스 또는 아이스 큐브(크러시드 아이스는 절대 쓰지 않는다)를 채우고 액체류 재료를 넣은 후 스터링한다. 글라스나 메탈 표면에 서리가 어릴 때까지 몇 바퀴 정도 부드럽게 저은 후 칠링한 칵테일 글라스에 스트레이너를 대고 따른다. 올리브나 작은 레몬 필 스파이럴로 장식한다. 스파이럴은 톡 쏘는 비터 오일이 마티니에 퍼질 수 있도록 칵테일 위에서 비틀어 준다.

클래식 마티니 Classic Martini

진 2oz
드라이 베르무트 ½oz
레몬 트위스트 또는 그린 칵테일 올리브

얼음을 채운 믹싱 글라스에 진과 베르무트를 넣고 스터링한다. 칠링한 칵테일 글라스에 스트레이너를 대고 따른다. 레몬 껍질을 잔 테두리에 문지르고 칵테일 위에서 비틀어 트위스트를 만든 후 칵테일에 넣거나 간단히 올리브만 넣는다.

드라이 마티니 Dry Martini

진 2oz
드라이 베르무트 ¼oz
레몬 트위스트

얼음을 채운 믹싱 글라스에 진과 베르무트를 넣고 스터링한다. 칠링한 칵테일 글라스에 스트레이너를 대고 따른다. 레몬 껍질을 잔 테두리에 문지르고 칵테일 위에서 비틀어 트위스트를 만든 후 칵테일에 넣는다.

엑스트라 드라이 마티니 Extra-Dry Martini   베리 드라이 마티니(Very Dry Martini)라고도 하며 베르무트를 몇 방울 떨어뜨리든, 스프레이 병에 넣어 뿌리든, 칵테일 잔 테두리에 둘러 묻혀 희미한 향만 나게 하든 상관없다. 본인 취향껏 드라이하게 만들어 보자.

진 2oz
드라이 베르무트 ½ts
그린 칵테일 올리브 또는 레몬 트위스트

얼음을 채운 믹싱 글라스에 진과 베르무트를 넣고 스터링한다. 칠링한 칵테일 글라스에 스트레이너를 대고 따른다. 올리브를 넣거나 레몬 껍질을 잔 테두리에 문지르고 칵테일 위에서 비틀어 트위스트를 만든 후 칵테일에 넣는다.

퍼펙트 마티니 Perfect Martini 여기서 '퍼펙트'란 스위트 베르무트와 드라이 베르무트를 정확히 동량으로 넣어 만든 마티니를 의미한다.

진 2oz
드라이 베르무트 ½oz
스위트 베르무트 ½oz
오렌지 슬라이스

얼음을 채운 믹싱 글라스에 액체류 재료를 넣고 스터링한다. 칠링한 칵테일 글라스에 스트레이너를 대고 따른다. 오렌지 슬라이스로 장식하면 완성이다.

더티 마티니 Dirty Martini 미국의 제32대 대통령이었던 프랭클린 루스벨트가 즐겨 마신 칵테일로 1943년 스탈린에게 직접 만들어줬다는 일화가 전해진다.

진 2oz
엑스트라 드라이 베르무트 ½oz
올리브 브라인 ½oz
그린 칵테일 올리브

얼음을 채운 믹싱 글라스에 액체류 재료를 넣고 스터링한다. 칠링한 칵테일 글라스에 스트레이너를 대고 따른다. 올리브로 장식한다.

네이키드 마티니 Naked Martini
마티니란 자고로 입술이 달싹거릴 정도로 드라이해야 한다고 믿으며 베르무트를 뺀 스트레이트 진을 마티니라고 부르던 처칠식 마티니를 즐기거나, 햇살이 노일리 프랏 병을 스치듯 가져다주는 만큼처럼 베르무트를 티끌만큼 넣어야 한다고 믿는 사람들을 위한 마티니이다. 하지만 이런 네이키드 마티니에도 칵테일에 넣기 전 드라이 베르무트에 인퓨징한 올리브를 사용하는 베리에이션이 있다.

프리미엄급 진 3oz
레몬 트위스트 또는 그린 칵테일 올리브(선택사항: 드라이 베르무트에 인퓨징한 올리브)

얼음을 채운 믹싱 글라스에 진을 넣고 스터링 또는 셰이킹한다. 칠링한 칵테일 글라스에 스트레이너를 대고 따른다. 레몬 껍질로 잔 테두리를 문지르고 칵테일 위에서 비틀어 트위스트를 만든 후 칵테일에 넣거나 간단하게 올리브만 넣어 완성한다.

피노 마티니 Fino Martini

진 2oz
피노 셰리 2대시
레몬 트위스트

얼음을 채운 셰이커에 진과 셰리를 넣고 힘차게 셰이킹한다. 칠링한 칵테일 글라스에 스트레이너를 대고 따른다. 레몬 껍질을 칵테일 위에서 비틀어 트위스트를 만든 후 칵테일에 넣는다.

니커보커 Knickerbocker 마티니 스타일의 칵테일로 전형적인 올드 뉴욕의 우아함을 선사한다. '니커보커'는 뉴욕 시에 살고 있는 네덜란드계 이민자를 뜻한다.

진 2oz
드라이 베르무트 1oz
스위트 베르무트 ½oz
오렌지 비터스 몇 방울
레몬 트위스트

얼음을 채운 믹싱 글라스에 액체류 재료를 넣고 스터링한다. 칠링한 칵테일 글라스에 스트레이너를 대고 따른다. 레몬 껍질로 잔 테두리를 문지르고 칵테일 위에서 비틀어 트위스트를 만든 후 칵테일에 넣는다.

스모키 마티니 Smoky Martini

진 2oz
싱글 몰트 스카치위스키 ¼oz
드라이 베르무트 ½ts
레몬 트위스트

얼음을 채운 셰이커에 액체류 재료를 넣고 힘차게 셰이킹한다. 칠링한 칵테일 글라스에 스트레이너를 대고 따른다. 레몬 껍질을 칵테일 위에서 비틀어 트위스트를 만든 후 칵테일에 넣는다.

피카소 마티니 Picasso Martini

파리 리츠 호텔의 바텐더 콜린 피터 필드(Colin Peter Field)가 2000년에 선보인 칵테일이다. 입체파 그림에서 영감을 얻은 마티니로 증류수와 드라이 베르무트를 섞어 만든 아이스 큐브에 드라이 베르무트를 더해 만든다.

차가운 진 2½oz
노일리 프랏 드라이 베르무트로 만든 아이스 큐브 1개
칠링한 칵테일 글라스에 차가운 진을 따른다. 베르무트 아이스 큐브를 넣는다.

깁슨 Gibson

작은 칵테일용 방울 양파 피클 가니시가 특징인 깁슨은 마티니와는 또 다른 자신만의 골수팬을 거느리고 있다. 원래 동량의 진과 드라이 베르무트에 마라스키노 체리로 장식해 만들었다. 칵테일 세계의 전설에 따르면 지금의 깁슨은 1940년 맨해튼의 플레이어스 클럽에서 미국 예술가 찰스 다나 깁슨을 위해 마라스키노 체리나 일반적인 마티니 올리브 대신 창의성 넘치는 진주 같은 하얀 방울 양파로 대체해 만들어졌다고 한다.

진 2oz
드라이 베르무트 ¼oz
칵테일용 방울 양파 피클
얼음을 채운 믹싱 글라스에 진과 베르무트를 넣고 스터링한다. 칠링한 칵테일 글라스에 스트레이너를 대고 따른다. 방울 양파 피클로 장식한다.

베리에이션: **울트라 드라이 깁슨**(ultra-dry Gibson)은 노일리 프랏 드라이 베르무트를 스프레이 병에 담아 칠링한 칵테일 글라스에 뿌린다. 차가운 진 2oz를 따르고 방울 양파 피클로 장식한다.

메이든스 프레이어 Maiden's Prayer
첼시 사이드카와 레몬 드롭 사이 어디쯤인 클래식 칵테일이다.

진 1oz

쿠앵트로 1oz

갓 짠 레몬즙 또는 주스 ½oz

갓 짠 오렌지즙 또는 주스 ½oz

오렌지 트위스트

얼음을 채운 셰이커에 액체류 재료를 넣고 힘차게 셰이킹한다. 칠링한 칵테일 글라스에 스트레이너를 대고 따른다. 오렌지 껍질을 칵테일 위에서 비틀어 트위스트를 만든 후 칵테일에 넣는다.

만다린 마티니 Mandarine Martini

만다린 나폴레옹 ¼oz

쿠앵트로 몇 방울

진 1½oz

보드카 ½oz

만다린 또는 오렌지 필 스파이럴

칠링한 칵테일 글라스에 만다린 나폴레옹과 쿠앵트로를 따르고 잔 안쪽을 스월링한 후 비운다. 얼음을 채운 셰이커에 진과 보드카를 넣고 힘차게 셰이킹한다. 칵테일 글라스에 스트레이너를 대고 따른 후 만다린 필 스파이럴로 장식하면 완성이다.

마르티네즈 Martinez
마티니의 전신으로 추정되는 칵테일 중 하나로 지금의 드라이 마티니보다 훨씬 더 달콤하다. 1850년대 '골드 러시' 당시 캘리포니아에서 처음 등장한 오리지널 마르티네즈는 동량의 스위트 베르무트와 더 달큰한 올드 톰 진으로 만들었고, 마라스키노 리큐어나 오렌지 리큐어를 더해 단맛을 한층 더 끌어올렸다.

올드 톰 진 2oz

스위트 베르무트 ½oz

마라스키노 리큐어 ¼oz

오렌지 비터스 몇 방울

얼음을 채운 셰이커에 액체류 재료를 넣고 힘차게 셰이킹한다. 칠링한 칵테일 글라스에 스트레이너를 대고 따른다.

밀라노 Milano

진 1½oz
갈리아노 1½oz
갓 짠 레몬즙 또는 주스 1oz

얼음을 채운 셰이커에 재료를 넣고 힘차게 셰이킹한다. 칠링한 칵테일 글라스에 스트레이너를 대고 따른다.

몽키 글랜드 Monkey Gland

진 1½oz
갓 짠 오렌지즙 또는 주스 1oz
베네딕틴 1ts
그레나딘 시럽 2~4대시

얼음을 채운 셰이커에 재료를 넣고 힘차게 셰이킹한다. 칠링한 칵테일 글라스 또는 얼음을 넣은 올드 패션드 글라스에 스트레이너를 대고 따른다.

문샷 Moonshot

진 1½oz
클램 주스 3oz
레드 페퍼 소스 몇 방울

얼음을 채운 믹싱 글라스에 재료를 넣고 스터링한다. 칠링한 사워 글라스에 스트레이너를 대고 따른다.

뉴포트 쿨러 Newport Cooler

진 1½oz
브랜디 ½oz
피치 리큐어 ½oz
갓 짠 라임즙 또는 주스 몇 방울
차가운 진저 에일 3~5oz

얼음을 채운 콜린스 글라스에 진저 에일을 제외한 모든 재료를 따른다. 그 위로 진저 에일을 붓고 부드럽게 스터링한다.

네그로니

세기가 바뀌던 시기 이탈리아에서 등장한 칵테일이다. 피렌체의 백작 카밀로 네그로니가 즐겨 마시던 칵테일 아메리카노에 탄산수 대신 진을 넣어달라고 부탁하면서 진, 비터 캄파리, 스위트 베르무트의 복잡 미묘한 풍미를 지닌 네그로니(Negroni)가 탄생했다고 전해진다. 전통적으로 얼음을 넣어 알코올의 강렬함을 살짝 묽게 만들기도 하고, 일부는 클럽소다를 약간 더해 마시기도 하지만 재료를 모두 섞어 셰이킹해도 같은 매력을 느낄 수 있다. 클래식 레시피는 진, 캄파리, 스위트 베르무트를 동량으로 넣어 만들며, 좀 더 가벼운 베리에이션은 마티니에 가깝고 셰이킹 기법보다는 스터링 기법이 적합하다.

클래식 네그로니 Classic Negroni

진 1oz

캄파리 1oz

스위트 베르무트 1oz

차가운 클럽소다 2~3oz (선택사항)

오렌지 슬라이스

셰이커에 진, 캄파리, 스위트 베르무트를 넣고 얼음과 함께 힘차게 셰이킹한다. 얼음을 채운 하이볼 글라스에 스트레이너를 대고 따른다. 필요한 경우 그 위로 클럽소다를 붓는다. 오렌지 슬라이스로 장식하면 완성이다.

네그로니 칵테일 Negroni Cocktail 셰이킹 기법으로 주조하고 서빙한다.

얼음을 채운 셰이커에 진, 캄파리, 스위트 베르무트를 넣고 힘차게 셰이킹한다. 칠링한 칵테일 글라스에 스트레이너를 대고 따른다. 클럽소다는 붓지 않는다. 오렌지 슬라이스 대신 오렌지 트위스트로 장식한다.

베리에이션 : **푼 테 메스 네그로니**(Punt e Mes Negroni)는 캄파리 대신 푼 테 메스 ½oz를 넣는다. **카디널**(Cardinal)은 스위트 베르무트 대신 드라이 베르무트 1oz를 넣는다. 클럽소다는 선택사항이다. **더티 딕스 다운폴**(Dirty Dick's Downfall)은 좀 더 가볍고 드라이한 버전의 네그로니 칵테일로 진 2oz, 드라이 베르무트 ½oz, 캄파리 ½oz로 주조한 후 레몬 트위스트로 마무리한다.

오렌지 블라썸 Orange Blossom 이 클래식 칵테일은 여러 변형을 거쳐왔다. 진, 오렌지 주스, 스위트 베르무트를 같은 비율로 사용한 월도프 아스토리아 호텔 버전부터 진과 오렌지 주스만 동등한 비율로 섞은 스크루드라이버까지('애디론댁'으로도 알려졌다) 다양하다. 여기서는 오랜 시간 동안 사랑받으며 자주 등장하는 클래식 버전 레시피를 소개한다.

진 1½oz

갓 짠 오렌지즙 또는 주스 1½oz

쿠앵트로 ¼oz

오렌지 플라워 워터 1~2대시

오렌지 슬라이스

셰이커에 액체류 재료를 넣고 힘차게 셰이킹한다. 얼음을 채운 올드 패션드 글라스에 스트레이너를 대고 따른 후 오렌지 슬라이스로 장식한다.

오키드 Orchid

레몬 웨지

설탕

진 2oz

크렘 드 누아요 1oz

투아카 ½oz

파르페 아무르 ½oz

갓 짠 레몬즙 또는 주스 1oz

레몬 웨지로 칠링한 칵테일 글라스의 테두리를 문지르고 설탕을 묻혀 리밍한다. 얼음을 채운 셰이커에 재료를 넣고 힘차게 셰이킹한다. 잔에 스트레이너를 대고 따른다.

오리엔탈 Oriental

진 1½oz

알리제 드 프랑스 패션후르츠 리큐어 1oz

리몬첼로 ¼oz

레몬 트위스트

얼음을 채운 셰이커에 재료를 넣고 힘차게 셰이킹한다. 칠링한 칵테일 글라스에 스트레이너를 대고 따른다. 레몬 트위스트로 장식한다.

폴 몰 Pall Mall

진 1½oz
드라이 베르무트 ½oz
스위트 베르무트 ½oz
화이트 크렘 드 멘테 1ts
앙고스투라 비터스 몇 방울

얼음을 채운 믹싱 글라스에 재료를 넣고 스터링한다. 칠링한 칵테일 글라스에 스트레이너를 대고 따른다

파리지앵 칵테일 Parisian Cocktail

진 1oz
크렘 드 카시스 1oz
노일리 프랏 드라이 베르무트 1oz

얼음을 채운 믹싱 글라스에 재료를 넣고 스터링한다. 칠링한 칵테일 글라스에 스트레이너를 대고 따른다.

패션 칵테일 Passion Cocktail

알리제 드 프랑스 패션후르츠 리큐어 ¼oz
봄베이 사파이어 진 2oz
레몬 필 스파이럴

리큐어로 칠링한 칵테일 글라스를 스월링한 후 비운다. 얼음을 채운 믹싱 글라스에 진을 넣고 스터링한다. 잔에 스트레이너를 대고 따른 후 레몬 필 스파이럴로 장식한다.

핑크 진 Pink Gin 대영 제국의 인도 통치 초기에 클래식 칵테일 '치료법'으로 알려져 영국 장교들 사이에서 배탈을 진정시키는 효과로 소문이 자자했다. 오렌지 비터스가 들어간 진 칵테일과 비슷하고 종종 '진 앤 비터스'로도 불리는 핑크 진은 그 유명한 제임스 본드를 탄생시킨 영국의 추리작가 이안 플레밍(Ian Fleming)이 즐겨 마셨다. 클래식 레시피는 비터스로 셰리 글라스를 적신 다음 차가운 진을 넣어 만든다. 전통적으로 물 한 잔과 함께 서빙한다.

앙고스투라 비터스 또는 페이쇼드 비터스 4~5oz
차가운 진 2½oz
레몬 트위스트

칠링한 셰리 글라스 또는 칵테일 글라스에 비터스를 따른 후 스월링한다. 진을 따르고 레몬 트위스트로 장식한다.

베리에이션: **진 앤 핑크**(Gin and Pink)는 얼음을 채운 하이볼 글라스에 토닉 워터 5oz를 추가한 후 레몬 트위스트로 장식한다.

핑크 마티니 Pink Martini

고급 진 2oz
구아바 넥타 ½oz
갓 짠 오렌지즙 또는 주스 ½oz
오렌지 트위스트

얼음을 채운 셰이커에 재료를 넣고 힘차게 셰이킹한다. 칠링한 칵테일 글라스에 스트레이너를 대고 따른다. 오렌지 껍질로 잔 테두리를 문지르고 칵테일 위에서 비틀어 트위스트를 만든 후 칵테일에 넣는다.

핑크 팜플레무스 Pink Pamplemousse

진 1½oz
만다린 나폴레옹 (또는 기타 오렌지 리큐어) ¾oz
갓 짠 핑크 (또는 일반적인) 그레이프프루트즙 또는 주스 1½oz
레몬 트위스트

얼음을 채운 셰이커에 재료를 넣고 힘차게 셰이킹한다. 칠링한 칵테일 글라스에 스트레이너를 대고 따른다. 레몬 껍질을 칵테일 위에서 비틀어 트위스트를 만든 후 칵테일에 넣는다.

랑데부 Rendezvous

진 1½oz
키르슈 ½oz
캄파리 ½oz
레몬 트위스트

얼음을 채운 셰이커에 재료를 넣고 힘차게 셰이킹한다. 칠링한 칵테일 글라스에 스트레이너를 대고 따른다. 레몬 껍질을 칵테일 위에서 비틀어 트위스트를 만든 후 칵테일에 넣는다.

라모스 진 피즈

1890년대 라모스 형제가 선보인 이 멋진 칵테일은 선풍적인 인기를 끌며 뉴올리언스 임페리얼 캐비넷 살롱의 시그니처 칵테일이 되었다. 라모스 진 피즈(Ramos Gin Fizz)는 걸프 코스트 칵테일의 베리에이션으로 라모스 형제만의 비법이자 필수 재료인 오렌지 플라워 워터(식료품점에서 쉽게 찾을 수 있는)가 들어간다. 전통 레시피에는 칵테일 셰이커에 재료를 넣고 바 타월로 감싼 다음 5분 정도 적절하게 셰이킹하라고 표기되어 있지만, 뉴올리언스 피즈로도 알려진 거품이 많이 이는 이 칵테일을 만들기 위해서라면 더 편리한 현대적 옵션인 블렌더를 사용할 수도 있다.

- 진 2oz
- 갓 짠 레몬즙 또는 주스 1oz
- 갓 짠 라임즙 또는 주스 ½oz
- 바닐라 익스트랙 1ts
- 오렌지 플라워 워터 2~3대시
- 달걀 흰자 1개 (선택사항)
- 헤비 크림 1½oz
- 슈퍼파인 슈가 1TBS
- 차가운 클럽소다 2~4oz
- 레몬 슬라이스

얼음을 채운 셰이커에 클럽소다와 레몬 슬라이스를 제외한 모든 재료를 넣고 3~4분 정도 힘차게 셰이킹한다. 칠링한 하이볼 글라스에 스트레이너를 대고 따른다. 칵테일 위에 클럽소다를 붓고 부드럽게 스터링한다. 레몬 슬라이스로 장식하면 완성이다.

로코 Rocco
호주 시드니의 베이스워터 브라세리(Bayswater Brasserie) 레스토랑에서 선보인 칵테일

진 1½oz
캄파리 ½oz
만다린 나폴레옹 리큐어 ½oz
갓 짠 만다린 오렌지즙 또는 주스 ½oz
애플 주스 ½oz

얼음을 채운 셰이커에 재료를 넣고 힘차게 셰이킹한다. 칠링한 칵테일 글라스에 스트레이너를 대고 따른다.

로즈 마티니 Rose Martini

고급 진 2½oz
쿠앵트로 몇 방울
로즈 워터 몇 방울
장미꽃잎 2~3장

얼음을 채운 믹싱 글라스에 액체류 재료를 넣고 스터링한다. 칠링한 칵테일 글라스에 스트레이너를 대고 따른다. 장미꽃잎을 띄워 장식하면 완성이다.

세비야 Seville

진 1½oz
셰리 ½oz
갓 짠 오렌지즙 또는 주스 ½oz
갓 짠 레몬즙 또는 주스 ½oz
설탕 2ts

얼음을 채운 셰이커에 재료를 넣고 힘차게 셰이킹한다. 칠링한 칵테일 글라스에 스트레이너를 대고 따른다.

실버 불렛 Silver Bullet

진 1½oz
퀴멜 ¾oz (캐러웨이 씨, 커민과 회향으로 향을 낸 달고 색이 없는 리큐어)
갓 짠 레몬즙 또는 주스 ¾oz
레몬 트위스트

얼음을 채운 셰이커에 재료를 넣고 힘차게 셰이킹한다. 칠링한 칵테일 글라스에 스트레이너를 대고 따른다. 레몬 껍질을 칵테일 위에서 비틀어 트위스트를 만든 후 칵테일에 넣는다.

태즈메이니안 트위스터 칵테일 Tasmanian Twister Cocktail

진 1½oz
캄파리 ½oz
스위트 베르무트 ½oz
갓 짠 핑크 그레이프프루트즙 또는 주스 1oz
오렌지 트위스트

얼음을 채운 셰이커에 재료를 넣고 힘차게 셰이킹한다. 칠링한 칵테일 글라스에 스트레이너를 대고 따른다. 오렌지 껍질을 칵테일 위에서 비틀어 트위스트를 만든 후 칵테일에 넣는다.

톰 콜린스 Tom Collins
1950년대 런던 교외 지역 사람들이 즐겨 마시던 이 칵테일은 사실 1800년대 중반 런던 리머스 호텔의 바텐더 존 콜린스가 네덜란드 진 베이스의 존 콜린스 칵테일의 베리에이션으로 선보였다. 원래 살짝 달콤한 올드 톰 진에서 이름을 땄왔고, 런던 드라이 진으로 만든 후기 버전은 제1차 세계 대전 참전 용사들이 미국으로 들여오면서 인기를 누리게 되었다.

진 2oz
갓 짠 레몬즙 또는 주스 1oz
심플 시럽 ½oz
차가운 클럽소다 3oz
레몬 슬라이스
마라스키노 체리

얼음을 채운 콜린스 글라스에 진, 레몬즙, 심플 시럽을 따른다. 그 위로 클럽소다를 붓고 부드럽게 스터링한다. 레몬 슬라이스와 체리로 장식하면 완성이다.
베리에이션: **텍스 콜린스**(Tex Collins)는 레몬즙과 심플 시럽 대신 그레이프프루트즙 3oz와 꿀 1TBS을 넣는다. **라즈베리 콜린스**(Raspberry Collins)는 위 레시피에 크렘 드 프랑부아즈 ¾oz, 라즈베리 퓨레 3oz를 넣고 라즈베리로 장식한다.

싱가포르 슬링

국제적으로 명성을 떨친 클래식 칵테일로 1915년 싱가포르의 래플스 호텔 바텐더 응이암 통 분(Ngiam Tong Boon)이 선보였다. 이 유명한 칵테일의 엄청난 인기로 태평양 전역에 걸쳐 영감을 얻은 다양한 베리에이션이 탄생하는 바람에 오리지널 레시피를 확정하는 데 어려움이 있지만 보통 진, 체리 브랜디, 라임즙, 베네딕틴으로 주조하는 방식이 가장 널리 알려져 있다. 소다 스플래시나 칵테일 위에 체리 브랜디를 플로팅하기도 한다. 아래 레시피로는 끝내주는 싱가포르 슬링의 모든 것을 즐길 수 있다.

진 1½oz
체리 브랜디 ¾oz
베네딕틴 ¾oz
쿠앵트로 ¾oz
갓 짠 오렌지즙 또는 주스 1oz
갓 짠 라임즙 또는 주스 ¾oz
차가운 클럽소다 2~3oz
파인애플 웨지
오렌지 슬라이스
마라스키노 체리

셰이커에 클럽소다를 제외한 모든 액체류 재료를 넣고 얼음과 함께 힘차게 셰이킹한다. 얼음을 채운 하이볼 글라스에 스트레이너를 대고 따른다. 칵테일 위에 클럽소다를 붓고 부드럽게 스터링한다. 파인애플 웨지, 오렌지 슬라이스, 체리로 장식하면 완성이다.

비너스 Venus

진 2oz

쿠앵트로 1oz

심플 시럽 ¼oz

페이쇼드 비터스 몇 방울

싱싱한 라즈베리 8알

얼음을 채운 셰이커에 액체류 재료와 라즈베리 6알을 넣고 힘차게 셰이킹한다. 칠링한 칵테일 글라스에 스트레이너를 대고 따른다. 남은 라즈베리 2알로 장식하면 완성이다.

베스퍼 마티니 Vesper Martini

이안 플레밍의 〈카지노 로얄〉에서 등장한 베스퍼 마티니는 소설 속 제임스 본드가 선택한 칵테일로 불운한 이중간첩 본드걸인 베스퍼 린드(Vesper Lynd)에서 이름을 땄다. 아주 강렬한 풍미의 베스퍼 마티니는 러시아에 대한 린드의 충성을 상징하듯 러시아 보드카가 들어가며, 베르무트 대신 좀 더 향기로운 릴레와 그를 보완하는 오렌지 트위스트를 제임스 본드가 좋아하는 샴페인 쿠페 글라스에 담는다.

물론 젓지 말고, 흔들어서.

진 2oz

러시아 보드카 ¼oz

릴레 블랑 ⅓oz

크기가 큰 오렌지 트위스트 (또는 전통적으로 레몬 트위스트)

얼음을 채운 셰이커에 액체류 재료를 넣고 힘차게 셰이킹한다. 샴페인 쿠페 또는 칠링한 칵테일 글라스에 스트레이너를 대고 따른다. 오렌지 껍질을 칵테일 위에서 비틀어 트위스트를 만든 후 칵테일에 넣는다.

리큐어

리큐어(liqueurs)는 본질적으로 복합적인 식물 추출물 믹솔로지의 위대한 업적이며, 원래 대부분 치료용으로 만들었다. 향기롭고 독특한 풍미 덕분에 사람들은 자연스럽게 술처럼 마시고 음미했으며, 수많은 칵테일의 맛과 향을 돋우는 필수적이고 중요한 요소로 사용했다.

전통적인 리큐어는 대부분 약재를 재배하는 정원이 있는 수도원에서 공식적으로 등장했고, 많은 이가 탐내던 레시피는 철저히 비밀에 부쳐진 채 생산 과정에 참여한 수사에게만 알려졌다. 각기 다른 75가지 허브와 향신료를 섞어 복잡한 제조법으로 최초의 리큐어를 만든 프랑스 베네딕토회 수사들은 1510년부터 쭉 자신들의 비법을 비밀로 지켜왔다. 처음 시작은 베네딕토회 수사들이었지만, 16세기 카르투지오 수사들은 130종의 다른 식물을 혼합해 '샤르트뢰즈(Chartreuse)'를 만들었다. 이탈리아 역시 리큐어를 제조하는 전문성이 뛰어나다고 알려졌으며, 카트린 드 메디시스(Catherine de Medici)가 1533년 미래의 프랑스 왕 헨리 2세와 결혼하면서 리큐어의 예술이 꽃피기 시작했다.

리큐어는 결국 저녁 식사 후 편안하게 즐기는 식후주가 되었고, 특히 코냑같이 강렬한 선택지를 좋아하지 않는 사람들에게 인기를 끌었다. 예로부터 적당히 작고 섬세한 유리잔에 담긴 리큐어는 종종 '숙녀 같은' 술로 여겨졌다. 이제는 건강에 좋은 특성이 있다기보다 단순히 풍미가 가득한 술로 여겨지지만, 어떤 이들은 여전히 리큐어가 가진 치유력에 대한 믿음을 고수하고 있다. 1920년대와 1930년대까지 런던에서 파리, 베를린에서 베니스에 이르는 술집들은 오래되고 거친 술을 훨씬 더 흥미롭고 매력적인 칵테일로 변화시키기 위해 강렬한 맛과 향을 지닌 묘약을 섞고 있었다.

리큐어라는 용어는 아니스 씨앗, 비터 오렌지 껍질, 바이올렛에서 꽃과 견과류에 이르는 다양한 식물 원료에 보통 설탕 시럽으로 단맛을 더해 인퓨징 또는 증류 과정으로 독특한 풍미를 내는 브랜디, 코냑, 진, 럼과 같이 다양한 증류주를 포함한다. 끝이 없어 보이는 조합으로 순한 34프루프(17ABV)의 베일리스 아이리시 크림(Baileys Irish Cream)부터 110프루프(55ABV)의 샤르트뢰즈까지 색상과 맛은 물론 알코올 함량도 다른 수많은 리큐어를 만들 수 있다.

리큐어는 대부분 코디얼 글라스 또는 스니퍼 글라스에 니트로 따라 손의 온기가 식물이 선사하는 향기를 퍼트리는 동안 조금씩 천천히 음미하며 마시는 게 이상적이다. 리큐어는 수많은 클래식 칵테일의 믹솔로지에서 필수적인 역할을 담당한다. 오렌지 리큐어가 없는 마르가리타는 마르가리타가 될 수 없으며, 단순히 페르노로 잔을 적시기만 하고 아니스의 풍미가 느껴지지 않는 사제락은 그저 버번에 비터스를 섞은 술일 뿐이다.

리큐어 섹션에서는 클래식 칵테일의 표본이 되는 술뿐만 아니라 리큐어가 주인공이 되어 선보이는 더 현대적인 칵테일까지 아울러 소개한다. 또한 다양한 리큐어의 가능성을 설명하는 데 도움이 되는 광범위한 리큐어 용어집도 함께 실었다.

리큐어 칵테일 (비터 리큐어 포함)

앨라배마 슬래머 Alabama Slammer

서던 컴포트 1oz

아마레토 1oz

슬로 진 ½oz

갓 짠 레몬즙 또는 주스 몇 방울

마라스키노 체리

레몬 슬라이스

액체류 재료를 모두 셰이커에 넣고 얼음과 함께 힘차게 셰이킹한다. 얼음을 채운 하이볼 글라스에 스트레이너를 대고 따른다. 체리와 레몬 슬라이스로 장식하면 완성이다.

알폰소 스페셜 칵테일 Alfonso Special Cocktail

그랑 마르니에 1½oz

진 ¾oz

드라이 베르무트 ¾oz

스위트 베르무트 ¼oz

앙고스투라 비터스 2대시

얼음을 채운 셰이커에 재료를 넣고 힘차게 셰이킹한다. 칠링한 칵테일 글라스에 스트레이너를 대고 따른다.

아마레토 알렉산더 Amaretto Alexander

아마레토 2oz

화이트 크렘 드 카카오 1½oz

헤비 크림 1oz

얼음을 채운 셰이커에 재료를 넣고 힘차게 셰이킹한다. 칠링한 칵테일 글라스에 스트레이너를 대고 따른다.

아마레토 사워 Amaretto Sour

아마레토 2oz

갓 짠 레몬즙 또는 주스 1oz

마라스키노 체리

얼음을 채운 셰이커에 재료를 넣고 힘차게 셰이킹한다. 칠링한 사워 글라스에 스트레이너를 대고 따른다. 체리로 장식한다.

엔젤스 팁 Angel's Tit

차가운 화이트 크렘 드 카카오 2oz
헤비 크림 ½oz
마라스키노 체리

칠링한 샴페인 쿠페 글라스에 크렘 드 카카오를 따른다. 크림을 위에 띄우고 체리를 얹어 장식한다.

B-52 레이어링한 푸스 카페 칵테일 (주조 기술은 219p 참조)

칼루아 ½oz
아이리시 크림 리큐어 ½oz
그랑 마르니에 ½oz

차가운 푸스 카페 글라스에 순서대로 각각의 리큐어를 천천히 따른다.

B&B

베네딕틴 ½oz
코냑 ½oz

코디얼 글라스에 베네딕틴을 따르고, 그 위에 코냑을 띄운다. 음료를 섞지 않는 것에 주의한다.

밴시 Banshee '카프리'로도 알려져 있다.
화이트 크렘 드 카카오 1oz
크렘 드 바나나 1oz
헤비 크림 1oz

얼음을 채운 셰이커에 재료를 넣고 힘차게 셰이킹한다. 칠링한 사워 글라스에 스트레이너를 대고 따른다.

압생트 '드립'

악명 높은 압생트(Absinthe)는 1800년대 중반 문학과 예술이 꽃피던 카페 사회에 깊숙이 스며들어 19세기 후반 유럽을 떠들썩하게 만들었다. 중독성이 있기로 자자했던 압생트는 예술가, 작가, 시인들, 특히 툴루즈 로트렉, 반 고흐, 보들레르, 오스카 와일드, 랭보, 베를렌 등의 선택을 받았던 술이었다. 모두 이 '녹색 요정'에 대한 열정이 넘쳤고, 탁한 녹색과 환각을 유발하는 것으로 알려진 특성에서 이름을 따왔다.

압생트의 재료인 웜우드 성분은 창의성이 뛰어났던 이들의 기이한 행동과 영감의 원천으로 여겨졌다. 반 고흐가 그 유명한 귀 사건이 있었을 당시 압생트를 식전주로 마시고 있었다는 설도 있을 정도다.

기괴한 평판과 더불어 양심 없는 주조업자들의 부실한 품질 관리 덕에 결국 압생트는 제1차 세계 대전이 끝날 때까지 생산과 유통이 금지되었다.

알코올 도수가 75%에 달하는 압생트는 강렬한 감초의 풍미 끝에 쌉싸름한 허브 향이 감도는 독한 술이다. 차가운 물과 섞으면 마치 흐릿한 우윳빛 안개가 감돌듯 뿌옇게 회녹색으로 변하는 루쉬(Louche) 현상이 일어난다. 미국에서는 오리지널 압생트(Absenthe)를 구할 수 없지만, 대신 페르노, 허브생 그리고 웜우드 성분을 빼고 새롭게 탄생한 압생트(Absente) 등 아니스 향미를 느낄 수 있는 고급 리큐어가 있다.

트래디셔널 카페 스타일 압생트 Traditional Café-Style Absinthe

페르노 (또는 기타 압생트 대체 베이스) 1½oz
각설탕 1개
차가운 정수 물 5oz
압생트 스푼

푸스 카페 또는 사워 글라스에 페르노를 따른다. 압생트 스푼을 잔 위에 걸쳐 놓는다. 각설탕을 압생트 스푼 위에 놓고 다 녹을 때까지 그 위로 물을 천천히 붓는다.

블루 엔젤 Blue Angel

블루 큐라소 ½oz
브랜디 ½oz
파르페 아무르 ½oz
헤비 크림 ½oz
갓 짠 레몬즙 또는 주스 몇 방울

얼음을 채운 셰이커에 재료를 넣고 힘차게 셰이킹한다. 칠링한 칵테일 글라스에 스트레이너를 대고 따른다.

보치 볼 Bocci Ball

아마레토 2oz
갓 짠 오렌지즙 또는 주스 4oz
차가운 클럽소다 1~2oz
오렌지 슬라이스

셰이커에 아마레토와 오렌지즙을 넣고 얼음과 함께 힘차게 셰이킹한다. 얼음을 채운 하이볼 글라스에 스트레이너를 대고 따른다. 칵테일 위에 클럽소다를 붓고 부드럽게 스터링한다. 오렌지 슬라이스로 장식하면 완성이다.

버터 토피 Buttered Toffee

아마레토 1oz
베일리스 아이리시 크림 1oz
티아 마리아 (또는 기타 커피 리큐어) 1oz
헤비 크림 2oz

얼음을 채운 와인 글라스에 아마레토, 베일리스, 티아 마리아를 따른 후 위에 크림을 올리고 가볍게 스터링한다.

버터핑거 Butterfinger

버터스카치 슈냅스 2oz
베일리스 아이리시 크림 1½oz
우유 6oz
초콜릿 시럽 ½oz

얼음을 채운 셰이커에 초콜릿 시럽을 제외한 모든 재료를 넣고 힘차게 셰이킹한다. 칠링한 칵테일 글라스에 스트레이너를 대고 따른다. 칵테일 위에 초콜릿 시럽을 띄운다.

카페 로마노 Café Romano

삼부카 1oz
칼루아 또는 티아 마리아 1oz
헤비 크림 1oz

얼음을 채운 셰이커에 재료를 넣고 힘차게 셰이킹한다. 칠링한 칵테일 글라스에 스트레이너를 대고 따른다.

베리에이션: **카라 스포사**(Cara Sposa)는 삼부카를 트리플 섹 1oz로 대체한다.

초콜릿 아몬드 Chocolate Almond

아마레토 ¾oz
베일리스 아이리시 크림 ¾oz
다크 크렘 드 카카오 ¾oz

셰이커에 재료를 넣고 얼음과 함께 힘차게 셰이킹한다. 얼음을 채운 올드 패션드 글라스에 스트레이너를 대고 따른다.

데스 바이 초콜릿 Death by Chocolate

베일리스 아이리시 크림 ¾oz
다크 크렘 드 카카오 ¾oz
보드카 ¾oz
초콜릿 아이스크림 ¼컵
초콜릿 쉐이빙

블렌더에 초콜릿 쉐이빙을 제외한 모든 재료와 얼음 ½컵을 넣고 섞은 후 부드러워질 때까지 블렌딩한다. 칠링한 와인 글라스에 따른다. 초콜릿 쉐이빙으로 장식하면 완성이다.

드림시클 Dreamsicle

아마레토 1oz
오렌지 큐라소 ½oz
바닐라향 보드카 ½oz
갓 짠 오렌지즙 또는 주스 2oz
헤비 크림 2oz

셰이커에 재료를 넣고 얼음과 함께 힘차게 셰이킹한다. 얼음을 채운 올드 패션드 글라스에 스트레이너를 대고 따른다.

더체스 Duchess

페르노 1oz
드라이 베르무트 1oz
스위트 베르무트 1oz

얼음을 채운 셰이커에 재료를 넣고 힘차게 셰이킹한다. 칠링한 칵테일 글라스에 스트레이너를 대고 따른다.

골든 캐딜락 Golden Cadillac

화이트 크렘 드 카카오 1½oz
갈리아노 ¾oz
헤비 크림 1½oz

얼음을 채운 셰이커에 재료를 넣고 힘차게 셰이킹한다. 칠링한 칵테일 글라스에 스트레이너를 대고 따른다.

그래스호퍼 Grasshopper

그린 크렘 드 멘테 1oz
화이트 크렘 드 카카오 1oz
헤비 크림 1oz

얼음을 채운 셰이커에 재료를 넣고 힘차게 셰이킹한다. 칠링한 칵테일 글라스에 스트레이너를 대고 따른다.

헤어리 네이블 Hairy Navel 보드카로 만든 '퍼지 네이블'의 강렬한 베리에이션

피치 슈냅스 2oz
보드카 1oz
갓 짠 오렌지즙 또는 주스 4oz
오렌지 슬라이스
복숭아 슬라이스

셰이커에 액체류 재료를 넣고 얼음과 함께 힘차게 셰이킹한다. 얼음을 채운 하이볼 글라스에 스트레이너를 대고 따른다. 오렌지와 복숭아 슬라이스로 장식하면 완성이다.

리퀴드 코카인 Liquid Cocaine

수많은 버전 중에 여기서는 두 가지만 소개한다. 리퀴드 코카인은 슈터 칵테일에서도 찾아볼 수 있다(423p).

리퀴드 코카인 Liquid Cocaine #1

다크 럼 ½oz
루트 비어 슈냅스 ½oz
예거마이스터 ½oz
럼플 민즈 ½oz

셰이커에 재료를 넣고 얼음과 함께 힘차게 셰이킹한다. 얼음을 채운 올드 패션드 글라스에 스트레이너를 대고 따른다.

리퀴드 코카인 Liquid Cocaine #2

다크 럼 ½oz
럼플 민즈 ½oz
예거마이스터 ½oz
골드슐라거 ½oz

셰이커에 재료를 넣고 얼음과 함께 힘차게 셰이킹한다. 얼음을 채운 올드 패션드 글라스에 스트레이너를 대고 따른다.

롤리팝 Lollipop

그린 샤르트뢰즈 ¾oz
쿠앵트로 ¾oz
키르슈 ¾oz
마라스키노 리큐어 ¼ts

얼음을 채운 셰이커에 재료를 넣고 힘차게 셰이킹한다. 칠링한 칵테일 글라스에 스트레이너를 대고 따른다.

런던 포그 London Fog

굿 앤 플렌티 캔디(독특한 감초 맛이 나는 사탕)의 맛으로 알려진 칵테일

아마레토 1½oz
화이트 크렘 드 멘테 1½oz
앙고스투라 비터스 2대시
얇은 레몬 슬라이스

얼음을 채운 셰이커에 재료를 넣고 힘차게 셰이킹한다. 칠링한 칵테일 글라스에 스트레이너를 대고 따른다. 칵테일 위에 레몬 슬라이스를 띄우면 완성이다.

맥클랜드 칵테일 McClelland Cocktail

슬로 진 1½oz
트리플 섹 ¾oz
오렌지 비터스 2대시

얼음을 채운 셰이커에 재료를 넣고 힘차게 셰이킹한다. 칠링한 칵테일 글라스에 스트레이너를 대고 따른다.

멜론 알렉산더 Melon Alexander

클래식 칵테일인 '브랜디 알렉산더'에 멜론의 맛과 향을 입힌 베리에이션이다.

멜론 리큐어 1½oz
브랜디 1oz
헤비 크림 1oz

얼음을 채운 셰이커에 재료를 넣고 힘차게 셰이킹한다. 칠링한 칵테일 글라스에 스트레이너를 대고 따른다.

메리 위도우 Merry Widow

아래 레시피는 클래식 메리 위도우보다 좀 더 달콤한 버전이다.

체리 브랜디 1½oz
마라스키노 리큐어 1½oz
마라스키노 체리

얼음을 채운 셰이커에 재료를 넣고 힘차게 셰이킹한다. 칠링한 칵테일 글라스에 스트레이너를 대고 따른다. 체리로 장식하면 완성이다.

밀라노 Milano

갈리아노 1½oz
진 1½oz
갓 짠 레몬즙 또는 주스 1oz

얼음을 채운 셰이커에 재료를 넣고 힘차게 셰이킹한다. 칠링한 칵테일 글라스에 스트레이너를 대고 따른다.

마인드 이레이저 Mind Eraser

칼루아 1½oz
보드카 1½oz

차가운 클럽소다 2~3oz

얼음을 채운 올드 패션드 글라스에 칼루아를 따른다. 그 위로 보드카를 천천히 띄우고, 다시 천천히 클럽소다를 얹는다. 재료를 섞지 않는다.

모카 민트 Mocha Mint

칼루아 (또는 기타 커피 리큐어) ¾oz

화이트 크렘 드 멘테 ¾oz

화이트 크렘 드 카카오 ¾oz

얼음을 채운 셰이커에 재료를 넣고 힘차게 셰이킹한다. 칠링한 칵테일 글라스에 스트레이너를 대고 따른다.

물랑 루즈 Moulin Rouge

슬로 진 1½oz

스위트 베르무트 ¾oz

앙고스투라 비터스 2대시

얼음을 채운 믹싱 글라스에 재료를 넣고 스터링한다. 칠링한 칵테일 글라스에 스트레이너를 대고 따른다.

너티 아이리시맨 Nutty Irishman

베일리스 아이리시 크림 1½oz

프란젤리코 1½oz

셰이커에 재료를 넣고 얼음과 함께 힘차게 셰이킹한다. 얼음을 채운 올드 패션드 글라스에 스트레이너를 대고 따른다.

오트밀 쿠키 Oatmeal Cookie

버터스카치 슈냅스 1oz

예거마이스터 1oz

베일리스 아이리시 크림 1oz

파스티스 ¼oz

헤비 크림 ½oz

갓 갈은 넛맥 가루

셰이커에 크림을 제외한 모든 재료를 넣고 얼음과 함께 힘차게 셰이킹한다. 얼음을 채운 올드 패션드 글라스에 스트레이너를 대고 따른다. 칵테일 위에 크림을 띄우고 넛맥 가루를 뿌린다.

페퍼민트 스틱 Peppermint Stick

화이트 크림 드 카카오 1½oz

페퍼민트 슈냅스 1oz

헤비 크림 1oz

얼음을 채운 셰이커에 재료를 넣고 힘차게 셰이킹한다. 칠링한 샴페인 플루트 글라스에 스트레이너를 대고 따른다.

페르노 칵테일 Pernod Cocktail

물 ½oz

설탕 ½ts

앙고라투스 비터스 2대시

페르노 2oz

올드 패션드 글라스에 물, 설탕, 비터스를 넣고 섞는다. 크러시드 아이스를 채우고 페르노를 더한 후 스터링한다.

핌스 컵 Pimm's Cup
크리켓 경기 관중들이 가장 좋아하는 클래식 칵테일이다. 1880년대 제임스 핌이 런던 오이스터 바에서 소화를 돕는 토닉용으로 처음 선보인 진 베이스에 허브 리큐어를 더한 핌스 넘버원(Pimm's No.1)으로 만든다.

핌스 넘버원 3oz

차가운 클럽소다 3~4oz

오이 스피어

레몬 슬라이스

얼음을 채운 하이볼 글라스에 핌스 넘버 원을 따른다. 그 위에 클럽소다를 붓고 부드럽게 스터링한다. 오이와 레몬으로 장식하면 완성이다.

베리에이션: 클럽소다 대신 진저 에일, 레모네이드, 레몬-라임 소다 등을 사용한다.

핑크 스콰렐 Pink Squirrel
크림이 듬뿍 담긴 클래식 칵테일로 전통적으로 크렘 드 누아요를 사용한다. 아마레토를 대신 사용하거나, 보통 바닐라 아이스크림과 블렌딩한다.

화이트 크렘 드 카카오 1oz

크렘 드 누아요 또는 아마레토 1oz

헤비 크림 1oz

얼음을 채운 셰이커에 재료를 넣고 힘차게 셰이킹한다. 칠링한 칵테일 글라스에 스트레이너를 대고 따른다.

푸스 카페 칵테일

문자 그대로 '커피를 밀어 넣다(Push the coffee)'라는 의미의 푸스 카페 칵테일은 1800년대 초 프랑스에서 식후주로 발명했으며, 1840년대 즈음 뉴올리언스에 상륙했다. 가장 노동 집약적이고 기술이 필요한 칵테일 중 하나로 푸스 카페의 다채로운 리큐어 레이어는 마신 후 느껴지는 풍미보다 더한 시각적 즐거움을 선사할 때도 있다. 어쨌든 중요한 건 층층이 쌓인 푸스 카페를 한 모금씩 홀짝거리면 각각의 리큐어를 따로따로 즐길 수 있다는 점이다.

푸스 카페 레이어링은 다채로운 리큐어가 시각적으로 드라마틱한 느낌을 선사할 수 있도록 보통 같은 양의 3~6가지 술을 밀도가 높은 순서대로 바닥부터 천천히 섞이지 않도록 따라 완성한다. 첫 번째이자 가장 무거운 리큐어를 스템이 달린 푸스 카페 글라스 또는 옆면이 곧게 떨어지는 잔에 따른 후, 바 스푼의 둥근 뒷면을 이용해 아래층에 있는 술에 닿지 않으면서도 최대한 가깝게 다음 술을 천천히 따른다. 푸스 카페는 미리 만들어 냉장고에 넣어두었다가 서빙해도 괜찮다. 여기서는 몇 가지 클래식 푸스 카페 칵테일을 소개한다.

푸스 카페 Pousse-Café #1

그레나딘 시럽 ¼oz
옐로우 샤르트뢰즈 ¼oz
크렘 드 카시스 ¼oz
화이트 크렘 드 멘테 ¼oz
그린 샤르트뢰즈 ¼oz
브랜디 ¼oz

푸스 카페 Pousse-Café #2

라즈베리 시럽 ¼oz
아니제트 ¼oz
파르페 아무르 ¼oz
크렘 드 바이올렛 ¼oz
옐로우 샤르트뢰즈 ¼oz
그린 샤르트뢰즈 ¼oz
브랜디 ¼oz

엔젤스 키스 Angel's Kiss

크렘 드 카카오 ¼oz
크렘 드 바이올렛 ¼oz
브랜디 ¼oz
헤비 크림 ¼oz

푸스 카페 글라스 또는 셰리 글라스에 크렘 드 카카오를 따른다. 천천히 그리고 조심스럽게 다른 재료를 차례로 레이어링한다.

다음은 인기 있는 몇 가지 푸스 카페 음료이다. 재료들은 잔에 부어지는 순서대로 나열되어 있다.

엔젤스 블러시 Angel's Blush

마라스키노 리큐어, 크렘 드 바이올렛, 베네딕틴, 헤비 크림 각각 ½oz

피프스 에비뉴 Fifth Avenue

다크 크렘 드 카카오 1oz, 애프리콧 브랜디 1oz, 헤비 크림 ½oz

포스 오브 줄라이 Fourth of July

그레나딘 시럽, 쿠앵트로, 블루 큐라소 각각 ¾oz

프렌치 트라이컬러 French Tricolor

그레나딘 시럽, 마라스키노 리큐어, 크렘 드 바이올렛 각각 ¾oz

하바나 레인보우 Havana Rainbow
그레나딘 시럽, 아니제트, 파르페 아무르, 그린 크렘 드 멘테, 옐로우 샤르트뢰즈, 럼 각각 ¼oz

저지 릴리 Jersey Lily
그린 샤르트뢰즈, 코냑 각각 ½oz. 칵테일 위에 앙고스투라 비터스 10대시를 뿌린다.

리퀴드 심포니 Liquid Symphony
크렘 드 로즈, 옐로우 샤르트뢰즈, 그린 크렘 드 멘테, 브랜디 각각 ½oz

멕시칸 플래그 Mexican Flag
그레나딘 시럽, 그린 크렘 드 멘테, 실버 데킬라 각각 ½oz

파리스 레인보우 Paris Rainbow
크렘 드 바이올렛, 크렘 드 카시스, 마라스키노 리큐어, 그린 크렘 드 멘테, 옐로 샤르트뢰즈, 큐라소, 체리 브랜디 각각 ¼oz

퀸 엘리자베스 와인 Queen Elizabeth Wine

베네딕틴 1½oz

드라이 베르무트 ¾oz

갓 짠 레몬즙 또는 주스 ¾oz

레몬 트위스트

얼음을 채운 믹싱 글라스에 액체류 재료를 넣고 스터링한다. 칠링한 칵테일 글라스에 스트레이너를 대고 따른다. 레몬 껍질을 잔 테두리에 문지르고 칵테일 위에서 비틀어 트위스트를 만든 후 넣는다.

샌프란시스코 칵테일 San Francisco Cocktail

슬로 진 2oz

드라이 베르무트 1oz

스위트 베르무트 1oz

페이쇼드 비터스 몇 방울

마라스키노 체리

얼음을 채운 셰이커에 재료를 넣고 힘차게 셰이킹한다. 칠링한 칵테일 글라스에 스트레이너를 대고 따른다. 체리로 장식하면 완성이다.

스크리밍 오르가즘 Screaming Orgasm

칼루아 ¾oz

아이리시 크림 리큐어 ¾oz

아마레토 ¾oz

보드카 ¾oz

얼음을 채운 셰이커에 재료를 넣고 힘차게 셰이킹한다. 칠링한 칵테일 글라스에 스트레이너를 대고 따른다.

스키니 디퍼 Skinny Dipper

멜론 리큐어 2oz

크랜베리 주스 6oz

레몬 트위스트

얼음을 채운 콜린스 글라스에 멜론 리큐어와 크랜베리 주스를 따른 후 스터링한다. 레몬 껍질을 칵테일 위에서 비틀어 트위스트를 만든 후 넣는다.

슬리퍼리 니플 Slippery Nipple

베일리스 아이리시 크림 1½oz
삼부카 1½oz

셰이커에 베일리스 아이리시 크림과 삼부카를 넣고 얼음과 함께 힘차게 셰이킹한다. 얼음을 채운 올드 패션드 글라스에 스트레이너를 대고 따른다.

슬로 진 피즈 Sloe Gin Fizz

슬로 진 2oz
갓 짠 레몬즙 또는 주스 1½oz
심플 시럽 ½oz
차가운 클럽소다 3~4oz
마라스키노 체리

클럽소다를 제외한 모든 액체류 재료를 셰이커에 넣고 얼음과 함께 힘차게 셰이킹한다. 얼음을 채운 하이볼 글라스에 스트레이너를 대고 따른다. 칵테일 위에 클럽소다를 붓고 부드럽게 스터링한다. 체리로 장식하면 완성이다.

슬로 스크루 Sloe Screw

슬로 진 1½oz
갓 짠 오렌지즙 또는 주스 1½oz

얼음을 채운 올드 패션드 글라스에 재료를 따른 후 잘 젓는다.

솜브레로 Sombrero

커피 리큐어 2oz
헤비 크림 1½oz

얼음을 채운 올드 패션드 글라스에 재료를 따른 후 잘 젓는다.

토스티드 아몬드 Toasted Almond

아마레토 1oz
칼루아 1oz
헤비 크림 1oz

셰이커에 재료를 넣고 얼음과 함께 힘차게 셰이킹한다. 얼음을 채운 올드 패션드 글라스에 스트레이너를 대고 따른다.

벨벳 해머 Velvet Hammer
브랜디 대신 보드카를 넣어 만들면 **러시안 베어**(Russian Bear, 324p)라고 불리는 색다른 칵테일이 탄생한다.

쿠앵트로 1oz
크렘 드 카카오 1oz
브랜디 ½oz
헤비 크림 1oz

얼음을 채운 셰이커에 재료를 넣고 힘차게 셰이킹한다. 칠링한 칵테일 글라스에 스트레이너를 대고 따른다.

옐로 패롯 칵테일 Yellow Parrot Cocktail

옐로우 샤르트뢰즈 ¾oz
페르노 ¾oz
애프리콧 브랜디 ¾oz

얼음을 채운 셰이커에 재료를 넣고 힘차게 셰이킹한다. 칠링한 칵테일 글라스에 스트레이너를 대고 따른다.

리큐어와 비터스 용어 사전

리큐어와 비터스의 세계는 조금 오묘할 수 있다. 다양한 풍미와 스타일을 가진 보석처럼 반짝이는 술병이 전 세계에서 끝없이 몰려들어 선택을 어렵게 만든다. 여기서는 쓸만한 많은 리큐어와 비터스를 다루고 있지만, 물론 전부는 아니다. 리큐어와 비터스의 풍미와 스타일에 대한 이해를 돕는 사전 정도로만 사용하자.

일반적으로 리큐어는 인퓨징 과정을 통해 향미 요소를 첨가한 증류주 기반의 술을 의미한다. 그리고 대부분 단맛이 난다. 풍미나 색상 외에 리큐어의 맛을 내는 독특한 과정으로 서로 다른 스타일을 구분한다. 일부 증류주는 인퓨징을 통해 과일, 꽃, 허브, 향신료, 견과류 등의 맛과 향을 갖게 되며, 이는 알코올 베이스에 향미 재료를 푹 재인 다음, 가열 또는 숙성 과정을 거친다는 의미이다. 다른 증류주는 더 강렬한 리큐어 풍미를 내기 위해 증류하는 동안 뉴트럴 스피릿에 맛과 향을 입히기도 한다.

때때로 리큐어와 증류주 사이의 경계가 흐릿해진다. 체리를 증류해 만든 키르슈(Kirsch)는 도수가 높고 달지 않아 증류주로 분류한다. 반면 체리 브랜디는 증류주에 과일을 인퓨징해 체리의 풍미를 더한 뉴트럴 스피릿으로 리큐어에 속한다. 리큐어는 가장 처음에 증류한 베이스에 허브, 과일 추출물, 씨앗, 향신료, 견과류, 식물의 뿌리와 꽃 등 향을 내는 재료를 첨가해 유익한 특성을 추출해 약효를 부여하는 것에서 유래했다.

또한 크렘(crème) 리큐어와 크림(cream) 리큐어의 차이에 대해 혼동하기 쉽다. 크림 리큐어는 베일리스처럼 리큐어와 유제품 크림을 결합한 유제(乳劑), 즉 에멀션이다. 반면 크렘 리큐어는 과일에서 견과류, 씨앗, 허브에 이르기까지 다양한 맛과 향을 가진 미숙성 뉴트럴 브랜디를 인퓨징해 만든다. 프랑스어인 크렘은 크렘 드 카시스 같은 브랜디 베이스의 풍미에 달곰한 리큐어를 칼바도스나 코냑과 같이 드라이한 증류주와 구분하기 위해 사용한다. 시중에서 볼 수 있는 엄청난 종류의 리큐어에 더불어 이 용어집은 가장 고전적으로 인기를 누려온 술은 물론 컨템포러리 드링크로 향하는 길을 찾은 좀 더 이국적인 리큐어도 몇 가지 다뤄본다

········· **비터스 및 비터 리큐어** ·········

이름에서 알 수 있듯이 비터스(bitters)라는 용어는 베리류, 씨앗, 꽃, 나무껍질 등 식물의 뿌리와 허브를 향미료로 써서 얻은 쓴맛 또는 쌉싸름하면서도 단맛이 나는 모든 종류의 증류주를 의미한다. 전통적으로 비터스는 복합적인 약초 치료제로 시작해 식후주, 식욕 자극제, 숙취 해소제로 사용되었다. 보통 의학적 보조제와 소화 불량을 완화하는 능력으로 알려진 퀴닌의 원료인 기나나무 껍질 추출물을 포함한다. 겐티아나 뿌리, 키니네, 세빌 오렌지 등 수많은 허브와 뿌리가 증류주에 쌉쓸한 풍미를 준다.

비터스는 다른 재료와 섞기에 완벽하며 위스키 베이스 칵테일, 주스, 스파클링 와인, 강화 와인 등의 풍미를 한층 북돋는다. 다채로운 풍미를 선사하는 강렬한 고도수 칵테일 비터스에서 훨씬 낮은 도수로 한 모금씩 홀짝거리기 좋은 비터스까지 알코올 함량 수준이 다양하다.

여기서 다루는 비터스는 가장 인기가 많은 것부터 잘 알려지지 않은 것까지 선택지가 다양하다. 어떤 증류주에 섞어도 얼음이나 클럽소다 스플래시를 더해 쉽게 즐길 수 있는 캄파리부터 쓴맛이 매우 강해 다른 술에 몇 방울만 넣어도 충분한 비터스까지 다채롭다.

- 칵테일 비터스 -

매우 강렬하므로 몇 방울만 사용해도 충분하다.

앙고스투라 아로마틱 비터스 ANGOSTURA AROMATIC BITTERS
칵테일에 가장 널리 사용하는 비터스이다. 꽃이 피는 고산 식물인 겐티아나 뿌리 인퓨징을 함유한 농축 엘릭서로 밝은 노란색 에센스로 정제하여 강한 럼 베이스에 허브와 함께 넣는다. 겐티아나는 수 세기 동안 민간의학에서 강장제, 해열제, 말라리아 치료제 등으로 사용했다.
앙고스투라 비터스는 1818년 베네수엘라 앙고스투라에 있던 독일 의사 요한 고틀리프 벤자민 지거트가 시몬 볼리바르의 군대에서 외과 장교로 복무하는 동안 만들었다. 그는 식욕을 자극하고 군인들의 건강을 증진하는 강장제로 이 창작물을 사용했다.

최근 트리니다드섬에서 생산하는 앙고스투라 비터스는 여전히 식후주일 뿐만 아니라 음식과 칵테일에 풍미를 더하는 데 사용하며, 90프루프에 달하는 강렬함으로 몇 방울만 써도 효과가 충분하다.

페이쇼드 비터스 PEYCHAUD'S BITTERS
다양한 식물 원료를 철통같이 비밀에 부쳐진 가족 레시피에 따라 만든 비터스이다. 원래 1800년대 후반 약사인 앙투안 페이쇼드(Antoine Peychaud)가 뉴올리언스에서 선보였으며, 프렌치 브랜디에 비터스를 섞은 최초의 칵테일을 만든 것으로 알려져 있다. 비교적 달콤한 아니스, 그리고 살짝 풍기는 오렌지 풍미를 지닌 비터스로 뉴올리언스 클래식 칵테일인 사제락의 필수 재료이다.

오렌지 비터스와 피치 비터스 ORANGE AND PEACH BITTERS
1900년대 초반 유행하던 클래식 칵테일에 필수 재료로 썼던 비터스이다. 미국의 애보트(Abbott's)는 오렌지 비터스를 생산하며 할로웨이의 오렌지 비터스 같은 영국식 비터스도 여전히 인기 있는 선택이다. 피치 비터스는 더 이상 수요가 많지 않아 구하기 어려울 수 있다.

- 식전주 또는 식후주로 마시는 비터스 -

아메르 피콘 AMER PICON
진한 적갈색에 오렌지 향과 맛이 나는 프렌치 비터스로 씁쓸한 베르무트와 비슷한 방향 와인이다. 클럽소다와 섞어 식전주로 즐기기도 하며 칵테일에 첨가하기도 한다. 알제리에서 복무하던 육군 장교가 말라리아 치료제로 선보인 아메르 피콘은 향신료, 겐티아나, 오렌지 그리고 퀴닌의 베이스인 기나나무 껍질 등으로 만든다.

아페롤 APEROL
허브를 첨가한 이탈리아 비터스이다. 사촌격인 캄파리보다 살짝 더 가볍고 달콤하다.

칼리세이 CALISAY
스페인 바르셀로나의 인기 있는 식전주로 리큐어와 비터스의 하이브리드 범주에 속한다. 허브향이 느껴지고 달콤하면서도 씁쓸한 식전주인 칼리세이는 기나나무 껍질, 허브, 비터 오렌지, 쓴쑥, 향쑥으로 불리는 웜 우드로 만들며 압생트의 대안으로 즐길 수 있다. 칼리세이와 비슷하지만, 좀 더 달콤한 스페인 식전주로 친촌(Chinchon)이 있으며, 남미가 원산지인 아니스, 퀴닌의 재료인 기나나무 껍질 추출물로 만든다. 비터스, 리큐어, 아니스 음료 모두에 조금씩 해당한다.

캄파리 CAMPARI
이탈리아에서 가장 유명한 비터스 식전주로 1860년대 밀라노에서 바텐더이자 레스토랑 경영자인 가스파레 캄파리(Gaspare Campari)가 만들었다. 맵싸한 캄파리는 세빌 오렌지 껍질에서 비터 오렌지의 천연 착색제인 코키넬(cochineal)을 첨가해 보석같이 빛나는 붉은 빛이 돈다. 비터 캄파리 또는 캄파리 아페리티보는 상큼하면서도 톡 쏘는, 쌉싸름한 단맛이 나며 더 달콤한 버전도 있다. 청량한 식전주로 즐기기 위해 캄파리는 보통 칠링한 후 얼음 또는 클럽소다 스플래시와 함께 서빙한다. 일단 병을 딴 후에는 실온, 아니면 더 좋게는 서늘하고 어두운 장소에서 최대 1년 동안 보관할 수 있다. 캄파리는 네그로니와 아메리카노 계열 칵테일을 만들 때 중요한 재료이다.

차이나 마티니 CHINA MARTINI
유명한 '마티니 앤 로씨(Martini & Rossi)' 사에서 만든 이 인기 있는 이탈리아 비터스 리큐어는 독특한 허브와 퀴닌의 풍미가 느껴진다. 달고 쌉쌀한 맛에 시럽처럼 녹진하고, 보통 식전주나 식후주로 즐긴다.

치나 CYNAR
이탈리아 비터스로 아티초크 하트와 잎, 여러 가지 허브로 만들며 비터스 치고는 비교적 가볍고 달콤하다. 식전주 또는 식후주로 즐기며, 보통 오렌지 슬라이스를 얹은 온더락 형태로 마신다. 칵테일 주조에도 쓴다.

페르네 브랑카 FERNET BRANCA
1845년까지 거슬러 올라가는 이탈리아의 강렬한 비터스로 페퍼민트 향이 살짝 나는 쌉쌀함은 식욕을 돋우기 위한 식전주뿐만 아니라 소화 불량을 다스리는 식후주, 특히 숙취 해소제로 즐긴다. 극도로 공격적인 쓴맛의 짙은 갈색 액체인 페르네 브랑카는 기나나무 껍질, 겐티아나 뿌리, 루바브(대황), 카다멈, 클로브(정향), 안젤리카(당귀), 미르, 캐모마일, 페퍼민트를 포함한 약 40가지 허브 및 향신료로 만든다. 보통 스트레이트 또는 온더락 형태로 마시며 칵테일을 만들 때도 쓴다. 식사 후 커피에 넣어 즐기기도 한다.

감멜 덩스크 GAMMEL DANSK
덴마크에서 인기 있는 비터스로 짙은 호박색을 띤다. 허브와 과일로 만든 감멜 덩스크는 단맛이 전혀 없이 드라이한 약초와 후추의 풍미가 진하게 느껴진다.

예거마이스터 JÄGERMEISTER
1878년 등장 후 가장 사랑받는 독일 식전주가 된 예거마이스터는 56가지 허브, 뿌리, 과일의 향을 복합적으로 섞어 만든다. 보통 식전주 또는 식후주로 마시며 칵테일 주조에 쓰기도 한다.

푼테메스 PUNT E MES
베르무트와 비터스 중간쯤으로 분류하는 향긋한 식전주로 다른 비터스에 비해 부드럽고 달콤한 편이다.

운터베르크 UNDERBERG
비밀에 부쳐진 레시피로 만든(사실 모든 비터스가 그렇지 않은가?) 톡 쏘는 맛이 강렬한 독일 식후주로 특히 숙취 해소에 놀라운 효과를 발휘한다고 전해진다. 스톤스도르퍼(Stonsdorfer)도 식후주로 인기 있는 독일 비터스이다.

우니쿰 UNICUM
짙은 빛이 도는 비터스로 원래 헝가리 특산품이었지만, 지금은 비엔나에서 즈왁(Zwack) 사가 1840년부터 생산하고 있다. 살짝 단맛이 쌉싸름한 맛과 조화를 이룬다.

- 그 밖에 비터스 -

아마로 몬테네그로 AMARO MONTENEGRO
식후주로 마시는 이탈리아 비터스로 달콤한 와인과 함께 기운을 북돋아 준다.

아베르나 AVERNA
이탈리아 식후주이다.

브랑카 멘타 BRANCA MENTA
페퍼민트의 풍미가 느껴지는 이탈리아산 비터 리큐어이다.

리큐어

- 압생트 -

> 압생트는 타르트를 더 사랑하게 만든다.
>
> – 휴 드러먼드 (영국 귀족)

아니스 풍미가 뚜렷한 압생트(Anisette)는 쌉싸름한 향의 쓴쑥, 향쑥으로 불리는 웜우드로 만들며 엄밀히 말하면 파스티스(pastis)[10]와 아니제트(anisette)[11]라고 할 수 있다. 19세기 인기를 끌었던 압생트는 미국, 특히 서유럽에서 불법으로 규정해 더 이상 찾아보기 어렵다.[12] 웜 우드 잎에서 발견되고 추출된 화학물질인 투존(thujone)의 독성과 잠재적으로 치명적인 영향 때문에 20세기 들어 금지되었으며, 광기와 죽음을 초래하는 것으로 여겨졌다. 압생트는 금지령이 내려지기 전 최음제와 환각제로 명성을 떨치며 꽤 많은 추종자를 거느렸다. 초록빛 뮤즈 또는 녹색 요정이라는 적절한 애칭으로 불렸던 압생트는 물에 희석하면 우윳빛처럼 뿌옇게 되는 독특한 녹색을 띤다. 알코올 함량은 75%Vol.로 높은 편이다.

웜 우드 성분이 들어가지 않으면서도 아니스 풍미가 가득해 압생트를 대체할 만한 술로는 허브생(Herbsaint), 페르노(Pernod), 우조(ouzo), 아니제트(anisette), 유해 성분을 제거한 압생트(Absente) 등이 있다.

아드보카트 ADVOCAAT
네덜란드에서 인기 있는 더치 브랜디 베이스의 에그노그 리큐어인 아드보카트는 걸쭉하고 벨벳 같은 질감을 가지고 있으며 오렌지, 레몬, 체리, 바닐라와 함께 풍미를 돋우는 버전으로 사용할 수 있다. 아주 순하고 알코올 함유량이 적어 전통적으로 레모네이드에 넣어 차갑게 즐기거나 우유와 넛맥을 넣은 노그 형태, 가끔은 핫초코나 진한 커피와 함께 쓴다.

---

10   주로 아니스와 감초를 사용해 만든 독한 술로 프랑스에서 가장 많이 소비되는 식전주이다. 순수 주정과 아니스 에센스인 아네톨 혼합물에 감초를 담가두었다가 여과하고 단맛을 더해 만들며 물에 희석해서 마신다. 알코올 도수는 40~45%Vol.

11   증류주, 물, 설탕, 아니스 추출물과 씨를 원료로 만든 달콤한 리큐어로, 남유럽에서 압생트 대신 흔히 마신다. 알코올 도수는 27~37%Vol.

12   지금은 유해 성분을 제거하고 제조하여 다시 판매하고 있다.

알리제 드 프랑스 ALIZÉ DE FRANCE

코냑 베이스 리큐어로 톡 쏘는 패션프루트 풍미를 지닌 알리제 드 프랑스는 밝은 노란빛과 상쾌한 맛을 선사한다. 크랜베리 주스를 첨가해 짙은 붉은빛이 감도는 알리제 드 레드 패션(Alizé Red Passion)도 있다. 둘 다 개봉 후 냉장 보관한다.

아마레토 AMARETTO

아몬드와 살구 맛이 나는 아마레토는 가장 유명하고 인기 있는 리큐어 중 하나로 명성에 걸맞은 역사가 있다. 16세기 사론노의 산타 마리아 델레 그라지 성소에 있는 마지 프레스코의 성모 마리아 모델이던 한 미망인이 만들었으며, 이탈리아 화가 베르나르도 루이니에게 레시피를 알려주었다는 이야기가 전해진다.

아몬드 추출물, 살구 과육과 씨 등을 브랜디에 우려내고 달콤한 설탕 시럽을 더해 만든 아마레토는 진한 갈색을 띠며 마지판이 떠오를 만큼 강렬한 아몬드 향을 자랑한다. 풍미가 강하므로 소량만 사용한다. 이탈리아 브랜드인 '디사론노 아마레토(Disaronno Amaretto)'가 가장 유명하고 프랑스에도 크렘 다망드(créme d'amandes)처럼 비슷한 아마레토가 있다.

아니스와 아니제트 ANIS AND ANISETTE

속을 편하게 해준다는 속설을 가진 아니스는 아니스 열매와 간혹 스타 아니스 씨앗으로 맛과 향을 낸다. 아니스 씨앗을 숙성시키는 방식 때문에 풍미가 비슷한 프랑스 리큐어 파스티스보다 도수가 낮다. 지중해 인근에서 식전주 또는 식후주로 인기가 많다. 아니스와 아니제트 모두 물을 타면 압생트처럼 탁해진다. 아니스는 스페인에서 만들며, 스위트와 드라이 버전이 모두 있다. 프랑스 아니스는 드라이한 편이다. 프랑스산 아니제트는 아니스보다 도수가 높고 더 달콤하다. 가장 유명한 브랜드는 '마리 브리자드(Marie Brizard)'이다

〈그 밖에 아니스 리큐어〉

- 허브세인트 (Herbsaint) : 뉴올리언스산
- 아네손 (Anesone): 이탈리아산 리큐어로 보통 압생트 대신 쓴다.
- 댄지거 골트바서(Danziger Goldwasser), 오팔 네라(Opal Nera), 우조(ouzo), 파스티스(Pastis), 페르노(Pernod), 리카(Ricard), 라키(Raki), 삼부카(Sambuca), 아니사도스(Anisados).

아라크 ARAK
대추, 곡물, 포도, 야자수 수액 등 중동과 아시아의 다양한 재료를 증류해 만든 강렬한 술을 일컫는 아랍어 용어이다. 감초 맛이 강한 아라크도 있다. 같은 이름을 가진 자바산 럼과 혼동하지 않도록 한다.

아르젠타리움 ARGENTARIUM
이탈리아 라치오의 수도원에서 여전히 종교의식의 하나로 생산되는 브랜디 베이스 리큐어다. 수도원 주변 언덕에서 야생으로 자라는 허브를 수사들이 채집해 만들며 대부분 현지에서 소비된다.

아우룸 AURUM
이탈리아 동부 아브루치 산맥에서 탄생한 이탈리아산 리큐어. 샤프란을 더해 감도는 황금빛 때문에 이름이 붙었다(아우룸은 금빛, 황금빛이라는 뜻이다). 통 오렌지와 오렌지 껍질을 세 번 증류한 증류액을 최고급 숙성 브랜디와 인퓨징해 만든다. 기본 조주법은 고대까지 거슬러 올라가며 원래 진짜 금가루를 넣어 만들어 골드바서(Goldwasser)[13]의 진정한 선조였을지도 모르겠다. 보통 브랜디 잔인 스니퍼 글라스에 상온으로 만들어 식후주로 즐기며, 고급 코냑처럼 조금씩 홀짝이며 마신다.

B&B
브랜디와 베네딕틴을 섞어 만든 쌉싸름한 허브 리큐어다. 영롱한 토파즈 빛이 감돌고 드라이한 편이며, 향긋한 풍미의 브랜디와 비슷하다.

베일리스 아이리시 크림 BAILEYS IRISH CREAM
전형적인 아이리시 크림 리큐어로 그 뒤를 이어 탄생한 모든 크림 리큐어에 영감을 불어넣었다. 크림, 계란, 초콜릿, 아이리시 위스키를 저온 살균해 혼합한 인기 있는 홀리데이 드링크로 얼음을 채운 브랜디 글라스에 서빙할 때 묵직한 질감과 달콤한 맛을 제대로 즐길 수 있다. 개봉 후 냉장 보관한다.

바렌예거 BÄRENJÄGER
독일어로 '곰 사냥꾼'이라는 뜻이다. 꿀의 풍미가 가득한 보드카 베이스 리큐어다.

---

13 아니스와 오렌지 향으로 만든 무색의 리큐어로, 주로 식후주로 마시며 금박이 들어 있다.

베네딕틴 D.O.M. BÉNÉDICTINE D.O.M.

프랑스 노르망디의 코냑을 베이스로 한 허브 리큐어로 1510년경 페캉 수도원의 베네딕토회의 이름을 붙여 지금까지 생산되고 있다. 세계에서 가장 오래된 리큐어로 알려졌으며, 코냑에 시트러스 과일 껍질, 꿀, 바질, 로즈마리, 샐비어 등 약 75종에 달하는 식물성 향료를 섞어 만든다. 정확한 주조법은 철저히 베일에 싸여 있으며 단 3명에게만 때가 되면 전해진다. 라벨에 표기된 D.O.M.은 'Deo optimo maximo'의 약자로 '최고의 신에게 바치는 위대한 술'이라는 의미이다.

황금빛이 감돌며 허브와 향신료가 선사하는 풍미에 꿀의 달콤함이 더해진 베네딕틴은 라지 리큐어 글라스에 스트레이트로 즐겨야 한다. 또한 다양한 칵테일에 달콤함을 더해주는 훌륭한 재료이기도 하다.

벅샷 BUCKSHOT

은은한 호박색이 감도는 리큐어로 칠리 페퍼의 맵싸한 향과 쌉쌀한 복숭아 맛이 난다. '오리지널 와일드 웨스트 리큐어'라는 라벨이 붙어 있다.

샹보르 CHAMBORD

고급스러워 보이고 달콤한 프랑스산 리큐어로 코냑에 작은 복분자, 블랙커런트, 블랙베리, 산딸기를 인퓨징한 혼합물과 섞어 만든다.

샤르트뢰즈 CHARTREUSE

고급 허브 리큐어인 샤르트뢰즈는 16세기 프랑스 그르노블 근처 수도원의 카르투지오 수도회 수사들의 손에서 탄생했다. 라 그랑드 샤르트뢰즈(La Grande Chartreuse)는 여전히 해당 수도원의 수사들이 베일에 싸인 주조법으로 만들고 있다. 130여 가지가 넘는 경이로운 숫자의 허브와 식물을 사용해 포도 브랜디 베이스의 풍미가 아주 향기롭고 강력하다.

샤르트뢰즈는 인퓨징과 증류 과정을 거친 후 캐스트에서 최대 5년간 숙성한다. 110프루프에 달하는 가장 강력한 오리지널 '그린 샤르트뢰즈'나 좀 더 가볍고 달콤하며 꿀의 풍미와 살짝 민트 향이 나는, 조금 순한 도수의 80프루프짜리 '옐로우 샤르트뢰즈(샤프란을 첨가해 금빛을 띤다)'를 포함해 다양한 스타일의 샤르트뢰즈가 생산된다. '엘릭서 베지탈(Élixir Végétal)'이라고 부르는 프리미엄 버전인 오리지널 카르투지오 엘릭서의 주조법은 1605년으로 거슬러 올라간다. 작은 미니어처 병에 담긴 엘릭서 베지탈은 농축된 상태로 알코올 도수가 142프루프에 달하는 독한 술이다. 프랑스에서는 샤르트뢰즈를 니트로 즐기거나 토닉, 소다와 섞기도 하고 얼음을 잔뜩 넣어서 온더락으로 마시기도 한다. 또한 풍미를 돋우기 위해 핫초코에 그린 샤르트뢰즈를, 커피에는 옐로우 샤르트뢰즈를 더하기도 한다.

코코넛 리큐어

~ **말리부** 카리브해에서 탄생한, 가장 인기 있는 코코넛 리큐어다. 말린 과일과 코코넛 우유로 맛을 낸 캐러비안 화이트 럼으로 만들며 살짝 달콤하다.

~ **바티다 드 코코** 브라질에서 온 바티다 드 코코는 뉴트럴 스피릿을 베이스로 한 코코넛 우유 에멀션이다.

쿠앵트로 COINTREAU

1849년 에드워드와 아돌프 쿠앵트로가 만든 브랜디 기반의 '트리플 섹 큐라소인 쿠앵트로'는 원래 '트리플 섹 화이트 큐라소'로 불렸지만, 비슷한 이름을 가진 큐라소로 가득 찬 시장에서 성(姓)을 사용하는 현명함을 발휘했다. 풍부하고 달콤하며 브랜디 향이 가미된 상쾌한 오렌지 풍미로 널리 인기를 구가하고 있는 쿠앵트로는 다양한 칵테일의 필수 재료로 바에서 가장 많이 사용하는 리큐어이며, 특히 오렌지 리큐어의 대명사이다. 프랑스 앙제, 아메리카 대륙 등지에서 생산하고, 카리브해 지역의 비터 그린 세비야 오렌지 품종과 프랑스 남부의 좀 더 달콤한 오렌지 품종을 섞어 인퓨징한 포도 브랜디를 이중 증류해 수정처럼 맑은 빛을 띤다. 거기에 비밀스러운 식물성 향료로 단맛과 더욱 향긋한 허브의 풍미를 더한다. 독특한 사각형의 짙은 갈색 병에 담긴 쿠앵트로는 쉽게 구할 수 있으며, 보통 단맛을 살짝 조절하고 오렌지 풍미를 돋우기 위해 얼음을 채운 스니퍼 글라스로 즐긴다. 물론 칵테일 주조에도 훌륭한 재료로, 큐라소나 트리플 섹이 필요한 칵테일을 만들거나 업그레이드할 때 사용한다.

크렘 리큐어 CRÈME LIQUEURS

프랑스어 '크렘(Crème)'은 드라이한 버전과 반대로 단맛이 나는 리큐어나 코디얼을 지칭한다. 당도가 매우 높고 보통 시럽처럼 꾸덕하며 각종 칵테일과 음료에 달콤함과 향긋함을 더하는데 탁월하다. 대부분 도수가 약 50~60프루프이다. 프랑스의 마리 브리자드(Marie Brizard), 네덜란드의 볼스(Bols), 디카이퍼(De Kuyper) 등의 브랜드가 유명하다.

~ **크렘 드 바나나 CRÈME DE BANANE** 바나나맛 리큐어로 화이트, 브라운 버전이 있다.

〈그 밖에 바나나 리큐어〉
- 99 바나나 (99 Bananas) : 묵직하고 강렬한 바나나 향을 선사한다.
- 케이마나 (Caymana) : 아일랜드에서 만든 풍부하고 크림색을 띤 바나나 풍미의 리큐어다.

~ **크렘 드 카카오 CRÈME DE CACAO** 코코아, 초콜릿, 바닐라빈으로 만든 시럽처럼

걸쭉한 리큐어로 투명한 '화이트' 또는 짙은 갈색 등 종류가 다양하다.

~ 크렘 드 카페 CRÈME DE CAFÉ 커피 맛이 나는 리큐어로 칼루아(237p)와 비슷하지만 그만큼 풍부하거나 복잡 미묘하지 않다.

〈그 밖에 커피 리큐어〉
- 카푸첼로 (Capucello) : 네덜란드에서 탄생했다. 카푸치노와 비슷하며 크림과 견과류의 풍미가 느껴지는 커피 같은 리큐어다.
- 티아 마리아 (Tia Maria) (242p), 튀르키예에서 온 파샤 (Pasha) 등

~ 크렘 드 멘테 CRÈME DE MENTHE 페퍼민트 풍미를 지닌 크렘 드 멘테는 다양한 칵테일과 음료에 사용하며 그린, 화이트 버전이 있다.

〈그 밖에 민트 리큐어〉
- 센테르베 (Centerbe) : 100여 가지 이상의 허브로 만든 이탈리아산 리큐어로 페퍼민트 향이 매우 강렬하다. '멘투치아 (Mentuccia)'라고도 부른다.

〈그 밖에 크렘 과일 리큐어〉
- 크렘 다나나(Crème d'ananas): 파인애플 맛
- 크렘 드 카시스(Crème de cassis): 블랙커런트 리큐어로 대부분 프랑스 디종에서 생산한다.
- 크렘 드 프레즈(Crème de fraise): 프레즈 드 부아(fraise des bois)와 같이 산딸기와 허브의 풍미가 가득하다.
- 크렘 드 프랑부아즈(Crème de framboise): 라즈베리 맛
- 크렘 드 만다린(Crème de mandarine): 탠저린 맛
- 크렘 드 뮈르(Crème de mûre): 블랙베리 맛
- 크렘 드 마틸레(Crème de myrtille): 블루베리 맛
- 크렘 드 누아제트(Crème de noisette): 헤이즐넛 맛
- 크렘 드 누아요(Crème de noyaux): 복숭아와 살구씨 기름으로 만든 은은한 아몬드 향의 리큐어
- 크렘 드 페슈(Crème de pêche): 복숭아 맛
- 크렘 드 프루넬(Crème de prunelle): 말린 자두와 건포도 맛
- 크렘 드 바이올렛(Crème de violette): 바이올렛 향

쿠아렌타 Y 트레스 CUARENTA Y TRES
스페인산 리큐어로 '리코르 43(Licor 43)'이라는 상표로도 판매하고 있다(238p).

큐라소 CURAÇAO
네덜란드령 서인도 제도에서 생산하는 말린 사워 오렌지 껍질로 만든 오렌지 리큐어를 총칭하는 용어이다. 맑은 빛을 띠는 화이트 큐라소, 레드 오렌지 큐라소, 칵테일에 푸른 빛을 감돌게 하고 달콤함을 더하는 블루 큐라소 등이 유명하다.

〈그 밖에 큐라소 스타일 리큐어〉
- 트리플 섹(Triple sec): 큐라소와 비슷한 스타일이지만 달지 않다.
- 반더훔(Van der Hum): 오렌지와 탠저린 풍미가 느껴지는 남아프리카산 큐라소
- 크리스탈 컴포트(Crystal Comfort): 살짝 달콤하고 맑은 미국산 탠저린 리큐어

다미아나 DAMIANA
멕시코 바하칼리포르니아에서 탄생한 전설적인 미약이다. 달콤하고 꽃내음이 가득한 허브 리큐어로 잉카 문명에서 다산을 상징하는 여신의 형태를 띤 병에 담겨 '연인을 위한 리큐어(Liqueur for Lovers)'라는 이름으로 팔린다. 멕시칸 마르가리타(Mexican Margarita)에 사용한 최초의 리큐어라는 이야기가 전해진다.

드람부이 DRAMBUIE
원래 1892년 스코틀랜드 스카이섬에서 만들던 위스키 베이스 리큐어인 드람부이는 현재 에든버러 근처에서 생산한다. '만족스러운 음료'라는 의미의 고대 게일어 '드람 부이드히치(dram buidheach)'에서 유래한 이름이다. 스카치위스키에 헤더 꿀, 스코틀랜드 허브 등을 혼합해 만든다.

프란젤리코 FRANGELICO
헤이즐넛과 베리류, 꽃을 우려낸 인퓨전으로 만든 이탈리아산 리큐어로 주조법은 무려 300년의 역사를 자랑한다.

갈리아노 GALLIANO
매우 인기 있는 황금빛 이탈리아 리큐어로, 1896년 아르만도 바카리가 이탈리아의 영웅 주세페 갈리아노(Giuseppe Galliano)를 기리며 이름을 붙였다. 뉴트럴 스피릿에 약 80종에 달

하는 허브, 꽃 그리고 진한 바닐라, 감초, 아니스 등의 기타 식물성 향료를 혼합해 만든다. 달콤함의 끝을 보여주는 갈리아노는 저녁 식사 후 디제스티프로 즐길 뿐만 아니라 다양한 칵테일에 훌륭한 재료로 사용하기도 한다. 특히 하비 월뱅어(Harvey Wallbanger)의 시그니처 재료로 쓴다(319p).

글레이버 GLAYVA
에든버러 근처에서 생산하는 스카치위스키 베이스의 리큐어로 헤더 꿀, 오렌지 껍질, 갖가지 허브로 맛과 향을 낸다. 드람부이와 비슷하게 과일향이 두드러진다.

고디바 리큐어 GODIVA LIQUEUR
비터 오렌지의 풍미가 더해진 진한 초콜릿 리큐어로 민트향이 살짝 감돈다. 화이트 초콜릿 버전도 있다.

〈그 밖에 초콜릿 리큐어〉
- 로열 민트 초콜릿: 애프터 디너 민트 같은 맛이 나는 프랑스 리큐어

골드바서 GOLDWASSER
골드바서의 오리지널 버전은 카탈루냐의 의사였던 아르날도 빌라노바가 만들었다. 한발 앞선 연금술적 믹솔로지 기술로 금박을 넣어 선보인 이 '토닉'은 생명을 위협하는 질병에서 교황을 살렸고, 종교 재판에서 빌라노바를 구했다. 비슷한 리큐어로 프랑스의 리큐어 도르(d'or) 또는 오 도르(eau d'or)가 있다.

그랑 마르니에 GRAND MARNIER
1880년 프랑스에서 탄생한 인기 있는 코냑 베이스 리큐어이다. 카리브해산 비터 오렌지로 만들며 캐스크 숙성으로 정제되어 부드럽고 달콤하다. 상온 상태로 스니퍼 글라스에 따라 홀짝이면 고급 브랜디가 부럽지 않다.

〈그 밖에 브랜디 및 코냑 베이스 오렌지 리큐어〉
- 쿠앵트로(Cointreau), 할리퀸 오렌지 리큐어(Harlequin orange liqueur), 아우룸(Aurum), 만다린 나폴레옹(Mandarine Napoléon).

아이리시 미스트 IRISH MIST
허브와 꿀 향이 가득한 위스키 베이스의 아일랜드 리큐어다.

칼루아 KAHLÚA
진한 풍미의 유명한 멕시코 커피 리큐어다. 사탕수수 증류주에 커피, 허브, 바닐라로 맛과 향을 내 만든다. 영국에서도 일부 생산한다.

케케 비치 KEKE BEACH
달콤하면서도 톡 쏘는 라임 풍미와 크림 같은 네덜란드 리큐어다. 키라임 파이가 떠오르는 맛이 나며, 각종 칵테일에 크림 같은 꾸덕꾸덕한 농도를 더해준다.

퀴멜 KÜMMEL
식후주로 유명한 허브 리큐어다. 뉴트럴 스피릿에 아니스와 캐러웨이 씨앗으로 풍미를 더해 만든다. 1575년 네덜란드의 양조업자 루카스 볼스(Lucas Bols)가 선보였다. 비슷한 리큐어로는 아몬드, 아니스 씨앗, 쿠민 등으로 맛을 낸 달콤한 라트비아의 알라쉬(Allasch)가 있다.

리코르 43 LICOR 43
스페인어로 43을 의미하는 '쿠아렌타 Y 트레스(Cuarenta Y Tres)'로도 불리는 리코르43은 스페인에서 가장 사랑받는 술로 기원전 200년부터 내려온 고대 주조법에 따라 제조, 혼합한다. 43여 가지에 달하는 과일과 허브 성분이 함유되어 있다. 매우 달콤하고 찐득한 리큐어로 바닐라-시트러스 풍미가 두드러지며 밝은 노란빛을 띤다.

리큐어 브랜디 LIQUEUR BRANDIES
과일 브랜디라고 부르는 일부 증류주는 엄밀히 말하면 '크렘(crème)' 리큐어에 속한다. 과일 자체를 직접 증류하는 게 아니라 과일즙과 달콤함을 더하는 시럽을 첨가한 중성 포도 브랜디 베이스이기 때문이다. 이 범주에 속하는 '브랜디'는 다음과 같다.

~ 애프리콧 브랜디 APRICOT BRANDY   살구로 맛과 향을 낸 브랜디 와인이다. 마리 브리자드사가 만든 프렌치 에이프리(French Apry)와 쿠세니에(Cusenier), 아브리코텡(Abricotine), 볼스 애프리콧 브랜디(Bols apricot brandy) 등이 있다.

~ 블랙베리 브랜디 BLACKBERRY BRANDY   블랙베리 풍미가 가득한 브랜디 리큐어. 에흐테 크로아츠비에르(Echte Kroatzbeere) 등이 있다.

~ 체리 브랜디 CHERRY BRANDY   체리 맛이 나는 브랜디 와인으로, 덴마크의 체리 히어링(Cherry Heering)이 유명하다. 피터 체리 히어링 리큐어(Peter Heering's cherry liqueur)라고도 부른다(240p).

~ 피치 브랜디 PEACH BRANDY   복숭아의 풍미가 느껴지는 브랜디. 볼스(Blos) 브랜

드가 가장 인기가 많다. 네덜란드에서 만든 피치 브랜디 리큐어인 피치트리(Peachtree)도 있다(242p 서던 컴포트 참조).

만다린 나폴레옹 MANDARINE NAPOLÉON
1892년 탄생한 향긋한 벨기에 브랜디 베이스 리큐어로 카리브해산 비터 오렌지 껍질과는 달리 탠저린 귤 껍질로 만들어 설탕에 절인 오렌지처럼 달콤한 풍미를 선사하며 칵테일 주조 시 쿠앵트로 또는 트리플 섹 대신 자주 쓰인다.

마라스키노 MARASCHINO
달콤함보다는 좀 더 드라이하고 새콤한 체리 리큐어이다. 이탈리아어로 체리를 '마라스카(marasca)'라고 한다.

〈그 밖에 마라스키노 리큐어〉
이탈리아의 유명한 체리 리큐어 브랜드인 룩사드로(Luxardo)는 압착한 체리 껍질을 넣은 체리 증류액을 블렌딩해 증류 및 숙성한다. 체리 씨의 고소한 풍미와 함께 쌉싸름한 체리 향이 가득한 맑은 리큐어다.

미도리 MIDORI
일본의 산토리가 만드는 연둣빛의 멜론 리큐어이다. 스위트 머스크멜론으로 만들며 수많은 칵테일에 첨가하는 인기 만점 리큐어다. 네덜란드 리큐어 제조사인 디카이퍼에서 좀 더 저렴한 버전을 만든다.

노첼로 NOCELLO
고소하고 달콤한 이탈리아의 호두 리큐어이다.

〈그 밖에 고소한 견과류 풍미의 리큐어〉
아마레토(Amaretto), 크렘 드 누아요(crème de noyaux), 크렘 다망드(crème d'amande), 프란젤리코(Frangelico), 카하나 로열(Kahana Royale), 프랄린(Praline).

오팔 네라 OPAL NERA
아니스와 베리 향이 가득한 이탈리아산 리큐어이다. 샤틴처럼 부드러운 질감과 독특한 진보라 빛을 띤다.

우조 OUZO
진한 감초 향이 느껴지는 그리스 리큐어로 수정처럼 맑고 고수, 카밀러, 아니스 씨, 감초 에센스 등과 같은 허브로 풍미를 낸다.
다른 파스티스 리큐어와 마찬가지로 물이나 얼음과 섞으면 우윳빛으로 탁하게 변한다. 바닥이 두터운 샷 글라스에 차갑게, 또는 파스티스 스타일로 샷 글라스에 물과 함께 즐길 수 있고, 올드 패션드 글라스에 아이스 큐브 몇 개를 채우고 따라 니트로 마셔도 좋다.

파스티스 PASTIS
감초나 아니스 씨로 맛과 향을 낸 투명하고 강렬한 90프루프의 리큐어를 총칭한다. 물이나 얼음과 섞으면 흐려지거나 우윳빛으로 탁해진다. 매우 인기 있는 유럽식 식전주인 파스티스는 다양한 곳에서 볼 수 있는데, 프랑스의 페르노, 프랑스 마르세유의 리카, 그리스의 우조, 스페인의 오헨 등이다. 프랑스 증류주인 파스티스는 재료 자체를 증류해 단순히 침용 과정을 통해 향을 입히는 아니제트보다 알코올 함량이 높다.

파르페 아무르 또는 파르페 다무르 PARFAIT AMOUR (OR PARFAIT D'AMOUR)
바이올렛 빛이 감도는 프랑스 리큐어다. 한때 파리 사창가에서 최음제로 마셨다는 소문을 생각하면 '완벽한 사랑'이라는 의미의 이름이 참 적절하다. 유럽과 미국 두 가지 스타일이 있고 모두 매우 달다. 유럽 버전은 큐라소 베이스에 장미 꽃잎, 바이올렛, 아몬드, 향신료, 바닐라 깍지로 은은하고 섬세한 향이 특징이며, 미국 버전은 향신료와 바이올렛으로 시트러스 풍미가 더욱 도드라져 크렘 드 바이올렛과 비슷하다.

페르노 PERNOD
프랑스의 오리지널 압생트 양조업체가 만든 파스티스 계열의 리큐어로 보통 감초와 아니스 풍미 덕분에 압생트를 대신해 사용한다. 다른 파스티스처럼 페르노도 맑은 황록색의 리큐어지만, 물이나 얼음과 섞으면 하얗게 변한다. 일반적으로 페르노와 물을 1:4 비율로 섞어 마신다.

피터 히어링 PETER HEERING
발명한 사람의 이름을 붙인 유명한 덴마크 체리 브랜디이다. 루비처럼 붉은빛이 감도는 피터 히어링은 블랙 체리로 맛과 향을 내고 나무 캐스크에서 숙성해 다른 과일 리큐어보다 훨씬 복잡하고 드라이한 풍미를 선사한다.

핌스 넘버 원 PIMM'S NO. 1

향긋한 허브와 쌉싸름한 달콤함이 느껴지는 리큐어 스타일의 음료 핌스 넘버 원은 1880년대 런던의 레스토랑 경영자인 영국인 제임스 핌이 선보였으며, 진 슬링(Gin Sling)의 원조라고 알려져 있다. 핌스 리큐어 중 가장 인기 있는 핌스 넘버 원은 진 베이스에 허브, 향신료, 퀴닌, 과일 등으로 맛과 향을 냈으며, 핌스 컵(Pimm's Cup) 칵테일을 만들 때 사용한다. 오리지널이 인기를 끌면서 핌은 위스키 베이스인 핌스 넘버 투(Pimm's No.2), 브랜디 베이스인 No.3, 럼 베이스인 No.4, 라이 위스키 베이스인 No.5, 보드카 베이스인 No.6까지 줄기차게 출시되었다. 유일하게 보드카 베이스 버전만 여전히 생산 중이다.

푸아 윌리암스 POIRE WILLIAMS

다양한 서양배에서 이름을 따온 달콤하고 투명한 배 맛의 리큐어는 진정한 오드비라기보다는 브랜디 베이스의 과일 리큐어에 가깝다. 프랑스, 스위스, 독일, 이탈리아 등에서 만든다. 푸아 프리즌니에르(Poire Prisonnière) 같은 몇몇 프리미엄급 브랜드는 리큐어 병에 배가 통째로 들어있다. 이 창의적인 포장은 배나무 가지에 병을 매달아 그 안에서 배가 자라게 해 만들었다. 마리 브리자드가 꽤 괜찮은 푸아 윌리암스를 생산한다. 보통 아페리티프로 즐기며 차갑게 칠링해 아이스 큐브 하나와 함께 마신다.

〈그 밖에 서양배 리큐어〉
- 펄 드 브릴레(Pearle de Brillet) : 향수만큼 향긋한 배의 풍미를 느낄 수 있는 프랑스 리큐어이다.

펀치 PUNSCH

원래 대영제국 식민지 칵테일이지만, 영국에서는 '스웨디시 펀치'로 알려져 있다. 스웨덴에서 만드는 캐스크 숙성 펀치로 럼 베이스에 와인과 시나몬, 정향 등의 향신료, 감미료 등을 사용해 맛과 향을 낸다. 전통적으로 살짝 데워 따뜻한 내열 머그잔에 따라 마시지만 차갑게 또는 얼음과 함께 즐기기도 한다.

록 앤 라이 ROCK AND RYE

라이 위스키 베이스 리큐어로 갖가지 과일을 써서 상쾌한 시트러스 풍미가 느껴진다. 병에 록 캔디(설탕을 녹였다가 다시 단단하게 굳혀 만든 얼음 사탕)가 들어있다.

삼부카 SAMBUCA
감초의 풍미가 두드러지는 이탈리아 리큐어로 위치 엘더와 감초를 인퓨징해 만든다. 아니제트와 비슷하지만 상대적으로 드라이한 편이다. 인기 있는 리큐어인 삼부카는 전통적으로 '콘 라 모스카(Con la mosca, '파리와 함께'라는 의미)', 즉 원두 세 알을 띄워 마신다. 맑은 빛을 띠는 화이트와 블랙 버전이 있다.

슈냅스 SCHNAPPS
엄밀히 말하면 슈냅스는 리큐어가 아니라 보드카와 비슷한 증류주인 아쿠아비트에 가깝지만 칵테일을 만들 때 리큐어처럼 쓴다. 보통 뉴트럴 스피릿에 과일 또는 페퍼민트로 풍미를 내어 만들며 일반 리큐어에 비해 드라이하고 도수가 높은 편이다.

슬로 진 SLOE GIN
야생 자두나무 관목의 일종인 슬로 베리로 만든 리큐어다. 실제 진이 들어가지 않아 사실 슬로 진이라는 이름은 다소 기만적이다. 영국에서 생산하는 제품은 달콤하고 진을 베이스로 쓴다. 비슷한 리큐어로 프랑스의 푸룬엘(Prunelle)이 있지만, 공교롭게도 브랜디 베이스이다.

서던 컴포트 SOUTHERN COMFORT
버번위스키를 베이스로 한 복숭아 맛의 미국식 리큐어다. 100가지 이상의 재료가 들어간다. 1874년 뉴올리언스의 바텐더가 자신이 만든 위스키 칵테일 맛을 개선하다가 만들었다.

스트레가 STREGA
이탈리아어로 '마녀'를 뜻하는 이탈리아 남부 베네벤토의 허브 리큐어다.

수즈 SUZE
식전주로 즐기는 프랑스 리큐어다. 의학적인 목적으로 사용했던 쓴 식물인 용담 뿌리로 만든다. 일부는 와인 베이스로 만들어 드라이하고 쌉싸름한 편이다.
〈그 밖에 용담으로 만든 리큐어〉: 독일의 엔치안(Enzian), 프랑스의 젠티안(Gentiane)

티아 마리아 TIA MARIA
진한 커피 향이 특징인 럼 베이스 리큐어다. 1600년대 자메이카에서 탄생했다. 사탕수수 알코올로 만든 에멀션 리큐어는 끝맛을 초콜릿으로 마무리한 깊은 커피의 풍미가 느껴진다.

트리플 섹 TRIPLE SEC (236p의 큐라소 부분 참조)

럼

 럼은 사탕수수를 기반으로 만든 달콤한 복합성을 지닌 섬의 증류주이다. 크리스토퍼 콜럼버스는 1493년 카리브해에 사탕수수 묘목을 가져가 탐험하는 동안 카나리아 제도에서 샘플 몇 개를 수집했다. 섬의 원주민들은 곧 브라질 사람들이 그랬듯이 발효한 사탕수수즙을 치료용으로 쓸 수 있다는 사실을 발견했다. 콜럼버스는 사탕수수 묘목을 쿠바에도 가져갔는데, 거기서는 사탕수수를 발효한 즙이 감기, 오한, 향수병 그리고 심지어 사랑을 나누는 데까지 효험이 있다고 여겨졌다.
 미국의 역사도 실제로 럼의 영향과 관련이 깊다. 위스키나 버번위스키가 인기를 끌기 훨씬 전부터 럼은 미국이 선택한 증류주로 1700년대 중반까지 식민지에서 수백만 갤런이 생산되었고, 대륙 여기저기 취기가 만연했다. 식민지에서 상업적으로 증류한 최초의 증류주는 서인도 제도의 당밀로 만들었으며, 이 당밀은 '삼각 무역'이라고 불리는 불명예스럽고 악명높은 수단을 통해 획득했다. 뉴잉글랜드의 항해선들이 현지에서 생산한 럼을 싣고 아프리카에서 노예와 거래하고, 다시 카리브해로 향해 사탕수수 농장에서 일할 노예를 카리브해산 생 당밀과 교환하는 식이었다.
 자연스럽게 럼은 밀수품이 되었고, 해적들이 얻은 '럼러너(Rumrunners)'라는 명성은 이후 럼을 마시는 사람과 술에 취한 선원에게 붙이는 흉악한 별명인 '러미(Rummy)'가 되었다. 1758년 조지 워싱턴은 하원의원 당선을 위해 버지니아주 유권자 사이에서 럼을 정치적 영향력으로 사용했고, 1765년 럼 생산에 사용한 비영국산 당밀에 부과한 세금은 영국에 대한 반감을 더욱 부채질했다.

대다수 미국 가정에서 만취 사태를 유발하고 대규모 분쟁을 일으킨 럼의 명성은 자연스럽게 '여성기독교절제연합(WCTU, Women's Christian Temperance Union)'의 캐리 네이션(Carry Nation)이 이끄는 금주 운동에 불을 지폈다. 결국 네이션의 '악마 같은 럼을 박살 내자!'라는 무시무시한 외침은 럼이 든 술병을 부수는 폭동으로 이어졌다. 그러나 지금의 럼은 악명 높은 정치적 상황과 방탕으로 물든 역사와 멀찍이 떨어져서, 깊고 따뜻한 풍미로 다른 증류주와는 달리 마시는 순간 모두의 입맛을 온화하고 마음이 가라앉는 곳으로 데려다준다.

럼 특유의 기분 좋은 달콤함은 사탕수수를 끓여 얻은 풍부한 당밀을 발효하고 증류하는 과정에서 나온다. 사탕수수를 재배하는 지역이라면 어디서든 럼을 볼 수 있지만, 특히 열대 지방에서 생산한 푸에르토리코산 럼의 비율이 높다. 법적으로 럼은 사탕수수 발효즙, 사탕수수 시럽, 당밀을 증류해서 만들어야 하지만 각각의 색, 농도, 당도 등은 달라질 수 있다. 자메이카 럼 같은 풀바디 럼은 더 길고 정교한 발효 및 이중 증류 과정을 거쳐 훨씬 진하고 달콤하다. 카리브해의 섬은 저마다 독특하고 완벽한 스타일의 각기 다른 럼을 생산한다. 아이티와 자메이카는 당밀의 풍미가 가득한 다크 럼, 마르티니크는 실버와 화이트 럼이 유명하며 트리니다드, 쿠바, 푸에르토리코, 버진 아일랜드의 럼은 당밀 향이 적고 드라이하다. 다음에 소개한 다양한 럼의 종류를 살펴보자.

라이트 럼

화이트, 라이트, 실버, 블랑코 등의 라벨이 붙는 라이트 럼(Light Rums)은 투명하거나 옅은 금색을 띠며 바디감이 가볍고 드라이한 향과 함께 단맛이 살짝 느껴진다. 당밀을 가볍게 발효하고 보통 연속 증류기로 증류한 후 숯으로 여과 과정을 거쳐 스테인리스 스틸 탱크에서 숙성해 색이 거의 또는 전혀 없는 액체가 된다. 일부 럼은 부드러움을 더하기 위해 그을린 화이트 오크통에 1년 이하로 숙성시킨다.

라이트 럼의 풍미는 쿠바 하바나 클럽의 꽃과 과일 향, 푸에르토리코 바카디의 중성적이고 상쾌한 향, 자메이카 애플턴 에스테이트 화이트가 선사하는 연한 코코넛 톤의 부드럽고 감미로운 맛 등 실로 다양하다. 특히 화이트 럼은 은은하고 섬세한 풍미로 쓰임이 다양해 톨 럼 쿨러(tall rum coolers)부터 다이키리(Daiquiris)까지 대부분의 칵테일과 잘 어울린다.

골드 럼

골드(오로), 앰버(앰브레) 등의 라벨이 붙는 미디엄 바디에 부드러운 골드 럼(Gold rums)은 기본적으로 숙성 과정을 거쳐 금빛 혹은 옅은 갈색을 띠는 화이트 럼이다. 보통 오크 배럴에서 1~3년, 최대 12년까지 숙성하는데, 배럴 일부는 스파이시한 풍미를 내기 위해 버번위스키 숙성에 사용했다. 골드 럼은 때때로 진한 맛과 색을 위해 캐러멜색소를 사용하기도 한다. 그리고 화이트 럼이 필요한 칵테일에 주로 사용해 약간 더 강렬한 풍미를 선사한다. 가장 오래된 증류소인 마운트 게이(Mount Gay)는 바베이도스(Barbados)에서 고급 골드 럼을 생산한다. 자메이카의 애플턴 스페셜(Appleton Special) 역시 좋은 선택이다.

다크 럼

짙은 금색이 도는 어두운 갈색을 띠는 다크 럼(Dark Rums)은 전통적인 단식 증류기에서 증류한 후 더 가볍고 연속 증류를 거친 증류주와 블렌딩해 높은 도수와 강렬한 풍미를 지닌다. 증류 및 블렌딩 과정이 끝난 후 잘 그을린 오크 배럴에서 3~12년(대부분 5~7년) 정도 숙성한다. 자메이카의 마이어스 오리지널 다크, 프랑스의 마르티니크 럼 등 다크 럼은 진하고 풀바디감이 느껴져 칵테일에 저돌적이고 도발적인 풍미를 더하며, 특히 도수가 높은 칵테일에 들어간 가벼운 럼을 강화하는 데 주로 사용한다.

다크 럼은 몇 방울만으로도 과일 향이 나는 칵테일에 풍부한 당밀 향을 더할 수 있다. 진정한 다크 럼 애호가들을 위해, 전통적인 자메이칸 칵테일 '다크 앤 스토미(Dark and Stormy)'는 진저 비어도 넣어 만든다. 목 넘김이 좋은 다크 럼에는 애플턴 에스테이트(Appleton Estate)의 디럭스 자메이카 다크(deluxe Jamaican dark), 아이티의 럼 바르반크르(Rhum Barbancourt) 등이 있다. 혹시라도 마르티니크섬에 갈 일이 있다면, 세인트 제임스(Saint James)를 꼭 즐겨보자.

에이지드, 비유, 아녜호 럼

고급 브랜디나 버번위스키와 비슷한 이 갈색빛의 빈티지 럼은 적어도 6년 동안 숙성해 코냑처럼 즐길 수 있다. 풍미가 강렬한 다크 럼과는 달리 에이지드(Aged) 럼은 오랜 시간 풍미를 그윽하게 끌어낸다. 때로는 숙성도 유지를 위해 블렌딩하기도 하며 보통 숙성 기간이 짧은 영 럼보다 가격이 비싸다.

럼을 전문적으로 즐기는 이들을 위해, 블렌딩하지 않은 싱글 마크 럼도 소개한다. 싱글 마크 럼은 싱글 배치에서 추출한 럼으로 매우 희귀하며 아주 비싸다. 당신이 다음번(아주 드라이한) 럼 마티니를 만들 때 시도해 볼 만한 가치가 충분한 에이지드 블렌드 럼이 몇 가지 있다. '바카디8'은 8년산 블렌드 럼으로 오렌지꽃, 서양배, 사과, 캐러멜 풍미가 도드라진다. 코스타리카의 그란 블레손 아녜호 스페셜(Gran Blasón Añejo Especial)은 살짝 스모키하고 커피처럼 쌉싸름한 맛이 난다. 마이어스 레전드(Myers's

Legend)는 정향, 카다멈, 당밀, 커피의 풍미가 느껴지는 다크 리저브 블렌드 럼이다. 마르티니크에서도 최고급 럼 비유(Vieux)를 생산한다.

향신료나 향미제를 첨가한 럼

높아지는 인기에 힘입어 향신료 또는 향미제를 첨가한 럼은 화이트, 골드, 다크 럼 베이스에 시트러스 과일, 바닐라, 코코넛, 파인애플 및 기타 다양한 과일을 인퓨징해 만들 수 있다. 럼 리큐어, 병에 든 럼 펀치, 럼 인퓨전 등으로 판매되며, 다이키리와 모히토 같은 클래식 럼 베이스 칵테일에 새로운 차원의 풍미를 선사한다.

물론 역사적으로 명성이 높은 스파이시 럼은 '캡틴 모건 스파이스드 럼(Captain Morgan Spiced Rum)'으로, 매콤 쌉싸름한 럼 칵테일과 향신료의 풍미를 한층 끌어올린 럼 펀치에 제격이다. 인기 있고 품질이 좋은 코코넛 럼인 말리부 럼(Malibu rum)은 피냐 콜라다를 만들 때 사용해 보자.

오버프루프 럼

'바카디151(Bacardi 151)' 같은 오버프루프 럼(Overproof Rums)은 상당히 거칠고 강렬하며 불이 붙을 정도로 도수가 높다. 그리고 무엇보다 어떤 의미로든, 스트레이트로 마시는 술이 아니다. 오버프루프 럼은 보통 '한 명당 한 잔씩' 제한이 있는 좀비(Zombie) 같은 칵테일의 알코올 함량을 높이는 데 사용한다. 또한 불이 붙는 칵테일인 플레이밍 칵테일과 디저트를 만들 때 극적인 요소를 더하기도 한다.

세계 각지의 럼

미국이 수입하는 럼은 몇 종류 안 되지만(카리브해의 섬들로 럼을 맛보기 위한 여행을 떠나야 할 이유가 더욱 커진다) 여전히 선택지는 꽤 남아 있다.

---------- 쿠바 럼 ----------

하바나 클럽은 쿠바의 국가 브랜드로 가벼운 바디감과 깔끔함, 상쾌함이 특징인 최고급 럼을 만든다. 다른 국가로 수출하는 유일한 쿠바 럼이며, 헤밍웨이가 하바나에 사는 동안 즐겼던 럼으로 알려져 있다. 실버 드라이(Silver Dry)에서 '아녜호 7 아뇨스(Añejo 7 Años)'까지 다양한 하바나 클럽 럼은 고급 하바나 시가와 즐기기에 좋다. 유감스럽게도 미국에서는 구할 수 없으므로 다른 나라를 여행할 때 꼭 확인해 보자.

---------- 브라질 럼 ----------

브라질은 정제하지 않은 사탕수수의 첫 착즙 또는 때때로 당밀과 사탕수수즙의 혼합물로 만든 무색의 증류주 카샤사(cachaça)를 생산한다. 쌉싸름한 럼으로 단식 증류기에서 만들며 숙성 과정을 거치지 않는다. 입안이 얼얼할 정도의 풍미가 느껴지며 럼보다 좀 더 거칠다. 브랜디를 한 모금 마셨을 때와 비슷하다.

카샤사는 브라질의 국민주로 약 4,000개 정도의 브랜드가 존재한다. 운 좋게도 카샤사 51, 이피오카의 투카노 등을 비롯한 몇 종류가 미국에 진출해 있다. 카샤사는 '아과르디엔테 데 카냐(aguardiente de caña)'로도 알려져 있다.

---------- 바베이도스 럼 ----------

바베이도스 럼은 보통 단식 증류와 연속 증류 방식을 모두 사용해 가벼운 바디감과 달콤함이 특징이다. 현지 증류소인 마운트 게이(Mount Gay)는 가장 오래된 럼 양조업체로 1663년부터 니트로 즐길만한 고급 럼부터 칵테일 주조에 적합한 가성비 좋은 럼까지 다양한 제품들을 선보이고 있다.

---------- 아이티 럼 ----------

아이티 럼은 당밀이 아닌 사탕수수즙을 써서 미디엄 바디감을 선사한다. 작은 단식 증류기에서 이중 증류 과정을 거치고 오크 캐스크에서 길게 숙성하는 프랑스 전통 방식에 따라 생산한다. 그 결과 풍미가 가득하고 부드러운 럼이 탄생하는데, 아이티뿐만 아니라 전 세계적으로 손꼽히는 고급 럼이자 매우 인기가 많은 럼인 '바르반크르(Rhum Barbancourt, 주류업체이자 대표 격인 럼의 이름, 회사는 1862년 설립)'가 좋은 예이다.

########## 자메이카 럼 ##########

당밀의 오랜 발효, 전통 단식 증류 방식을 통한 이중 증류, 최소 5년간의 화이트 오크 배럴 숙성 등 복잡한 생산 과정을 반영해 생산한 진하고 향기로운 풀바디감의 달콤한 럼이다.

########## 가이아나 럼 ##########

풍부한 맛과 향을 지니고 매우 인기가 많은 데메라라(Demerara) 럼은 가이아나에서 생산한다. 단식 증류와 연속 증류 방식 모두 사용하며 장기간 숙성한다(시중에서 판매하는 데메라라 중에는 25년산도 있다). 보통 더 가벼운 럼과 블렌딩한다. 프랑스령 기아나에서도 비슷한 럼을 생산한다.

########## 마르티니크 럼 ##########

카리브해에 있는 프랑스령 섬인 마르티니크는 많은 증류소에서 단식 증류와 연속 증류 방식을 사용해 사탕수수즙으로 만드는 럼 아그리콜(agricole)과 당밀로 만드는 럼 인더스트리엘(rhum industriel)을 모두 생산하는 럼의 주요 생산지이다. 럼은 종종 이전에 브랜디 숙성에 사용한 배럴에서 최소 3년 동안 숙성한다.

########## 트리니다드 럼 ##########

연속 증류기에서 만들고 가벼운 바디감이 특징인 럼이다.

########## 도미니칸 럼 ##########

연속 증류기에서 만든, 풀바디감을 선사하는 에이지드 럼으로 브루갈(Brugal)이 유명하다.

########## 푸에르토리코 럼 ##########

가벼운 바디감의 럼으로 유명한 푸에르토리코는 론리코(Ronrico), 돈큐(Don Q)와 같은 다양한 브랜드와 원래 쿠바에서 만들어진 가장 인기 많은 바카디를 생산한다. 바카디는 후추향이 느껴지는 라이트 슈페리어 럼을 생산하지만, 에이지드 럼과 칵테일에 띄워 불을 붙일 수 있는 바카디151 같은 고 도수의 럼도 생산한다. 또 다른 유명한 푸에르토리코 럼 브랜드로는 캡틴 모건 스파이스드 럼(Captain Morgan Spiced Rum)이 있다.

---------- **버진 아일랜드 럼** ----------

가벼운 바디감의 푸에르토리코 럼과 비슷한 스타일이다. 미디움 바디에 독특한 당밀 향이 두드러지는 경향이 있다.

---------- **자바 럼** ----------

바타비아 아라크(Batavia Arak)는 가벼운 바디감에 톡 쏘는 풍미를 지닌 럼으로 자바산 레드 라이스와 당밀을 발효시켜 만든다. 첫 발효와 숙성은 자바섬에서, 이후 네덜란드로 옮겨 6년간 숙성한다.

럼을 서빙하고 즐기는 법

한 모금씩 홀짝이며 즐기기 좋은 럼은 생산하는 섬에 따라 꿀, 바닐라, 열대 과일, 향신료, 초콜릿, 캐러멜, 담배 등 다채로운 맛과 향을 선사한다. 럼은 실온으로 마실 때 진하고 숙성된 향신료 풍미를 제대로 느낄 수 있으며, 코냑처럼 셰리 코피타 글라스 또는 브랜디 스니퍼 글라스에 즐기는 게 좋다.

여기 몇 가지 럼을 더 소개한다. 코스타리카의 그란 블라손(Gran Blasón)은 풍부하고 따뜻한 바디감에 꿀의 풍미가 가득하다. 고슬링스 블랙 씰(Gosling's Black Seal)은 그윽한 당밀의 풍미를 느낄 수 있다. 베네수엘라의 마이어스 레전드(Myers's Legend) 10년산이나 론 아네호 애니버사리오(Ron Añejo Aniversario)는 사랑에 빠질 수밖에 없는 에이지드 럼이다. 카리브해에서는 자연스럽게 고급 시가와 럼을 함께 즐기며, 다 피운 시가 끄트머리를 럼에 담그는 의식이 있기까지 하다. 간단히 얼음과 함께 니트로 즐기든, 가장 좋아하는 다이키리 칵테일로 만들어 마시든, 럼은 열대 지방의 풍미를 경험하기 위한 필수 요소이다.

럼 칵테일

아카풀코 Acapulco
라이트 럼 1½oz
쿠앵트로 ½oz
갓 짠 라임즙 또는 주스 ½oz
달걀 흰자 1개 (선택사항)
심플 시럽 ½oz
싱싱한 민트 줄기

모든 액체류 재료를 셰이커에 넣고 얼음과 함께 힘차게 셰이킹한다. 칠링한 칵테일 글라스 또는 얼음을 넣은 올드 패션드 글라스에 스트레이너를 대고 따른다. 민트 줄기로 장식하면 완성이다.

앰배서더 Ambassador
라이트 럼 1oz
애플 슈냅스 ⅓ oz
패션 프루트 리큐어 2대시
크랜베리 주스 1oz

얼음을 채운 셰이커에 재료를 넣고 힘차게 셰이킹한다. 칠링한 칵테일 글라스에 스트레이너를 대고 따른다.

아틀란틱 브리즈 Atlantic Breeze
라이트 럼 1½oz
애프리콧 리큐어 ½oz
파인애플 주스 2½oz
갓 짠 레몬즙 또는 주스 ½oz
갈리아노 ¼oz
오렌지 슬라이스

얼음을 채운 하이볼 글라스에 갈리아노를 제외한 모든 액체류 재료를 따른 후 가볍게 스터링한다. 칵테일 위에 갈리아노를 띄운다. 오렌지 슬라이스로 장식하면 완성이다.

바카디 칵테일 Bacardi Cocktail

클래식 칵테일로, 법원 판결의 보호를 받는 유일한 칵테일이다. 1936년 뉴욕 법원은, 이 칵테일은 반드시 바카디 럼으로 만들어야 한다는 판결을 내렸다. 기본적으로 심플 시럽 대신 그레나딘 시럽을 넣은 다이키리에 가깝다.

바카디 라이트 또는 골드 럼 2oz
갓 짠 라임즙 또는 주스 1oz
그레나딘 시럽 ½oz
마라스키노 체리

얼음을 채운 셰이커에 재료를 넣고 힘차게 셰이킹한다. 칠링한 칵테일 글라스에 스트레이너를 대고 따른다. 체리로 장식하면 완성이다.

바하마 마마 Bahama Mama

다크 럼 1oz
코코넛 럼 ½oz
커피 리큐어 ½oz
파인애플 주스 4oz
갓 짠 레몬즙 또는 주스 1½oz
151프루프 데메라라 럼 1TBS
파인애플 웨지
마라스키노 체리

얼음을 채운 셰이커에 151 럼을 제외한 모든 액체류 재료를 넣고 힘차게 셰이킹한다. 칠링한 칵테일 글라스에 스트레이너를 대고 따른다. 칵테일 위에 151 럼을 띄운다. 파인애플 웨지와 체리로 장식하면 완성이다.

밴시 Banshee

럼 1oz
크렘 드 카카오 ⅔oz
크렘 드 바나나 ½oz
헤비 크림 2oz
잘 익은 바나나 1개(껍질을 벗기고 슬라이스로 자른다)

블렌더에 얼음 ½ 컵과 모든 재료를 넣은 후 블렌딩한다. 칠링한 벌룬 와인 글라스에 따른다.

바라쿠다 Barracuda

골드 럼 1½oz
갈리아노 1oz
파인애플 주스 3oz
갓 짠 라임즙 또는 주스 ½oz
라임 웨지

셰이커에 액체류 재료를 넣고 얼음과 함께 힘차게 셰이킹한다. 얼음을 채운 하이볼 글라스에 스트레이너를 대고 따른 후 부드럽게 스터링한다. 라임 웨지로 장식하면 완성이다.

베리에이션: **아틀란틱 브리즈**(Atlantic Breeze)는 라임즙을 레몬즙으로 대신하고 애프리콧 리큐어 ½oz를 첨가한다.

베이 브리즈 Bay Breeze

라이트 럼 2oz
크랜베리 주스 3oz
파인애플 주스 1oz

얼음을 채운 하이볼 글라스에 재료를 따른 후 스터링한다.

비치콤버 Beachcomber

라임 웨지
슈퍼파인 슈가
골드 럼 2oz
쿠앵트로 ½oz
마라스키노 리큐어 ¼oz
체리 브랜디 ¼oz
갓 짠 라임즙 또는 주스 ½oz
라임 슬라이스

라임 웨지로 칠링한 와인 글라스의 테두리를 문지르고 설탕을 묻혀 리밍한다. 얼음을 채운 셰이커에 액체류 재료를 넣고 힘차게 셰이킹한다. 준비한 잔에 스트레이너를 대고 따른다. 라임 슬라이스로 장식하면 완성이다.

비트윈 더 시츠 Between the Sheets 클래식 비트윈 더 시츠의 퇴폐미 넘치는 럼 버전으로 보통은 코냑으로만 만든다.

레몬 웨지
슈퍼파인 슈가
데메라라 럼 또는 스파이스 럼 ¾oz
코냑 (또는 브랜디) ¾oz
그랑 마르니에 ¾oz
갓 짠 레몬즙 또는 주스 ½oz
레몬 트위스트

레몬 웨지로 칠링한 칵테일 글라스의 테두리를 문지르고 설탕을 묻혀 리밍한다. 얼음을 채운 셰이커에 액체류 재료를 넣고 힘차게 셰이킹한다. 준비한 잔에 스트레이너를 대고 따른다. 레몬 트위스트로 장식하면 완성이다.

블랙 데빌 Black Devil 기본적으로 럼 마티니

고급 라이트 럼 2oz
드라이 베르무트 ¼oz
블랙 올리브

얼음을 채운 믹싱 글라스에 럼과 베르무트를 넣고 스터링한다. 칠링한 칵테일 글라스에 스트레이너를 대고 따른다. 블랙 올리브로 장식하면 완성이다.

블랙 위도우 Black Widow

골드 럼 1oz
서던 컴포트 ¼oz
설탕 1ts
갓 짠 라임즙 또는 주스 1½oz

얼음을 채운 셰이커에 재료를 넣고 힘차게 셰이킹한다. 칠링한 사워 글라스에 스트레이너를 대고 따른다.

블루 하와이안 Blue Hawaiian

라이트 럼 1oz
블루 큐라소 1oz
코코넛 크림 1oz

파인애플 주스 2oz
파인애플 웨지
마라스키노 체리

셰이커에 액체류 재료를 넣고 얼음과 함께 힘차게 셰이킹한다. 얼음을 채운 하이볼 글라스에 스트레이너를 대고 따른다. 파인애플과 체리로 장식하면 완성이다.

베리에이션: 블렌더에 얼음 ½컵과 가니시를 제외한 모든 재료를 넣고 부드러워질 때까지 블렌딩한다.

블루 말린 Blue Marlin

레몬 웨지
설탕
시트론 럼 2oz
블루 큐라소 ½oz
스위트 앤 사워 ½oz
오렌지 꽃잎

레몬 웨지로 칠링한 사워 글라스의 테두리를 문지르고 설탕을 묻혀 리밍한다. 얼음을 채운 셰이커에 재료를 넣고 힘차게 셰이킹한다. 준비한 글라스에 스트레이너를 대고 따른다. 칵테일 위에 오렌지 꽃잎을 띄워 완성한다.

볼레로 Bolero 같은 이름으로 알려져 있지만 매우 다른 두 버전의 칵테일이다.

볼레로 #1

라이트 럼 1½oz
칼바도스 (또는 애플잭) ¾oz
스위트 베르무트 ½ts

얼음을 채운 믹싱 글라스에 재료를 넣고 스터링한다. 칠링한 칵테일 글라스에 스트레이너를 대고 따른다.

볼레로 #2   좀 더 프루티한 버전

다크 럼 2oz
브랜디 ½oz
갓 짠 라임즙 또는 주스 ½oz
갓 짠 오렌지즙 또는 주스 ½oz

심플 시럽 ½oz

얼음을 채운 셰이커에 재료를 넣고 힘차게 셰이킹한다. 칠링한 칵테일 글라스에 스트레이너를 대고 따른다.

보사 노바 Bossa Nova 브라질이 사랑하는 국민주 카샤사로 만든 칵테일

카샤사 (또는 라이트 럼) 1½oz

프란젤리코 1oz

쿠앵트로 ½oz

갓 짠 라임즙 또는 주스 ¾oz

크랜베리 주스 ¾oz

꿀 1TBS

크랜베리 2알

라임 웨지

블렌더에 얼음 ½컵을 넣고 모든 액체류 재료를 부은 후 부드러워질 때까지 블렌딩한다. 칠링한 칵테일 글라스에 따르고 크랜베리와 라임 웨지로 장식한 후 빨대를 꽂아 서빙한다.

캐러비안 밀리어네어 Caribbean Millionaire

골드 또는 다크 럼 1oz

크렘 드 바나나 1oz

애프리콧 브랜디 ½oz

갓 짠 레몬즙 또는 주스 ½oz

슬로 진 몇 방울

바나나 슬라이스

셰이커에 액체류 재료를 넣고 얼음과 함께 힘차게 셰이킹한다. 얼음을 채운 콜린스 글라스에 스트레이너를 대고 따른다. 바나나 슬라이스로 장식하면 완성이다.

카이피리냐 Caipirinha

브라질의 클래식 칵테일인 카이피리냐는 대강 '시골 촌뜨기' 또는 '작은 시골뜨기 소녀' 정도로 번역하며, 칵테일을 만든 잔을 그대로 마시는 '교양 없는' 행동을 의미한다. 헤비 글라스 바닥에 라임과 그래뉴당을 넣고 머들링하면 으깨진 라임 껍질에서 향기로운 기름이 새어 나온다. 전통적으로 포드 페어레인에 시동을 걸 수 있다는 명성을 가진 타는 듯이 얼얼한 브라질의 국민주 카샤사로 만들며, 독특한 풍미를 지니고 있다.

라임 웨지 4~5조각
설탕 또는 터비나도 설탕 2ts
카샤사 2oz

올드 패션드 글라스에 설탕과 라임 웨지를 함께 넣고 라임즙이 충분히 나오고 설탕이 녹을 때까지 머들링한다. 잔에 얼음을 채우고 카샤사를 따른 후 가볍게 스터링한다.
베리에이션: 라임 웨지를 머들링할 때 라즈베리, 블루베리, 딸기 등 과일 몇 조각을 추가한다.

여기 브라질 핫스팟의 새로운 인기 카샤사 칵테일 몇 가지를 더 소개한다.
스파이스 만다린 카이피리냐(Spiced Mandarin Caipirinha): 잔에 싱싱한 라임, 만다린 귤, 시나몬, 설탕을 머들링한다. 얼음을 채우고 숙성된 카샤사, 만다린 나폴레옹 리큐어를 따른 후 스터링한다.
카이피테트라(Caipitetra): 오렌지주스, 꿀, 민트, 카샤사를 섞어 만든다.
그라나다 브라질레이라(Granada Brasileira): 패션프루트 주스, 크림, 설탕, 카샤사를 섞어 만든다.
카이피리시마(Caipirissima): 카샤사 대신 럼을 사용해 만든다.

카사블랑카 Casablanca

라이트 럼 2½oz
쿠앵트로 ½oz
마라스키노 리큐어 ½oz
갓 짠 라임즙 또는 주스 ½oz

얼음을 채운 셰이커에 재료를 넣고 힘차게 셰이킹한다. 칠링한 칵테일 글라스에 스트레이너를 대고 따른다.

카스트로 쿨러 Castro Cooler

골드 럼 1½oz
칼바도스 ¾oz
갓 짠 오렌지즙 또는 주스 1½oz
갓 짠 라임즙 또는 주스 1oz
설탕 1ts
라임 웨지

셰이커에 재료를 넣고 얼음과 함께 힘차게 셰이킹한다. 얼음을 채운 콜린스 글라스에 스트레이너를 대고 따른다. 라임 웨지를 칵테일 위에서 짠 후 넣는다.

센티나리오 Centenario

골드 럼 1½oz

화이트 럼 ¾oz

티아 마리아 ¼oz

트리플 섹 ¼oz

갓 짠 라임즙 또는 주스 1½oz

그레나딘 시럽 몇 방울

싱싱한 민트 줄기

셰이커에 재료를 넣고 얼음과 함께 힘차게 셰이킹한다. 얼음을 채운 콜린스 글라스에 스트레이너를 대고 따른다. 민트 줄기로 장식하면 완성이다.

시트러스 애프로디지액 Citrus Aphrodisiac

라임 한 개 (4등분해서 준비한다)

꿀 1TBS

다미아나 리큐어 1oz

럼 바르반크르 1½oz

갓 짠 탠저린 귤즙 또는 주스 3oz

칠링한 더블 올드 패션드 글라스에 라임 웨지를 짠 후 넣는다. 꿀과 다미아나 리큐어를 추가하고 라임을 머들링한다. 잔에 얼음을 채우고 럼과 탠저린 귤즙을 따른 후 스터링한다.

코코넛 그로브 Cocoanut Groove 1950년대 인기 있었던 보스턴의 클럽 코코넛 그로브에서 영감을 얻은 칵테일

말리부 코코넛 럼 1½oz

코코넛 셔벗 또는 젤라토 ½oz

갓 짠 라임즙 또는 주스 1oz

코코넛 밀크 1oz

파인애플 주스 1oz

파인애플 웨지

넛맥 가루

블렌더에 가니시를 제외한 모든 재료를 얼음 ½컵과 함께 넣은 후 부드러워질 때까지 블렌딩한다. 칠링한 칵테일 글라스에 따른다. 파인애플로 장식하고 넛맥 가루를 뿌려 완성한다.

쿠바 리브레 Cuba Libre 클래식 칵테일인 쿠바 리브레는 다소 젊은 층을 겨냥한 달콤한 칵테일이라는 명성을 지니고 있지만, 제대로 만들면 아낌없이 넣은 신선한 라임즙이 콜라의 단맛에 상쾌한 균형감을 선사한다. 쿠바 리브레는 '자유로운 쿠바'를 의미하며, 이 이름은 미국-스페인 전쟁 당시 쿠바에 주둔했던 한 미 병사가 스페인으로부터의 해방을 도우면서 만들어졌다는 이야기가 칵테일 업계에 전설처럼 남아 있다.

라임 ½
라이트 럼 2oz
차가운 콜라 4~6oz
라임 웨지

얼음을 채운 하이볼 글라스에 라임 반쪽을 짠 후 넣는다. 럼과 콜라를 차례로 따른 후 스터링한다. 라임 웨지로 장식하면 완성이다.

쿠반 사이드카 Cuban Sidecar

라이트 럼 1oz
쿠앵트로 1oz
갓 짠 라임즙 또는 주스 1oz
라임 트위스트

얼음을 채운 셰이커에 액체류 재료를 넣고 힘차게 셰이킹한다. 칠링한 칵테일 글라스에 스트레이너를 대고 따른다. 라임 껍질을 칵테일 위에서 비틀어 트위스트를 만든 후 넣는다.
베리에이션: 쿠반 스페셜(Cuban Special)은 위 레시피에 파인애플 주스 ½oz를 추가하고 파인애플 웨지로 장식한다.

다크 앤 스토미 Dark and Stormy 이 클래식한 버뮤다 인기 음료는 상쾌한 탄산음료로, 더위를 식히고 소화를 돕는다. 자메이카 생강 맥주에 신선한 생강을 더해 더욱 풍미를 살렸다.

신선한 생강편 1~2개 (선택 사항)
다크 럼 2oz
진저 시럽 또는 심플 시럽 ½TBS
차가운 진저 비어 3~4oz
라임 웨지 2조각

얼음을 채운 올드 패션드 글라스에 생강편을 넣는다. 럼과 진저 시럽을 넣고 스터링한다. 그 위에 진저 비어를 따른다. 칵테일 위에 라임 웨지를 짠 후 넣는다.
베리에이션: 캐러비안 진저 징(Caribbean Ginger Zing)은 라임 웨지를 레몬 웨지 2조각으로 대체한다.

다이키리

1890년대 후반 쿠바의 다이키리 산맥에서 한 미국인 기술자가 손님들을 대접하면서 진이 다 떨어지자 대신 럼을 베이스로 한 칵테일을 만들었고, 그게 오늘날 유명한 다이키리(Daiquiri)가 되었다는 이야기가 전해진다. 하지만 '쿠바의 우유'라고 불릴 만큼 높이 평가받는 럼의 지위를 고려하면, 이 조합은 이미 이전부터 즐겨왔을 가능성이 농후하다. 하바나, 특히 전설의 바텐더 콘스탄티노 리발라이구아(Constantino Ribalaigua)가 프로즌 버전을 선보이고, 다이키리의 완성도를 완벽에 가깝게 끌어올린 엘 플로리디타 바는 곧 다이키리의 성지가 되었다. 리발라이구아는 크러시드 아이스와 함께 블렌딩한 칵테일을 스트레이너에 대고 따르는 방식으로 잔에 서리가 어리는 다이키리의 특성을 유지하고 칵테일이 녹아 희석되는 걸 피할 수 있었다.

순수한 형태의 다이키리는 단순하면서도 위대하며 럼, 설탕, 라임즙이 한데 어울려 선사하는 은은한 달콤함을 느낄 수 있다. 그 완벽함의 비결은 재료 간의 균형도 있지만, 손가락으로 라임을 짤 때 즙과 함께 섞이는 껍질의 기름이 다이키리 특유의 강렬함과 풍미를 자아낸다. 그러니 항상 갓 짠 라임즙을 사용하자. 다이키리 주조에 로즈 라임 주스를 쓰는 건 꿈에서도 있을 수 없는 우스꽝스러운 일이다.

클래식 다이키리 Classic Daiquiri
라이트 럼 2oz
갓 짠 라임즙 또는 주스 1oz
심플 시럽 ½oz
라임 슬라이스

얼음을 채운 셰이커에 재료를 넣고 힘차게 셰이킹한다. 칠링한 칵테일 글라스에 스트레이너를 대고 따른다. 라임 슬라이스로 장식하면 완성이다.

프로즌 다이키리 Frozen Daiquiri

화이트 럼 2oz
갓 짠 라임즙 또는 주스 ¾oz
심플 시럽 ½oz
마라스키노 리큐어 몇 방울

블렌더에 얼음 ½ 컵과 재료를 넣은 후 부드러워질 때까지 블렌딩한다. 칠링한 칵테일 글라스에 따른 후 빨대를 꽂아 서빙한다.

프로즌 프루트 다이키리 Frozen Fruit Daiquiri

프로즌 다이키리에 적당한 과일을 가니시로 장식하면 완성이다. 대부분 다크 럼 1~2대시를 더한 프루트 다이키리를 선호한다.

다이키리 데 피냐(Daiquiri de Piña): 파인애플 큐브 ½컵을 더한다.
피치 다이키리(Peach Daiquiri): 싱싱한 복숭아 슬라이스 ½컵과 피치 브랜디 ½oz를 더한다.
스트로베리 다이키리(Strawberry Daiquiri): 딸기 슬라이스 ½컵과 크렘 드 프랑부아즈 ¼oz를 더한다.
바나나 다이키리(Banana Daiquiri): 잘 익은 바나나 슬라이스 ½컵과 크렘 드 바나나 또는 기타 바나나 리큐어 ¼oz를 더한다.

프로즌 워터멜론 다이키리 Frozen Watermelon Daiquiri

씨를 제거한 수박 큐브 1컵
화이트 럼 1½oz
갓 짠 라임즙 또는 주스 ¾oz
라임 셔벗 ¼컵
라임 휠

블렌더에 수박 큐브를 넣고 완전히 부드러운 퓨레 형태가 될 때까지 블렌딩한다. 럼, 라임즙, 라임 셔벗, 얼음 ½컵을 넣고 부드러워질 때까지 블렌딩한다. 칠링한 칵테일 글라스에 따른 후 라임 휠로 장식한다.

구아바리셔스 다이키리 Guavalicious Daiquiri 다이키리에 이국적인 느낌을 더한 버전이다.

럼 바르반크르 2oz

구아바 넥타 2oz

갓 짠 라임즙 또는 주스 ¾oz

슈퍼파인 슈가 1ts

라임 필 스파이럴

얼음을 채운 셰이커에 재료와 설탕을 넣고 힘차게 셰이킹한다. 칠링한 칵테일 글라스에 스트레이너를 대고 따른다. 라임 필 스파이럴로 장식하면 완성이다.

파파 헤밍웨이스 다이키리 Papa Hemingway's Daiquiri

파파 도블레(Papa Doble) 또는 어니스트 헤밍웨이 스페셜(Ernest Hemingway Special)을 포함, 다양한 별칭으로도 알려진 이 독특한 다이키리 칵테일은 하바나 엘 플로리디타의 유명한 쿠바 바텐더인 콘스탄티노 리발라이구아가 헤밍웨이를 위해 만들었다. 헤밍웨이는 금주령 시대 쿠바에 머무르며 하바나 클럽 실버 드라이 럼을 마음껏 즐겼고, 전통적인 다이키리에 럼을 약간 더 넣고 설탕을 뺀 차갑고 새콤한 다이키리를 선호했다. 더 가볍고 달콤한 버전이 마시고 싶다면, 아래 레시피에 럼 2oz와 설탕 1ts을 추가하자.

블랑코 럼 3oz

마라스키노 리큐어 ½oz

갓 짠 그레이프프루트즙 또는 주스 1½oz

갓 짠 라임즙 또는 주스 ¾oz

라임 웨지

블렌더에 얼음 ½컵과 가니시를 제외한 모든 재료를 넣고 부드러워질 때까지 블렌딩한다. 칠링한 칵테일 글라스에 따른다. 칵테일 위에 라임 웨지를 짠 후 넣는다.

베리에이션 : 라 플로리디타 다이키리(LA FLORIDITA DAIQUIRI)

라이트 럼 2oz

마라스키노 리큐어 ¼oz

갓 짠 라임즙 또는 주스 1½oz

설탕 1ts

파파 헤밍웨이스 다이키리와 같은 방식으로 주조한다.

코파바나나 다이키리 Copabanana Daiquiri
전설로 내려오는 1940년대 코파카바나 나이트클럽에서 영감을 얻어 선보인 칵테일

캡틴 모건 스파이스 럼 2oz
껍질을 벗긴 바나나 ½개 (슬라이스로 준비한다)
싱싱한 또는 냉동 라즈베리 ¼컵
갓 짠 라임즙 또는 주스 ¾oz
심플 시럽 ½oz
싱싱한 라즈베리 2알
라임 휠 1조각

블렌더에 얼음 ½컵과 가니시를 제외한 모든 재료를 넣고 부드러워질 때까지 블렌딩한다. 칠링한 칵테일 글라스에 따른다. 라즈베리와 라임 휠로 장식한다.

플로리다 스페셜 Florida Special

골드 럼 1½oz
트리플 섹 ¼oz
마라스키노 리큐어 ¼oz
갓 짠 오렌지즙 또는 주스 ¾oz

얼음을 채운 셰이커에 재료를 넣고 힘차게 셰이킹한다. 칠링한 칵테일 글라스에 스트레이너를 대고 따른다.

골든 릴레 마티니 Golden Lillet Martini

릴레는 식전주로 꿀, 오렌지, 라임, 민트의 은은한 맛을 느끼며 즐길 수 있다. 특히 따뜻하고 버터리한 아이티 럼에 리몬첼로 리큐어를 살짝 더하면 릴레 특유의 향긋함이 잘 살아난다.

럼 바르반크르 2oz
릴레 1½oz
리몬첼로 리큐어 ½oz
레몬 트위스트

얼음을 채운 셰이커에 재료를 넣고 힘차게 셰이킹한다. 칠링한 칵테일 글라스에 스트레이너를 대고 따른다. 레몬 껍질을 칵테일 위에서 비틀어 트위스트를 만든 후 넣는다.

고릴라 팃 Gorilla Tit

다크 럼 ¾oz
버번 ¾oz
커피 리큐어 ¾oz

셰이커에 재료를 넣고 얼음과 함께 힘차게 셰이킹한다. 얼음을 채운 올드 패션드 글라스에 스트레이너를 대고 따른다.

그린 플래시 Green Flash

남태평양의 전설에 따르면 해가 질 적에 수평선을 따라 2~3초가량 초록색 섬광이 반짝이는 그린 플래시를 볼 수 있다.

실버 럼 1½oz
그린 샤르트뢰즈 ¾oz
갓 짠 라임즙 또는 주스 ¾oz
슈퍼파인 슈가 1TBS

차가운 클럽소다 2~3oz
라임 웨지

셰이커에 럼, 샤르트뢰즈, 라임즙, 설탕을 넣고 얼음과 함께 힘차게 셰이킹한다. 얼음을 채운 하이볼 글라스에 스트레이너를 대고 따른다. 칵테일 위에 클럽소다를 올리고 부드럽게 스터링한다. 그 위로 라임 웨지를 짠 후 넣는다.

아이티언 쿨러 Haitian Cooler

레몬 웨지 1조각
라임 웨지 2조각
탠저린 (또는 오렌지) 웨지 2조각
설탕 1TBS
럼 바르반크르 2oz
차가운 진저 비어 또는 진저 에일 3~4oz

올드 패션드 글라스에 레몬, 라임, 오렌지 웨지와 설탕을 넣고 머들링한다. 잔에 얼음을 채우고 럼을 따른 후 그 위로 진저 비어를 붓는다.

하바나 사이드카 Havana Sidecar

골드 럼 1½oz
쿠앵트로 ¾oz
갓 짠 레몬즙 또는 주스 ¾oz

얼음을 채운 셰이커에 재료를 넣고 힘차게 셰이킹한다. 칠링한 칵테일 글라스에 스트레이너를 대고 따른다.

히트웨이브 Heatwave

다크 럼 1oz
피치 슈냅스 ½oz
파인애플 주스 4~5oz
그레나딘 시럽 ¼oz

얼음을 채운 하이볼 글라스에 럼과 피치 슈냅스를 따른다. 그 위로 파인애플 주스를 붓고 그레나딘 시럽을 더한 후 스터링한다.

호놀룰루 룰루 Honolulu Lulu

마이어스 다크 럼 1½oz
라이트 럼 1oz
프란젤리코 1oz
칼루아 ½oz
파인애플 주스 3oz
갓 짠 라임즙 또는 주스 1oz
심플 시럽 1TBS
라임 웨지

얼음을 채운 셰이커에 재료를 넣고 힘차게 셰이킹한다. 칠링한 라지 콜린스 글라스에 스트레이너를 대고 따른다. 칵테일 위로 라임 웨지를 짠 후 넣는다.

허리케인 Hurricane

오리지널 허리케인은 럼을 두 배로 넣어 굉장히 독하며, 얼음을 넣은 허리케인 글라스에 서빙한다. 클래식 허리케인을 맛보고 싶다면 위험을 감수하도록!

다크 럼 1½oz
라이트 럼 1oz
패션프루트 주스 ½oz
갓 짠 오렌지즙 또는 주스 1½oz
갓 짠 라임즙 또는 주스 1oz
파인애플 주스 1oz
앙고스투라 비터스 몇 방울
라임 웨지
파인애플 웨지

셰이커에 액체류 재료를 넣고 얼음과 함께 힘차게 셰이킹한다. 얼음을 채운 와인 글라스에 스트레이너를 대고 따른다. 라임과 파인애플 웨지로 장식하면 완성이다.

아이 드림 오브 지니 마티니 I Dream of Jeanie Martini

뉴욕 이스트 빌리지의 핫플레이스인 뷰티 바에서 마스터 믹솔로지스트 라라 투르친스키(Lara Turchinsky)가 선보인 칵테일이다.

말리부 럼 1½oz
스톨리치나야 레몬 보드카 (또는 기타 레몬 보드카) 1oz

쿠앵트로 1oz
크랜베리 주스 1½oz
갓 짠 라임즙 또는 주스 ½oz
레몬 트위스트

얼음을 채운 셰이커에 재료를 넣고 힘차게 셰이킹한다. 칠링한 칵테일 글라스에 스트레이너를 대고 따른다. 레몬 껍질을 칵테일 위에서 비틀어 트위스트를 만든 후 넣는다.

제이드 Jade

라이트 럼 1½oz
쿠앵트로 ½ts
그린 크렘 드 멘테 ½oz
갓 짠 라임즙 또는 주스 ¾oz
설탕 1ts
얇게 자른 라임 슬라이스

얼음을 채운 셰이커에 액체류 재료와 설탕을 넣고 힘차게 셰이킹한다. 칠링한 칵테일 글라스에 스트레이너를 대고 따른다. 칵테일 위에 라임 슬라이스를 띄워 장식한다.

자메이칸 마티니 Jamaican Martini

다크 자메이칸 럼 2oz
티아 마리아 ½oz

얼음을 채운 믹싱 글라스에 재료를 넣고 스터링한다. 칠링한 칵테일 글라스에 스트레이너를 대고 따른다.

베리에이션: **킹스턴 칵테일**(Kingston Cocktail)은 위 레시피에 갓 짠 라임즙 또는 주스 ¼oz를 더한다.

라 플로리디타 칵테일 La Floridita Cocktail

라이트 럼 1½oz
스위트 베르무트 ¾oz
크렘 드 카카오 ¼oz
갓 짠 라임즙 또는 주스 1oz
그레나딘 시럽 몇 방울

얼음을 채운 셰이커에 재료를 넣고 힘차게 셰이킹한다. 칠링한 칵테일 글라스에 스트레이너를 대고 따른다.

롱아일랜드 아이스티 Long Island Iced Tea

일부 순수주의자는 보드카와 진을 절대 섞지 말라고 하겠지만, 이 강렬한 클래식 칵테일은 수많은 금기 사항을 무시하며, 위험할 정도로 진짜 아이스티와 맛이 비슷하다.

화이트 럼 ¾oz

진 ¾oz

보드카 ¾oz

테킬라 ¾oz

쿠앵트로 또는 트리플 섹 ¾oz

갓 짠 라임즙 또는 주스 1oz

갓 짠 오렌지즙 또는 주스 ¾oz

차가운 콜라 2~3oz

레몬 웨지

얼음을 채운 콜린스 글라스에 콜라를 제외한 모든 액체류 재료를 넣는다. 콜라를 더한 후 부드럽게 스터링한다. 칵테일 위로 레몬 웨지를 짠 후 넣는다.

베리에이션: **마이애미 아이스티**(Miami Iced Tea)는 쿠앵트로 또는 트리플 섹을 블루 큐라소로 대체한다. **뉴잉글랜드 아이스티**(New England Iced Tea)는 위 레시피에 심플 시럽 1oz를 더하고 콜라를 크랜베리 주스로 대체한다.

마이 타이 Mai Tai

진정한 트로피컬 드링크 중 하나로, 이 트레이더 빅스의 오리지널 레시피는 1944년부터 명맥을 이어오고 있다. 오리지널 레시피에 충실한 재료로 만든 마이 타이는 '이 세상을 넘어선'이라는 뜻의 타히티어 이름을 가질 자격이 충분하다. 마티니크 럼은 마이 타이 주조에 이상적인 재료이지만, 미국에서 구하기 어려우므로 숙성 아네호 럼을 써도 무방하다.

마이어스 다크 럼 또는 다크 자메이칸 럼 1½oz

마티니크 럼 비유 또는 기타 숙성 럼 1oz

오렌지 큐라소 ½oz

심플 시럽 ¼oz

오르가트 시럽 또는 기타 아몬드 풍미가 있는 시럽 ½oz

갓 짠 라임즙 또는 주스 1¼oz

갓 짠 오렌지즙 또는 주스 ½oz

오렌지 꽃잎 (또는 조그마한 보랏빛 난초잎) 1장

오렌지 필 스파이럴 1개

셰이커에 액체류 재료를 넣고 얼음과 함께 힘차게 셰이킹한다. 얼음을 채운 콜린스 글라스 또는 라지 와인 글라스에 스트레이너를 대고 따른다. 오렌지 꽃잎과 스파이럴로 장식하면 완성이다.

만다린 패션 Mandarin Passion

화이트 럼 2oz

만다린 나폴레옹 리큐어 1oz

모닌 패션프루트 시럽 (또는 기타 패션프루트 시럽) 1oz

파인애플 주스 4oz

파인애플 웨지

탠저린 슬라이스

셰이커에 액체류 재료를 넣고 힘차게 셰이킹한다. 얼음을 채운 콜린스 글라스에 스트레이너를 대고 따른다. 파인애플 웨지와 탠저린 슬라이스로 장식한다.

모히토 Mojito

민트 줄렙에 대한 하바나의 상쾌한 대답인 모히토는 미국의 여러 핫플레이스에서 새로운 역사가 되었다. 헤밍웨이가 좋아했던 쿠바 칵테일 중 하나인 모히토는 전통적으로 민트, 라임, 설탕을 머들링해서 만들며, 거기에 화이트 럼이 더해지면 금상첨화다. 일부 버전은 클럽소다 스플래시를 추가하기도 한다. 여기서는 전통적인 방식과 하바나의 맛을 내는 '젓지 말고 흔들어서' 빠르게 만드는 두 가지 다른 주조법을 소개한다.

갓 짠 라임즙 또는 주스 1oz

슈퍼파인 슈가 1TBS

싱싱한 민트 잎 6~8장

라이트 럼 2OZ

차가운 클럽소다 3~4OZ

싱싱한 민트 줄기

전통 주조법: 하이볼 글라스에 라임즙, 설탕, 민트 잎을 넣고 설탕이 녹을 때까지 머들링한다. 럼을 더한 후 잔에 얼음을 채우고 클럽소다를 붓는다. 민트 줄기로 장식하면 완성이다.

셰이킹 주조법: 얼음을 채운 셰이커에 라임즙, 설탕, 민트 잎, 럼을 넣고 힘차게 셰이킹한다. 하이볼 글라스에 스트레이너로 거르지 않고 모두 따른 후 위에 클럽소다를 붓는다. 민트 줄기로 장식하면 완성이다.

베리에이션: 뉴욕 칼라일 호텔의 베멜먼즈 바에서 선보였던 샴페인 모히토인 올드 쿠반(Old Cuban) 레시피는 163p를 참조하자.

마이 만다린 프롬 하바나 My Mandarin from Havana
프로즌 다이키리로 실버 럼과 다양한 시트러스 과일즙으로 만든다. 잔에 서리가 어리는 칵테일 주조를 위해 엘 플로리디타 바 방식으로 거른다.

실버 럼 2oz
만다린 나폴레옹 리큐어 1oz
갓 짠 만다린이나 탠저린즙 또는 주스 1oz
갓 짠 라임즙 또는 주스 ½oz
슈퍼파인 슈가 1ts
얇게 자른 라임 휠 1조각

블렌더에 얼음 ½컵과 가니시를 제외한 모든 재료를 넣고 슬러시 상태가 될 때까지 블렌딩한다. 칠링한 칵테일 글라스에 촘촘한 금속 스트레이너를 대고 천천히 거른다. 칵테일 위에 라임 휠을 띄워 장식한다.

나시오날 Nacional

골드 럼 1½oz
애프리콧 브랜디 ¾oz
파인애플 주스 ¾oz
갓 짠 라임즙 또는 주스 ¼oz

얼음을 채운 셰이커에 재료를 넣고 힘차게 셰이킹한 후 칠링한 칵테일 글라스에 따른다.

네이비 그로그 Navy Grog
기본적인 그로그 주를 공들여 만든 네이비 그로그는 18세기 영국 선원들이 배급받았던 럼, 라임, 물을 섞어 마신 데서 유래했다.

다크 데메라라 럼 1oz
골드 또는 자메이칸 럼 1oz
라이트 럼 1oz

갓 짠 라임즙 또는 주스 ½oz
갓 짠 오렌지즙 또는 주스 ½oz
패션프루트 주스 ½oz
파인애플 주스 ½oz
아몬드 또는 오르가트 시럽 ½oz
싱싱한 민트 줄기

라임 슬라이스

셰이커에 액체류 재료를 넣고 얼음과 함께 힘차게 셰이킹한다. 얼음을 채운 하이볼 글라스에 스트레이너를 대고 따른다. 민트 줄기와 라임 슬라이스로 장식하면 완성이다.
베리에이션: 블렌더에 얼음 ½ 컵과 모든 액체류 재료를 넣은 후 블렌딩한다. 칠링한 와인 고블렛에 따른다.

올드 산 후안 Old San Juan

골드 럼 1½oz
크랜베리 주스 ½oz
갓 짠 라임즙 또는 주스 1oz
라임 웨지

얼음을 채운 셰이커에 재료를 넣고 힘차게 셰이킹한다. 칠링한 칵테일 글라스에 스트레이너를 대고 따른다. 라임 웨지를 잔 가장자리에 문지르고 칵테일 위에서 짠 후 넣는다.

펄 프롬 이파네마 Pearl from Ipanema

라임 웨지
슈퍼파인 슈가
카샤사 또는 라이트 럼 1½oz
갓 짠 그레이프루트즙 또는 주스 2oz
케케 비치 라임 리큐어 1oz
갓 짠 레몬즙 또는 주스 ½oz
석류 시럽 1TBS (진정한 그레나딘 시럽)
라임 트위스트

라임 웨지로 칠링한 칵테일 글라스의 테두리를 문지르고 설탕을 묻혀 리밍한다. 얼음을 채운 셰이커에 재료를 넣고 힘차게 셰이킹한다. 잔에 스트레이너를 대고 따른다. 레몬 껍질을 칵테일 위에서 비틀어 트위스트를 만든 후 넣는다.

페드로 콜린스 Pedro Collins   '론 콜린스(Ron Collins)'라고도 불린다.

라이트 럼 2oz
갓 짠 라임즙 또는 주스 1oz
설탕 1TBS
차가운 클럽소다 3~4oz
라임 슬라이스
마라스키노 체리

얼음을 채운 콜린스 글라스에 럼, 라임즙, 설탕을 넣는다. 그 위로 클럽소다를 부은 후 부드럽게 스터링한다. 라임 슬라이스와 체리로 장식하면 완성이다.

피나 콜라다 Piña Colada
산 후안의 카리브 힐튼 호텔 바텐더 라몬 몬치토 마레로(Ramón Monchito Marrero)가 선보였다고 알려진 1950년대의 감미로운 푸에르토리코 클래식 칵테일인 피나 콜라다는 카리브해의 트로피컬 칵테일 레파토리로 등극한 후 1970년대 엄청난 인기를 끌었다. 코코 로페즈로 알려진 달콤하고 찐득한 코코넛 크림 캔이 핵심 재료이자 신의 한 수였다. 코코 로페즈도 역시 1950년대 푸에르토리코의 라몬 로페즈 이리자리가 만들었고, 트로피컬 드링크를 혼합해 만든 칵테일 주조에 열대의 풍미를 불어넣는 필수적인 재료가 되었다. 피나 콜라다는 문자 그대로 '압착해 걸러낸 파인애플즙'을 의미하며, 갓 짠 파인애플즙으로 만들면 더할 나위 없겠지만 신선한 파인애플즙을 추출하기는 어려운 편이니 대신 마트에서 살 수 있는 고급 주스를 사용한다.
피나 콜라다는 프로즌, 블렌딩 등 다양한 버전의 레시피가 있지만, 전통적으로 셰이킹 기법을 사용해 만든다.

푸에르토리코 라이트 럼 2oz
파인애플 주스 6oz
코코넛 크림 2oz
파인애플 웨지
마라스키노 체리

셰이커에 모든 액체류 재료를 넣고 얼음과 함께 힘차게 셰이킹한다. 얼음을 가득 넣은 와인글라스에 천천히 따른다. 파인애플 웨지와 체리로 장식한다.

피나 콜라다 누에바 Piña Colada Nueva
푸에르토리코의 클래식 버전에 고급스러운 변화를 추구했다.

실버 럼 2oz
알리제 드 프랑스 패션프루트 리큐어 1oz
깍둑썰기한 파인애플 ½컵
코코넛 크림 1½oz
망고 주스 또는 넥타 1½oz
갓 짠 라임즙 또는 주스 ½oz
파인애플 슬라이스 1조각
망고 슬라이스 1조각

셰이커에 모든 액체류 재료를 넣고 얼음과 함께 부드러워질 때까지 셰이킹한다. 차갑게 칠링한 와인글라스에 따른 후 파인애플과 망고 조각으로 장식하고, 위에 코코넛 크림을 올린다.

피네리토 Pinerito

라이트 럼 1½oz
갓 짠 그레이프프루트즙 또는 주스 2oz
갓 짠 라임즙 또는 주스 1oz
설탕 1ts
그레나딘 시럽 몇 방울

얼음을 채운 하이볼 글라스에 재료를 모두 넣고 스터링한다.

플랜터즈 펀치 Planter's Punch

트로피컬 칵테일인 플랜터즈 펀치의 기원은 자메이카의 마이어스 럼 제조 회사에서 미국 세인트 루이스의 플랜터즈 하우스 호텔의 남북 전쟁 전 바텐더에 이르기까지 다양하다. 자신이 원조라고 내세우는 여러 버전이 있지만, 그중에서도 아래 레시피가 으뜸이다. 약간 거품이 일게 만들고 싶다면 클럽소다를 조금 더해보자.

다크 럼 2oz
쿠앵트로 몇 방울
갓 짠 오렌지즙 또는 주스 1½oz
파인애플 주스 1½oz
갓 짠 라임즙 또는 주스 ½oz
심플 시럽 ½ oz
그레나딘 시럽 몇 방울
오렌지 슬라이스
마라스키노 체리

셰이커에 모든 액체류 재료를 넣고 얼음과 함께 힘차게 셰이킹한다. 얼음을 채운 하이볼 글라스에 스트레이너를 대고 따른다. 오렌지 슬라이스와 체리로 장식한다.

프레지덴테 Presidente

라이트 럼 1½oz
드라이 베르무트 ½oz
스위트 베르무트 ½oz
트리플 섹 ¼oz
오렌지 트위스트

얼음을 채운 믹싱 글라스에 액체류 재료를 넣고 스터링한다. 칠링한 칵테일 글라스에 스트레이너를 대고 따른다. 오렌지 껍질을 잔 테두리에 문지르고 칵테일 위에서 비틀어 트위스트를 만든 후 넣는다.

베리에이션: **엘 프레지덴데**(El Presidente)는 위 레시피에 갓 짠 레몬즙과 그레나딘 시럽 몇 방울을 더한다.

로얄 팜 칵테일 Royal Palm Cocktail

99 바나나 리큐어 (또는 크렘 드 바나나) 1TBS
바닐라 인퓨징 럼 2oz
바닐라 빈 반 개

칠링한 칵테일 글라스에 바나나 리큐어를 따르고 잔 안쪽을 스월링한 후 비운다. 얼음을 채운 믹싱 글라스에 바닐라 인퓨징 럼을 따르고 스터링한다. 잔에 스트레이너를 대고 따른 후 바닐라 빈으로 장식하면 완성이다.

럼 앤 토닉 Rum and Tonic

다크 럼 2oz
차가운 토닉 워터 3~4oz
라임 웨지

얼음을 채운 하이볼 글라스에 액체류 재료를 따른 후 잘 젓는다. 잔 테두리에 라임 웨지를 문지르고 칵테일 위에서 짠 후 넣는다.

럼 쿨러 Rum Cooler

다크 럼 2½oz
차가운 진저 에일 6oz
레몬 트위스트

믹싱 글라스에 럼을 따르고 얼음과 함께 스터링한다. 얼음을 채운 콜린스 글라스에 스트레이너를 대고 따른 위에 진저 에일을 붓는다. 레몬 껍질을 트위스트를 만든 후 넣는다.

베리에이션: **럼 벅**(Rum Buck)은 위 레시피에서 다크 럼을 라이트 럼으로 대체한다.

럼 생거리 Rum Sangaree

다크 럼 2oz
쿠앵트로 ½oz
루비 포트 ½oz
갓 갈은 넛맥 가루

믹싱 글라스에 럼을 따르고 얼음과 함께 스터링한다. 얼음을 채운 와인 글라스에 스트레이너를 대고 따른다. 칵테일 위에 넛맥 가루를 뿌린다.

럼 스위즐 Rum Swizzle 카리브해의 클래식 칵테일인 오리지널 스위즐(45p)

다크 럼 2oz
갓 짠 레몬즙 또는 주스 ½oz
트리플 섹 ½oz
차가운 진저 에일 5~6oz
레몬 휠

셰이커에 럼, 레몬즙, 트리플 섹을 넣고 얼음과 함께 힘차게 셰이킹한다. 얼음을 채운 콜린스 글라스에 스트레이너를 대고 따른다. 그 위로 진저 에일을 붓고 레몬 휠로 장식하면 완성이다.

스콜피온 Scorpion

독한 맛이 특징으로 1950년대 남태평양을 홀린 가짜 폴리네시아 클래식으로, 티키 믹솔로지가 탄생한 돈 더 비치콤버 레스토랑에서 선보였다. 강렬한 마이 타이, 좀비와 가까운 사촌 격이며 보통 손님 4명이 함께 마실 수 있는 커다란 공용 티키 볼에 가드니아로 장식하고 긴 빨대를 꽂아 서빙한다. 다음 레시피는 간편 버전으로, 가드니아는 선택 사항이다.

라이트 또는 골드 럼 2oz
브랜디 ½oz
드라이 베르무트 ½oz
갓 짠 오렌지즙 또는 주스 1½oz
갓 짠 레몬즙 또는 주스 1½oz
오르가트 시럽 ½oz
파인애플 스피어
마라스키노 체리
오렌지꽃, 가드니아, 네스트리움과 같은 식용 꽃

셰이커에 액체류 재료를 넣고 얼음과 함께 힘차게 셰이킹한다. 얼음을 채운 대형 와인 글라스에 따른 후 파인애플과 체리를 칵테일 픽에 꽂아 장식하고 꽃잎을 띄워 완성한다.

스파이스 럼 코코 마티니 Spiced Rum Coco Martini

(캡틴 모건 같은) 스파이스 럼 2oz

(고디바 같은) 초콜릿 리큐어 ½oz

오렌지 트위스트

마라스키노 체리

얼음을 채운 믹싱 글라스에 액체류 재료를 넣고 스터링한다. 칠링한 칵테일 글라스에 스트레이너를 대고 따른다. 오렌지 껍질을 잔 테두리에 문지르고 트위스트를 만든 후 넣는다.

타이달 웨이브 Tidal Wave

말리부 럼 (또는 코코넛 풍미를 가진 럼) 1½oz

블루 큐라소 1oz

갓 짠 라임즙 또는 주스 ¾oz

아마레토 ½oz

코코넛 크림 1TBS

슈퍼파인 슈가 1ts

라임 슬라이스

작은 난초

얼음을 채운 셰이커에 액체류 재료와 설탕을 넣고 힘차게 셰이킹한다. 칠링한 칵테일 글라스에 스트레이너를 대고 따른다. 라임 슬라이스와 난초로 장식하면 완성이다.

타이거스 밀크 Tiger's Milk

다크 럼 1oz

브랜디 1oz

하프 앤 하프 4oz

설탕 2ts

갓 갈은 넛맥 가루

얼음을 채운 셰이커에 럼, 브랜디, 하프 앤 하프, 설탕을 넣고 힘차게 셰이킹한다. 칠링한 와인 글라스에 스트레이너를 대고 따른다. 넛맥 가루를 뿌려 완성한다.

티키티니 Tikitini

파인애플 인퓨징 럼 2½oz

마라스키노 리큐어 ½oz

타이 코코넛 밀크 ½oz

망고 주스 2oz

얼음을 채운 셰이커에 재료를 넣고 힘차게 셰이킹한다. 칠링한 칵테일 글라스에 스트레이너를 대고 따른다.

토바고 코코넛 플립 Tobago Coconut Flip

말리부 럼 1½oz

타이 코코넛 밀크 1oz

골드슐라거 시나몬 슈냅스 ¼oz

시나몬 가루

오렌지꽃

얼음을 채운 셰이커에 액체류 재료를 넣고 힘차게 셰이킹한다. 칠링한 칵테일 글라스에 스트레이너를 대고 따른다. 칵테일 위에 시나몬 가루를 뿌리고 오렌지꽃을 띄워 장식한다.

베리에이션: 시나몬 향을 좋아하면, 위 레시피에 시나몬 슈냅스 ¼oz를 더한다.

벨벳 부두 Velvet Voodoo

럼 바르반크르 1½oz

페르노 (또는 기타 압생트를 대체할 수 있는 술) ½oz

아마레토 ½oz

소프트 바닐라 아이스크림 ¼oz

갓 갈은 넛맥 가루

초콜릿 쉐이빙

블렌더에 얼음 ½ 컵과 가니시를 제외한 모든 재료를 넣은 후 부드러워질 때까지 블렌딩한다. 칠링한 칵테일 글라스에 따른다. 넛맥 가루를 뿌리고 초콜릿 쉐이빙을 올려 장식한다.

웨스트 인디아 펀치 West Indian Punch

다크 럼 2oz

바나나 리큐어 ¾oz

갓 짠 오렌지즙 또는 주스 1oz

갓 짠 라임즙 또는 주스 1oz

파인애플 주스 1oz

갓 갈은 넛맥 가루

얼음을 채운 셰이커에 액체류 재료를 넣고 힘차게 셰이킹한다. 칠링한 콜린스 글라스에 스트레이너를 대고 따른다. 넛맥 가루를 뿌려 완성한다.

옐로우 버드 Yellow Bird　카리브해에서 인기가 많은 칵테일

다크 럼 1oz
라이트 럼 1oz
티아 마리아 ¼oz
갓 짠 오렌지즙 또는 주스 1¼oz
갓 짠 라임즙 또는 주스 1oz
싱싱한 민트 줄기
마라스키노 체리

얼음을 채운 셰이커에 액체류 재료를 넣고 힘차게 셰이킹한다. 칠링한 하이볼 글라스에 스트레이너를 대고 따른다. 민트 줄기와 체리로 장식하면 완성이다.
베리에이션: 티아 마리아와 오렌지즙을 각각 갈리아노 ½oz, 쿠앵트로 ½oz로 대체한다.

좀비 Zombie　돈 더 비치콤버 레스토랑이 선보인 정신이 번쩍 들게 하는 칵테일로 창의적인 믹솔로지스트에게 항상 도전이었다. 1934년 이래로 다양한 베리에이션이 등장했다. 비치콤버의 좀비는 라이트, 골드, 다크 등 무려 세 종류의 럼을 갓 짠 과일즙과 섞어 만들었다. 151프루프에 달하는 럼을 띄워 마무리하는 클래식 버전은 그야말로 높은 도수의 칵테일이다. 믿을 수 없을 정도로 부드러운 벨벳 다이너마이트 한 잔만 보아도, 돈 더 비치콤버에 '한 명당 두 잔까지만'이라는 규칙이 붙을 만하다.

라이트 푸에트리코 럼 1oz
다크 자메이칸 럼 1oz
크렘 드 바나나 1oz
갓 짠 레몬즙 또는 주스 1oz
그레나딘 시럽 ¼oz
151프루프 데메라라 럼 ½oz
라임 휠
녹색 난초

골드(아네호) 럼 1oz
애프리콧 브랜디 ½oz
파인애플 주스 1oz
갓 짠 라임즙 또는 주스 1oz
갈색 설탕 1TBS
파인애플 웨지
싱싱한 민트 줄기
마라스키노 체리

셰이커에 151 럼을 제외한 모든 액체류 재료를 넣고 얼음과 함께 힘차게 셰이킹한다. 칠링한 16oz 좀비 글라스 또는 대형 와인 글라스에 얼음을 채운 뒤 스트레이너를 대고 따른다. 칵테일 위에 151 럼을 띄운다. 과일과 식용 꽃을 칵테일 핀에 꽂아 장식한다.

테킬라 칵테일

아카풀코 Acapulco

골드 테킬라 1oz
골드 럼 1oz
갓 짠 그레이프프루트즙 또는 주스 2oz
파인애플 주스 3oz

셰이커에 재료를 넣고 얼음과 함께 힘차게 셰이킹한다. 얼음을 채운 하이볼 글라스에 스트레이너를 대고 따른다.

버드 오브 파라다이스 Bird of Paradise

테킬라 ¾oz
화이트 크렘 드 카카오 ¾oz
아마레토 ¼oz
헤비 크림 1½oz

얼음을 채운 셰이커에 재료를 넣고 힘차게 셰이킹한다. 칠링한 칵테일 글라스에 스트레이너를 대고 따른다.

바이트 오브 더 이구아나 Bite of the Iguana 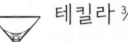 블러디 마리에스크 마르가리타(Bloody Maryesque Margarita)의 스파이스 버전으로 매운 고추로 인퓨징한 테킬라로 만든다.

라임 웨지 2조각
소금
페퍼 인퓨징 테킬라 1½oz
트리플 섹 또는 기타 오렌지 리큐어 ¾oz
스위트 앤 사워 1½oz
오렌지 체리 토마토 ½컵 (씻어서 꼭지를 따고 반으로 잘라 준비한다)
다진 마늘 한 쪽
잘게 썬 쪽파 1대
우스터 소스 2~3대시
오렌지 체리 토마토 2개

라임 웨지로 마르가리타 글라스의 테두리를 문지르고 소금을 묻혀 리밍한다. 가니시를 제외한 모든 재료를 블렌더에 넣고 아이스 큐브 3~4조각과 함께 부드러운 퓨레 형태가 될 때까지 블렌딩한다. 잔에 따른 후 칵테일 픽에 남은 라임 웨지를 토마토 2개 사이에 끼워 장식한다.

블랙 솜브레로 Black Sombrero

테킬라 1oz
보드카 1oz
칼루아 2oz

얼음을 채운 셰이커에 재료를 넣고 힘차게 셰이킹한다. 칠링한 칵테일 글라스에 스트레이너를 대고 따른다.

블러디 마리아 Bloody Maria 블러디 메리(Bloody Mary)의 테킬라 베이스 버전, '테킬라 마리아(Tequila Maria)'라고도 부른다.

실버 테킬라 2oz
갓 짠 라임즙 또는 주스 1½oz
다진 마늘 한 쪽
잘게 썬 오이 ¼컵
우스터 소스 2~3대시
타바스코 소스 또는 기타 핫소스 2~3대시
토마토즙 또는 V8 주스 4~5oz
라임 웨지
샐러리 1대

블렌더에 테킬라, 라임즙, 마늘, 오이, 우스터 소스, 타바스코 소스를 넣고 부드러워질 때까지 블렌딩한다. 얼음을 채운 하이볼 글라스에 따르고, 그 위에 토마토 주스를 부은 후 잘 젓는다. 칵테일 위로 라임 웨지를 짠 후 넣는다. 샐러리 줄기로 장식하면 완성이다.

베리에이션: **테킬라 캄 디거**(Tequila Clam Digger)는 토마토 주스를 클라마토 주스로 대체한다.

블루 문 Blue Moon

테킬라 ¾oz
블루 큐라소 ¼oz
갈리아노 2~3대시
헤비 크림 1½oz

얼음을 채운 셰이커에 재료를 넣고 힘차게 셰이킹한다. 칠링한 칵테일 글라스에 스트레이너를 대고 따른다.

블루 샤크 Blue Shark

테킬라 1½oz
보드카 1½oz
블루 큐라소 ½oz

얼음을 채운 셰이커에 재료를 넣고 힘차게 셰이킹한다. 칠링한 칵테일 글라스 또는 얼음을 채운 올드 패션드 글라스에 스트레이너를 대고 따른다.

분재 마르가리타 Bonsai Margarita

라임 웨지
소금
실버 테킬라 1½oz
미도리 리큐어 1oz
할리퀸 오렌지 리큐어 ½oz
갓 짠 라임즙 또는 주스 ½oz
슈퍼파인 슈가 1TBS
레몬 트위스트

라임 웨지로 마르가리타 글라스의 테두리를 문지르고 소금을 묻혀 리밍한다. 잔에 얼음을 채워 준비한다. 셰이커에 테킬라, 미도리, 오렌지 리큐어, 라임즙, 설탕을 넣고 얼음과 함께 힘차게 셰이킹한다. 잔에 스트레이너를 대고 따른다. 레몬 트위스트로 장식하면 완성이다.

브레이브 불 Brave Bull 블랙 러시안(Black Russian)의 테킬라 베리에이션

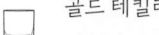

골드 테킬라 1½oz
칼루아 또는 티아 마리아 1oz
휘핑크림 (선택사항)

셰이커에 테킬라와 칼루아를 넣고 얼음과 함께 힘차게 셰이킹한다. 얼음을 채운 올드 패션드 글라스에 스트레이너를 대고 따른다. 선호에 따라 칵테일 위에 휘핑크림을 올린다.

베리에이션: **서던 불**(Southern Bull)은 위 레시피에 서던 컴포트 1oz를 더한다.

차팔라 Chapala

실버 테킬라 1½oz
쿠앵트로 (또는 트리플 섹) ½ts
갓 짠 오렌지즙 또는 주스 1oz
갓 짠 레몬즙 또는 주스 ½oz
그레나딘 시럽 ¼oz
오렌지 슬라이스

셰이커에 액체류 재료를 넣고 얼음과 함께 힘차게 셰이킹한다. 얼음을 채운 더블 올드 패션드 글라스에 스트레이너를 대고 따른다. 오렌지 슬라이스로 장식하면 완성이다.

체리 피커 Cherry Picker

골드 테킬라 1oz
체리 브랜디 1oz
갓 짠 라임즙 또는 주스 ½oz
애플 주스 1oz
라임 트위스트

얼음을 채운 셰이커에 재료를 넣고 힘차게 셰이킹한다. 칠링한 칵테일 글라스에 스트레이너를 대고 따른다. 레몬 껍질을 칵테일 위에서 비틀어 트위스트를 만든 후 넣는다.

클래식 테킬라 샷 Classic Tequila Shot

실버 테킬라 1½oz
라임 웨지
코셔 소금

칠링한 샷 글라스에 테킬라를 따른다. 엄지손가락과 집게손가락 사이를 라임 웨지로 적시고 소금을 묻힌다. 소금을 핥고 테킬라를 한 번에 꿀꺽 마신 후 라임 웨지를 베어 문다.

컴파드레 Compadre

레포사도 테킬라 2oz
갓 짠 그레이프프루트즙 또는 주스 2oz
캄파리 ½oz

차가운 클럽소다 2~3oz
오렌지 트위스트

셰이커에 테킬라, 그레이프프루트즙, 캄파리를 넣고 얼음과 함께 힘차게 셰이킹한다. 얼음을 채운 하이볼 글라스에 스트레이너를 대고 따른다. 칵테일 위에 클럽소다를 붓고 부드럽게 스터링한다. 레몬 껍질을 칵테일 위에서 비틀어 트위스트를 만든 후 넣는다.

엘 디아블로 El Diablo

라임 반쪽
테킬라 1½oz
크렘 드 카시스 ½oz
차가운 진저 에일 3~4oz

얼음을 채운 올드 패션드 글라스에 라임 반쪽을 짜서 넣는다. 테킬라와 크렘 드 카시스를 따르고 그 위에 진저 에일을 부은 후 스터링한다.

프레디 퍼드퍼커 Freddy Fudpucker '하비 월뱅어(Harvey Wallbanger)'의 테킬라 버전으로 '테킬라 월뱅어'라고도 부른다.

실버 테킬라 1½oz
갓 짠 오렌지즙 또는 주스 4~5oz
갈리아노 ½oz

얼음을 채운 하이볼 글라스에 테킬라와 오렌지즙을 따른 후 스터링한다. 칵테일 위에 갈리아노를 띄워 완성한다.

프로스트바이트 Frostbite

테킬라 1½oz
블루 큐라소 ¾oz
크렘 드 카카오 ½oz
크렘 드 멘테 ¼oz
헤비 크림 2oz

얼음을 채운 셰이커에 재료를 넣고 힘차게 셰이킹한다. 칠링한 칵테일 글라스에 스트레이너를 대고 따른다.

핫팬츠 Hot Pants

레몬 웨지

코셔 소금

테킬라 1½oz

페퍼민트 슈냅스 ¾oz

갓 짠 그레이프프루트 주스 ¾oz

슈가파우더 1ts

레몬 웨지로 칠링한 올드 패션드 글라스 테두리를 문지르고 소금을 묻혀 리밍한다. 얼음을 채운 셰이커에 테킬라, 페퍼민트 슈냅스, 그레이프프루트즙, 설탕을 넣고 힘차게 셰이킹한다. 잔에 스트레이너를 대고 따른다.

라 봄바 La Bomba

골드 테킬라 1oz

쿠앵트로 ½oz

파인애플 주스 ½oz

갓 짠 오렌지즙 또는 주스 ½oz

그레나딘 시럽 2대시

얼음을 채운 셰이커에 테킬라, 쿠앵트로, 파인애플 주스, 오렌지즙을 넣고 힘차게 셰이킹한다. 칠링한 칵테일 글라스에 스트레이너를 대고 따른다. 칵테일 위에 그레나딘 시럽을 띄워 완성한다.

라 콩가 La Conga

실버 테킬라 2oz

파인애플 주스 ¼oz

앙고스투라 비터스 3대시

차가운 클럽소다 3~4oz

레몬 슬라이스

얼음을 채운 올드 패션드 글라스에 테킬라, 파인애플 주스, 비터스를 따른다. 클럽소다를 채운 후 저어준다. 레몬 슬라이스로 장식하면 완성이다.

로코 파드레 Loco Padre

레포사도 테킬라 2oz

갓 짠 오렌지즙 또는 주스 1½oz
마라스키노 리큐어 ½oz
프란젤리코 ¼oz
오렌지 슬라이스

셰이커에 재료를 넣고 얼음과 함께 힘차게 셰이킹한다. 얼음을 채운 올드 패션드 글라스에 스트레이너를 대고 따른다. 오렌지 슬라이스로 장식하면 완성이다.

마다가스카르 무드 시프터 Madagascar Mood Shifter

바닐라 인퓨징 테킬라 1½oz
시트론 (또는 기타 오렌지 리큐어) ¾oz
갓 짠 탠저린즙 또는 주스 2oz
스위트 앤 사워 1oz
싱싱한 민트 잎 3~4장
탠저린 휠
민트 줄기

얼음을 채운 셰이커에 액체류 재료와 민트 잎을 넣고 힘차게 셰이킹한다. 칠링한 칵테일 글라스에 스트레이너를 대고 따른다. 탠저린 휠과 민트 줄기로 장식한다.

마타도르 Matador 온더락과 프로즌 두 가지 버전으로 소개한다.

골드 테킬라 1½oz
파인애플 주스 3oz
갓 짠 라임즙 또는 주스 ½oz

셰이커에 재료를 넣고 얼음과 함께 힘차게 셰이킹한다. 얼음을 채운 올드 패션드 글라스에 스트레이너를 대고 따른다.

베리에이션: 프로즌 마타도르(Frozen Matador)

골드 테킬라 2oz
트리플 섹 ¼oz
싱싱한 파인애플 덩어리 ¼컵
갓 짠 라임즙 또는 주스

블렌더에 크러시드 아이스 ½컵을 넣고 액체류 재료를 부은 후 부드러워질 때까지 블렌딩한다. 칠링한 하이볼 글라스에 따른다.

클래식 마르가리타

마르가리타(Margarita)의 탄생을 둘러싼 전설은 캘리포니아에서 멕시코에 이르기까지 수없이 많지만, 변함없이 전해오는 이야기가 몇 가지 있다. 독창적인 마르가리타의 등장을 위한 발판이 마련되는 동안 1940년대 미국의 문화적 풍토는 라틴의 모든 것에 매료되고 있었고, 바텐더들은 멕시코에서 건너온 이 신비롭고 강렬한 새 증류주를 널리 알리기 위해 기를 쓰고 칵테일을 섞어댔다. 그중 캘리포니아의 걸출한 바텐더 한 명이 얼얼할 만큼 독한 칵테일을 새로 만들기 위해 브랜디와 레몬즙을 테킬라와 라임즙으로 바꾸고, 이미 널리 인기가 많았던 클래식 칵테일인 사이드카에 트리플 섹을 더해 이제는 새로운 클래식 칵테일로 자리 잡은 마르가리타가 되었다는 추측이 나돈다.

또 다른 이야기는 미국 사교계 명사에게 마르가리타의 탄생에 대한 공로를 돌린다. 유명한 사교인이었던 마가렛 세임즈(Margaret Sames)가 1948년 아카풀코의 한 파티에서 테킬라에 라임즙과 그녀가 가장 좋아하는 오렌지 리큐어인 쿠앵트로를 섞은 칵테일을 자신의 멕시코식 이름이 새겨진 잔 테두리에 소금을 묻혀 대접했는데, 그게 마르가리타의 시작이었다고 전해진다.

어떤 이야기가 진실이든, 이 훌륭한 테킬라 칵테일에 대한 한 가지 사실은 여전히 분명하다. 바로 최고의 마르가리타를 만드는 핵심은 아가베 100% 테킬라와 프리미엄급 오렌지 리큐어에 갓 짠 라임즙을 섞는 기본 레시피를 고수하는 것이다. 셰이킹한 칵테일을 테두리에 소금을 묻힌 마르가리타 글라스에 따르는 방식이 전통적이지만, 올드 패션드 글라스에 싱싱한 라임 웨지를 넣고 재료와 함께 머들링한 후 온더락 스타일로 서빙하는 조주법 역시 허용된다. 로즈 라임 주스나 병에 든 마르가리타 믹스를 써서 만든 마르가리타는 추천하지 않는다. 갓 짠 라임즙의 대안으로 바람직한 것은 냉동 라임 에이드로, 매우 손쉬운 데다가 보너스로 달콤함까지 더할 수 있다. 마르가리타가 가진 단순함의 미학은 이후 신선한 과일로 만든 프로즌 칵테일과 블렌디드 베리에이션의 탄생에 이상적인 매개체가 되었다.

클래식 마르가리타 Classic Margarita

클래식 마르가리타의 아름다움은 테킬라, 라임즙, 오렌지 리큐어의 균형에서 온다. 이 베이스로 큐컴버 마르가리타(Cucumber Margarita, 293p), 프로즌 스트로베리 마르가리타 등 갖가지 독창적인 베리에이션을 만들 수 있다. 마르가리타를 좀 더 달콤하게 즐기고 싶다면 아래 레시피에 설탕 1TBS을 추가한다. 톡 쏘는 맛을 느끼고 싶다면 라임즙을 추가하자.

라임 웨지 2조각
코셔 소금
프리미엄급 실버 테킬라 1½oz
갓 짠 라임즙 1½oz
쿠앵트로 1oz

라임 웨지로 칠링한 마르가리타 글라스 테두리를 문지르고 소금을 묻혀 리밍한다. 잔에 얼음을 채운다. 셰이커에 액체류 재료를 넣고 얼음과 함께 힘차게 셰이킹한다. 잔에 스트레이너를 대고 따른다. 라임 웨지를 칵테일 위에서 짠 후 넣는다.

스트로베리 마르가리타 Strawberry Margarita

테킬라 2oz
쿠앵트로 ½oz
스트로베리 리큐어 ½oz
갓 짠 라임즙 ½oz
꼭지를 딴 신선한 딸기 슬라이스 2~3조각
딸기 1개
라임 휠 1조각

블렌더에 얼음 1컵과 가니시를 제외한 모든 재료를 넣고 부드러워질 때까지 블렌딩한다. 칠링한 마르가리타 글라스에 따르고 딸기와 라임 휠로 장식한다.

베리에이션: **피치 마르가리타**(Peach Margarita)는 딸기 대신에 껍질을 벗기고 깍둑썰기한 복숭아 1개로, 딸기 리큐어를 피치 슈냅스로 대체한다.
망고 마르가리타(Mango Margarita)는 딸기와 딸기 리큐어를 망고 ½개로, 쿠앵트로를 투아카로 대체한다.
멜론 마르가리타(Melon Margarita)는 딸기와 딸기 리큐어를 각각 깍둑썰기한 허니듀 멜론 ½컵과 멜론 리큐어 ½oz로 대체한다.

아보카도 마르가리타 Avocado Margarita

실버 테킬라 1½oz
쿠앵트로 ½oz
갓 짠 라임즙 또는 주스 1oz
갓 짠 레몬즙 또는 주스 ½oz
깍둑썰기한 잘 익은 아보카도 ¼컵
하프 앤 하프 1oz
설탕 1ts
라임 웨지
아보카도 슬라이스

블렌더에 얼음 ½컵과 가니시를 제외한 모든 재료를 넣고 부드러워질 때까지 블렌딩한다. 칠링한 칵테일 글라스에 따른 후 라임과 아보카도로 장식해서 완성한다.

캐딜락 마르가리타 Cadillac Margarita '골든 마르가리타(Gloden Margarita)'로도 부른다.

고급 레포사도 테킬라 2oz
그랑 마르니에 1oz
갓 짠 라임즙 또는 주스 1oz
라임 필 스파이럴

얼음을 채운 셰이커에 재료를 넣고 힘차게 셰이킹한다. 칠링한 칵테일 글라스에 스트레이너를 대고 따른다. 라임 필 스파이럴로 장식하면 완성이다.

초콜릿 마르가리타 Chocolate Margarita

골드 테킬라 1½oz
고디바 리큐어 ¾oz
쿠앵트로 ½oz
스위트 앤 사워 1oz
갓 짠 오렌지즙 또는 주스 ¼oz
초콜릿 셰이빙 (선택사항)

얼음을 채운 셰이커에 재료를 넣고 힘차게 셰이킹한다. 칠링한 칵테일 글라스에 스트레이너를 대고 따른다. 선호도에 따라 칵테일 위에 초콜릿 셰이빙을 뿌린다.

큐컴버 마르가리타 Cucumber Margarita 신선하고 혁신적인 마르가리타 응용 버전이다.

슈퍼파인 슈가 1TBS
갓 짠 라임즙 또는 주스 1oz
얇게 썬 잉글리시 큐컴버 슬라이스 ¼컵
실버 테킬라 1½oz
쿠앵트로 1oz

올드 패션드 글라스에 설탕과 라임즙을 넣고 오이를 더한 후 머들링한다. 테킬라와 쿠앵트로를 붓는다. 잔에 얼음을 채우고 스터링한다.

블루 마르가리타 Blue Margarita

라임 웨지
코셔 소금
테킬라 2oz
블루 큐라소 1oz
쿠앵트로 또는 트리플 섹 1oz
갓 짠 라임즙 또는 주스 1oz

칠링한 칵테일 글라스 테두리를 라임 웨지로 문지르고 소금을 묻혀 리밍한다. 얼음을 채운 셰이커에 액체류 재료를 넣고 힘차게 셰이킹한다. 잔에 스트레이너를 대고 따른다.

파파야 마르가리타 Papaya Margarita 상쾌한 퓨레 형태의 파파야 마르가리타 피처는 네 명분이다. 일반적으로 트리플 섹을 다미아나 리큐어로 대체한다.

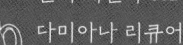
깍둑썰기한 잘 익은 파파야 2컵
직접 만든 스위트 앤 사워 6oz
실버 테킬라 6oz

다미아나 리큐어 2oz
라임 웨지 4조각
작은 핑크빛 난초 4송이 (선택사항)

마르가리타 글라스 네 잔을 칠링한다. 블렌더에 파파야, 스위트 앤 사워, 테킬라, 다미아나를 넣고 퓨레 형태가 될 때까지 블렌딩한다. 얼음 2컵을 더한 후 부드러워질 때까지 블렌딩한다. 잔에 적절히 나눠 따른 후 칵테일 픽에 라임 웨지와 난초를 꽂아 장식한다.

멕시칸 마드라스 Mexican Madras

골드 테킬라 1oz
크랜베리 주스 3oz
갓 짠 오렌지즙 또는 주스 ½oz
갓 짠 라임즙 또는 주스 ¼oz
오렌지 슬라이스

셰이커에 액체류 재료를 넣고 얼음과 함께 힘차게 셰이킹한다. 얼음을 채운 올드 패션드 글라스에 스트레이너를 대고 따른다. 오렌지 슬라이스로 장식하면 완성이다.

멕시칸 뮬 Mexican Mule

골드 테킬라 2oz
갓 짠 라임즙 또는 주스 1oz
심플 시럽 1ts
차가운 진저 에일 3~4oz

셰이커에 진저 에일을 제외한 재료를 넣고 얼음과 함께 힘차게 셰이킹한다. 얼음을 채운 하이볼 글라스에 스트레이너를 대고 따른 후 그 위로 진저 에일을 붓는다.

멕시콜라 Mexicola

쿠바 리브레(Cuba Libre)의 테킬라 응용 버전이다.

테킬라 2oz
갓 짠 라임즙 또는 주스 ½oz
차가운 콜라 2~3oz
라임 웨지

얼음을 채운 콜린스 글라스에 테킬라와 라임즙을 따른다. 콜라를 붓고 스터링한다. 칵테일 위로 라임 웨지를 짠 후 넣는다.

멀티플 오르가즘 Multiple Orgasm

아마레토 ½oz
칼루아 ½oz
아이리시 크림 리큐어 ½oz
헤비 크림 1oz
골드 테킬라 1oz

셰이커에 아마레토, 칼루아, 아이리시 크림, 헤비 크림을 넣고 얼음과 함께 힘차게 셰이킹한다. 얼음을 채운 하이볼 글라스에 스트레이너를 대고 따른다. 칵테일 위에 테킬라를 띄워 완성한다.

넥타린 드림 Nectarine Dream

잘 익은 천도복숭아 1개 (씨를 제거하고 슬라이스 형태로 자른다)
레포사도 테킬라 2oz
만다린 나폴레옹 리큐어 1oz
갓 짠 라임즙 또는 주스 1½oz
갓 짠 오렌지즙 또는 주스 ½oz
슈퍼파인 슈가 1TBS
천도복숭아 슬라이스

블렌더에 크랙트 아이스 1컵과 가니시를 제외한 모든 재료를 넣고 부드러워질 때까지 블렌딩한다. 칠링한 와인 글라스에 따른 후 천도복숭아 슬라이스로 장식한다.

프릭클리 아가베 Prickly Agave

라임 웨지
설탕과 소금
실버 테킬라 1½oz
투아카 1oz
백년초 주스 1oz
갓 짠 라임즙 또는 주스 1oz
라임 필 스파이럴

라임 웨지로 칠링한 마르가리타 또는 라지 사이즈 칵테일 글라스 테두리를 문지르고 설탕과 소금을 묻혀 리밍한다. 얼음을 채운 셰이커에 재료를 넣고 힘차게 셰이킹한다. 잔에 스트레이너를 대고 따른다. 라임 필 스파이럴로 장식하면 완성이다.

로지타 Rosita '로잘리타(Rosalita)'라고도 불리는 로지타는 진 베이스 네그로니의 테킬라 버전이다.

테킬라 1oz
캄파리 ½oz
드라이 베르무트 ½oz
스위트 베르무트 ½oz
레몬 트위스트

얼음을 채운 믹싱 글라스에 액체류 재료를 넣고 스터링한다. 칠링한 칵테일 글라스 또는 얼음을 채운 올드 패션드 글라스에 스트레이너를 대고 따르고 레몬 트위스트로 장식한다.

루드 코스모폴리탄 Rude Cosmopolitan 전통적인 보드카 베이스를 테킬라로 대체한 새로운 클래식 칵테일

골드 테킬라 2oz
크랜베리 주스 1½oz
트리플 섹 또는 쿠앵트로 1oz
갓 짠 라임즙 또는 주스 ½oz

얼음을 채운 셰이커에 재료를 넣고 힘차게 셰이킹한다. 칠링한 칵테일 글라스에 스트레이너를 대고 따른다.

솔티 치와와 Salty Chihuahua 솔티 도그(Salty Dog)의 테킬라 버전

레몬 웨지
코셔 소금
실버 테킬라 2oz
갓 짠 그레이프루트즙 또는 주스 5~6oz

레몬 웨지로 칠링한 하이볼 글라스 테두리를 문지른 후 소금을 묻혀 리밍한다. 아이스 큐브를 잔에 채우고 테킬라와 그레이프루트즙을 따른 뒤 스터링한다.

셰이디 레이디 Shady Lady

테킬라 1oz
멜론 리큐어 1oz
갓 짠 그레이프루트즙 또는 주스 4oz

얼음을 채운 하이볼 글라스에 재료를 따르고 스터링한다.

쇼트 퓨즈 Short Fuse

골드 테킬라 2oz
애프리콧 브랜디 ½oz
갓 짠 라임즙 또는 주스 1½oz
갓 짠 그레이프루트즙 또는 주스 3oz
체리 리큐어 병에서 따른 마라스키노 체리즙 ¼oz

라임 웨지

셰이커에 액체류 재료를 넣고 얼음과 함께 힘차게 셰이킹한다. 얼음을 채운 하이볼 글라스에 스트레이너를 대고 따른다. 칵테일 위로 라임 웨지를 짠 후 넣는다.

실크 스토킹 Silk Stocking

테킬라 1½oz
화이트 크렘 드 카카오 1½oz
헤비 크림 1oz
샹보르 ¼oz
시나몬 파우더 한 꼬집

얼음을 채운 셰이커에 재료를 넣고 힘차게 셰이킹한다. 칠링한 칵테일 글라스에 스트레이너를 대고 따른다. 시나몬 가루를 뿌려 완성한다.

슬로 테킬라 Sloe Tequila

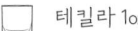
테킬라 1oz
슬로 진 ½oz
갓 짠 라임즙 또는 주스 ½oz
오이 필 스트립

블렌더에 크러시드 아이스 ½ 컵과 액체류 재료를 넣은 후 부드러워질 때까지 블렌딩한다. 칠링한 올드 패션드 글라스에 따른다. 오이 필 스트립으로 장식하면 완성이다.

사우스 오브 더 보더 South of the Border

라임 반쪽
테킬라 1oz
칼루아 (또는 티아 마리아) ¾oz

칠링한 하이볼 글라스에 라임 반쪽을 짠 후 넣는다. 잔에 얼음을 채우고 테킬라와 칼루아를 따른 후 스터링한다.

테킬라 칵테일 Tequila Cocktail

1930년대 등장한 클래식으로 '테킬라 선라이즈(Tequila Sunrise)'의 탄생에 영감을 불어넣었다. 우아하고 세련된 셰이킹 기법 또는 얼음을 넣은 블렌딩 기법으로 만들며 칵테일 글라스에 서빙한다.

실버 테킬라 2oz
갓 짠 라임즙 또는 주스 1oz

그레나딘 시럽 몇 방울

오렌지 플라워 워터 몇 방울

얼음을 채운 셰이커에 재료를 넣고 힘차게 셰이킹한다. 칠링한 칵테일 글라스에 스트레이너를 대고 따른다.

테킬라 콜라다 Tequila Colada

테킬라 1½oz

칼루아 ¼oz

파인애플 주스 2oz

헤비 크림 ¾oz

코코넛 크림 ¼oz

셰이커에 재료를 넣고 얼음과 함께 힘차게 셰이킹한다. 얼음을 채운 하이볼 글라스에 스트레이너를 대고 따른다.

테킬라 피즈 Tequila Fizz

실버 테킬라 2oz

갓 짠 라임즙 또는 주스 1oz

설탕 1ts

차가운 클럽소다 2~3oz

셰이커에 테킬라, 라임즙, 설탕을 넣고 얼음과 함께 힘차게 셰이킹한다. 얼음을 채운 하이볼 글라스에 스트레이너를 대고 따른 후 클럽소다를 붓고 스터링한다.

테킬라 고스트 Tequila Ghost

실버 테킬라 2oz

페르노 1oz

갓 짠 레몬즙 또는 주스 ½oz

셰이커에 재료를 넣고 얼음과 함께 힘차게 셰이킹한다. 얼음을 채운 올드 패션드 글라스에 스트레이너를 대고 따른다.

테킬라 모킹버드 Tequila Mockingbird

실버 테킬라 2oz

크렘 드 멘테 ½oz

갓 짠 라임즙 또는 주스 1oz

얇게 자른 라임 휠

얼음을 채운 셰이커에 재료를 넣고 힘차게 셰이킹한다. 칠링한 칵테일 글라스에 스트레이너를 대고 따른다. 칵테일 위에 라임 휠을 띄워 장식한다.

테킬라 사워 Tequila Sour

테킬라 1½oz
갓 짠 레몬즙 또는 주스 ¾oz
심플 시럽 ½oz
마라스키노 체리

얼음을 채운 셰이커에 재료를 넣고 힘차게 셰이킹한다. 칠링한 사워 글라스에 스트레이너를 대고 따른다. 체리로 장식하면 완성이다.

테킬라 선라이즈 Tequila Sunrise

테킬라 주조 및 서빙에는 크게 두 가지 방법이 있다. 1970년대 인기를 끌었던 스터링 기법으로 주조해 얼음을 넣은 하이볼 글라스에 서빙하는 전통적인 방식과 셰이킹 기법으로 만들어 칵테일 글라스에 따라 내는 방식이다. 둘 다 이름에 걸맞게 동틀 녘의 분위기를 자아내는 건 물론이다.

실버 테킬라 1½oz
갓 짠 오렌지즙 또는 주스 6oz
그레나딘 시럽 (또는 샹보르) ½oz
차가운 클럽소다 2~3oz (선택사항)

스터링 기법: 얼음을 채운 하이볼 글라스에 테킬라와 오렌지즙을 따른 후 스터링한다. 칵테일 위에 그레나딘 시럽을 띄우듯이 따르고 천천히 섞는다. 선호에 따라 클럽소다를 붓는다.

셰이킹 기법: 칠링한 칵테일 글라스에 그레나딘 시럽을 따른다. 얼음을 채운 셰이커에 테킬라와 오렌지즙을 넣고 힘차게 셰이킹한다. 잔에 스트레이너를 대고 따른다.

테킬라티니 Tequilatini   뉴욕 포시즌스 호텔 마티니 바의 시그니처 칵테일

호세 쿠엘보 에스페셜 테킬라 1½oz
그랑 마르니에 ½oz
쿠앵트로 ½oz
오렌지 슬라이스

얼음을 채운 셰이커에 액체류 재료를 넣고 힘차게 셰이킹한다. 칠링한 칵테일 글라스에 스트레이너를 대고 따른다. 오렌지 슬라이스로 장식하면 완성이다.

테키니 Tequini 테킬라 마티니

고급 실버 테킬라 2oz
드라이 베르무트 2~3대시
앙고스투라 비터스 몇 방울
레몬 트위스트

얼음을 채운 믹싱 글라스에 액체류 재료를 따른 후 스터링한다. 칠링한 칵테일 글라스에 스트레이너를 대고 따른다. 레몬 껍질로 잔 테두리를 문지르고 칵테일 위에서 비틀어 트위스트를 만든 후 넣는다.

티후아나 스피드볼 Tijuana Speedball 오리건주 포틀랜드의 핫플레이스 블루 아우어(Blue Hour)의 바텐더이자 마스터 믹솔로지스트 펠리시아 슬레지(Felicia Sledge)가 만든 테킬라 칵테일

레포사도 테킬라 1oz
칼루아 ½oz
베일리스 아이리시 크림 ½oz
차가운 에스프레소 1½oz
시나몬 파우더 한 꼬집

얼음을 채운 셰이커에 재료를 넣고 힘차게 셰이킹한다. 칠링한 칵테일 글라스에 스트레이너를 대고 따른다. 시나몬 파우더를 뿌려 완성한다.

티후아나 택시 Tijuana Taxi 사이드카의 테킬라 버전

레몬 웨지
설탕
레포사도 테킬라 2oz
갓 짠 레몬즙 또는 주스 1oz
갓 짠 오렌지즙 또는 주스 1oz
쿠앵트로 1oz
심플 시럽 ½oz
레몬 트위스트

레몬 웨지로 칠링한 칵테일 글라스 테두리를 문지르고 설탕을 묻혀 리밍한다. 얼음을 채운 셰이커에 재료를 넣고 힘차게 셰이킹한다. 잔에 스트레이너를 대고 따른다. 레몬 트위스트로 장식하면 완성이다.

토레아도르 Toreador

실버 테킬라 1½oz

화이트 크렘 드 카카오 ½oz

휘핑 크림

달지 않은 코코아 파우더

얼음을 채운 셰이커에 테킬라와 크렘 드 카카오를 넣고 힘차게 셰이킹한다. 칠링한 칵테일 글라스에 스트레이너를 대고 따른다. 칵테일 위에 휘핑크림을 살짝 얹고 코코아 파우더를 뿌린다.

더 제이크 The Jake 시애틀 메이플라워 파크 호텔의 시그니처 칵테일

까베르네 소비뇽 ¼oz

프리미엄급 실버 테킬라 1½oz

라임 필 스파이럴

칠링한 칵테일 글라스를 까베르네 소비뇽으로 스월링한 후 비운다. 얼음을 채운 믹싱 글라스에 테킬라를 따른 후 스터링한다. 잔에 스트레이너를 대고 따른 후 라임 스파이럴로 장식하면 완성이다.

뱀피로 Vampiro 상그리타(Sangrita)와 블러디 마리아(Bloody Maria) 사이의 하이브리드 버전으로 화끈하게 맵고 불처럼 강렬한 클래식 테킬라 칵테일

실버 테킬라 1½oz

토마토 주스 2oz

갓 짠 오렌지즙 또는 주스 1oz

꿀 1ts

갓 짠 라임즙 또는 주스 ½oz

잘게 썬 양파 1TBS

잘게 썬 할라피뇨 1ts

우스터 소스 2~3대시

라임 웨지

할라피뇨 슬라이스

셰이커에 재료를 넣고 얼음과 함께 힘차게 셰이킹한다. 얼음을 채운 하이볼 글라스에 스트레이너를 대고 따른다. 라임 웨지와 할라피뇨 슬라이스로 장식한다.

메즈칼 칵테일

메즈칼 벅 Mezcal Buck

메즈칼 2oz
갓 짠 라임즙 또는 주스 1oz
심플 시럽 1ts
차가운 진저 비어 3~4oz

셰이커에 진저 비어를 제외한 모든 재료를 넣고 얼음과 함께 힘차게 셰이킹한다. 얼음을 채운 하이볼 글라스에 스트레이너를 대고 따른 후 진저 비어를 붓는다.

팬암 Pan-Am

메즈칼 1oz
버번 1oz
앙고스투라 비터스 몇 방울
심플 시럽 몇 방울

얼음을 채운 올드 패션드 글라스에 재료를 따르고 스터링한다.

스패니시 플라이 Spanish Fly

메즈칼 2oz
그랑 마르니에 1oz
인스턴트 커피 한 꼬집

얼음을 채운 올드 패션드 글라스에 메즈칼과 그랑 마르니에를 따른다. 그 위로 인스턴트 커피 한 꼬집을 뿌려주면 완성이다.

.... **보 드 카** ....

    러시아어로 '작은 물'이라는 의미의 보드카(Vodka)는 증류주 중에서 가장 투명하고 순수한 알코올에 가깝다. 각각 캐러웨이와 주니퍼 베리로 재증류 과정을 거쳐 향을 더한 아쿠아비트와 진 같은 투명한 증류주와는 대조적으로 보드카의 주된 존재 목적은 뚜렷한 풍미나 향 없이 가능한 한 깔끔한 무색, 무취, 무미의 특징을 갖는 것이다.

    스칸디나비아, 러시아, 폴란드, 우크라이나 등 추운 북동부 유럽 문화를 대표하는 보드카는 사실 정확히 말하자면, 증류 기술을 전해준 이탈리아인의 손에서 탄생했다. 이후 북동부 유럽 국가들은 증류 기술을 완벽하게 가다듬었고, 얼어붙듯 차가운 날씨와 고된 현실을 이겨내기 위한 힘을 북돋우는 보드카를 마치 물처럼 마시기 시작했다.

미국을 강타한 보드카

사실 보드카는 1940년대 후반까지 러시아, 폴란드, 스칸디나비아 이외 지역에는 잘 알려지지 않았다. 서구권, 특히 미국에서는 위스키와 진을 향한 열정이 뜨거워 음울한 체호프의 연극이나 톨스토이의 소설에서 어렴풋이 등장하는 증류주 정도로 알려진 보드카에 관심이 덜했다. 하지만 이 모든 상황은 가족과 함께 러시아 황실에 보드카를 공급하던 모스크바 증류소를 운영하다가 망명한 러시아인 블라디미르 스미노프(Vladimir Smirnoff) 덕분에 적잖은 변화를 맞이한다. 볼셰비키 혁명 이후 미국으로 건너온 스미노프는 마침내 보드카 제조법과 함께 생산권을 팔았고, 이는 나중에 미국의 알코올 음료 및 식품 생산, 유통업체인 휴블레인(Heublein)이 인수한다. 1946년 휴블레인의 사장이었던 존 마틴(John Martin)이 무색, 무취, 무미인 스미노프 보드카가 칵테일 주조에 완벽한 베이스라는 마케팅을 펼치면서 보드카는 미국 칵테일 문화에 뚜렷한 유행의 물결을 일으키기 시작했다.

존 마틴은 할리우드의 '콕 앤 불' 레스토랑 주인인 잭 모건과 함께 보드카를 유행시킬만한 칵테일을 생각해 냈다. 그렇게 탄생한 '모스크바 뮬(Moscow Mule)'은 이국적인 풍미의 스미노프 보드카, 라임, 진저 비어를 구리 머그잔에 담아 만든 칵테일로 이내 선풍적인 인기를 끌었고, 스미노프 보드카의 판매량은 3배로 늘었다. 1960년대쯤에는 모스코 뮬, 스크루 드라이버, 블러디 메리와 함께 스미노프 보드카는 〈제임스 본드〉 영화를 통해 매우 매력적이고 남자다운 스파이와 그의 시그니처 보드카 마티니로 더욱 명성을 얻었다.

마침내 보드카는 미국 바에서 가장 잘 팔리는 증류주로 등극했다. 지극히 증류주 본연에 충실한, 특징 없는 풍미가 특징인 보드카는 다양한 칵테일과 잘 어울렸을 뿐만 아니라 마티니 주조에서 진보다 더한 사랑을 받기도 했다. 여러 국가에서 생산하는 다양한 보드카 간의 차이는 사실 구별하기 어렵지만, 대체로 동유럽 국가에서 만드는 보드카가 가장 높은 평가를 받는다.

증류 과정

무색, 무취의 증류주인 보드카는 전통적으로 감자가 주원료였지만, 지금은 보통 호밀, 밀, 옥수수, 보리 같은 곡물로 만든다. 심지어 당밀, 사탕무, 수수, 유장 등을 쓰기도 한다. 품질이 좀 더 나은 수입산 보드카는 대부분 곡물이나 감자로 만들며, 미국에서 증류하는 모든 보드카는 곡물을 주원료로 보통 활성탄으로 여과해 특별한 풍미, 향, 맛, 색 없이 순수한 알코올에 가까운 증류주를 얻는다. 감자로 만든 보드카는 크림처럼 부드러운 목 넘김이 특징이며, 호밀이 들어간 보드카는 톡 쏘는 맛과 좀 더 미묘하고 섬세한 풍미를 지닌다.

보드카는 대부분 순수 알코올 95%에 달하는 고 도수 증류주로 연속 증류 방식을 통해 만들며, 정류 공정으로 풍미와 향을 더하는 향료 및 식물 성분처럼 불필요한 미량 요소를 제거한다. 옛날 방식인 단식 증류법으로 보드카를 만들려면 알코올 함량을 적절한 수준까지 올리기 위해 두 번 이상 증류 과정을 거쳐야 한다.

여과

증류 및 재증류 과정을 거치면서 도수가 높은 알코올을 함유한 증류주는 곧 활성탄을 사용한 여과 과정을 통해 남아있는 불순물을 제거하고 거친 풍미를 부드럽게 다듬어 보드카 특유의 순수하고 깔끔한 맛을 내게 된다. 오크통에서 숙성하는 몇몇 폴란드와 러시아 보드카를 제외하고, 다른 증류주와는 달리 보드카는 일반적으로 숙성보다는 여러 번에 걸친 여과 과정을 통해 풍미가 점점 더 가볍고 부드러워진다. 최고급 보드카는 수많은 여과 과정을 거치며, 일부는 더 복잡하고 이국적인 방식을 택하기도 한다. 가령 스미노프는 숯을 채운 7개의 증류기를 통해 무려 10번의 여과 과정을 거치고, 스톨리치나야(Stolichnaya)[14]와 알타이는 은빛 자작나무 숯과 순수한 석영 모래를 사용해 여러 번 걸러내며, 수호이는 다이아몬드로 여과해 만든다는 설까지 있다.

---

14 라트비아산 보드카로 스미노프, 앱솔루트 보드카와 함께 세계에서 가장 유명한 보드카 브랜드 중 하나이다. 상표권 분쟁으로 각각 라트비아, 러시아에서 제조하는 버전이 공존하며 세계적으로 판매되는 스톨리치나야는 라트비아 SPI그룹의 제품으로 2022년 러시아의 우크라이나 침공 이후 추정 수입지를 러시아 탐보트에서 슬로바키아로 바꾸고, 상표명도 '스톨리'로 변경했다. 러시아산 스톨리치나야는 칼리닌그라드에서 제조한다.

보드카의 종류

본질적으로 순수 알코올에 가까운 특성 덕분에 보드카는 모든 증류주 중 가장 다양한 용도로 쓰이며, 각종 칵테일 주조에 이상적이다. 하지만 프리미엄급 보드카 중 몇몇은 색다른 향과 풍미를 선사하는데, 이는 보드카 마티니를 만들었을 때 가장 잘 드러나서 즐기기 좋다. 사실상 맛이 없는 보드카의 가장 독특한 특징은 '식미감', 즉 느끼함, 부드러움, 찐득함 등 입안에서 느껴지는 촉감이다. 보드카의 종류는 보통 원산지에 따라 분류할 수 있다. 서구의 보드카는 대부분 무미(無味)가 특징으로 칵테일 주조에 적합하며, 동유럽산 보드카는 은은하게 느껴지는 독특하고 미묘한 풍미를 지니는 경향이 있다.

스미노프는 대표적인 미국 스타일 보드카로 매우 깔끔하며, 어떤 맛과 향의 흔적도 느껴지지 않는다. 그리고 바삭한 식감과 견과류 맛이 나는 스카이, 섬세한 부드러움을 선사하는 레인과 같이 미묘하게 느껴지는 독특한 풍미를 선사하는 프리미엄 아메리칸 보드카도 있다.

폴란드 보드카는 원래 곡물로 만들었지만, 감자와 뗄 수 없는 관계이다. 1800년대 초반 폴란드의 주요 작물은 보통 증류주 주조에 사용되었다. 증류주는 일상생활에 필수품이었을 뿐만 아니라 실제로 물물교환이 가능한 화폐처럼 사용되었다. 증류주가 허브와 향신료 향을 풍기는 애프터 쉐이브나 목욕 후 바르는 토너로 사용되었던 1500년대부터 폴란드는 보드카 증류 기술을 완성해왔다. 이후 18세기 러시아와 스웨덴은 폴란드의 뛰어난 숯 여과 방식을 사용해 맑고 순도가 높으면서도 독특한 풍미가 느껴지는 보드카를 만들기 시작했다.

오늘날 약 1,000개에 달하는 폴란드 보드카 브랜드는 대부분 곡물로 만들지만, 일부 감자를 주원료로 한 보드카 역시 여전히 높은 수준의 품질을 자랑한다. 푸릇푸릇한 대지의 향기와 녹진한 달콤함이 느껴지는 룩스소바(Luksusowa)는 감자 보드카의 대표적인 예 중 하나이다. 쿼츠(Quotes)는 삼중 증류 과정을 거친 고급 감자 보드카로 뛰어난 향을 자랑하며, 쇼팽 보드카(Chopin vodka)는 사중 증류로 버터 풍미가 가득하다. 호밀로 만들고 라임처럼 톡 쏘는 향이 특징인 위보로바(Wyborowa)는 폴란드의 대표적인 보드카 중 하나이고, 쌉싸름한 맛과 후추 향이 살짝 느껴지는 보드카를 좋아하는 사람들에게 인기가 많은 벨베데레(Belvedere)도 유명하다.

러시아 문화와 보드카는 사실상 같은 말이라고 할 수 있으며, 스미노프에서 스톨리치나야, 도스토옙스키에서 체호프까지 러시아 사회에서 대중의 영혼을 어루만지며 고통을 덜어주는 필수적인 역할을 해왔다. 러시아는 당시 아쿠아 비테를 만들고 있던 이탈리아 수도원을 시찰하고 돌아온 후 1430년경부터 증류법을 적용했다. 1861년까지 러시아의 증류 및 여과 공정은 깔끔한 고품질 증류주를 주조하기 위해 발전을 거듭했고, 표트르 스미노프는 러시아 황제에게 걸맞은 완벽한 보드카를 만들기 시작했다. 비록 정부의 금주법 시행에 필사적이고 무모한 대응으로 만들어진 지나치게 기름진 가정 증류식 증류주가 보드카의 긴 역사에 형편없는 오점의 순간들을 남겼지만, 우아하고 맑은 증류주를 제조하기로 유명한 러시아의 명성은 오늘날까지 쭉 이어지고 있다.

스미노프 보드카의 러시아 증류소들은 전통적인 단식 증류 방식을 다시 도입해 시트러스와 꽃향기가 더해진, 바삭한 식감에 맑고 깨끗한 고급 블랙 라벨 보드카를 주조하고 있다.

가장 인기 있는 러시아 보드카 중 하나는 애호가들이 '스톨리(Stoli)'라는 애칭으로 부르는 스톨리치나야(Stolichnaya)이다. 밀이 주원료이며 기름진 바디감에 실크처럼 부드럽고, 은은한 향기와 후추의 풍미가 느껴진다. 맛과 향을 첨가한 가향 보드카 라인업도 다양한데, 스톨리 오렌지(Stoli Ohranj)가 손에 꼽을 만하다.

네덜란드는 프리미엄 보드카 시장에서 가장 우아한 풍미의 보드카를 선보이고 있다. 케틀원(Ketel One) 보드카는 밀을 주원료로 단식 증류법을 이용해 바닷물을 머금은 신선한 공기와 향신료가 떠오르는, 꽉 찬 바디감에 깊고 풍부하며 강렬하면서도 매우 부드럽고 세련된 풍미를 선사한다.

보드카의 원산지가 북쪽일수록 더 좋다고들 하지만 늘 예외는 있다. 가령 프랑스는 독특한 아니스와 블랙커런트 향이 가득한 밀로 만든 시타델과 바닐라, 솔잎, 서양배, 초콜릿의 풍미가 은은하게 어우러진 향긋한 보드카인 그레이 구스(Grey Goose)처럼 놀랄만한 프리미엄 보드카로 보드카 시장에 고상하고 품위 있는 기호를 더했다.

스칸디나비아 지역은 부드러운 질감 또는 입안에 감도는 촉감과 피니시가 특징인 순수하고 맑은, 완벽한 균형감을 자랑하는 보드카로 유명하다. 스웨덴은 세계에서 가장 인기 있는 보드카 브랜드 중 하나인 앱솔루트의 원산지이다. 원래 이름은 앱솔루트 렌트 브렌빈(Absolut Rent Brannvin)으로 '완전히 순수한 보드카'라는 의미이며, 1879년 라스 올슨 스미스(Lars Olsson Smith)가 스웨덴에서 최초로 보드카 원액을 정제 및 여과 과정을 거쳐 불순물을 제거해 증류주의 계보를 이었다. 앱솔루트는 희미하게 느껴지는 레몬, 솔잎 향과 함께 깨끗하고 가벼운 맛으로 유명하다. 다양한 가향 보드카 라인업 중에서 크림시클(Creamsicle)[15]이 떠오르는 만다린 보드카가 특히 눈에 띈다.

스칸디나비아는 맛과 향을 첨가한 보드카의 조상 격인 아크바비트(akvavit) 또는 아쿠아비트(aquavit)로 더 잘 알려져 있다. 보드카는 풍미를 나중에 입히기보다는 브랜디 오드비와 비슷하게 식물 성분을 더해 재증류하는 식으로 가향 과정을 거친다. 보통 아쿠아비트는 딜과 캐러웨이로 풍미를 낸다. 덴마크와 독일은 '슈냅스(schnapps)'라고 알려진 고급 아쿠아비트를 생산한다. 아쿠아비트는 전통적으로 얼음을 넣어 차갑게 서빙하며 한입에 털어 마신다.

최신식 증류소가 있는 핀란드에서 탄생한 핀란디아 보드카는 밀과 보리를 사용해 순수하고 가벼운 시트러스 풍미를 선사한다. 보통 코스모폴리탄 칵테일에 사용하는 크랜베리 맛 보드카를 포함한 가향 보드카 라인업도 다양하다.

가향 보드카

최신 유행에 발맞춘 콘셉트처럼 보일 수도 있지만, 사실 맛과 향을 첨가한 가향 보드카 주조는 11~12세기까지 거슬러 올라가는 전통적인 기술이다. 허브, 향신료, 과일로 풍미를 더하는 방식은 곧 폴란드와 러시아 가정에서 만든 증류주의 거친 알코올 냄새를 가리는 데 도움을 주는 일반적인 관행으로 발전했다.

가향 보드카가 점점 인기를 끌면서 선택의 폭이 더 넓어졌고, 이는 창의력을 마음

---

15 크림과 팝시클의 합성어로, 우유가 들어간 바닐라 맛의 막대 아이스크림이다.

껏 발휘할 수 있는 새로운 칵테일의 세계로 이어졌다. 일반적인 레몬이나 오렌지 맛은 물론 그레이프프루트, 복숭아, 초콜릿, 블랙커런트, 사과, 후추, 크랜베리, 만다린 오렌지, 바닐라 등이 가향 보드카의 영역에 합류했다. 여기 이국적인 풍미를 가진 가향 보드카 몇 가지를 소개한다.

주브로카 바이슨 그라스(Zubrowka Bison Grass)[16]는 허브, 라벤더, 달콤한 담배 향이 어우러져 복합적인 풍미를 선사한다. 스미노프 바닐라 트위스트(Smirnoff Vanilla Twist)는 깊고 풍부하며 온기가 느껴지는 보드카이며, 크렘랴프스카야 초콜릿(Kremlyovskaya Chocolate)은 풍부한 코코아 향이 느껴지는 초콜릿 풍미의 보드카이다. 리모나야(Limonnaya)는 레몬을 비롯해 블랙커런트, 후추 풍미의 보드카로 유명하다.

최고의 보드카란?

보드카 전문가 다수가 다양한 보드카의 스펙트럼 사이에 매우 뚜렷한 차이가 있다는 점에 동의하지만, 다른 사람들은 그런 미묘한 보드카의 뉘앙스 차이를 실제로 구별하기 매우 어려우며 어떤 종류의 보드카라도 일단 냉장고에서 차갑게 칠링하면 고급진 보드카 마티니를 만들 수 있다고 주장한다. 궁극적으로, 이 맑고 순수한 증류주의 다양한 맛과 향을 표현하는 미사여구는 주관적이기 마련이며, 어떤 보드카가 최고인지 선택하는 것은 개인의 취향에 맡기자.

보드카를 마시고 즐기는 법

보드카 마니티의 열성 팬인 엘리트 그룹을 제외하고 대부분 미국인은 보드카를 다양한 칵테일에 섞어 마신다. 그러나 러시아, 폴란드, 스웨덴, 서유럽 사람들은 여전히 식사 전 전채요리와 함께 식전주로, 또는 식후주로 보드카를 즐긴다.

보드카를 스트레이트로 마시거나 마티니를 만들 때는 그레이 구스(Grey Goose), 프라우다(Pravda) 같은 최고급 브랜드가 유일한 선택지다. 프리미엄 라인이어도 보통 끝

---

16 폴란드 보드카로 주브로는 폴란드와 러시아 국경 사이 국립공원 숲에 서식하는 들소의 이름이다. 술병 라벨에도 들소가 그려져 있고, 즐겨 먹는 풀잎인 바이슨 그라스 한 줄기가 병 안에 들어 있다.

맛이 거친 경향이 있으므로 도스토옙스키다운 순간(고통, 모순 등 복잡한 심리 상태를 말한다)을 겪고 싶은 게 아니라면 칵테일 주조용으로만 사용하자.

보드카를 냉장고나 냉동실에서 차갑게 칠링하는 과정은 풍미를 돋울 뿐만 아니라 보드카 특유의 점도를 높이는 데도 매우 중요한 역할을 한다. 얼음처럼 차가운 보드카를 작은 잔에 따라 니트로 마시는 전통적인 방식이 최고급 보드카를 즐기는 가장 좋은 방법이다. 얼음과 함께 온더락으로 마시는 걸 선호하는 사람들도 있지만, 이 경우 보드카가 지나치게 희석되므로 순수주의자 다수가 신성 모독이라고 생각한다.

보드카를 니트로 즐기거나 마티니를 (저어서) 만드는 데 특히 중요한 부분은 깨끗하게 씻은 유리잔이다. 무향 주방세제를 써서 손으로 잘 닦지 않으면 술을 마실 때 세제 맛이 같이 느껴진다. 칵테일글라스, 3~4온스 용량의 두터운 유리잔, 1온스짜리 컷 크리스털 샷 글라스 등이 보드카를 즐기기에 좋다.

보드카 칵테일

에이전트 오렌지 Agent Orange

보드카 1½oz
그랑 마르니에 ¾oz
쿠앵트로 ¼oz
갓 짠 오렌지즙 또는 주스 ½oz
오렌지 트위스트

얼음을 채운 셰이커에 재료를 넣고 힘차게 셰이킹한다. 칠링한 칵테일 글라스에 스트레이너를 대고 따른다. 오렌지 껍질을 칵테일 위에서 비틀어 트위스트를 만든 후 넣는다.

애플 마티니 Apple Martini 엄밀히 말하면 전혀 마티니 같지 않지만 최근 엄청난 인기를 끌고 있는 칵테일

레귤러 보드카 (또는 애플 보드카) 1½oz
그린 애플 슈냅스 ½oz
사과 퓨레 또는 애플 주스 1oz
갓 짠 레몬즙 또는 주스 ¼oz
얇게 썬 사과 슬라이드 1~2조각

얼음을 채운 셰이커에 재료를 넣고 힘차게 셰이킹한다. 칠링한 칵테일 글라스에 스트레이너를 대고 따른다. 사과 슬라이드로 장식하면 완성이다.

베리에이션: 스파이스 애플 마티니(Spiced Apple Martini)

주브로카 바이슨 그라스 보드카 1½oz
그린 애플 리큐어 ½oz
버터스카치 슈냅스 ¼oz
갓 짠 레몬즙 또는 주스 ¼oz

얼음을 채운 셰이커에 재료를 넣고 힘차게 셰이킹한다. 칠링한 칵테일 글라스에 스트레이너를 대고 따른다.

발레 루스 Ballet Russe

보드카 1oz

크렘 데 카시스 ¾oz

갓 짠 라임즙 또는 주스 1½oz

갓 짠 레몬즙 또는 주스 ½oz

심플 시럽 1oz

얼음을 채운 셰이커에 재료를 넣고 힘차게 셰이킹한다. 칠링한 칵테일 글라스에 스트레이너를 대고 따른다.

베리에이션: **러시안 피즈**(Russian Fizz)는 위 레시피에 진저 에일 3~5oz를 더한 후 스터링한다. 얼음을 채운 하이볼 글라스에 서빙한다.

베이 브리즈 Bay Breeze

보드카 1½

크랜베리 주스 1oz

파인애플 주스 4oz

얼음을 채운 하이볼 글라스에 재료를 넣고 스터링한다.

벨몬트 스테이크스 Belmont Stakes 벨몬트 스테이크스 경마 대회에서 제공되었다.

보드카 1½oz

골드 럼 ½oz

딸기 리큐어 ½oz

갓 짠 라임즙 또는 주스 ½oz

그레나딘 시럽 몇 방울

오렌지 슬라이스

얼음을 채운 셰이커에 재료를 넣고 힘차게 셰이킹한다. 칠링한 칵테일 글라스에 스트레이너를 대고 따른다. 오렌지 슬라이스로 장식하면 완성이다.

블랙 러시안 Black Russian

보드카 1½oz

칼루아 (또는 티아 마리아) ¾oz

레몬 트위스트

셰이커에 액체류 재료를 넣고 얼음과 함께 힘차게 셰이킹한다. 얼음을 채운 올드 패션드 글라스에 스트레이너를 대고 따른다. 레몬 껍질을 칵테일 위에서 비틀어 트위스트를 만든 후 넣는다.

베리에이션: **블랙 매직**(Black Magic)은 신선한 레몬 주스를 조금 추가한다.

화이트 러시안(White Russian)은 헤비 크림 1/2온스를 칵테일 위에 띄워준다.

브라스 몽키 Brass Monkey

보드카 1oz

라이트 럼 ¾oz

갓 짠 오렌지즙 또는 주스 4oz

갈리아노 ½oz

얼음을 채운 하이볼 글라스에 보드카, 럼, 오렌지즙을 넣고 스터링한다. 칵테일 위에 갈리아노를 띄운다.

카이피로스카 Caipiroska 전통적인 카샤사 대신 보드카를 넣어 만든 카이피리냐

라임 1개 (웨지 형태로 잘라 8조각을 준비한다)

설탕 1TBS

보드카 2oz

올드 패션드 글라스에 라임 웨지와 설탕을 넣고 머들링한다. 잔에 크러시트 아이스를 채운 후 보드카를 더하고 스터링한다.

베리에이션: **오렌지 카이피로스카**(Orange Caipiroska)는 레귤러 보드카를 오렌지 또는 만다린 보드카로, 라임을 오렌지 몇 조각으로 대체한다.

블러디 메리

    클래식 칵테일인 블러디 메리(Bloody Mary)는 1930년대 중반 미대륙을 강타한 후 미국인이 가장 좋아하는 술이자 전형적인 브런치 칵테일이 되었다. 1553년 영국 여왕으로 등극해 프로테스탄트를 박해한 것으로 악명 높았던 헨리 7세의 딸 메리 튜더(Mary Tudor)의 이름을 따왔다고 알려졌으며, 이로 인해 그녀에게 '블러디 메리'라는 별명이 붙게 되었다.

    오리지널 블러디 메리는 보드카에 토마토 주스를 섞어 만든 훨씬 더 단순하고 담백한 칵테일로, 주조법 구상을 둘러싼 여러 가지 전설이 있다. 파리 해리스 뉴욕 바의 바텐더 페르낭 피트 페티오(Fernand Pete Petiot)가 1930년 블러디 메리를 처음 만들었다는 이야기가 그중 하나다. 그는 1934년 맨해튼에 입성해 세인트 레지스 호텔 '킹 콜' 바의 바텐더가 되었고, 미국인 단골손님들에게 '레드 스내퍼(Red Snapper)'라는 좀 덜 모욕적인 이름을 붙여 서빙했다. 뉴요커들은 오리지널 칵테일이 밋밋하다고 생각해 더 스파이시한 버전을 요청했다고 한다. 우리가 익히 알고 있는, 헤밍웨이가 좀 더 스파이시한 블러디 메리를 만드는 데 기여했다는 이야기도 전해진다.

보드카 2oz
토마토 주스 4oz
갓 짠 레몬즙 또는 주스 ½oz
호스래디시 ¼ts (가능하다면 갓 갈아 준비한다)
타바스코 소스 2~3대시
우스터 소스 2~3대시
레몬 웨지
셀러리 스틱

셰이커에 재료를 넣고 얼음과 함께 힘차게 셰이킹한다. 얼음을 채운 하이볼 글라스에 스트레이너를 대고 따른다. 레몬 웨지를 칵테일 위에서 짠 후 넣고 셀러리 스틱으로 장식한다.

베리에이션: 블러디 시저(Bloody Caesar) 또는 클램디거(Clamdigger)로도 알려져 있는 **시저(Caesar)**는 토마토 주스를 클라마토 주스로 대체한다.
블러디 마리에(Bloody Marie)는 위 레시피에 아니제트 ½oz를 더한다.
버진 메리(Virgin Mary)는 위 레시피에서 보드카를 뺀다.

도쿄 메리 Tokyo Mary   아시아 스타일로 선보이는 블러디 메리의 강렬한 스파이스 버전

라임 웨지
간 생강 ¼ts
고추냉이 (또는 호스래디시) ½ts
다진 마늘 ½ts
간장 4대시
갓 짠 레몬즙 또는 주스 ½oz
그라인더 후추 한꼬집
레귤러 보드카 (또는 선호하는 풍미의 보드카) 2oz
차가운 토마토 주스 3oz
레몬그라스 줄기

칠링한 하이볼 글라스 테두리를 라임 웨지로 문지른다. 글라스에 생강, 와사비, 마늘, 간장, 레몬즙, 후추를 넣는다. 잔에 얼음을 채우고 보드카와 토마토 주스를 따른 후 스터링한다. 칵테일 위에서 라임 웨지를 짠 후 넣는다. 레몬그라스 줄기를 스터링 스틱처럼 꽂아 장식한다.

케이프 코더 Cape Codder

보드카 2oz

크랜베리 주스 4~5oz

갓 짠 라임즙 또는 주스 ½oz

라임 웨지

셰이커에 액체류 재료를 넣고 얼음과 함께 힘차게 셰이킹한다. 얼음을 채운 하이볼 글라스에 스트레이너를 대고 따른다. 칵테일 위로 라임 웨지를 짠 후 넣는다.

베리에이션: 클럽소다 스플래시를 더하기도 한다.

클래식 마드라스(Classic Madras)는 위 레시피에 오렌지즙이나 주스 2oz를 더한 후 크랜베리 주스를 따르고 천천히 블렌딩한다(스터링하지 않는다).

초콜릿 만다린 마티니 Chocolate Mandarin Martini

오렌지 웨지

달콤한 코코아 파우더 1TBS

보드카 1½oz

고디바 초콜릿 리큐어 1oz

만다린 나폴레옹 리큐어 ¼oz

비터스위트 초콜릿 셰이빙

칠링한 칵테일 글라스 테두리를 오렌지 웨지로 문지른 후 코코아 파우더를 묻혀 리밍한다. 얼음을 채운 셰이커에 액체류 재료를 넣고 힘차게 셰이킹한다. 잔에 스트레이너를 대고 따른다. 비터스위트 초콜릿 셰이빙을 뿌려 장식한다.

초콜릿 마티니 Chocolate Martini

'초코티니(Chocotini)'라고 알려진 궁극의 초콜릿 마티니는 고디바 초콜릿 리큐어가 칵테일에 은은한 갈색빛을 선사한다. 초콜릿 애호가들은 잔에 코코아 파우더를 리밍해 마시기도 한다.

레귤러 보드카 (또는 바닐라 보드카) 1½oz

고디바 초콜릿 리큐어 (또는 다크 크렘 드 카카오) ¼oz

화이트 크렘 드 카카오 ¼oz

비터스위트 초콜릿 셰이빙

얼음을 채운 셰이커에 재료를 넣고 힘차게 셰이킹한다. 칠링한 칵테일 글라스에 스트레이너를 대고 따른다. 칵테일 위에 비터스위트 초콜릿 셰이킹을 뿌려 장식한다.

베리에이션: **클리어 초콜릿 마티니**(Clear Chocolate Martini)는 고디바 리큐어를 크렘 드

카카오로 대체한다. **화이트 초콜릿 마티니**(White Chocolate Martini)는 잔 테두리를 파우더 설탕으로 리밍하고, 고디바 초콜릿 리큐어를 고디바 화이트 초콜릿 리큐어로 대체한 후 크렘 드 바나나 ¼oz를 더한다. 화이트 초콜릿 트러플 셰이빙으로 장식한다.

코스모폴리탄 Cosmopolitan 애호가들 사이에서 '코스모'라는 애칭으로 불리는 코스모폴리탄은 엄청난 인기와 함께 진정한 클래식 칵테일로 거듭났다. 오리지널 코스모폴리탄은 시트론 보드카와 라임즙의 톡 쏘는 맛에 쿠앵트로로 단맛을 더하고 크랜베리 주스를 조금 넣어 살짝 붉은빛이 감돈다. 레시피는 대부분 크랜베리 주스를 강조해 진한 핑크빛이 나는 베리에이션으로 발전했다.

오리지널 코스모폴리탄

시트론 보드카 1½oz
쿠앵트로 1½oz
갓 짠 라임즙 또는 주스 1oz
크랜베리 주스 1~2대시
레몬 트위스트

셰이커에 액체류 재료를 넣고 얼음과 함께 힘차게 셰이킹한다. 칠링한 칵테일 글라스에 스트레이너를 대고 따른다. 레몬 트위스트로 장식한다.

크랜베리 코스모폴리탄

시트론 보드카 2oz
쿠앵트로 ¾oz
크랜베리 주스 1oz
갓 짠 라임즙 또는 주스 1oz
레몬 트위스트

셰이커에 액체류 재료를 넣고 얼음과 함께 힘차게 셰이킹한다. 칠링한 칵테일 글라스에 스트레이너를 대고 따른다. 레몬 트위스트로 장식한다.
베리에이션: 진저 코스모(Ginger Cosmo)는 얇게 썬 생강 슬라이스를 더한 후 액체류 재료를 셰이킹한다. **크랜티니**(Crantini)는 시트론 보드카를 크랜베리 보드카로 대체하고 크랜베리 주스를 2oz, 라임즙을 ½oz로 조절한다.

일렉트릭 레니네이드 Electric Leninade

보드카 1½oz

블루 큐라소 ½oz

스위트 앤 사워 2oz

차가운 세븐업 3~4oz

레몬 웨지

얼음을 채운 하이볼 글라스에 세븐업을 제외한 모든 액체류 재료를 따른 후 스터링한다. 칵테일 위로 세븐업을 붓는다. 레몬 웨지를 짠 후 넣는다.

에스프레소 마티니 Espresso Martini

레귤러 보드카 (또는 바닐라 보드카) 1½oz

에스프레소 (또는 진한 커피) ½oz

칼루아 ½oz

크렘 드 카카오 ½oz

에스프레소 빈 3알

얼음을 채운 믹싱 글라스에 액체류 재료를 넣고 스터링한다. 칠링한 칵테일 글라스에 스트레이너를 대고 따른다. 에스프레소 빈으로 장식하면 완성이다.

베리에이션: 자바니즈 마티니(Javanese Martini, 커피 애호가를 위한 진하고 향기로운 버전)는 칵테일 글라스 테두리를 터비나도 설탕으로 리밍한다. 위 레시피에서 칼루아를 티아 마리아 1oz로 대체하고, 크렘 드 카카오를 뺀다. 레몬 트위스트로 장식한다.

피그 리프 피즈 Fig Leaf Fizz

보드카 1½oz

투아카 ½oz

화이트 크렘 드 카카오 ½oz

탠저린 또는 오렌지맛 탄산음료 2~3oz

오렌지 슬라이스

싱싱한 민트 줄기

셰이커에 보드카, 투아카, 크렘 드 카카오를 넣고 얼음과 함께 힘차게 셰이킹한다. 얼음을 채운 하이볼 글라스에 스트레이너를 대고 따른다. 칵테일 위에 탄산음료를 붓는다. 오렌지 슬라이스와 민트 줄기로 장식한다.

프렌치 마티니 French Martini

보드카 1½

샴보르 ½oz

파인애플 주스 1oz
레몬 트위스트

얼음을 채운 셰이커에 재료를 넣고 힘차게 셰이킹한다. 칠링한 칵테일 글라스에 스트레이너를 대고 따른다. 레몬 껍질을 칵테일 위에서 비틀어 트위스트를 만든 후 넣는다.

골드핑거 Goldfinger

보드카 1½oz
파인애플 주스 1oz
갈리아노 ¾oz

얼음을 채운 셰이커에 재료를 넣고 힘차게 셰이킹한다. 칠링한 칵테일 글라스에 스트레이너를 대고 따른다.

그레이하운드 Greyhound '스크루드라이버(Screwdriver)'의 베리에이션이다. 갓 짠 그레이프프루트즙으로 만들면 더할 나위 없다.

보드카 2oz
갓 짠 그레이프프루트즙 또는 주스 5~6oz

얼음을 채운 하이볼 글라스에 재료를 넣고 스터링한다.

하비 월뱅어 Harvey Wallbanger 1970년대 클래식 칵테일로 스크루드라이버에 갈리아노를 플로팅한 칵테일이 진화해 하비 월뱅어가 되었다.

보드카 1½oz
갓 짠 오렌지즙 또는 주스 4~5oz
갈리아노 ½oz

셰이커에 보드카와 오렌지즙을 넣고 얼음과 함께 힘차게 셰이킹한다. 얼음을 채운 하이볼 글라스에 스트레이너를 대고 따른다. 칵테일 위에 갈리아노를 띄운다.

가미카제 칵테일 Kamikaze Cocktail 슈터의 칵테일 버전

보드카 2oz
쿠앵트로 (또는 트리플 섹) ½oz
갓 짠 라임즙 또는 주스 ¼oz

얼음을 채운 셰이커에 재료를 넣고 힘차게 셰이킹한다. 칠링한 칵테일 글라스에 스트레이너를 대고 따른다.

레몬 드롭 Lemon Drop
새로운 클래식 칵테일로 등극한 레몬 드롭은 달콤하면서도 톡 쏘는 맛과 향이 완벽하게 균형을 이룬다. 보드카에 살얼음이 낄 정도로 몇 시간 냉동실에 넣었다가 만들면 풍미를 한층 더 끌어올릴 수 있다.

레몬 웨지
슈퍼파인 슈가
레몬 보드카 1½oz
그랑 마르니에 (또는 쿠앵트로) 1oz
갓 짠 레몬즙 또는 주스 1½oz
갓 짠 오렌지즙 또는 주스 ½oz
레몬 필 스파이럴

칠링한 라지 칵테일 글라스 테두리를 레몬 웨지로 문지르고 설탕을 묻혀 리밍한다. 얼음을 채운 셰이커에 액체류 재료를 넣고 힘차게 셰이킹한다. 준비한 잔에 스트레이너를 대고 따른 후 레몬 필 스파이럴로 장식한다.

베리에이션: **불프로그**(Bullfrog)는 위 레시피 재료를 셰이킹한 후 얼음을 채운 하이볼 글라스에 따르고 차가운 클럽소다를 붓는다. 칵테일 위로 레몬 웨지를 짠 후 넣는다.

러브 포션 Love Potion

레몬 보드카 1½oz
샹보르 ¾oz
크랜베리 주스 ¾oz

얼음을 채운 셰이커에 재료를 넣고 힘차게 셰이킹한다. 칠링한 칵테일 글라스에 스트레이너를 대고 따른다.

멜론 볼 Melon Ball

보드카 1oz
미도리 또는 기타 멜론 리큐어 1oz
갓 짠 오렌지즙 또는 주스 4oz
오렌지 슬라이스
수박 웨지

셰이커에 액체류 재료를 넣고 얼음과 함께 힘차게 셰이킹한다. 얼음을 채운 와인 글라스에 스트레이너를 대고 따른다. 오렌지 슬라이스와 수박 웨지로 장식하면 완성이다.

메트로폴리탄 Metropolitan '코스모(Cosmo)' 칵테일의 베리에이션으로, 많은 이가 불에 그을린 오렌지 껍질 가니시에서 느껴지는 불맛을 즐긴다.

블랙커런트 보드카 2oz
쿠앵트로 ¾oz
크랜베리 주스 ¾oz
갓 짠 라임즙 또는 주스 ¾oz
얇게 썬 라임 슬라이스 휠 또는 불에 그을린 오렌지 트위스트

얼음을 채운 셰이커에 재료를 넣고 힘차게 셰이킹한다. 칠링한 칵테일 글라스에 스트레이너를 대고 따른다. 칵테일 위에 라임 휠을 띄우거나 불에 그을린 오렌지 트위스트로 장식한다.

모스크바 뮬 Moscow Mule 1940년대 미국에서 보드카의 인기를 끌어올린 칵테일이다. 당시 인기가 없던 스미노프 보드카와 남아도는 생강 맥주를 소진할 목적으로, 하이블라인 수입 회사(Heublein import company)의 존 마틴과 할리우드의 '콕 앤 풀' 레스토랑 소유주 잭 모건이 협력하여 라임을 짜 넣어 창조했다. 모스크바 뮬은 구리 머그잔에 담는 게 가장 좋고, 콜린스 글라스를 사용해도 괜찮다.

보드카 2oz
신선한 라임 주스 ½oz
생강 맥주 (또는 생강 에일) 4oz
라임 웨지

보드카와 라임 주스를 얼음이 가득 찬 하이볼 글라스에 부어준 후, 그 위에 생강 맥주를 넣고 저어준다. 라임 웨지를 칵테일 위에서 짠 후 넣는다.

머드슬라이드 Mudslide

보드카 1oz
칼루아 1oz
베일리스 아이리시 크림 1oz
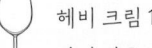
헤비 크림 1oz
달지 않은 코코아 파우더 또는 초콜릿 셰이빙

얼음을 채운 셰이커에 재료를 넣고 힘차게 셰이킹한다. 칠링한 칵테일 글라스에 스트레이너를 대고 따른다. 칵테일 위에 코코아 파우더나 초콜릿 셰이빙을 뿌려 장식한다.

베리에이션: **프로즌 머드슬라이드**(Frozen Mudslide)는 블렌더에 크러시드 아이스 ½컵과 모든 재료를 넣은 후 부드러워질 때까지 블렌딩한다. 칠링한 와인 글라스에 따른다.

너티 마티니 Nutty Martini

보드카 2½oz
프란젤리코 ½oz
오렌지 트위스트

얼음을 채운 믹싱 글라스에 액체류 재료를 넣고 스터링한다. 칠링한 칵테일 글라스에 스트레이너를 대고 따른다. 오렌지 껍질을 칵테일 위에서 비틀어 트위스트를 만든 후 넣는다.

오렌지 마티니 Orange Martini

오렌지 웨지
슈퍼파인 슈가
오렌지 보드카 3oz
릴레 블랑 ¼oz
오렌지 플라워 워터 몇 방울
오렌지 필 스파이럴

칠링한 칵테일 글라스 테두리를 오렌지 웨지로 문지르고 설탕을 묻혀 리밍한다. 얼음을 채운 믹싱 글라스에 액체류 재료를 넣고 스터링한다. 준비한 잔에 스트레이너를 대고 따른다. 오렌지 필 스파이럴로 장식하면 완성이다.

파파야 시트론 칵테일 Papaya Citron Cocktail

시트론 보드카 1½oz
패션푸르트 넥타 4oz
갓 짠 라임즙 또는 주스 1oz
파파야 1½컵 (씨를 제거하고 껍질을 벗긴 다음 막둑썰기한다)
싱싱한 민트 잎 8장
라임 휠
파파야 슬라이스
싱싱한 민트 줄기

블렌더에 가니시를 제외한 모든 재료를 넣고 부드러워질 때까지 블렌딩한다. 얼음을 채운 하이볼 글라스에 따른다. 칵테일 픽에 라임 휠, 파파야 슬라이스, 민트 줄기를 꽂아 장식한다.
베리에이션: 위 레시피에서 보드카만 빼면 멋진 논 알코올 스무디가 된다.

펄 다이버 마티니 Pearl Diver Martini   아시아 전역을 아우르는 칵테일 계의 진주로 진저 인퓨징 보드카에 사케를 플로팅해 만든다. 모모카와 펄 사케를 추천한다.

진저 인퓨징 보드카 2oz
차가운 프리미엄 사케 ½oz
오렌지 트위스트 또는 얇게 썬 설탕에 절인 생강편
얼음을 채운 믹싱 글라스에 보드카를 따르고 스터링한다. 칠링한 칵테일 글라스에 스트레이너를 대고 따른다. 그 위로 사케를 천천히 띄우듯이 따른다. 오렌지 트위스트나 생강편으로 장식한다.

펄 하버 Pearl Harbor

보드카 1½oz
멜론 리큐어 ¾oz
파인애플 주스 1oz
얼음을 채운 셰이커에 재료를 넣고 힘차게 셰이킹한다. 칠링한 칵테일 글라스에 스트레이너를 대고 따른다.

핑크 페티시 Pink Fetish

보드카 1oz
피치 슈냅스 1oz
크랜베리 주스 2oz
갓 짠 오렌지즙 또는 주스 2oz
라임 웨지
셰이커에 액체류 재료를 넣고 얼음과 함께 힘차게 셰이킹한다. 얼음을 채운 올드 패션드 글라스에 스트레이너를 대고 따른다. 칵테일 위에서 라임 웨지를 짠 후 넣는다.

핑크 레모네이드 Pink Lemonade

보드카 1½oz
트리플 섹 ½oz
크랜베리 주스 1oz
갓 짠 레몬즙 또는 주스 ½oz

갓 짠 라임즙 또는 주스 ½oz
차가운 세븐업 4~5oz
레몬 웨지

셰이커에 세븐업을 제외한 모든 액체류 재료를 넣고 얼음과 함께 셰이킹한다. 얼음을 채운 콜린스 글라스에 스트레이너를 대고 따른다. 세븐업을 붓고 부드럽게 스터링한다. 칵테일 위로 레몬 웨지를 짠 후 넣는다.

퍼플 패션 Purple Passion

보드카 2oz
갓 짠 그레이프프루트즙 또는 주스 3oz
차가운 포도 주스 3oz

얼음을 채운 콜린스 글라스에 재료를 따른 후 스터링한다.

라즈베리 민트 마티니 Raspberry Mint Martini

싱싱한 라즈베리 ¼컵
민트 잎 6장
보드카 2oz
크렘 드 프랑부아즈 1oz

칵테일 셰이커에 라즈베리와 민트 잎을 넣고 머들링한다. 얼음과 액체류 재료를 넣고 충분히 셰이킹한다. 칵테일 글라스에 스트레이너를 대고 따른다.

루비 마티니 Ruby Martini

보드카 1½oz
크랜베리 주스 ½oz
블루 큐라소 ½oz
레몬 트위스트

얼음을 채운 믹싱 글라스에 액체류 재료를 넣고 스터링한다. 칠링한 칵테일 글라스에 스트레이너를 대고 따른다. 잔 테두리에 레몬 껍질을 문지르고 칵테일 위에서 비틀어 트위스트를 만든 후 넣는다.

러시안 베어 Russian Bear 벨벳 해머(Velvet Hammer)로 부르기도 한다.

보드카 1oz
브라운 크렘 드 카카오 ¼oz

헤비 크림 1½oz

설탕 1ts

얼음을 채운 셰이커에 재료를 넣고 힘차게 셰이킹한다. 칠링한 칵테일 글라스에 스트레이너를 대고 따른다.

베리에이션: 폴라 베어(Polar Bear)는 브라운 크렘 드 카카오를 화이트 크렘 드 카카오 ¾oz로 대체한다.

러시안 캐딜락 Russian Cadillac

보드카 1oz

갈리아노 ¾oz

화이트 크렘 드 카카오 ¼oz

헤비 크림 1oz

얼음을 채운 셰이커에 재료를 넣고 힘차게 셰이킹한다. 칠링한 칵테일 글라스에 스트레이너를 대고 따른다.

러시안 퀘일루드 Russian Quaalude

프란젤리코 ¾oz

아이리시 크림 리큐어 ¾oz

보드카 ¾oz

셰이커에 재료를 넣고 얼음과 함께 힘차게 셰이킹한다. 칠링한 칵테일 글라스 또는 얼음을 채운 올드 패션드 글라스에 스트레이너를 대고 따른다.

베리에이션: 푸스 카페 스타일로 즐기려면, 재료들을 순서대로 조심스럽게 붓는다.

사케 마티니 Sake Martini

보드카 2oz

드라이 사케 ½oz

플럼 와인 1ts

얼음을 채운 믹싱 글라스에 보드카와 사케를 넣고 스터링한다. 칠링한 칵테일 글라스에 스트레이너를 대고 따른다. 칵테일 위에 플럼 와인을 띄운다.

솔티 도그 Salty Dog

그레이하운드(Greyhound) 칵테일에 소금 리밍을 더한 베리에이션으로, 신선한 그레이프프루트즙으로 만들면 최고다.

레몬 웨지
소금
보드카 2oz
갓 짠 그레이프푸르트즙 또는 주스

칠링한 하이볼 글라스 테두리를 레몬 웨지로 문지르고 소금을 묻혀 리밍한다. 잔에 얼음을 채우고 보드카와 그레이프푸르트즙을 따른 후 스터링한다. 칵테일 위로 레몬 웨지를 짠 후 넣는다.

베리에이션: 칵테일 글라스에 담으려면 보드카 2온스와 신선한 자몽 주스 2온스를 넣은 후 칠링한 칵테일 글라스에 스트레이너를 대고 따른다.

레몬 독(Lemon Dog)은 일반 보드카 대신 시트론 보드카를 사용한다.

스크루드라이버 Screwdriver 1950년대 이란에서 일하던 미국인 석유 굴착 장비 작업자들이 보드카와 오렌지 주스를 섞어 저을 때 스크루드라이버를 사용한 데서 따온 이름이라는 이야기가 전해진다. 이 이름과 맛은 느긋한 일요일 브런치 칵테일에 딱 맞는 클래식 하이볼이 되었다. 신선한 오렌지즙을 써야 제대로 즐길 수 있다.

보드카 2oz
갓 짠 오렌지즙 또는 주스 4~6oz
오렌지 슬라이스

얼음을 채운 하이볼 글라스에 보드카와 오렌지즙을 넣고 스터링한다. 오렌지 슬라이스로 장식하면 완성이다.

베리에이션: **슬로우 컴포터블 스크루**(Slow Comfortable Screw)는 위 레시피에 슬로 진 ½oz와 서던 컴포트 ½oz를 더한다.

코드리스 스크루드라이버(Cordless Screwdriver, 슈터 스타일 버전)는 420p 참조

씨 브리즈 Sea Breeze 여름에 즐기는 클래식 하이볼 칵테일

보드카 1½oz
갓 짠 그레이프푸르트즙 또는 주스 3oz
크랜베리 주스 2oz
라임 웨지

얼음을 채운 하이볼 글라스에 액체류 재료를 넣고 스터링한다. 라임 웨지로 잔 테두리를 적시고 칵테일 위에서 짠 다음 넣는다.

섹스 온 더 비치 Sex on the Beach 새로운 클래식 하이볼인 섹스 온 더 비치는 슈터 (427p) 방식을 포함, 수많은 버전이 존재한다.

섹스 온 더 비치 #1 씨 브리즈(Sea Breeze)의 좀 더 정교한 버전

보드카 1oz
피치 슈냅스 1oz
갓 짠 그레이프프루트즙 또는 주스 3oz
크랜베리 주스 3oz
마라스키노 체리

얼음을 채운 하이볼 글라스에 모든 액체류 재료를 넣고 스터링한다. 체리로 장식하면 완성이다.

섹스 온 더 비치 #2

위 레시피에 갓 짠 오렌지즙 또는 주스 3oz를 더한다.

섹스 온 더 비치 #3

보드카 1oz
샹보르 ½oz
멜론 리큐어 ½oz
파인애플 주스 1oz
크랜베리 주스 ¼oz

얼음을 채운 셰이커에 크랜베리 주스를 제외한 모든 재료를 넣고 힘차게 셰이킹한다. 칠링한 칵테일 글라스에 스트레이너를 대고 따르거나 선호하는 경우, 하이볼 글라스에 얼음을 넣고 그 위에 따른다. 칵테일 위에 크랜베리 주스를 띄우듯 따른다.

산토리 칵테일 Suntory Cocktail 인기 있는 멜론 리큐르인 미도리를 생산하는 일본 증류소 이름을 딴 칵테일

레몬 보드카 1½oz
미도리 (또는 기타 멜론 리큐어) 1oz
갓 짠 그레이프프루트즙 또는 주스 1oz

얼음을 채운 셰이커에 재료를 넣고 힘차게 셰이킹한다. 칠링한 칵테일 글라스에 스트레이너를 대고 따른다.

베스파 Vespa
보드카 2oz
바나나 리큐어 1oz
차가운 진저 에일 3~5oz

얼음을 채운 콜린스 글라스에 재료를 넣고 스터링한다.

보드카 김렛 Vodka Gimlet
진 베이스로 만든 클래식 김렛의 보드카 버전이다. 김렛의 시그니처 재료인 로즈 라임 주스를 사용한다.

보드카 1½oz
로즈 라임 주스 1½oz

얼음을 채운 믹싱 글라스에 재료를 넣고 스터링한다. 칠링한 칵테일 글라스에 스트레이너를 대고 따른다.

보드카 토닉 Vodka Tonic
진 마티니보다 보드카 마니티를 선호하는 사람이라면 의심할 여지 없이 클래식 진토닉보다 이 보드카 토닉을 즐길 것이다. 더 청량한 라임 향을 느끼고 싶다면 라임즙을 몇 번 더 짜도 좋다.

라임 웨지 1~3조각
보드카 2oz
차가운 토닉 워터 3~5oz

라임 웨지로 칠링한 하이볼 글라스 테두리를 문지른 후 잔에 넣는다. 얼음을 채우고 보드카를 따른 후 토닉 워터를 붓는다. 칵테일 위에 남은 라임 웨지를 짠 후 넣으면 완성이다.

월넛 마티니 Walnut Martini
보드카 1½oz
투아카 ¾oz
월넛 리큐어 ¼oz
오렌지 트위스트

얼음을 채운 셰이커에 재료를 넣고 힘차게 셰이킹한다. 칠링한 칵테일 글라스에 스트레이너를 대고 따른다. 오렌지 껍질을 칵테일 위에서 비틀어 트위스트를 만든 후 넣는다.

보드카 마티니

보드카티니(Vodkatini)로도 알려진 보드카 마티니는 맑고 깨끗한 맛의 칵테일로 1950년대 후반 제임스 본드와 스미노프 보드카 덕분에 러시아 보드카를 마시는 게 멋있다는 인식이 대중문화에 널리 퍼지면서 전통적인 진 마티니의 인기를 압도적으로 능가하기 시작했다.

보드카 마티니는 흔들어서: 진 마티니를 즐기는 사람들은 진에 멍이 들지 않도록 조심스레 저어서 만드는 걸 선호하지만, 보드카 마티니를 마시는 사람은 대부분 제임스 본드의 말에 동의한다. 세 부분으로 나뉜 스테인리스 스틸 셰이커에 크랙트 아이스 또는 정수한 물로 만든 깨끗한 아이스 큐브를 채운다. 얼음이 녹기 시작하기 전에 재료를 셰이커에 붓고, 셰이커에 서리가 어릴 때까지 약 12~15회 정도 힘차게 셰이킹한다. 냉동실에서 막 꺼낸 칠링한 칵테일 글라스에 재빠르게 스트레이너를 대고 따른다.

〈보드카 마티니의 고전적인 주조 비율〉

보드카 2oz
드라이 베르무트 ½oz
레몬 트위스트 (또는 그린 칵테일 올리브)

얼음을 채운 믹싱 글라스에 액체류 재료를 넣고 스터링한다. 칠링한 칵테일 글라스에 스트레이너를 대고 따른다. 레몬 껍질을 테두리에 문지르고 칵테일 위에서 비틀어 트위스트를 만든 후 넣거나 올리브로 장식한다.

베리에이션: 캥거루(Kangaroo)는 클래식 보드카 마티니보다 덜 드라이하다. 보드카 1½oz, 드라이 베르무트 ¾oz를 위 레시피대로 주조한다.
더티 보드카 마티니(Dirty Vodka Martini)는 위 레시피에 그린 올리브 병에 담긴 주스를 몇 방울 더한다.
본 드라이 보드카 마티니("bone-dry" Vodka Martini)는 차가운 보드카를 니트로 홀짝이며 마시면 최고다.

워터멜론 Watermelon

보드카 1oz
멜론 리큐어 1oz
크랜베리 주스 2oz
그레나딘 시럽 몇 방울

셰이커에 재료를 넣고 얼음과 함께 힘차게 셰이킹한다. 얼음을 채운 콜린스 글라스에 스트레이너를 대고 따른다.

화이트 클라우드 White Cloud

보드카 1½oz
크렘 드 카카오 ¾oz
파인애플 주스 2oz
헤비 크림 ¾oz

셰이커에 재료를 넣고 얼음과 함께 힘차게 셰이킹한다. 얼음을 채운 하이볼 글라스에 스트레이너를 대고 따른다.

화이트 러시안 White Russian

클래식 칵테일인 화이트 러시안을 제대로 즐기는 세 가지 방법 : 얼음과 함께 즐기기, 우아하게 스트레이트로 즐기기, 거품이 일도록 섞어서 즐기기

보드카 2oz
칼루아 1oz
헤비 크림 1oz

얼음과 함께 즐기기: 얼음을 채운 올드 패션드 글라스에 보드카와 칼루아를 따르고 스터링한다. 칵테일 위에 크림을 띄운다.

스트레이트로 즐기기: 얼음을 채운 믹싱 글라스에 보드카와 칼루아를 따른 후 스터링한다. 칠링한 셰리 글라스에 스트레이너를 대고 따른다. 칵테일 위에 크림을 띄운다.

섞어서 즐기기: '러시안 커피(Russian Coffee)'로도 알려져 있다. 블렌더에 크러시드 아이스 ½컵과 재료를 넣고 부드러워질 때까지 블렌딩한다. 칠링한 칵테일 글라스에 따른다.

화이트 스파이더 White Spider 전형적인 나이트캡 칵테일로 수많은 보드카 스팅어 버전 중 하나다. 보통 크렘 드 멘테보다 페퍼민트 슈냅스를 선호하며 어떤 이들은 업스타일을, 어떤 이들은 크러시드 아이스와 함께 즐기는 걸 좋아한다.

보드카 2oz
페퍼민트 슈냅스 (또는 화이트 크렘 드 멘테) ¾oz
싱싱한 민트 줄기

셰이커에 액체류 재료를 넣고 얼음과 함께 힘차게 셰이킹한다. 얼음을 채운 올드 패션드 글라스 또는 칠링한 칵테일 글라스에 스트레이너를 대고 따른다. 민트 줄기로 장식하면 완성이다.

베리에이션: **민트 마티니**(Mint Martini)는 페퍼민트 슈냅스 양을 1¼로 늘리고 칠링한 칵테일 글라스에 서빙한다. **그린 스파이더**(Green Spider)는 페퍼민트 슈냅스를 페퍼민트 시럽 ¾oz로 대체하고 토닉 워터를 더한다. **그린 러시안**(Green Russian)은 페퍼민트 슈냅스를 그린 크렘 드 멘테로 대체한다.

우 우 Woo Woo '우 우 슈터'도 참조하자(429p).

보드카 1¼oz
피치 슈냅스 ¾oz
크랜베리 주스 3oz

셰이커에 재료를 넣고 얼음과 함께 힘차게 셰이킹한다. 얼음을 채운 하이볼 글라스에 스트레이너를 대고 따른다.

옐로우 피버 Yellow Fever

보드카 1½oz
갈리아노 ½oz
갓 짠 라임즙 또는 주스 ½oz
파인애플 주스 1oz

얼음을 채운 셰이커에 재료를 넣고 힘차게 셰이킹한다. 칠링한 칵테일 글라스에 스트레이너를 대고 따른다.

위스키

부드럽게 굴곡진 푸르른 언덕, 아일랜드 특유의 안개, 스코틀랜드의 이탄 습지, 켄터키 더비를 떠오르게 하는 위스키는 다채롭고 풍부한 혈통을 지니고 있으며, 잔에 담겨 은은한 호박색과 함께 특유의 빛나는 온기를 선사한다.

위스키의 고대 기원은 켈트족이 최초로 위스키를 만들었던 12세기 무렵(일부는 6세기라고도 한다) 아일랜드의 에메랄드 제도로 거슬러 올라간다. 증류주를 의미하는 '우스게 바하(uisge beatha)' 또는 '이스키 바하(uisce beatha)'라는 용어는 게일어로 '생명의 물'을 뜻하며, '이스-키'라는 발음이 '위스키(whiskey)'가 되었다. 위스키의 영문 철자는 지역에 따라 조금씩 다르다. 아일랜드와 미국은 'whiskey'로, 영국, 스코틀랜드, 캐나다는 e를 지운 'whisky'로 적는다.

위스키는 옥수수, 호밀, 귀리, 밀, 보리 같은 곡물을 발효한 후 으깨서 만든다. 사용하는 곡물에 따라 위스키의 맛과 종류가 달라진다. 전통적인 단식 증류기에서 보다 현대적인 연속 증류기까지 생산 방식은 다양하지만, 모두 배럴 또는 캐스크에서 숙성한다는 점은 같다. 나무의 종류, 배럴의 크기, 숙성 기간 등 모든 요소가 위스키의 독특한 색감, 향, 맛을 결정짓는다.

일반적으로 스코틀랜드나 아일랜드에서 생산하는 위스키는 맥아 보리로 제조하며, 미국 위스키는 보통 호밀, 옥수수, 밀을 증류해서 만든다. 특히 옥수수로는 버번이나 테네시 위스키 같은 좀 더 단맛이 나는 위스키를 생산한다. 블렌디드 위스키와 스트레이트 위스키는 미묘하게 다른 점이 아주 많지만, 여기서는 종류에 따른 기본적인 차이 및 니트로 마시거나 칵테일로 섞어 마시기에 적합한 위스키를 위주로 다룬다.

스트레이트 위스키

미국 기준으로 스트레이트 위스키는 최소 51%의 단일 곡물로 제조해 2년 이상 오크통에서 숙성한 위스키를 의미한다. 같은 증류소에서 같은 증류 기간에 제조한 경우에만 혼합이 가능하다. 버번위스키, 테네시 위스키, 라이 위스키가 스트레이트 위스키에 속한다.

블렌딩하지 않은 스카치위스키는 '싱글 몰트 스카치위스키'라고 부른다. 싱글 몰트 아이리시 위스키 역시 단일 증류 위스키에 속한다.

블렌딩하지 않은 버번위스키는 '싱글 배럴 버번위스키'라고 부른다. 같은 캐스크에서 숙성하고 보틀링하지만 다른 버번과 혼합하지 않는다. 이와 동일하게 정제 과정을 거친 프리미엄급 단일 스몰 배치 버번위스키 역시 블렌딩하지 않으며, 한 증류소에서 생산한 몇 가지 고품질 배럴을 조합해 생산한다.

블렌디드 위스키

곡물을 섞어 만든 위스키를 블렌디드 위스키라고 한다. 쓰임새가 다양하고 인기가 많은 블렌디드 위스키는 스트레이트보다 바디감이 가볍고 부드러우며, 스트레이트 위스키와 뉴트럴 그레인 증류주를 블렌딩한 값싼 위스키부터 니트로 즐기기에 충분한 하이앤드급까지 종류가 무궁무진하다.

바톤 리저브(Barton Reserve)와 듀어스(Dewar's) 같은 블렌디드 위스키는 클래식 맨해튼 칵테일의 주재료로 쓰며 니트로 즐기기에도 좋다. 씨그램의 세븐 크라운

(Seagram's 7 Crown)과 짐빔(Jim Beam) 위스키는 섞어 마시는 칵테일에 제격이다.

아이리시 위스키

아일랜드 사람이라면 누구나 말하듯 아일랜드는 위스키 증류의 발상지이다. 아일랜드 수사들은 '이스키 바하(uisce beatha)'의 증류가 기원후 6세기까지 거슬러 올라간다고 말한다. 보통 생보리와 맥아 보리 등 발효한 곡물을 블렌딩한 후 단식 증류기에서 3번의 정제 과정을 거쳐 최종적으로 나무 캐스크에서 최소 3년 정도 숙성한다. 맥아를 이탄인 피트에서 그을려 스모키한 풍미를 내는 스카치위스키와 달리 아이리시 위스키는 석탄이나 가스로 밀폐한 가마에서 보리를 구워 깔끔한 보리의 풍미와 꿀을 바른 비스킷의 기분 좋은 몰트 향이 떠오르는 부드러움을 선사한다.

단식 증류, 곡물, 몰트 위스키 등 세 가지 스타일의 위스키로 만드는 블렌디드 아이리시 위스키는 아일랜드에서 생산하는 위스키의 대부분을 차지하지만 탈라모어 듀(Tullamore Dew), 부쉬밀(Bushmills) 같은 싱글 몰트 아이리시 위스키도 찾아볼 수 있으며 점차 인기를 얻고 있다.

여기에 프리미엄급 싱글 몰트 아이리시 위스키 몇 가지를 소개한다.

- **제임슨 1780 리저브 12년**(Jameson 1780 Reserve): 스파이시하고 맛과 향이 풍부하다. 은은한 우디 향이 가미된 달콤함이 느껴진다.
- **미들톤 베리 레어 레드브레스트 12년**(Midleton Very Rare Redbreast) : 구운 살구와 스파이시한 풍미를 낸다.
- **탈라모어 듀**(Tullamore Dew) : 버번, 포트, 셰리 캐스크에서 4~7년간 숙성해 부드럽고 세련된 풍미를 선사한다.
- **부쉬밀**(Bushmills) : 1608년 설립된 아일랜드에서 가장 오래된 증류소로 알려져 있다. 21년 숙성한 것을 최고로 치며 가벼운 바디감과 말린 열대 과일, 톡 쏘는 소금과 미네랄의 풍미를 느낄 수 있다.

- **코네마라**(Connemara) : 스카치위스키와 비슷하다. 좀 더 부드러운 아일레이 몰트처럼 스모키하고 피트향이 나며 꿀을 발라 구운 견과류, 말린 과일의 풍미를 느낄 수 있다.

스카치위스키

> 스코틀랜드의 하일랜드 지역 사람들은 두 가지 벗긴 것을 좋아하는데, 몰트 위스키가 그중 하나다.
>
> — 스코틀랜드 속담

스카치위스키는 맥아 보리로 만든 몰트 위스키이다. 맥아 보리를 으깨고 발효해 증류하기 전 이탄 불인 피트에 그을려 특유의 스모키한 풍미를 지닌다. 증류액은 배럴에 담겨 10~18년, 프리미엄급은 그 이상 숙성을 거치면서 주변 공기와 나무의 풍미가 더해진다. 위스키는 숙성을 거치며 시간이 지나면 알코올이 증발해 날아가고 배럴의 윗부분에 공간이 생기는데, 이를 '천사의 몫(angel's portion)'이라고 부른다. 일부 증류소에서는 간혹 인공 캐러멜 착색제를 사용해 단맛을 더하기도 한다.

---------- 싱글 몰트 VS 블렌디드 ----------

스카치위스키를 한 모금 음미하면 스코틀랜드의 특정 지역이 가진 모든 특색을 경험할 수 있다. 헤더가 우거진 하이랜드부터 짭짤한 바다 내음이 가득한 아일레이섬까지, 싱글 몰트 위스키는 저마다 서로 다른 독특함을 지니고 있어 스카치위스키를 생산하는 여러 지역을 마치 가상으로 여행하듯 미각의 여정을 즐길 수 있다.

반면 블렌디드 스카치위스키는 스코틀랜드의 다양한 지역, 서로 다른 증류소에서 온 곡물 위스키의 조합이다. 블렌디드 위스키에는 기술의 미학이 있다. 최고급 위스키는 복잡 미묘하면서도 부드러워 시장의 90%를 장악하고 있을 정도로 인기가 많다. 높은 평가를 받는 블렌디드 스카치위스키 브랜드에는 조니워커 블랙라벨, 듀어스, 시바스리갈 등이 있다.

그러나 위스키 전문가들은 브렌디드 위스키는 맛과 향이 너무 균질화되었다고 생각해 저마다 독특한 스타일을 가진 싱글 몰트 위스키를 선호한다. 최고의, 그리고 가장 정제된 증류주를 찾으려는 사람들로 소형 수제 증류소가 인기를 얻는 추세이며, 이를 반영하듯 싱글 몰트 위스키 시장이 급성장 중이다.

이어서 전통적으로 위스키 생산을 위해 지정된 지역과 각각 다른 싱글 몰트 위스키 스타일을 설명하겠지만, 개개인이 취향에 맞는 위스키를 찾는 가장 좋은 방법은 단순하다. 직접 마셔보자.

하이랜드

스코틀랜드 북부에 위치한 이 지역은 아일레이섬의 소금기를 머금은 바다 공기에 실린 헤더 향과 꽃내음, 상쾌함이 느껴지는 독특한 풍미를 가진 스카치위스키를 생산한다. 인기 있는 하이랜드 위스키인 글렌모렌지(Glenmorangie)가 좋은 예로, 부드럽고 꽃내음과 우디향이 풍부하다. 하이랜드 파크(Highland Park) 12년은 하이랜드 위스키보다 훨씬 북쪽인 오크니 지역에서 생산하며 셰리 같은 달콤함이 더해진 피트향이 특징이다.

로우랜드

스코틀랜드 남부 지역에서 생산하는 스카치위스키는 가벼운 바디감에 옅고 보다 맑은 색을 띠며 향긋하고 피트 향이 거의 느껴지지 않는다. 오번(Oban), 조니 워커(Johnny Walker)가 대표적인 브랜드이다.

아일레이섬과 기타 스코틀랜드 섬

아일레이섬의 위스키는 이탄 늪지와 소금기를 머금은 바다 안개의 풍미가 특징인 전형적인 섬 스타일 스카치위스키로, 스모키하고 피트 향이 느껴지며 해초와 바다 내음이 물씬 풍긴다.

'아이-러(Eye-luh)'로 발음하는 아일레이는 스코틀랜드 남서부 해안에 있는 섬으로, 남쪽 해안에 위치한 증류소에서 라프로익(Laphroaig), 라가불린(Langalvulin), 아드벡

(Ardbeg) 등을 생산한다. 섬의 중심에 있는 증류소에서 만드는 보모어(Bowmore)는 정향과 각종 향신료의 풍미가 좀 더 두드러진다.

스카이섬에서 좀 더 북쪽으로 올라가면 로버트 루이스 스티븐슨(Robert Louis Stevenson, 〈보물섬〉을 쓴 영국의 소설가 겸 시인)이 가장 좋아하던 스모키한 풍미에 해초 내음과 후추향이 가득한 위스키를 생산하는 탈리스커(Talisker) 증류소가 있다.

여기에 홀짝거리며 즐기기 좋은 싱글 몰트 스카치위스키 몇 가지를 더 소개한다.

아벨라워(Aberlour) 10년, 발베니(Balvenie) 15년, 벤리악(Benriach), 보모어, 카듀(Cardhu), 크라간모어(Cragganmore) 12년, 글렌드로낙(Glendronach) 12년, 글렌피딕(Glenfiddich), 글렌킨치(Glenkinchie), 글렌리벳(Glenlivet) 12년, 글렌모렌지(Glenmorangie)

아메리칸 위스키

버번위스키

민트 줄렙과 더비 칵테일로 대변되는 미국인들의 로망은 켄터키주 버번 카운티에서 처음 만들고 그 지역의 이름을 딴, 그야말로 미국적인 위스키와 불변의 관계를 맺고 있다. 버번위스키라고 부르려면 켄터키주에서 생산해야 하고, 옥수수 배합 비율이 적어도 51% 이상이어야 한다. 버번위스키는 검게 그을린 아메리칸 화이트 오크 배럴에서 4년간 숙성해야 하며, 다른 뉴트럴 곡물 증류주와 절대 섞지 않는다.

맛과 향이 가장 좋은 버번위스키는 일반적으로 노브 크릭(Knob Creek)과 같은 싱글 배럴 또는 스몰 배치로 생산한 버번위스키이다. 이러한 버번은 금주법 시대 이전 고급 버번위스키의 전통적인 모양, 느낌, 맛, 심지어 100프루프에 달하는 높은 도수까지 그대로 간직하고 있다는 의미이다. 싱글 배럴과 스몰 배치 버번위스키는 스카치위스키보다 풍미가 가벼울 수 있지만, 위스키 전문가들에게 꽤 높은 평가를 받는 편이다.

니트로 즐기기 좋은 버번위스키를 몇 가지 소개한다. 프리미엄급 스몰 배치 버번인 노브 크릭(Knob Creek) 9년은 메이플 시럽, 구운 견과류, 오렌지 껍질, 향신료, 바닐라의 풍미가 그윽하다. 우드포드 리저브(Woodford Reserve)는 오렌지와 꿀내음이 가득하다. 메이커스 마크(Maker's Mark)는 적당한 가격에 프리미엄급 품질을 가진 버번 위스키로 시나몬 풍미를 느낄 수 있다. 싱글 배럴 버번위스키인 일라이저 크레이그(Elijah Craig) 18년은 견과류가 섞인 바닐라 풍미가 두드러진다. 블랑톤(Blanton's) 역시 훌륭한 싱글 배럴 버번이다. 칵테일 주조에는 짐 빔(Jim Beam)처럼 가격이 중간대보다 더 낮으면서도 가성비가 뛰어난 버번위스키가 제격이다.

라이 위스키

버번위스키와 비슷하지만 정제하지 않은 오리지널 아메리칸 위스키인 라이는 주로 호밀로 만들며 다른 뉴트럴 스피릿과 혼합해 맵싸하고 달콤 쌉싸름한 풍미가 특징이고, 다른 위스키에 비해 묵직한 바디감을 자랑한다. 라이 위스키는 호밀 배합 비율이 최소 51% 이상이어야 하며, 오크 배럴에서 최소 2년 이상 숙성한다. 종종 블렌딩에 호밀을 사용하는 캐나디안 위스키와 혼동하는 경우가 있다.

테네시 위스키

때로 테네시 버번위스키 또는 사워 매시 위스키로도 불리는 스트레이트 위스키로 버번과 비슷하다. 사탕단풍나무 숯으로 만든 필터에 천천히 여과하는 과정을 링컨 카운티 프로세스(Lincoln County Process)라고 하는데 이 과정을 거치면 좀 더 달콤하고 부드러우며 가벼운 풍미가 느껴진다. 곡물, 보통 옥수수 배합 비율이 최소 51% 이상이며, 시큼한 맥아즙과 효모로 만들어 오크통에서 최소 2년 이상 숙성한다. 잘 알려진 브랜드로는 잭 다니엘(Jack Daniel's), 잭 다니엘의 프리미엄급 브랜드인 젠틀맨 잭(Gentleman Jack), 조지 디켈(George Dickel) 등이 있다.

캐나디안 위스키

캐나다 위스키는 일반적으로 라이 위스키와 옥수수를 배합한 버번 같은 위스키를 중성 증류주와 혼합해 만든다. 가장 좋은 캐나디안 위스키는 라이 위스키의 맵싸하고 달콤하며 쌉싸름한 풍미, 버번위스키의 바닐라 향과 달콤함을 함께 떠올리게 한다. 라이 위스키를 주문하면 때때로 캐나디안 위스키가 나오는 경우가 있는데, 미국의 스트레이트 라이 위스키와 혼동하지 않도록 한다.

캐나디안 위스키는 평균적으로 15~20여 종의 다른 위스키를 블렌딩하며, 두드러지는 풍미 없이 가벼운 바디감에 은은한 맛과 향을 느낄 수 있다. 가령 씨그램은 옥수수, 호밀, 밀, 보리 등으로 만든 서로 다른 50여 종의 스트레이트 위스키를 복합적으로 블렌딩한다. 그 밖에는 캐나디안 클럽(Canadian Club), 크라운 로열(Crown Royal) 등이 있다.

일본 위스키

오사카의 산토리 위스키는 니트로 즐기기에 좋은 위스키로 미국에서 인기다. 산토리 야마자키(Suntory Yamazaki) 싱글 몰트와 퓨어 몰트 위스키 12년은 나무, 달콤한 과일, 향신료가 어우러져 감미로운 풍미를 자랑한다. 산토리 하쿠슈(Suntory Hakushu)와 부드럽고 달지 않은 블렌디드 위스키인 산토리 히비키(Suntory Hibiki)도 있다.

위스키 베이스 리큐어

록 앤 라이(Rock and Rye)는 라이 위스키를 베이스로 한 시트러스 풍미가 가득한 리큐어이다. 병에 록 캔디가 들어 있다(241p 참조).

---------- 서던 컴포트 ----------

서던 컴포트는 엄밀히 말하면 리큐어에 속하지만, 인기가 많은 위스키 베이스의 아메리칸 증류주로 다양한 칵테일에 영감을 불어 넣어 위스키 섹션으로 분류했다. 아메리칸 위스키, 특히 버번위스키로 만드는 서던 컴포트는 달콤하고 부드러우며 복숭아와 오렌지 풍미가 가득하다. 가장 오래된 아메리칸 리큐어로 뉴올리언스에서 위스키에 복숭아즙을 섞은 전통적인 칵테일이 진화해 만들어졌다. 미국 남부에서 자라는 무성한 복숭아를 생각하면 자연스러운 조합이다. 원래 뉴올리언스에서 생산했지만, 지금은 잭 다니엘 같은 테네시 블렌디드 위스키를 만드는 증류소에서 생산한다.

다른 위스키 베이스 리큐어로는 드람부이(Drambuie, 236p), 글레이버(Glayva, 237p), 아이리시 미스트(Irish Mist, 237p), 와일드 터키 리큐어(Wild Turkey Liqueur) 등이 있다.

위스키를 서빙하고 즐기는 법

몇 가지 예외를 제외하고, 칵테일에는 블렌디드 위스키가 가장 적합하다. 조니 워커 레드 라벨, 페이머스 그라우스, 듀어스, 화이트 호스 등과 같은 고급 블렌디드 위스키와 아이리시 위스키, 그리고 캐나디안 클럽 같은 캐나디언 위스키가 시트러스 과일즙, 시럽, 그레나딘 시럽 등과 같이 믹서와 사용하기에 좋다. 라이 위스키와 테네시 위스키처럼 독특한 풍미의 강렬한 스트레이트 위스키도 칵테일과 잘 어울린다.

프리미엄급 버번과 스카치위스키로 풍미가 더없이 좋아지는 몇몇 칵테일 외에 정제한 싱글 몰트 스카치위스키나 하이 앤드급 스몰 배치 버번위스키를 칵테일에 쓴다는 건 절대적으로 무의미할 뿐만 아니라 말할 것도 없이 신성 모독에 가깝다. 가령 조니워커 골드처럼 좋은 블렌디드 스카치위스키를 얼음이 든 잔에 클럽소다 스플래시와 함께, 혹은 맨해튼 칵테일로 즐기는 건 완벽하게 적절하다. 또 적당한 가격의 스몰 배치 버번 역시 민트 줄렙이나 사제락을 만들기에 제격이다. 하지만 보모어 17년처럼 좋은 싱글 몰트 스카치위스키는 잘 아껴두었다가 니트로 마셨으면 한다.

싱글 몰트 스카치위스키와 스몰 배치 버번위스키는 상온으로, 향기를 잘 잡아줄 수 있는 튤립 모양의 셰리 코피타 글라스에 따라 니트로 서빙한다. 전문가 다수가 위스키에 생수를 살짝 더해 마시면 향과 맛을 더 잘 느낄 수 있다고 제안한다. 향이 잘 퍼지도록 잔 바닥에 손을 대서 위스키를 약간 따뜻하게 만드는 방법도 있다.

다양한 칵테일에 필요한 위스키 종류는 클래식 레시피를 기반으로 한다. 가령 블라니 스톤에는 아이리시 위스키, 맨해튼에는 블렌디드 위스키, 민트 줄렙에는 버번위스키가 적절하다. 다른 위스키로 만들면 클래식 칵테일이라고 부르기 어렵다. 하지만 위스키의 종류가 다채롭다는 점을 고려할 때 위스키 베이스 칵테일은 변화무쌍한 특징을 지니고 있으며, 심지어 클래식으로 분류하는 칵테일도 각자의 선호도에 따라 한 번, 또는 여러 번 바뀔 수 있다. 버번이나 라이, 아니면 스카치위스키로 만든 위스키 사워를 좋아할 수도 있고, 올드 패션드 칵테일은 원래 버번위스키 베이스였지만, 요즘 레시피 대부분은 블렌디드 캐나다 위스키를 선호하는 식으로 말이다.

위스키 칵테일

앨라배마 슬래머 Alabama Slammer

서던 컴포트 1oz
아마레토 1oz
슬로 진 ½oz
갓 짠 오렌지즙 또는 주스 1oz

셰이커에 재료를 넣고 얼음과 함께 힘차게 셰이킹한다. 얼음을 채운 하이볼 글라스나 얼음을 넣지 않은 톨 샷 글라스에 스트레이너를 대고 따른다.

알곤킨 Algonquin   1920년대 만남의 장소로 유명했던 뉴욕 알곤킨 호텔의 이름을 딴 칵테일이다. 스스로 '악순환'이라고 지칭하던 도로시 파커, 에드나 페버, 로버트 E. 셔우드를 포함한 작가, 비평가, 시인들의 악명 높은 문학 '원탁회의'가 열리곤 했다.

라이 (또는 블렌디드 위스키) 2oz
드라이 베르무트 ½oz
파인애플 주스 1oz

얼음을 채운 믹싱 글라스에 재료를 넣고 스터링한다. 칠링한 칵테일 글라스에 스트레이너를 대고 따른다.

아말피 칵테일 Amalfi Cocktail

버번위스키 1½oz
갓 짠 레몬즙 또는 주스 1oz
갈리아노 ½oz
오르가트 시럽 1ts
차가운 클럽소다 3~5oz

셰이커에 클럽소다를 제외한 모든 재료를 넣고 얼음과 함께 힘차게 셰이킹한다. 얼음을 채운 하이볼 글라스에 스트레이너를 대고 따른다. 칵테일 위로 클럽소다를 붓고 부드럽게 스터링한다.

벨몬트 브리즈 Belmont Breeze
'벨몬트 스테이크스(Belmont Stakes)'의 새로운 공식 칵테일로 뉴욕의 마스터 믹솔로지스트인 데일 디그로프(Dale DeGroff)가 선보였다.

블렌디드 아메리칸 위스키 1½oz
하베이스 브리스톨 크림 쉐리 ¾oz
갓 짠 레몬즙 또는 주스 ½oz
심플 시럽 1oz
갓 짠 오렌지즙 또는 주스 1½oz
크랜베리 주스 1½oz
차가운 세븐업 1oz
차가운 클럽소다 1oz
딸기
레몬 슬라이스
민트 줄기

셰이커에 세븐업과 클럽소다를 제외한 모든 재료를 넣고 얼음과 함께 힘차게 셰이킹한다. 얼음을 채운 하이볼 글라스에 스트레이너를 대고 따른다. 칵테일 위로 세븐업과 클럽소다를 따른 후 스터링한다. 딸기, 레몬 슬라이스, 민트 줄기로 장식하면 완성이다.

벤트 네일 Bent Nail
'맘마마타와(Mammamattawa)'라고도 부른다.

캐나디안 블렌디드 위스키 1½oz
드람부이 ½oz
키르슈 ¼oz

얼음을 채운 셰이커에 재료를 넣고 힘차게 셰이킹한다. 칠링한 칵테일 글라스에 스트레이너를 대고 따른다.

블라니 스톤 Blarney Stone
아이리시 위스키 2oz
쿠앵트로 ¼oz
압생트 대체주 (페르노 또는 아니제트) ¼oz
마라스키노 리큐어 몇 방울
앙고라투스 비터스 몇 방울
레몬 트위스트

얼음을 채운 믹싱 글라스에 액체류 재료를 넣고 스터링한다. 칠링한 칵테일 글라스에

처칠 다운스 쿨러 Churchill Downs Cooler

버번위스키 1½oz
브랜디 1oz
트리플 섹 ½oz
차가운 진저 에일 4oz

얼음을 채운 하이볼 글라스에 진저 에일을 제외한 모든 재료를 따른다. 진저 에일을 붓고 부드럽게 스터링한다.

코머더어 칵테일 Commodore Cocktail

버번위스키 1½oz
크렘 드 카카오 ¾oz
갓 짠 레몬즙 또는 주스 ½oz

얼음을 채운 셰이커에 재료를 넣고 힘차게 셰이킹한다. 칠링한 칵테일 글라스에 스트레이너를 대고 따른다.

코먼웰스 Commonwealth '채플 힐(Chapel Hill)'이라고도 부른다.

캐나디언 위스키 1½oz
그랑 마르니에 ½oz
갓 짠 레몬즙 또는 주스 ¼oz
오렌지 트위스트

얼음을 채운 셰이커에 재료를 넣고 힘차게 셰이킹한다. 칠링한 칵테일 글라스에 스트레이너를 대고 따른다. 레몬 껍질을 칵테일 위에서 비틀어 트위스트를 만든 후 넣는다.

댄싱 레프러콘 Dancing Leprechaun

아이리시 위스키 1½oz
드람부이 ¾oz
갓 짠 레몬즙 또는 주스 ¾oz
차가운 진저 에일 3~4oz
레몬 트위스트

셰이커에 진저 에일을 제외한 모든 액체류 재료를 넣고 얼음과 함께 힘차게 셰이킹한다. 얼음을 채운 하이볼 글라스에 스트레이너를 대고 따른다. 진저 에일을 붓고 부드럽게 스터링한다. 레몬 껍질을 칵테일 위에서 비틀어 트위스트를 만든 후 넣는다.

데보네어 칵테일 Debonair Cocktail 데보네어 칵테일에는 콕 집어서 싱글 몰트 스카치위스키가 필요하다. 어떤 스카치위스키를 쓰는지에 따라 풍미가 매우 달라진다. 가볍고 향기로운 칵테일에는 하이랜드 스카치위스키를, 좀 더 도수가 높고 강렬한 칵테일에는 아일레이 위스키를 넣어보자.

싱글 몰트 스카치위스키 2oz
캔턴 진저 리큐어 1oz
레몬 트위스트

얼음을 채운 셰이커에 재료를 넣고 힘차게 셰이킹한다. 칠링한 칵테일 글라스에 스트레이너를 대고 따른다. 레몬 껍질을 칵테일 위에서 비틀어 트위스트를 만든 후 넣는다.

델타 Delta
블렌디드 위스키 1½oz
서던 컴포트 ½oz
갓 짠 라임즙 또는 주스 ½oz
설탕 1ts
오렌지 슬라이스
복숭아 슬라이스

셰이커에 액체류 재료와 설탕을 넣고 얼음과 함께 힘차게 셰이킹한다. 얼음을 채운 올드 패션드 글라스에 스트레이너를 대고 따른다. 오렌지와 복숭아 슬라이스로 장식한다.
베리에이션: 리틀 콜로넬(Little Colonel)은 블렌디드 위스키를 버번위스키로 대체하고 서던 컴포트를 1oz로 늘린다. 설탕을 제외한다.

더비 Derby
블렌디드 위스키 1½oz
스위트 베르무트 ½oz
쿠앵트로 ½oz
갓 짠 라임즙 또는 주스 ½oz
민트 줄기

셰이커에 재료를 넣고 얼음과 함께 힘차게 셰이킹한다. 얼음을 채운 올드 패션드 글라스에 스트레이너를 대고 따른다. 민트 줄기로 장식한다.
베리에이션: 오리엔탈 칵테일(Oriental Cocktail)은 블렌디드 위스키를 버번위스키로 대체하고 민트 줄기를 제외한다.

에브리바디스 아이리시 Everybody's Irish

아이리시 위스키 2oz
그린 샤르트뢰즈 ¼oz
그린 크렘 드 멘테 ¼oz
그린 칵테일 올리브

얼음을 채운 믹싱 글라스에 액체류 재료를 넣고 스터링한다. 칠링한 칵테일 글라스에 스트레이너를 대고 따른다. 그린 올리브로 장식하면 완성이다.

파인 앤 댄디 Fine and Dandy

캐나디안 블렌디드 위스키 2oz
쿠앵트로 ½oz
듀보네 루즈 ½oz
레몬 트위스트

얼음을 채운 믹싱 글라스에 액체류 재료를 넣고 스터링한다. 칠링한 칵테일 글라스에 스트레이너를 대고 따른다. 레몬 껍질로 잔 테두리를 문지르고 칵테일 위에서 비틀어 트위스트를 만든 후 넣는다.

베리에이션: **트루아 리비에르**(Trois Rivières, 프랑스어로 세 개의 강이라는 뜻)는 쿠앵트로를 ¼oz로 줄이고, 레몬 대신 오렌지 트위스트를 사용한다. **템테이션 칵테일** (Temptation Cocktail)은 위 레시피에 페르노 몇 방울을 더한다.

프렌치 트위스트 French Twist

버번위스키 1½oz
브랜디 1½oz
그랑 마르니에 ½oz
갓 짠 레몬즙 또는 주스 ¼oz

셰이커에 얼음과 재료를 넣고 셰이킹한다. 칠링한 칵테일 글라스에 스트레이너를 대고 따른다.

갓파더 Godfather 1970년대부터 인기를 누려온 칵테일

스카치위스키 또는 버번위스키 2oz
아마레토 1oz

셰이커에 재료를 넣고 얼음과 함께 힘차게 셰이킹한다. 얼음을 채운 올드 패션드 글라스에 스트레이너를 대고 따른다.

호스 넥 Horse's Neck 벅 계열 칵테일과 비슷하지만 둘을 나누는 대표적인 요소는 시트러스 스파이럴이다. 다른 위스키 칵테일과 마찬가지로 호스 넥은 버번, 스카치, 라이 등 각자 선호하는 위스키를 써서 다양한 풍미로 즐길 수 있다.

레몬 필 스파이럴
블렌디드 위스키 2½oz
차가운 진저 에일 3~5oz

칠링한 하이볼 글라스에 레몬 필 스파이럴을 잘 고정한다. 잔에 얼음을 채우고 위스키를 따른 후 진저 에일을 붓는다. 가볍게 스터링한다.

베리에이션: 추가 레시피 정보는 전통적인 해장술 섹션의 '호스 넥(453p)'을 참조하자.
클론다이크 쿨러(Klondike Cooler)는 블렌디드 위스키 대신 라이 위스키를 사용하고, 설탕 1ts를 추가하며, 레몬 대신 오렌지 필 스파이럴을 사용한다.

아이스 아이리시 커피 Iced Irish Coffee

아이리시 위스키 1½oz
갈색 설탕 1ts
차가운 커피 4oz
헤비 크림 1~2oz

칠링한 올드 패션드 글라스에 위스키와 설탕을 넣고 섞이도록 스터링한다. 잔에 얼음을 넣고 커피와 크림을 더한 후 스터링한다.

아이리시 실레일라 Irish Shillelagh 도수가 높고 강렬한 풍미를 선사하는 칵테일로 아일랜드 경찰이 사용하는 나무 곤봉 이름에서 따왔다.

아이리시 위스키 1½oz
라이트 럼 ½oz
슬로 진 ½oz
갓 짠 레몬즙 또는 주스 1oz
설탕 1ts
복숭아 슬라이스
오렌지 슬라이스
라즈베리 2~3알
마라스키노 체리

셰이커에 과일을 제외한 모든 재료를 넣고 얼음과 함께 힘차게 셰이킹한다. 얼음을 채운 올드 패션드 글라스에 스트레이너를 대고 따른다. 과일로 장식하면 완성이다.

재패니즈 피즈 Japanese Fizz

블렌디드 위스키 2oz
루비 포트 ½oz
갓 짠 레몬즙 또는 주스 2ts
설탕 1ts
차가운 클럽소다 3~5oz
파인애플 웨지
오렌지 슬라이스

셰이커에 위스키, 루비 포트, 레몬즙, 설탕을 넣고 얼음과 함께 힘차게 셰이킹한다. 얼음을 채운 콜린스 글라스에 스트레이너를 대고 따른다. 클럽소다를 붓고 부드럽게 스터링한다. 파인애플 웨지와 오렌지 슬라이스로 장식한다.

존 콜린스 John Collins 진 베이스인 톰 콜린스(Tom Collins)의 베리에이션. 원래 네덜란드 진으로 만들었지만, 미국에서는 버번위스키 또는 캐나디안 블렌디드 위스키 베이스로 주조한 존 콜린스를 만나볼 수 있다. 이들은 심지어 종종 다른 이름으로 불리기도 해 상황을 더욱 혼란스럽게 만든다. 가령 버번으로 만든 존 콜린스는 '콜로넬 콜린스(Colonel Collins)'라고 부른다거나, 캐나디안 블렌디드 위스키로 만든 존 콜린스는 '버번 콜린스(Bourbon Collins)' 또는 '캡틴 콜린스(Captin Collins)'로 불린다.

버번 또는 캐나디안 블렌디드 위스키 2oz
갓 짠 레몬즙 또는 주스 1oz
심플 시럽 ½oz
차가운 클럽소다 5~6oz
오렌지 슬라이스
레몬 슬라이스
마라스키노 체리

셰이커에 위스키, 레몬즙, 심플 시럽을 넣고 얼음과 함께 힘차게 셰이킹한다. 얼음을 채운 콜린스 글라스에 스트레이너를 대고 따른다. 클럽소다를 붓고 부드럽게 스터링한다. 오렌지와 레몬 슬라이스, 체리로 장식하면 완성이다.

베리에이션: 샌디 콜린스(Sandy Collins, '조크 콜린스'라고도 부른다)는 위 레시피에 스카치위스키를 사용한다.
마이크 콜린스(Mike Collins)는 위 레시피에 아이리시 위스키를 사용한다.

켄터키 콜로넬 Kentucky Colonel

버번위스키 2½oz
베네딕틴 ½oz
레몬 트위스트

얼음을 채운 믹싱 글라스에 액체류 재료를 넣고 스터링한다. 칠링한 칵테일 글라스에 스트레이너를 대고 따른다. 레몬 껍질로 잔 테두리를 문지르고 칵테일 위에서 비틀어 트위스트를 만든 후 넣는다.

베리에이션: **S.S 맨해튼**(S.S Manhattan)은 위 레시피에 갓 짠 오렌지즙 또는 주스를 2oz 더한다.

켄터키 사이드카 Kentucky Sidecar

'사이드카'의 상쾌한 베리에이션이다. 탠저린즙을 써서 클래식 사이드카의 톡 쏘는 맛을 유지할 수도 있고, 별 차이가 없으면서 적절한 대안인 오렌지 주스를 사용해도 괜찮다. 메이커스 마크(Maker's Mark)처럼 가성비가 좋은 스몰 배치 버번위스키를 써보자. 풍부하면서도 온기가 느껴지는 복잡미묘한 풍미를 즐길 수 있다.

레몬 또는 탠저린 웨지
설탕
스몰 배치 버번위스키 1½oz

쿠앵트로 ¾oz
갓 짠 탠저린즙 또는 주스 1oz
갓 짠 레몬즙 또는 주스 ½oz
민트 줄기

레몬 또는 탠저린 웨지로 칠링한 칵테일 글라스 테두리를 문지르고 설탕을 묻혀 리밍한다. 얼음을 채운 셰이커에 액체류 재료를 넣고 힘차게 셰이킹한다. 잔에 스트레이너를 대고 따른다. 민트 줄기로 장식하면 완성이다.

베리에이션: **민트향 강화 버전**은 셰이커에 민트 잎 4~5장을 더해 셰이킹한다.

켄터키 피즈(Kentucky Fizz)는 얼음을 채운 올드 패션드 글라스에 따른 후 클럽소다 스플래시를 더한다.

켄터키 오렌지 블라썸(Kentucky Orange Blossom)은 위 레시피에서 탠저린즙을 1½oz로 늘리고 레몬즙을 제외한다. 오렌지 플라워 워터 몇 방울을 더하고, 얼음을 채운 올드 패션드 글라스에 서빙한다.

맨해튼

맨해튼(MANHATTAN) 칵테일은 1874년 뉴욕 맨해튼 클럽에서 윈스턴 처칠 경의 어머니인 랜돌프 처칠 부인을 기리기 위해 만들었으며, 새뮤얼 J.틸든 주지사의 축하 만찬에도 서빙되었다는 이야기가 전해진다. 원래 라이 위스키로 만드는 클래식 아메리칸 식전주로 위스키, 베르무트, 비터스 비율 간의 훌륭한 균형을 보여주는 완벽한 예시이며, 모두 한데 어우러져 최적의 부드러움을 선사한다.

어떤 위스키를 사용하느냐에 따라 풍미가 결정되는 중요한 요소이지만, 궁극적으로 각자의 선호도에 따라 달라질 수 있다. 많은 사람이 클래식한 라이 위스키보다 베르무트를 보완할 수 있는 달콤한 노브 크릭, 메이커스 마크와 같은 버번위스키를 선호하는데, 요즘 입맛에는 살짝 거칠게 느껴질 수 있다. 버번이나 라이 위스키는 너무 강렬하다며 고집스럽게 블렌디드 캐나디안 위스키를 넣어 한껏 부드러운 맨해튼을 즐기는 사람도 있다. 어떤 방식을 선택하든 프리미엄급 위스키라면 언제나 최고의 맨해튼을 만들 수 있다. 전통적으로 맨해튼은 칵테일 글라스에 서빙하지만, 대부분 청량감과 약간 희석된 풍미를 위해 얼음을 넣은 올드 패션드 글라스를 선호한다. 체리 가니시가 정석이지만, 레몬 트위스트로 장식해도 괜찮다.

맨해튼의 베리에이션은 페이쇼드나 오렌지 비터스, 마라스키노 체리 시럽, 듀보네 루즈, 그린 샤르트뢰즈, 키르슈바서, 블루 큐라소 등 다양한 비터스와 리큐어를 첨가한 모든 버전을 포함한다.

클래식 맨해튼 Classic Manhattan

라이, 버번, 캐나디안 위스키 중 선택 2oz

스위트 베르무트 ¾oz

앙고스투라 비터스 2~3대시

마라스키노 체리

얼음을 채운 믹싱 글라스에 액체류 재료를 넣고 스터링한다. 칠링한 칵테일 글라스에 스트레이너를 대고 따른다. 체리로 장식하면 완성이다.

퍼펙트 맨해튼 Perfect Manhattan

라이, 버번, 캐나디안 위스키 중 선택 2½oz

스위트 베르무트 ½oz

드라이 베르무트 ½oz

앙고스투라 비터스 2~3대시

레몬 트위스트

얼음을 채운 믹싱 글라스에 액체류 재료를 넣고 스터링한다. 칠링한 칵테일 글라스에 스트레이너를 대고 따른다. 레몬 껍질로 잔 테두리를 문지르고 칵테일 위에서 비틀어 트위스트를 만든 후 넣는다.

스위트 맨해튼 Sweet Manhattan

라이, 버번, 캐나디안 위스키 중 선택 2oz

스위트 베르무트 1oz

앙고스투라 비터스 2~3대시

레몬 트위스트

얼음을 채운 믹싱 글라스에 액체류 재료를 넣고 스터링한다. 칠링한 칵테일 글라스에 스트레이너를 대고 따른다. 레몬 껍질로 잔 테두리를 문지르고 칵테일 위에서 비틀어 트위스트를 만든 후 넣는다.

드라이 맨해튼 Dry Manhattan 이 칵테일은 모순이라고 생각하는 사람들도 있다. 맨해튼의 본질은 정의상 달콤한 스위트 베르무트 베이스로 만든 칵테일이라는 이유다.

라이, 버번, 캐나디안 위스키 중 선택 2oz
드라이 베르무트 ¾oz
앙고스투라 비터스 2~3대시
레몬 트위스트

얼음을 채운 믹싱 글라스에 액체류 재료를 넣고 스터링한다. 칠링한 칵테일 글라스에 스트레이너를 대고 따른다. 레몬 껍질로 잔 테두리를 문지르고 칵테일 위에서 비틀어 트위스트를 만든 후 넣는다.

베리에이션: **스카치 맨해튼**(Scotch Manhattan)은 롭 로이를 참고한다(364p).
아이리시 맨해튼(Irish Manhattan)은 클래식 맨해튼 레시피에 아이리시 위스키로 만든다. '패디 칵테일(Paddy Cocktail)' 또는 '패디 왜건(Paddy Wagon)'으로도 부른다.
캐나디안 맨해튼(Canadian Manhattan)은 클래식 맨해튼 레시피에 캐나디안 위스키로 만든다.
서던 컴포트 맨해튼(Southern Comfort Manhattan)은 아주 달콤한 버전으로 클래식 맨해튼 레시피에서 위스키를 서던 컴포트로 대체한다.
이스턴 맨해튼(Eastern Manhattan)은 산토리 위스키 1½oz, 리카 ¼oz, 스위트 베르무트 ½oz를 위 레시피대로 주조한다.
올드 패션드 맨해튼(Old-Fashioned Manhattan)은 블렌디드 위스키, 스위트 베르무트 각각 1½oz를 위 레시피대로 주조한다.
듀보네 맨해튼(Dubonnet Manhattan)은 버번위스키로 클래식 맨해튼 레시피를 따라 주조하며, 스위트 베르무트를 듀보네 ½oz로 대체한다.

켄터키 스팅어 Kentucky Stinger

버번위스키 1½oz
서던 컴포트 ¼oz
화이트 크렘 드 멘테 ¼oz

셰이커에 재료를 넣고 얼음과 함께 힘차게 셰이킹한다. 얼음을 채운 와인 글라스에 스트레이너를 대고 따른다.

루이스빌 스팅어 Louisville Stinger

버번위스키 1oz
라이트 럼 1oz
화이트 크렘 드 카카오 ½oz
크렘 드 멘테 ¼oz

얼음을 채운 셰이커에 재료를 넣고 힘차게 셰이킹한다. 칠링한 칵테일 글라스에 스트레이너를 대고 따른다.

마미 테일러 Mamie Taylor

블렌디드 스카치위스키 2oz
갓 짠 라임즙 또는 주스 ½oz
차가운 진저 에일 3~5oz
레몬 슬라이스

얼음을 채운 하이볼 글라스에 스카치위스키와 라임즙을 따른다. 진저 에일을 붓고 부드럽게 스터링한다. 레몬 슬라이스로 장식하면 완성이다.

민트 컨디션 Mint Condition

버번위스키 ¾oz
페퍼민트 슈냅스 ¾oz
보드카 ¾oz
칼루아 ½oz

얼음을 채운 셰이커에 재료를 넣고 힘차게 셰이킹한다. 칠링한 사워 글라스에 스트레이너를 대고 따른다.

민트 줄렙

1800년대 후반부터 이어진 켄터키주의 전통 칵테일로 남부 지방 특유의 서리가 어려 청량감을 선사한다. 전통적으로 5월의 첫날 봄맞이 축제에 즐기며, 특히 5월 첫째 주 토요일에 열리는 켄터키 더비의 공식적인 대표 칵테일이다. 15세기로 거슬러 올라가는 줄렙(Julep)은 원래 허브, 설탕, 물을 혼합해 만든 치료제였다. 1875년 즈음까지 브랜디, 피치 브랜디, 코냑 등의 증류주에 민트를 조합한 칵테일로 진화했고, 마침내 고급 켄터키 버번위스키가 베이스 증류주로 선택되었다.

전통적으로 민트의 유일한 기능은 칵테일 잔 가장자리에 장식해 향긋함을 더하는 것이었지만, 필연적으로 다양한 베리에이션이 뒤따르면서 정확한 방법론에 대한 논란이 벌어졌고, 남부 사람들은 지금까지도 이에 대해 논쟁을 이어가고 있다. 어떤 사람들은 버번을 마실 때 향긋함을 함께 들이킬 수 있도록 잔 테두리에 민트를 걸쳐야 한다고 말한다. 또 다른 이들은 버번에 향기를 불어넣기 위해 민트를 먼저 섞는 걸 선호한다. 극단적인 민트 애호가들은 버번위스키 한 병에 민트 잎 여러 컵을 넣어 우려내기까지 하는데, 이는 냉장고에서 일주일 정도 보관이 가능하기 때문이고, 여러 사람을 초대할 때 꽤 효과적인 방법이기도 하다.

줄렙은 버번과 크러시드 아이스를 저어 표면에 줄렙 특유의 서리가 어리게끔 하는데 완벽한 은으로 만든 줄렙 컵에 서빙한다. 하지만 콜린스, 하이볼, 올드 패션드 글라스 등도 줄렙에 잘 어울리며, 사실 글라스웨어 종류보다는 어떤 버번위스키를 쓰느냐가 더 중요하다. 마커스 메이커스, 노브 크릭, 우드포드 리저브와 같은 프리미엄급 버번위스키는 숭고한 줄렙 칵테일을 만들기 위한 필수 요소이다.

트래디셔널 서던 스타일 민트 줄렙 Traditional Southern-Style Mint Julep

켄터키 버번위스키 4oz
심플 시럽 1ts
민트 줄기 4~6개

크러시드 아이스를 채운 줄렙 컵 또는 콜린스 글라스에 액체류 재료를 따른다. 잔에 서리가 어릴 때까지 스터링한다. 민트 줄기를 잔 테두리에 걸쳐 장식한 후 빨대를 꽂아 서빙한다.

베리에이션: 클럽소다 스플래시나 물을 더한다.

머들링 민트 줄렙 Muddled Mint Julep

민트 잎 12~14장
심플 시럽 1ts
켄터키 버번위스키 4oz
민트 줄기 2~3개
레몬 트위스트 (선택사항)

칠링한 줄렙 컵 또는 올드 패션드 글라스에 민트 잎과 심플 시럽을 넣고 머들링한다. 잔에 크러시드 아이스를 채우고 버번위스키를 따른 후 잔에 서리가 어릴 때까지 스터링한다. 민트 줄기를 잔 테두리에 걸쳐 장식한다. 선호도에 따라 레몬 껍질로 트위스트를 만들어 장식한다.

프로즌 민트 줄렙 Frozen Mint Julep

작은 민트 잎 6장
켄터키 버번위스키 3oz
갓 짠 레몬즙 또는 주스 1oz
심플 시럽 1oz
민트 줄기

작은 컵에 민트 잎, 버번, 레몬즙, 심플 시럽을 넣고 머들링한다. 혼합물을 블렌더에 넣고 크러시드 아이스 ½ 컵과 함께 슬러시 형태가 될 때까지 블렌딩한다. 칠링한 올드 패션드 글라스에 따르고 민트 줄기로 장식하면 완성이다.

대용량 민트 줄렙 Mint Juleps for a Crowd
민트의 맛과 향이 버번위스키에 스며들 시간이 충분하기 때문에 여럿이 즐기기에 좋다. 인퓨징 후 일주일까지 냉장 보관이 가능하지만, 그 이상은 민트의 쓴맛이 우러나 보관이 어렵다. 더 풍부한 민트 향을 느끼고 싶다면 아래 레시피에 민트 한 컵을 더한다.

<6잔 기준>
켄터키 버번위스키 1병 (750㎖)
싱싱한 민트 잎 2컵 또는 민트 줄기 10~12대
심플 시럽 1~3oz
민트 줄기 12~18개
레몬 트위스트 6개 (선택사항)

뚜껑이 달린 큰 유리병에 버번위스키와 민트 잎을 섞어 넣는다. 마개를 잘 닫고 냉장고에 몇 시간 또는 하룻밤 보관한다. 큰 유리 피처에 스트레이너를 대고 버번위스키만 걸러내며 따른다. 심플 시럽을 더하고 스터링한다.
크러시드 아이스를 채운 줄렙 컵 또는 콜린스 글라스에 4oz씩 따른다. 민트 줄기와 레몬 트위스트로 장식하고 필요한 경우 잔에 빨대를 꽂아 서빙한다.

그 밖에 줄렙 베리에이션: **조지아 민트 줄렙**(Georgia Mint Julep)은 슈가 파우더 1ts, 물 1ts, 민트 줄기 10~12개, 코냑 2oz, 피치 브랜디 2oz로 조주한다.
마닐라 호텔 민트 줄렙(Manila Hotel Mint Julep)은 1926년부터 필리핀 루손에서 선보인 칵테일이다. 민트 줄렙에 럼 ½oz를 띄우고 파인애플로 장식한다.

미시시피 미스트 Mississippi Mist

버번위스키 1½oz

서던 컴포트 1½oz

얼음을 채운 올드 패션드 글라스에 재료를 넣고 스터링한다.

베리에이션: 켄터키 카우핸드(Kentucky Cowhand)는 위 레시피에 라이트 크림 ¼oz를 더한다. 셰이킹한 후 서빙한다.

리틀 코로넬(Little Colonel)은 위 레시피에 갓 짠 라임즙 1oz를 더해 셰이킹한 후 서빙한다.

네빈스 Nevins

버번위스키 1½oz

애프리콧 브랜디 ½oz

갓 짠 그레이프프루트즙 또는 주스 1oz

갓 짠 레몬즙 또는 주스 ½oz

앙고스투라 비터스 몇 방울

얼음을 채운 셰이커에 재료를 넣고 힘차게 셰이킹한다. 칠링한 칵테일 글라스에 스트레이너를 대고 따른다.

뉴요커 New Yorker

버번 또는 라이 위스키 1½oz

갓 짠 라임즙 또는 주스 ¾oz

설탕 1ts

그레나딘 시럽 몇 방울

오렌지 트위스트

레몬 트위스트

얼음을 채운 올드 패션드 글라스에 위스키와 라임즙을 따른다. 설탕과 그레나딘 시럽을 더하고 스터링한다. 오렌지와 레몬 껍질을 칵테일 위에서 비틀어 트위스트를 만든 후 넣는다.

베리에이션: 뉴욕 칵테일(New York Cocktail)은 버번위스키를 블렌디드 위스키로 대체한다. 일부 레시피는 라임즙을 레몬즙으로 대체하기도 한다.

핑크 아몬드 Pink Almond

블렌디드 위스키 1oz
크렘 드 누아요 ½oz
아마레토 ½oz
키르슈 ½oz
갓 짠 레몬즙 또는 주스 ½oz
레몬 슬라이스

얼음을 채운 셰이커에 재료를 넣고 힘차게 셰이킹한다. 칠링한 칵테일 글라스에 스트레이너를 대고 따른다. 레몬 슬라이스로 장식하면 완성이다.

푸아 윌리암스 피즈 Poire Williams Fizz

블렌디드 위스키 1½oz
페어 브랜디 ½oz
갓 짠 그레이프프루트즙 또는 주스 2½oz
차가운 클럽소다 3~4oz

얼음을 채운 하이볼 글라스에 위스키, 페어 브랜디, 그레이프프루트즙을 따른다. 클럽소다를 붓고 부드럽게 스터링한다.

프리크니스 칵테일 Preakness Cocktail

미국 볼티모어의 핌리코 경마장에서 매년 열리는 경마 삼관경주(Triple Crown)[17]의 제2관문인 프리크니스 경주(Preakness Stakes)를 기념하며 마시는 공식 칵테일이다.

레몬 트위스트
캐나디안 블렌디드 위스키 ½oz
베네딕틴 ½oz
스위트 베르무트 ½oz
앙고스투라 비터스 2대시

레몬 껍질로 칠링한 칵테일 글라스 테두리를 문지른다. 얼음을 채운 셰이커에 액체류 재료를 넣고 힘차게 셰이킹한다. 잔에 스트레이너를 대고 따른다. 레몬 껍질을 칵테일 위에서 비틀어 트위스트를 만든 후 넣는다.

---

17 세 살 경주마를 위한 미국의 스테이크스 레이스로 3대 경주는 켄터키 더비, 프리크니스 스테이크스, 벨몬트 스테이크스이다. 3대 경마 대회에서 모두 우승한 말을 '삼관마'라고 한다.

올드 패션드

1800년대 후반 버번위스키의 나라인 미국에서 또 다른 클래식 칵테일이 탄생했다. 전설처럼 내려오는 이야기에 따르면 켄터키주 루이빌의 펜데니스 클럽의 한 바텐더가 그 지역의 버번위스키 증류업자였던 제임스 E 페퍼 대령을 위해 이 과일 향이 감도는 영약을 만들었다. 오랜 시간 잊히지 않고 명맥을 이어온 대부분 클래식 칵테일처럼, 올드 패션드 역시 베이스 증류주를 포함해 수많은 변형을 거쳤다. 일반적으로 베이스는 블렌디드 위스키를 선택하고 스카치위스키 역시 나름의 팬층이 존재하지만, 올드 패션드가 탄생한 지역을 고려하면 역시 가장 근간이 되는 술은 켄터키 버번위스키일 것이다.

형태가 기능을 따르는 진정한 디자인의 목적에 맞게, 올드 패션드 칵테일은 재료를 머들링하기에 가장 적합하도록 특별히 고안된 같은 이름의 견고하고 묵직한 바닥의 유리잔이 탄생하는 데 영감을 주었다. 과일, 설탕, 비터스를 머들링한 즙이 들어가야 비로소 올드 패션드라고 할 수 있으며, 이는 올드 패션드의 가장 본질적인 특색이라 할 수 있다. 많은 이가 과일의 풍미를 한층 더 느낄 수 있도록 위스키와 과일을 함께 머들링하는 것을 선호하며, 거기에 살짝 톡 쏘는 맛을 즐기려는 이들은 레몬 껍질 대신 레몬 웨지를 사용한다. 베리에이션은 물, 클럽소다, 때로는 쿠앵트로 몇 방울로 설탕을 적시는 방식을 포함한다. 칵테일 주조 마지막에 클럽소다 스플래시를 추가하기도 하는데, 역시 순수주의자들은 거부하는 경향이 짙다.

각설탕 1개 (또는 설탕 2ts)
앙고스투라 비터스 3대시
레몬 스트립 제스트 1개
오렌지 슬라이스 1개
마라스키노 체리 1개
버번 또는 블렌디드 위스키 2½oz
차가운 클럽소다 2~3oz (선택사항)
오렌지 슬라이스
마라스키노 체리

칠링한 올드 패션드 글라스에 비터스를 따르고 각설탕을 녹인다. 레몬 제스트, 오렌지 슬라이스, 체리를 넣고 비터스에 녹은 설탕과 함께 머들링한다. 잔에 얼음을 채우고 버번위스키를 따른 후 스터링한다. 선호에 따라 클럽소다를 붓는다. 오렌지 슬라이스와 체리로 장식한다.

베리에이션: **익센트릭 올드 패션드**(Eccentric Old-Fashioned)는 올드 패션드 글라스에 레몬 한 개 만큼의 필 스파이럴을 채운다. 블렌디드 위스키 2oz, 큐라소 몇 방울, 설탕 ½ts를 셰이킹한 후 잔에 스트레이너를 대고 따른다.
캐나디안 올드 패션드(Canadian Old-Fashioned)는 버번위스키를 캐나디안 블렌디드 위스키로 대체하고, 쿠앵트로 ¼oz와 갓 짠 레몬즙 몇 방울을 더한다.
스카치 올드 패션드(Scotch Old-Fashioned)는 위 레시피에서 버번위스키를 스카치위스키로 대체한다.
클레어몬트(Claremont)는 과일 향이 한층 짙은 버전으로, 위 레시피에 마라스키노 체리 2개, 오렌지 슬라이스 2조각을 머들링하며 오렌지 큐라소 ¾oz를 더해 주조한다.

프린스 에드워드 Prince Edward

스카치위스키 1½oz
릴레 블랑 ½oz
드람부이 ¼oz
오렌지 슬라이스

셰이커에 액체류 재료를 넣고 얼음과 함께 힘차게 셰이킹한다. 얼음을 채운 올드 패션드 글라스에 스트레이너를 대고 따른다. 오렌지 슬라이스로 장식하면 완성이다.

롭 로이 Rob Roy

1800년대 초 영국의 소설가, 시인, 역사가였던 대문호 월터 스콧 경이 쓴 소설 속 영웅인 17세기 스코틀랜드의 전설적 도적 로버트 맥그리거(스코틀랜드판 로빈 후드)의 이름을 딴 칵테일이다. 맨해튼 칵테일의 베리에이션으로 확연히 다른 풍미를 지닌다. 라이 또는 버번위스키 대신 스카치위스키로 만들어 한층 강렬하며 업 또는 오버 아이스 형태로 서빙한다.

클래식 롭 로이 Classic Rob Roy

블렌디드 스카치위스키 2½oz
스위트 베르무트 ½oz
앙고스투라 비터스 몇 방울
마라스키노 체리

얼음을 채운 믹싱 글라스에 액체류 재료를 넣고 스터링한다. 칠링한 칵테일 글라스 또는 얼음을 채운 올드 패션드 글라스에 스트레이너를 대고 따른다. 체리로 장식한다.

베리에이션: **드라이 롭 로이(Dry Rob Roy)**는 스위트 베르무트를 드라이 베르무트로 대체하고 레몬 트위스트로 장식한다. **퍼펙트 롭 로이(Perfect Rob Roy)**는 위 레시피에 드라이 베르무트와 스위트 베르무트를 각각 ¼oz씩 넣고 레몬 트위스트로 장식한다.
어피니티(Affinity)는 퍼펙트 롭 로이의 클래식 베리에이션으로 스카치위스키, 드라이 베르무트, 스위트 베르무트를 각각 1oz씩 동량으로 주조한다. **어피니티2**는 스카치위스키, 드라이 셰리, 루비 포트를 각각 1oz씩 동량으로 주조한 후 체리로 장식한다.
하이랜드 플링(Highland Fling)은 맨해튼 칵테일에 가깝다. 위 레시피에서 스위트 베르무트를 ¾oz로 늘리고 앙고스투라 비터스를 오렌지 비터스로 대체한다. **시슬 칵테일(Thistle cocktail)**은 스카치위스키, 스위트 베르무트를 각각 1½oz씩 동량으로 주조한다.
플라잉 스코츠맨(Flying Scotsman)은 좀 더 달달한 베리에이션. 위 레시피에 심플 시럽 ¼oz를 더한다.

러스티 네일 Rusty Nail 1960년대 새롭고 현대적인 것을 강조하던 청소년 문화 운동인 스윙 세트와 함께 큰 인기를 누렸다. 만약 자기 입맛에 너무 달다고 느껴진다면, 드람부이 양을 ¼oz로 조절해 좀 더 드라이한 버전으로 만들어 보자.

스카치위스키 1½oz

드람부이 1oz

레몬 트위스트

얼음을 채운 하이볼 글라스에 액체류 재료를 따른 후 스터링한다. 레몬 껍질을 칵테일 위에서 비틀어 트위스트를 만든 후 넣는다.

스칼렛 오하라 Scarlett O'Hara 뉴올리언스의 고전적인 칵테일로, 전형적인 남부의 미인을 상징하는 이름이다.

서던 컴포트 2oz

크랜베리 주스 2oz

갓 짠 라임즙 또는 주스 ½oz

갓 짠 레몬즙 또는 주스 ½oz

설탕 1ts

얼음을 채운 셰이커에 재료를 넣고 힘차게 셰이킹한다. 칠링한 칵테일 글라스에 스트레이너를 대고 따른다.

스카치 미스트 Scotch Mist

스카치위스키 2oz

레몬 트위스트

올드 패션드 글라스에 크러시드 아이스를 채우고 그 위로 스카치위스키를 따른다. 레몬 껍질을 칵테일 위에서 비틀어 트위스트를 만든 후 넣는다.

스카치 생거리 Scotch Sangaree

스카치위스키 2oz

포트 와인 ½oz

드람부이 ½oz

갓 간 넛맥 가루

얼음을 채운 믹싱 글라스에 액체류 재료를 넣고 스터링한다. 칠링한 와인 글라스에 스트레이너를 대고 따른다. 칵테일 위로 넛맥 가루를 뿌린다.

베리에이션: 물을 약간 섞은 데운 꿀 1ts을 더하고 클럽소다를 붓는다.

사제락

뉴올리언스의 클래식 칵테일로 부드럽고 느린 남부 지방의 억양만큼이나 매력적이다. 전설에 따르면 사제락은 칵테일이라고 불린 최초의 혼합 음료였다. 1830년대쯤, 페이쇼드(Peychaud)라는 프랑스인이 뉴올리언스에 있는 약국 카운터 너머에서 이 묘약을 계란 컵인 코크티에(cocquetier)에 담아 손님들에게 대접했다. 코크티에를 잘못 발음하는 바람에 칵테일(cocktail)이라는 용어가 생겨났다는 이야기도 전해진다. 페이쇼드가 원래 속을 진정시키고 소화를 돕기 위해 코냑과 페이쇼드 비터스를 섞어 만든 이 칵테일은 1850년대까지 엄청난 인기를 끌었고, 칵테일을 만드는 데 사용한 프랑스 코냑인 사제락 드 포지 에 필스(Sazerac de Forge et Fils)에서 '사제락(Sazerac)'이라는 이름이 붙었다. 1870년 즈음에는 주류업체들이 코냑을 더 저렴한 미국산 라이 위스키로 대체했고, 압생트가 레시피에 추가되는 등 재료가 바뀌었다. 압생트 판매가 금지된 이후에는 페르노가 그 자리를 대신했다.

전통적으로 고급 코냑 또는 올드 오버홀트와 같은 라이 위스키로 만들었고, 지금은 노브 크릭이나 메이커스 마크와 같은 훌륭한 버번위스키를 종종 쓴다. 뉴올리언스에서는 지역 특유의 아니스 풍미를 지닌 리큐어인 허브세인트(Herbsaint)를 페르노보다 자주 넣는다. 이후의 레시피에는 각설탕과 물이 추가되었지만, 여기서는 오리지널 방식으로 소개한다. 칵테일 잔은 제대로 차갑게 칠링해야 한다. 사제락 순수주의자들은 칵테일에 레몬 트위스트를 넣지 말라고 말하겠지만, 은은하게 퍼지는 레몬 오일은 꽤 유쾌한 첨가물이다. 원한다면 넣어보자.

클래식 사제락 Classic Sazerac
페르노 (또는 허브세인트) 1ts
코냑 (버번 또는 라이 위스키) 2oz
페이쇼드 비터스 3~4대시
레몬 트위스트

칠링한 올드 패션드 글라스 안쪽을 페르노로 스월링한 후 비운다. 얼음을 채운 셰이커에 코냑과 비터스를 넣고 힘차게 셰이킹한다. 잔에 스트레이너를 대고 따른다. 레몬 껍질을 칵테일 위에서 비틀어 트위스트를 만든 후 넣는다.

뉴올리언스 사제락 New Orleans Sazerac '뉴올리언스 칵테일'로도 부르며 원래 압생트로 만들었다.
각설탕 1개
페이쇼드 또는 앙고스투라 비터스 몇 방울
버번위스키 2oz
허브세인트 (페르노 또는 리카) ¼oz
갓 짠 레몬즙 또는 주스 ½oz
레몬 트위스트

올드 패션드 글라스 바닥에 각설탕을 놓고 비터스를 부어 녹인다. 잔에 얼음을 채우고 버번위스키, 허브세인트, 레몬즙을 따른 후 스터링한다. 레몬 껍질을 칵테일 위에서 비틀어 트위스트를 만든 후 넣는다.

세븐 앤 세븐 Seven and Seven

씨그램 세븐 크라운 위스키 2½oz
차가운 세븐업 3~4oz
레몬 트위스트

얼음을 채운 하이볼 글라스에 액체류 재료를 따른 후 스터링한다. 레몬 껍질을 칵테일 위에서 비틀어 트위스트를 만든 후 넣는다.

샴록 Shamrock

아이리시 위스키 1½oz
크렘 드 멘테 ¾oz
헤비 크림 2oz
마라스키노 체리

셰이커에 액체류 재료를 넣고 얼음과 함께 힘차게 셰이킹한다. 얼음을 채운 올드 패션드 글라스에 스트레이너를 대고 따른다. 체리로 장식하면 완성이다.
베리에이션: 위의 재료와 바닐라 아이스크림 4oz를 블렌더에 넣은 후 부드러워질 때까지 블렌딩한다. 칠링한 와인 글라스에 따른다.

소울 키스 Soul Kiss

캐나디안 블렌디드 위스키 또는 버번위스키 2oz
드라이 베르무트 ¼oz
듀보네 루즈 ¼oz
갓 짠 오렌지즙 또는 주스 ½oz

얼음을 채운 셰이커에 재료를 넣고 힘차게 셰이킹한다. 칠링한 칵테일 글라스에 스트레이너를 대고 따른다.
베리에이션: **루 드 리볼리**(Rue de Rivoli)는 모든 재료를 각각 1oz씩 동량으로 주조한다. 올드 패션드 글라스에 얼음을 채우고 그 위로 따른다.

트윈 힐스 Twin Hills

라이 위스키 2oz
베네딕틴 ½oz
갓 짠 레몬즙 또는 주스 ¼oz
갓 짠 라임즙 또는 주스 ¼oz
심플 시럽 ¼oz
얇게 썬 레몬 슬라이스

얼음을 채운 셰이커에 재료를 넣고 힘차게 셰이킹한다. 칠링한 칵테일 글라스에 스트레이너를 대고 따른다. 칵테일에 레몬 슬라이스를 띄워 완성한다.

뷰 카레 Vieux Carré 1930년대 몬텔리오네 호텔의 카루셀 바에서 선보인 클래식 칵테일로 뉴올리언스의 프렌치 쿼터(French Quarter, 뉴올리언스의 중앙광장)에서 이름을 따왔다.

베네딕틴 ½ts
페이쇼드 비터스 몇 방울
앙고스투라 비터스 몇 방울
라이 위스키 ½oz
코냑 ½oz
스위트 베르무트 ½oz
레몬 트위스트

셰이커에 액체류 재료를 넣고 얼음과 함께 힘차게 셰이킹한다. 얼음을 채운 올드 패션드 글라스에 스트레이너를 대고 따른다. 레몬 트위스트로 장식하면 완성이다.

월도프 칵테일 Waldorf Cocktail 스위트 베르무트를 첨가한 사제락의 베리에이션이다.

버번위스키 1½oz
페르노 ¾oz
스위트 베르무트 ½oz
앙고스투라 비터스 몇 방울

얼음을 채운 믹싱 글라스에 액체류 재료를 넣고 스터링한다. 칠링한 칵테일 글라스에 스트레이너를 대고 따른다.

월리 웰뱅어 Wally Wallbanger

버번위스키 1½oz
갈리아노 ½oz
갓 짠 레몬즙 또는 주스 1oz
설탕 1ts
민트 줄기

셰이커에 민트 줄기를 제외한 재료를 넣고 얼음과 함께 힘차게 셰이킹한다. 얼음을 채운 올드 패션드 글라스에 스트레이너를 대고 따른다. 민트 줄기로 장식하면 완성이다.

워드 에이트 Ward Eight   보스턴의 행정구역을 나눈 것을 기념하여 만든 클래식 칵테일로, 전통적으로 버번 또는 라이 위스키로 만든다.

버번 또는 라이 위스키 2oz
갓 짠 레몬즙 또는 주스 1oz
갓 짠 오렌지즙 또는 주스 1oz
그레나딘 시럽 몇 방울
마라스키노 체리
오렌지 슬라이스
레몬 슬라이스

셰이커에 액체류 재료를 넣고 얼음과 함께 힘차게 셰이킹한다. 얼음을 채운 올드 패션드 글라스 또는 칠링한 칵테일 글라스에 스트레이너를 대고 따른다. 체리, 오렌지 슬라이스, 레몬 슬라이스로 장식한다.

워털루 Waterloo

블렌디드 위스키 1½oz
만다린 나폴레옹 리큐어 ¾oz
갓 짠 레몬즙 또는 주스 ¼oz
심플 시럽 ¼oz
차가운 클럽소다 3~5oz
오렌지 슬라이스

셰이커에 액체류 재료를 넣고 얼음과 함께 힘차게 셰이킹한다. 얼음을 채운 올드 패션드 글라스에 스트레이너를 대고 따른다. 클럽소다를 붓고 부드럽게 스터링한다. 오렌지 슬라이스로 장식하면 완성이다.

위스키 사워

　1800년대 중반부터 등장해 다양한 베리에이션에 영감을 준 클래식 칵테일인 위스키 사워(Whiskey Sour)야말로 사워 계열 칵테일의 정수이다. 감탄이 절로 날만큼 절묘한 위스키 사워의 핵심은 갓 짠 레몬즙이며, 비록 일반적으로 버번위스키를 선호하지만 블렌디드 위스키나 자신의 취향에 맞는 어떤 위스키든 베이스로 써도 무방하다. 셰이킹 방식으로 주조하며 전통적으로 사워 글라스에 서빙하지만 얼음을 채운 하이볼 글라스를 사용해도 좋다. 에스콰이어의 1945년 호스트 핸드북에는 청량함이 가득한 위스키 사워에 대한 완벽한 설명이 있다. '간단히 말해 농축된 형태를 지닌 강화 레모네이드의 한 종류'

버번 또는 블렌디드 위스키 2oz
갓 짠 레몬즙 또는 주스 ¾oz
심플 시럽 ½oz
레몬 또는 오렌지 슬라이스
마라스키노 체리

얼음을 채운 셰이커에 재료를 넣고 힘차게 셰이킹한다. 칠링한 사워 글라스에 스트레이너를 대고 따른다. 레몬 슬라이스와 체리로 장식한다.

베리에이션: 보스턴 사워(Boston Sour)는 위 레시피에 계란 흰자를 추가하고 힘차게 셰이킹한다.
더블 스탠다드 사워(Double Standard Sour)는 위스키와 진을 각각 ¾oz씩 넣고 위 레시피대로 주조한 후 그레나딘 시럽 몇 방울을 더한다.
프리스코 사워(Frisco Sour)는 위 레시피에 베네딕틴 ¼oz, 갓 짠 라임즙 ½oz를 더한다.
뉴욕 사워(New York Sour)는 위스키 사워에 드라이 레드 와인 ½oz를 띄운다. 레몬 슬라이스로 장식한다.
파크 레인(Park Lane)은 위 레시피에 슬로 진 ½oz를 더한다.
서던 컴포트 사워(Comfort Sour)는 버번위스키를 서던 컴포트로 대체하고 갓 짠 오렌지즙 ¼oz를 더한다.
스팅어 사워(Stinger Sour)는 위 레시피에 페퍼민트 슈냅스 1ts를 더하고 싱싱한 민트 줄기로 장식한다. 얼음을 채운 올드 패션드 글라스에 서빙한다.

위스키 피즈 Whiskey Fizz

블렌디드 위스키 또는 기타 위스키 2oz
갓 짠 레몬즙 또는 주스 1oz
심플 시럽 ½oz
차가운 클럽소다 3~5oz
레몬 웨지

셰이커에 위스키, 레몬즙, 심플 시럽을 넣고 얼음과 함께 힘차게 셰이킹한다. 얼음을 채운 하이볼 글라스에 스트레이너를 대고 따른다. 클럽소다를 붓고 부드럽게 스터링한다. 칵테일 위로 레몬 웨지를 짠 후 넣는다.

위스키 리키 Whiskey Rickey

블렌디드 위스키 또는 기타 위스키 2oz
갓 짠 라임즙 또는 주스 ½oz
심플 시럽 ¼oz
차가운 클럽소다 3~5oz
라임 웨지

셰이커에 위스키, 라임즙, 심플 시럽을 넣고 얼음과 함께 힘차게 셰이킹한다. 얼음을 채운 하이볼 글라스에 스트레이너를 대고 따른다. 클럽소다를 붓고 부드럽게 스터링한다. 칵테일 위로 라임 웨지를 짠 후 넣는다.

우드워드 Woodward

블렌디드 스카치위스키 1½oz
드라이 베르무트 ½oz
갓 짠 그레이프프루트즙 또는 주스 ½oz

얼음을 채운 셰이커에 재료를 넣고 힘차게 셰이킹한다. 칠링한 칵테일 글라스에 스트레이너를 대고 따른다.

베리에이션: **브리가둔**(Brigadoon)은 위 레시피대로 조주한 후 올드 패션드 글라스에 얼음을 채우고 그 위로 따른다.

와인 & 강화 와인

∾ 매혹적인 와인이 나를 부추긴다. 현명한 사람조차도 노래를 흥얼거리고 부드러운 미소를 지으며 춤을 추게 한다. 말하지 않는 게 더 나았을 말이 나오게 한다.

- 호머, 〈오디세이〉

와인은 신들의 음료, 바쿠스(포도주의 신)의 술로 페니키아인과 그리스인의 시대였던 기원전 1100년경부터 문명과 함께 발전해 지금까지 전 세계적인 사랑을 받고 있다. 로마인은 현재 유럽 세계에서 가장 유명하고 독특한 포도밭을 대규모로 경작했다. 와인 제조 기술은 뻗어 나가는 포도나무처럼 진화를 거듭해, 오늘날 훌륭한 포도를 생산하는 비옥한 땅은 호주, 미국 서부 해안 지역, 아프리카, 남아메리카에 이르기까지 어디에서나 볼 수 있다.

간단히 말하면, 와인은 잘 익은 포도즙의 자연 발효 당으로 만든 술이다. 포도의 종류 및 특정 제조 공정 등이 와인의 종류를 결정한다. 와인용 포도로 레드, 화이트, 로제 와인을 만들며, 드라이 와인부터 스위트 와인까지 스타일도 다양하다. 와인은 크게 다음 네 가지 범주로 분류한다. 샴페인 같은 스파클링 와인, 레드, 화이트, 로제처럼 탄산이 없는 스틸 와인, 포트, 셰리같이 브랜디로 주정을 더한 강화 와인, 베르무트, 릴레처럼 허브와 향신료로 풍미를 더한 아로마틱 와인이 있다.

와인 제조 과정

    잘 익은 포도를 수확한 후 으깨어 즙을 내는 분쇄 및 착즙 과정을 거쳐 포도즙을 통에 모은다. 포도가 잘 익을수록 와인의 풍미가 강하다. 포도의 종류에 따라 제조법이 달라지는데, 화이트 와인은 포도 줄기를 제거하고 포도를 착즙할 때 껍질을 분리해 떫은맛이 나지 않도록 한다. 레드 와인용 포도도 줄기를 제거하지만 탄닌의 씁쓸한 맛을 내기 위해 일부를 넣어 제조한다. 와인에 붉은빛을 감돌게 하는 포도의 검붉은 껍질은 바디감, 색깔, 탄닌의 풍미 등을 위해 일부러 그대로 둔다.

    착즙한 포도즙은 여과를 거쳐 찌꺼기를 없앤 다음 효모를 첨가해 발효를 시작한다. 발효 과정에서 효모는 천연 당을 소모하며 알코올로 변환시켜 달콤한 포도즙을 드라이하고 복합적인 풍미의 와인으로 탈바꿈시킨다. 그런 다음 와인을 통에 담아 휴지시키는 클리어링 과정을 거치면, 고형물과 침전물 또는 남은 효모 찌꺼기인 '리스(lees)'가 바닥에 가라앉아 와인이 깨끗해진다.

    발효 과정이 끝난 와인은 깨끗한 통이나 배럴에 옮기기를 여러 번 반복해 리스를 제거하고, 마침내 오크 배럴에 담아 숙성 과정을 거친다. 와인이 와인 메이커의 특정 기준과 만족도에 따라 충분히 숙성되면, 여과와 정제 과정을 거쳐 병입한다. 병에 담긴 와인은 그대로 보관하거나 추가 숙성한다.

와인을 서빙하고 즐기는 법

༝ 이 와인은 그저 건배하고 마시기에는 너무 아깝다네, 친구.
이런 와인에 그런 감정을 섞고 싶지 않을 거야. 술맛이 떨어지거든.

— 어니스트 헤밍웨이

가장 좋은 시작은 최소 10oz 용량에 위로 올라갈수록 약간 좁아지는 큰 보울, 그리고 보울이 와인을 온전히 보여줄 수 있도록 손으로 잡기에 충분히 긴 스템을 가진 질 좋은 기본 와인 글라스를 준비하는 것이다. 글라스웨어는 세정제나 찬장 냄새가 남지 않도록 깨끗하게 관리해야 한다. 와인은 잔에 반 정도 따라 스월링할 공간을 남겨야 와인을 공기 중에 노출해 숨 쉬게 하는 과정인 에어레이션이 가능하고 향긋한 부케가 퍼질 수 있다.

와인은 색상과 복잡미묘한 풍미부터 질감, 강도, 구조, 바디감까지 극명한 차이를 보이기도 하고 알아차리기 힘들 만큼 미세하게 다르기도 하다. 향기, 맛, 시각적 단서 등 다양한 방법으로 찾아가며 와인의 복합적인 풍미를 감상할 수 있다.

와인을 구분하고 설명할 수 있는 가장 쉬운 방법은 색상이다. 시각적으로, 와인 잔을 비스듬히 기울여 제대로 된 각도에서 보면 와인의 나이를 쉽게 구별할 수 있다. 와인이 잔 테두리에 남긴 동그란 자국의 색을 보면 된다. 레드 와인은 보통 잔 가장자리에 보라색이 감도는 짙은 붉은빛이나 잔 테두리에 진하고 불투명하게 색이 묻어나면 영 와인 또는 껍질이 두꺼운 포도로 만든 와인이다. 레드 와인은 오래 숙성할수록 색이 옅어지고, 푸른색이 감도는 붉은빛이 연해지면서 투명한 주황색이나 밝은 갈색이 감도는 벽돌 같은 붉은빛이 난다. 반대로 화이트 와인은 숙성 기간에 따라 색이 점점 짙어진다. 영 와인은 물처럼 투명하고 맑은 빛이나 옅은 노란색, 연둣빛을 띠지만 숙성할수록 진한 갈색에 가까워진다. 일반적으로 색상의 밝은 부분부터 어두운 부분까지 농도의 단계가 다채롭게 보일수록 좋은 와인이다.

후각과 미각으로 설명하는 건 좀 더 어렵다. 미각은 후각과 연결되어 있으므로 와인을 넘길 때 맛을 느낄 수 있을 뿐만 아니라 코로 들이마신 입자가 위쪽에 닿으면 미세한 풍미를 잘 감지할 수 있다. 이 점을 잘 기억하고 와인을 마실 때 잔에서 충분히 스월링을 해 아로마나 부케가 그윽이 퍼지도록 하고 깊이 들이마시도록 한다. 가장 강렬하고 원초적인 감각인 후각이 감지한 와인의 인상을 뇌의 기억 저장 영역에 빠르게 연결해 즉각적인 느낌을 만들어내고 다른 냄새와 맛의 연관성을 떠오르게 할 것이다.

당신의 미각적 취향은 당도, 산미, 쏩쓸한 정도, 드라이한 탄닌감, 질감 등 와인을 즐기고 구분하는 데 중요한 모든 풍미를 느끼고 평가할 수 있는 가장 좋은 방법이다. 와인을 한입 가득 머금으면 미각이 다양한 측면에서 와인을 충분히 느낄 수 있다.

> 와인 한 병에는 이 세상 모든 책보다 더 많은 철학이 담겨 있다.
>
> – 루이스 파스퇴르

와인 서빙 온도

개인마다 취향이 다르고 어떤 규칙이라도 흔들리기 마련이므로 사실 정확한 온도에 관한 절대적인 지침은 없다. 하지만 일반적으로 풀바디감을 가진 화이트 부르고뉴와 샤도네이 같은 레드와 화이트 와인은 서늘한 방 또는 지하실 온도인 약 15~20도에 맞춰 서빙하며, 람부르스코, 가메, 보졸레처럼 가벼운 레드 와인은 좀 더 시원하게 약 10~13도로 살짝 칠링하면 좋다. 화이트 와인은 약 7도 정도로 칠링하면 적절한 청량감을 선사하지만, 너무 차가우면 맛을 구별할 수 없어 더 낮은 온도로 칠링하지 않는다. 너무 차가워진 와인은 잔을 손으로 감싸 따뜻하게 하는 간단한 방법으로도 해결할 수 있다. 드라이 와인은 스위트 와인보다 실온으로 마시는 게 더 좋다.

디캔딩

디캔터는 영 와인의 단짝으로 풍미를 돋우는 부케를 열고 와인이 공기에 닿도록 돕는다. 와인이 충분히 숨 쉴 수 있게 윗부분이 열린 카라페(carafe)[18]가 가장 좋다. 병 안에서 숙성되는 동안 바닥에 쌓인 침전물을 피할 수 있다는 점도 디캔터의 장점이다. 와인 병을 똑바로 세워 침전물이 잘 가라앉도록 충분히 둔 다음 잘 보이게 밝은 불빛 앞에서 병을 비스듬히 잡고 디캔터에 와인을 천천히 따른다.

식당에서 고른 와인을 테이스팅하기 위해 웨이터가 코르크 마개를 따고 조금 따라주는 샘플링 의식에 맞닥뜨릴 경우, 와인이 적절한 온도로 서빙되었는지, 결함이 없는지, 코르크 마개에 곰팡이가 피어 있는지 등을 확인하도록 한다. 색이 흐릿하거나 논스파클링 와인인데도 기포가 인다면, 그 와인은 곰팡이가 생겼거나 상했다는 의미이다. 새 와인 병의 코르크 마개를 따서 샘플링을 하는 목적은 단순히 맛이 마음에 들지 않는다고 돌려보내지 않기 위함인 점도 기억한다.

그리고 무엇보다 각자의 주머니 사정에 맞으면서도 마음을 사로잡는 와인이 최고이긴 하지만, 세상에는 끝내주는 와인을 선택할 기회가 차고 넘치므로 가끔 보통 이상의 와인을 경험해 보는 즐거움을 누려보자.

---

18   유리 또는 크리스털로 만든 물병이다. 프랑스어로 '물을 넣다'라는 의미로 물을 따라 두거나 와인 디캔딩에 사용한다.

와인 테이스팅 관련 용어

산도 Acidity
와인에 함유된 필수 성분으로, 과일산에서 나오며 풍미에 날카로움을 더해준다.

아로마 Aroma
포도가 발효, 숙성 과정을 거치며 만들어내는 향긋함을 의미하며 부케를 형성한다.

밸런스 Balance
풍미를 자아내는 성분 간의 조화로 고급 와인 제조에 필수다.

바디 Body
알코올의 강도로 라이트, 미디움, 풀 바디까지 다양하다.

부케 Bouquet
숙성된 와인이 선사하는 복잡미묘한 아로마로 와인을 땄을 때 느낄 수 있다.

드라이 Dry
단맛이 없는 와인으로, 드라이 샴페인은 '브뤼(brut)'라고 알려져 있다.

발효 Fermentation
으깬 포도에 효모를 첨가해 천연 포도당을 알코올 및 이산화탄소로 전환하는 과정이다.

피니시 Finish
와인을 마신 뒤 느껴지는 끝 맛으로, 피니시가 은은하게 이어진다면 좋은 와인이다.

노즈 Nose
아로마와 부케의 혼합이다.

탄닌 Tannin
발효 과정에서 포도 줄기를 일부러 첨가해 생기는 독특한 성분으로 끝 맛에 살짝 쌉싸름한 여운을 남긴다.

와인 칵테일

🍷 아프리카 사파리에 있을 때가 떠오르네요. 누군가 와인 오프너를 가져오는 걸 잊었고, 며칠 동안 우리는 음식과 물로만 버텨야 했어요.

— W.C. 필즈(미국 배우)

애플 샹그리아 쿨러 Apple Sangria Cooler

칼바도스 1oz
피치 브랜디 1oz
스위트 앤 사워 3oz
보졸레 2oz
오렌지 트위스트

얼음을 채운 와인 글라스에 보졸레를 제외한 액체류 재료를 모두 넣는다. 그 위로 보졸레를 따른다. 젓지 않는다. 오렌지 껍질을 칵테일 위에서 비틀어 트위스트를 만든 후 넣는다.

바통 Bâtonnet 파리 리츠 호텔에서 선보인 칵테일

코냑 ½oz
차가운 화이트 와인 3oz
차가운 토닉 워터 4oz
레몬 트위스트
시나몬 스틱

얼음을 채운 콜린스 글라스에 코냑과 화이트 와인을 따른다. 그 위로 토닉 워터를 붓고 부드럽게 스터링한다. 레몬 껍질을 칵테일 위에서 비틀어 트위스트를 만든 후 넣는다. 시나몬 스틱으로 장식하면 완성이다.

비숍 Bishop 18세기로 거슬러 올라가는 클래식 칵테일 비숍은 원래 따뜻하게 데워 마시는 멀드 와인(mulled wine)[19]이었지만, 지금은 얼음과 함께 시원한 상쾌함을 선사하는 현대적인 버전으로 거듭났다. 까베르네 소비뇽 또는 가벼운 버전의 메를로는 주교의 예복 색상에 따라 이름 붙인 이 비숍 칵테일에 가장 잘 어울린다.

---

19 와인에 시나몬, 과일 등을 첨가하여 따뜻하게 끓인 음료. 유럽 전역에서 특히 겨울에 즐겨 마신다. 프랑스어로 뱅쇼(vin chaud), 독일어로 글루바인(gluhwein), 이탈리아어로 빈 브륄레(vin brulé)라고 한다.

갓 짠 레몬즙 또는 주스 1oz
갓 짠 오렌지즙 또는 주스 1oz
심플 시럽 ½oz
차가운 라이트, 드라이 레드 와인 4oz
오렌지 슬라이스

셰이커에 레몬과 오렌지즙, 심플 시럽을 넣고 얼음과 함께 힘차게 셰이킹한다. 얼음을 채운 와인 글라스에 스트레이너를 대고 따른다. 잔에 와인을 따르고 스터링한다. 오렌지 슬라이스로 장식하면 완성이다.

클래식 스페인 샹그리아 Classic Spanish Sangria
샹그리아의 시작은 기원전 133년으로 거슬러 올라간다. 당시 안달루시아에 거주하던 로마인들은 더운 여름철 과일즙과 현지에서 만든 기본적인 와인을 섞은 음료로 갈증을 해소하곤 했다. 스페인 샹그리아는 원래 갓 짠 오렌지즙과 가벼운 레드 와인에 설탕과 레몬즙을 약간 더해 섞고 차가운 펀치 형태로 만들었다. 그 단순한 음료가 진화를 거듭해 좀 더 넘치는 과즙미, 신선한 시트러스 과일 슬라이스, 온기와 깊이를 더하는 브랜디에 활기 넘치는 클럽소다를 더해 차갑게 서빙하는 클래식 레시피로 거듭났다.
샹그리아의 다재다능한 매력은 화이트 와인, 샴페인, 로제를 비롯해 브랜디를 대신할 만한 다양한 리큐어, 다채로운 과일로 만든 클래식 샹그리아의 여러 가지 베리에이션에 영감을 불어넣었다. 전통적인 스페인 레드 와인 리오하(Rioja)와 같이 가볍고 과일 향이 가득한 레드 와인이 클래식 레시피에 가장 적당하다. 일부 샹그리아는 사과 슬라이스나 진저 에일, 아니면 심지어 그레이프프루트 소다도 넣을 수 있지만, 여기서는 좀 더 일반적인 전통 레시피로 소개한다. 4~6인용으로 인원이 늘어날 때는 사람 수만큼 곱해 주조하며 펀치 볼에 얼음을 띄워 서빙한다.

오렌지 1개(슬라이스)
라임 1개(슬라이스)
레몬 반 개(슬라이스)

브랜디 1½oz
쿠앵트로 1½oz
설탕 2TBS
차가운 드라이 레드 와인 750㎖ 1병
차가운 클럽소다 12oz 1병
아이스 큐브 약 3컵

2쿼터 용량의 큰 유리 피처에 오렌지, 라임, 레몬 슬라이스를 넣고 섞는다. 브랜디, 쿠앵트로, 설탕을 더하고 잘 섞이도록 젓는다. 와인을 부드럽게 저으며 따른다. 냉장고에 최소 2시간 또는 하룻밤 보관해 차갑게 칠링한다.

서빙하기 전 클럽소다를 붓고 가볍게 스터링한다. 얼음을 채운 와인 고블렛에 과일 조각과 함께 따른다.

베리에이션: **샹그리아 블랑카**(Sangria Blanca)는 화이트 와인 버전으로 레드 와인을 차가운 소비뇽 블랑, 피노 그리지오, 샤도네이 같은 화이트 와인으로 대체하고 적포도나 청포도, 복숭아나 사과 슬라이스, 딸기와 민트 줄기를 넣는다. 서빙하기 직전 샴페인을 더한다.

스파클링 샹그리아(Sparkling Sangria)는 앞 레시피에서 레드 와인을 차가운 드라이 샴페인으로 대체하고 그레이프프루트 또는 파인애플, 망고 또는 라즈베리를 넣는다. 서빙하기 직전 샴페인을 더한다.

로사도 샹그리아(Rosado Sangria)는 레드 와인을 로제 와인으로 대체하고 라즈베리와 블랙베리 또는 라임과 복숭아를 넣는다. 펀치 칵테일 섹션에서도 다양한 샹그리아 베리에이션을 볼 수 있다(415p).

키르 Kir

우아한 식전주인 키르는 부르고뉴에서 탄생했으며, 한때 디종의 시장을 지내기도 했던 유명한 프랑스 전쟁 영웅 '캐논 펠릭스 키르(Canon Félix Kir)'의 이름을 붙였다. 클래식 레시피는 소비뇽 블랑처럼 드라이하고 날카로운 풍미의 화이트 와인과 극소량의 크렘 드 카시스(시럽처럼 걸쭉한 블랙커런트 리큐어가 ¼oz 이상 들어가면 단맛이 너무 강해진다)가 필요하다. 대부분 얼음을 넣어 마시는 걸 선호한다. 샴페인으로 만든 베리에이션은 '키르 루아얄(Kir Royale)'로, 160p를 참고한다.

크렘 드 카시스 ½ts

차가운 드라이 화이트 와인 6oz

레몬 트위스트

칠링한 와인글라스에 크렘 드 카시스와 와인을 붓고 잘 젓는다. 레몬 껍질을 잔 테두리에 문지르고 칵테일 위에서 비틀어 트위스트를 만든 후 넣는다.

파인애플 쿨러 Pineapple Cooler
차가운 드라이 화이트 와인 (샤르도네, 피노 그리, 소비뇽 블랑 등) 2oz
파인애플 주스 2oz
갓 짠 레몬즙 ¼oz
슈퍼파인 슈가 ½oz
차가운 클럽소다 2~3oz
레몬 트위스트

셰이커에 와인, 파인애플 주스, 레몬즙, 설탕을 넣고 얼음과 함께 힘차게 셰이킹한다. 얼음을 채운 하이볼 글라스에 스트레이너를 대고 따른다. 클럽소다를 붓고 부드럽게 스터링한다. 레몬 껍질을 잔 테두리에 문지르고 칵테일 위에서 비틀어 트위스트를 만든 후 넣는다.

레드 와인 쿨러 Red Wine Cooler
차가운 드라이 레드 와인 6oz
차가운 레몬-라임 소다 4oz
레몬 트위스트

얼음을 채운 하이볼 글라스에 와인과 소다를 따른 후 스터링한다. 레몬 껍질을 칵테일 위에서 비틀어 트위스트를 만든 후 넣는다.

화이트 와인 스프리처 White Wine Spritzer
더운 여름 더할 나위 없이 상쾌하게 즐길 수 있는 칵테일로, 피노 그리지오 같이 가성비 좋은 드라이한 화이트 와인이 제격이다.

차가운 드라이 화이트 와인 6oz
차가운 클럽소다 2~3oz
레몬 트위스트

얼음을 채운 와인 글라스에 와인을 따른다. 그 위로 클럽소다를 붓고 부드럽게 스터링한다. 레몬 껍질을 칵테일 위에서 비틀어 트위스트를 만든 후 넣는다.

강화 와인

강화 와인은 알코올 도수를 높이고 방부제 역할을 하는 더 독한 증류주, 보통 브랜디를 첨가한 와인이다. 포트, 셰리, 마데이라, 마르살라, 무스카트, 모스카텔 등이 모두 강화 와인에 속한다.

마데이라(Madeira)는 더 드라이하고 가벼운 바디감을 가진 식전주 와인으로 브랜디를 첨가한 강화 와인이다. 아프리카 북서부 연안의 포르투갈령 마데이라섬에서 생산한다. 셰리 와인의 드라이함과 포트 와인의 풍부함 사이, 그슬린 오렌지와 꿀처럼 녹진한 단맛의 캐러멜 풍미가 가득하다. 식전주와 디저트 와인으로 모두 즐기며 살짝 차갑게 칠링해서 마시는 게 가장 좋다.

마라가(Maraga)는 이베리아 반도산 강화 와인이다. 스페인 남부 안달루시아 해안 지역에서 생산하며 달콤한 건포도 향에 황금빛이 도는 디저트 와인이다. 모스카텔과 페드로 히메네즈 백포도로 만든 고급 와인이지만, 유감스럽게도 단맛이 너무 강해 인기가 시들해졌다.

마르살라(Marsala)는 풀바디감을 자랑하는 식전주용 강화 와인으로 드라이 와인과 스위트 와인 두 버전이 있다. 시칠리아에서 껍질이 밝은색을 띤 백포도로 만들며 셰리와 마데이라 사이 정도의 풍미를 지닌다. 요즘에는 주로 요리에 사용한다.

무스카트(Muscat), 모스카토(Moscato)나 모스카텔(Moscatel)이라고도 한다. 호주, 이탈리아, 스페인, 포르투갈 등지에서 생산하는 진하고 달콤한 강화 와인이다.

포트 와인

매력이 넘치는 강화 와인으로 대다수가 포트 와인을 생산하는 포도밭과 와이너리의 본거지이자 법적으로 지정된 포르투갈 북부 지역 도루 밸리에서 만든다. 식후주와 디저트 와인으로 인기가 많은 포트 와인은 달콤한 포도 품종은 물론 당 성분이 모두 알코올로 변환되기 전 와인의 일부에 브랜디를 첨가해 발효를 중단하는 과정을 통해 당도를 얻는다. 상대적으로 드라이한 풍미는 보통 캐스크 숙성으로 완성한다. 이러한 포트 와인을 '우드 포트'라고 부르며 숙성 기간 및 빈티지 포트의 경우 생산 지역 등에 따라 스타일이 다양하게 나뉜다.

포트 와인은 실온으로 마시는 게 가장 좋지만, 많은 이가 차갑게 칠링해 즐기기도 한다. 대표적인 안주는 고급 잉글리시 스틸튼 치즈이다.

드라이 화이트 포트(Dry white port)는 단맛이 적은 아페리티프용 포트 와인으로 백포도로 만든 후 나무 캐스크에서 몇 년간 숙성한다. 주로 현지 사람들이 가장 좋아하는 포트로 차갑게 마신다.

루비 포트(Ruby port)는 달달한 기본 레드 포트 와인으로 빈티지 와인을 블렌딩해 만든 후 나무 캐스크에서 3년간 숙성한다.

타우니 포트(Tawny port)는 나무 캐스크에서 최소 5년간 숙성하는 포트 와인으로 20년산이 가장 좋으며 40년간 숙성한 타우니 포트도 있다. 숙성 기간이 길어질수록 옅은 빛을 띤다. 영 타우니 포트는 단맛이 강하며 숙성도가 높을수록 미디움 드라이 풍미와 부드러움이 더해진다. 병에 숙성 연산이 표시되지 않았다면, 보통 저렴한 루비와 화이트 포트의 블렌딩 와인으로, 엄밀히 말해 타우니 포트 와인이라고 할 수 없다.

콜헤이타 포트(Colheita port)는 싱글 빈티지 연도로 만들지만, 빈티지 포트라기보다 숙성된 타우디 포트에 가깝다. 나무 캐스크에서 최소 7년간 숙성한 포트 와인으로 라벨에 표시한 병입 일자 직후에 즐기는 것이 좋다.

모든 포트 와인 중 제일인 빈티지 포트(Vintage port)는 특히 품질이 좋았던 해의 포도로 만든, 블렌딩하지 않은 싱글 빈티지 와인이다. 나무 캐스크에서 2년, 병입한 후 20~40년간 숙성하며 미디움 드라이 풍미가 가득하다. 병입 숙성으로 침전물이 생기기 때문에 와인을 딴 후 반드시 디캔딩을 거쳐야 한다.

---------- 셰리 와인 ----------

포트 와인의 대표주자 격인 셰리 와인은 스페인의 지중해 연안에 위치한 헤레즈 델 라 프론테라, 산루카 데 바라메다, 푸에르토 데 산타 마리아 등 특별히 지정한 소규모 지역에서만 생산한다. 주로 팔로미노 백포도로 만들며, 페드로 히메네즈와 모스카텔을 더해 당도를 높인 셰리 와인도 있다. 셰리 와인의 탁월함은 복잡한 주조 과정에서 비롯된다. 발효 과정이 끝난 후 와인을 오크 캐스크로 옮겨 충분한 공간을 남겨두

강화 와인 칵테일

아도니스 Adonis 유럽 스타일의 클래식 식전주로 '아머(Armour)'라고도 부른다.

드라이 셰리 2oz
스위트 베르무트 1oz
페이쇼드 비터스 또는 오렌지 비터스 2대시
레몬 트위스트

얼음을 채운 믹싱 글라스에 액체류 재료를 넣고 스터링한다. 칠링한 칵테일 글라스에 스트레이너를 대고 따른다. 레몬 트위스트로 장식하면 완성이다.

아메르 피콘 칵테일 Amer Picon Cocktail

아메르 피콘 2oz
갓 짠 레몬 또는 라임즙 ¼oz
그레나딘 시럽 1ts
오렌지 트위스트

얼음을 채운 셰이커에 재료를 넣고 힘차게 셰이킹한다. 칠링한 칵테일 글라스에 스트레이너를 대고 따른다. 레몬 껍질을 칵테일 위에서 비틀어 트위스트를 만든 후 넣는다.
베리에이션: 얼음을 채운 올드 패션드 글라스에 따른 후 클럽소다를 붓는다.
피콘 칵테일(Picon Cocktail)은 아메르 피콘과 스위트 베르무트를 각각 1oz씩 넣고 얼음을 채운 올드 패션드 글라스에 따른다.

아메리카노 Americano 네그로니의 전신인 클래식 칵테일로 금주법 시대 합법적으로 구할 수 있었던 캄파리에 쏟은 미국인들의 애정을 기리는 이름이 붙었다.

캄파리 1½oz
스위트 베르무트 1½oz
차가운 클럽소다 2~3oz
레몬 트위스트
오렌지 트위스트

얼음을 채운 믹싱 글라스에 캄파리와 베르무트를 따른 후 스터링한다. 얼음을 채운 올드 패션드 글라스에 스트레이너를 대고 따른다. 그 위로 클럽소다를 붓고 부드럽게 스터링한다. 레몬과 오렌지 껍질을 칵테일 위에서 비틀어 트위스트를 만든 후 넣는다.

베리에이션: 좀 더 가볍게 즐기고 싶다면 칠링한 하이볼 글라스에 따른 후 클럽소다를 더 넣는다.

안달루시아 Andalusia

드라이 셰리 1½oz
라이트 럼 ½oz
브랜디 ½oz
앙고스투라 비터스 2대시

얼음을 채운 믹싱 글라스에 재료를 넣고 스터링한다. 칠링한 칵테일 글라스에 스트레이너를 대고 따른다.

밤부 Bamboo

클래식 아페리티프 칵테일로 1902년 맨해튼 호프만 하우스의 바텐더 찰리 마호니가 선보였다. 유명한 밥 콜의 노래 '대나무 아래에서(Under the Bamboo Tree)'에서 이름을 따온 것으로 알려져 있다. 다른 버전은 드라이 베르무트 대신 스위트 베르무트를 쓴다.

드라이 (피노) 셰리 2oz
드라이 베르무트 2oz
오렌지 비터스 2대시

얼음을 채운 믹싱 글라스에 재료를 넣고 스터링한다. 칠링한 칵테일 글라스에 스트레이너를 대고 따른다.

브랜디드 마데이라 Brandied Madeira

마데이라 1oz
브랜디 1oz
드라이 베르무트 ½oz
레몬 트위스트

얼음을 채운 믹싱 글라스에 재료를 넣고 스터링한다. 칠링한 칵테일 글라스에 스트레이너를 대고 따른다. 레몬 껍질로 잔 테두리를 문지르고 칵테일 위에서 비틀어 트위스트를 만든 후 넣는다.

브랜디드 포트 Brandied Port

타우니 포트 1oz

브랜디 1oz

마라스키노 리큐어 ¼oz

갓 짠 레몬즙 또는 주스 ½oz

오렌지 슬라이스

믹싱 글라스에 액체류 재료를 넣고 얼음과 함께 스터링한다. 얼음을 채운 와인 글라스에 스트레이너를 대고 따른다. 오렌지 슬라이스로 장식하면 완성이다.

캄파리 소다 Campari and Soda

캄파리 2oz

차가운 클럽소다 2~3oz

오렌지 또는 레몬 트위스트

얼음을 채운 올드 패션드 글라스에 캄파리를 따른다. 클럽소다를 붓고 부드럽게 스터링한다. 오렌지 또는 레몬 껍질로 잔 테두리를 문지르고 칵테일 위에서 비틀어 트위스트를 만든 후 넣는다.

베리에이션: 좀 더 가볍게 즐기고 싶다면 칠링한 하이볼 글라스에 얼음을 채우고 따른 후 클럽소다를 더 넣는다.

캄파리 쿨러 Campari Cooler

캄파리 1½oz

갓 짠 오렌지즙 또는 주스 2oz

라즈베리 시럽 ¼oz

차가운 클럽소다 3~4oz

오렌지 필 스파이럴

셰이커에 캄파리, 오렌지즙, 라즈베리 시럽을 넣고 얼음과 함께 힘차게 셰이킹한다. 얼음을 채운 하이볼 글라스에 스트레이너를 대고 따른다. 클럽소다를 붓고 부드럽게 스터링한다. 오렌지 필 스파이럴로 장식하면 완성이다.

치나 콜라 Cynar Cola

치나 1½oz
차가운 콜라 2~3oz
레몬 웨지

얼음을 채운 올드 패션드 글라스에 치나를 따른다. 그 위로 콜라를 더한다. 레몬 웨지로 잔 테두리를 문지르고 칵테일 위에서 짠 후 넣는다.

디프로매트 Diplomat

드라이 베르무트 1½oz
스위트 베르무트 ½oz
마라스키노 리큐어 ½ts
앙고스투라 비터스 2대시
레몬 트위스트
마라스키노 체리

얼음을 채운 믹싱 글라스에 액체류 재료를 넣고 스터링한다. 칠링한 칵테일 글라스에 스트레이너를 대고 따른다. 레몬 껍질로 잔 테두리를 문지르고 칵테일 위에서 비틀어 트위스트를 만든 후 넣는다. 체리로 장식하면 완성이다.

듀보네 칵테일 Dubonnet Cocktail 일부 클래식 버전에서는 진과 두보네를 동등한 양으로 사용하게 한다.

듀보네 루즈 1oz
진 ¾oz
오렌지 비터스 몇 방울
레몬 트위스트

얼음을 채운 믹싱 글라스에 액체류 재료를 넣고 스터링한다. 칠링한 칵테일 글라스에 스트레이너를 대고 따른다. 레몬 껍질로 잔 테두리를 문지르고 칵테일 위에서 비틀어 트위스트를 만든 후 넣는다.
베리에이션: **디아볼라 칵테일**(Diabola Cocktail)은 위 레시피에 오르가트 시럽 2대시를 더한다.

페라리 Ferrari
드라이 베르무트 2oz
아마레토 1oz
레몬 트위스트

얼음을 채운 올드 패션드 글라스에 액체류 재료를 따르고 스터링한다. 레몬 껍질을 칵테일 위에서 비틀어 트위스트를 만든 후 넣는다.

프렌치 키스 French Kiss
드라이 베르무트 1½oz
스위트 베르무트 1½oz
레몬 트위스트

얼음을 채운 올드 패션드 글라스에 베르무트를 모두 넣고 스터링한다. 레몬 껍질을 칵테일 위에서 비틀어 트위스트를 만든 후 넣는다.

인디고 존스 Indigo Jones
스위트 마르살라 1oz
드라이 로제 와인 1oz
코냑 1oz
갓 짠 오렌지즙 또는 주스 몇 방울
갓 짠 레몬즙 또는 주스 몇 방울
오렌지 슬라이스

셰이커에 액체류 재료를 넣고 얼음과 함께 힘차게 셰이킹한다. 얼음을 채운 올드 패션드 글라스에 스트레이너를 대고 따른다. 오렌지 슬라이스로 장식하면 완성이다.

릴레 소다 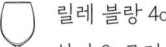 Lillet and Soda 릴레와 클럽소다를 충분히 차갑게 칠링하면 최고다.
릴레 블랑 4oz
차가운 클럽소다 1~12oz
오렌지 트위스트

칠링한 와인 글라스에 아이스 큐브 몇 개를 넣고 그 위로 릴레를 따른 후, 클럽소다를 붓는다. 오렌지 껍질을 칵테일 위에서 비틀어 트위스트를 만든 후 넣는다.

릴레 칵테일 Lillet Cocktail

릴레 블랑 1½oz
진 ½oz
오렌지 트위스트

얼음을 채운 셰이커에 릴레와 진을 넣고 힘차게 셰이킹한다. 칠링한 칵테일 글라스에 스트레이너를 대고 따른다. 오렌지 껍질을 칵테일 위에서 비틀어 트위스트를 만든 후 넣는다.

릴리 Lily

릴레 1oz
진 1oz
크렘 드 누아요 1oz
갓 짠 레몬즙 또는 주스 몇 방울
레몬 트위스트

얼음을 채운 셰이커에 재료를 넣고 힘차게 셰이킹한다. 칠링한 칵테일 글라스에 스트레이너를 대고 따른다. 레몬 껍질로 장식하면 완성이다.

리틀 프린세스 Little Princess

스위트 베르무트 1½oz
라이트 럼 1½oz

얼음을 채운 믹싱 글라스에 재료를 넣고 스터링한다. 칠링한 칵테일 글라스에 스트레이너를 대고 따른다.

메리 위도우 Merry Widow

이 책 한 권에 다 담기 어려울 만큼 다양한 버전이 존재한다. 셰리와 베르무트로 만든 것부터 보드카를 넣은 것, 그리고 완전히 색다른 메리 위도우도 있다. 216p에서는 리큐어를 베이스로 한 체리 브랜디 칵테일도 찾아볼 수 있다. 아래 레시피는 깔끔한 아페리티프로 즐길 수 있는 버전이다.

드라이 베르무트 1½oz
듀보네 루즈 1½oz
레몬 트위스트

얼음을 채운 믹싱 글라스에 베르무트와 듀보네를 넣고 스터링한다. 칠링한 칵테일 글라스에 스트레이너를 대고 따른다. 레몬 껍질로 잔 테두리를 문지르고 칵테일 위에서 비틀어 트위스트를 만든 후 넣는다.

네그로니 Negroni   1919년 플로렌스에서 이탈리아 백작 네그로니가 아메리카노 칵테일에 진을 추가해달라는 요청에서 탄생한 완벽한 연금술의 클래식 칵테일이다.

스위트 베르무트 ¾oz
캄파리 ¾oz
진 ¾oz
오렌지 트위스트

얼음을 채운 믹싱 글라스에 액체류 재료를 넣고 스터링한다. 칠링한 칵테일 글라스에 스트레이너를 대고 따른다. 오렌지 껍질로 잔 테두리를 문지르고 칵테일 위에서 비틀어 트위스트를 만든 후 넣는다.

파커루 Parkeroo

페일 드라이 셰리 2oz
테킬라 1oz
레몬 필 스파이럴

얼음을 채운 믹싱 글라스에 셰리와 테킬라를 넣고 스터링한다. 칠링한 와인 글라스에 크러시드 아이스를 넣은 후 스트레이너를 대고 따른다. 레몬 필 스파이럴로 장식하면 완성이다.

피콘 피즈 Picon Fizz

아메르 피콘 1½oz
그레나딘 시럽 ½oz
차가운 클럽소다 3~5oz
브랜디 ½oz

얼음을 채운 하이볼 글라스에 아메르 피콘과 그레나딘 시럽을 따른다. 클럽소다를 붓고 부드럽게 스터링한다. 칵테일 위에 브랜디를 띄워 완성한다.

포트 생거리 Port Sangaree

루비 포트 4oz
심플 시럽 1oz
갓 간 넛맥 가루

믹싱 글라스에 루비 포트와 심플 시럽을 넣고 얼음과 함께 스터링한다. 얼음을 채운 와인 글라스에 스트레이너를 대고 따른다. 넛맥 가루를 뿌려 완성한다.

생츄어리 Sanctuary

듀보네 루즈 1½oz
아메르 피콘 ¾oz
쿠앵트로 또는 트리플 섹 ¾oz
레몬 트위스트

얼음을 채운 셰이커에 재료를 넣고 힘차게 셰이킹한다. 칠링한 칵테일 글라스에 스트레이너를 대고 따른다. 레몬 껍질을 칵테일 위에서 비틀어 트위스트를 만든 후 넣는다.

셰리 생거리 Sherry Sangaree

드라이 셰리 4oz
쿠앵트로 또는 트리플 섹 ¾oz
심플 시럽 1oz
레몬 트위스트

믹싱 글라스에 액체류 재료를 넣고 얼음과 함께 스터링한다. 얼음을 채운 와인 글라스에 스트레이너를 대고 따른다. 레몬 껍질로 잔 테두리를 문지르고 칵테일 위에서 비틀어 트위스트를 만든 후 넣는다.

베르무트 카시스 Vermouth Cassis

드라이 베르무트 2½oz
크렘 드 카시스 ½oz
클럽소다 3~4oz
레몬 트위스트

얼음을 채운 하이볼 글라스에 베르무트와 카시스를 따른다. 클럽소다를 붓고 부드럽게 스터링한다. 레몬 껍질을 칵테일 위에서 비틀어 트위스트를 만든 후 넣는다.

워싱턴 칵테일 Washington Cocktail

드라이 베르무트 1½oz
브랜디 ½oz
슈가 파우더 ½oz
앙고스투라 비터스 2대시

얼음을 채운 셰이커에 재료를 넣고 힘차게 셰이킹한다. 칠링한 칵테일 글라스에 스트레이너를 대고 따른다.

핫 드링크

후끈한 스피릿 샷으로 알코올을 더한, 김이 모락모락 피어오르는 뜨거운 머그잔을 떠올리기만 해도 몸과 마음을 모두 따뜻하게 해주는 진정 효과가 있는 회복 음료에 대한 충동이 인다.

핫 드링크는 13세기 영국에서 수확 철이 되면 열리던 와세일(wassail) 모임에서부터 18세기 영국인들이 대중화한 토디에 이르기까지 수 세기 동안 사회적 역동성의 필수적인 부분이었다. 19세기까지 아메리카 대륙 식민지를 비롯한 많은 북반구 국가에서 펍과 선술집은 뜨끈한 플립이나 진한 '톰과 제리'를 마시며 추운 밤에 맞서는 만남의 장소이자 친목의 장, 그리고 마을의 오아시스였다.

핫 드링크 장르에서 전형적인 선술집의 역할을 보여주는 음료는 오리지널 플립으로, 마을 사람들이 선술집의 큰 벽난로가 자아내는 열기 주변에 모여 공동의 문제를 논의하면서 뜨겁게 달군 플립 아이언으로 데운 혼합 음료를 홀짝이며 마시던 시절로 거슬러 올라간다. 플립은 보통 럼, 맥주, 향신료, 때때로 계란을 넣어 만든 음료를 데우기 위해 특별히 사용한 쇠막대기인 플립 아이언 또는 로거헤드에서 이름이 붙었다. 플립 아이언은 벽난로에 설치해 붉게 달궈질 때까지 가열한 후 큰 머그잔에 음료를 데우는 '멀링

(mull)'을 한 후 다음 잔을 준비하는 동안 다시 불에 넣어두었다. 이제는 실용성이 떨어지는 관행이며, 플립 아이언은 바 장비 섹션에서도 찾을 수 없다. 여기에서 소개하는 핫 드링크 대부분은 내열 머그잔, 소스팬, 주전자, 포트 정도만 있으면 충분히 만들 수 있다.

핫 드링크를 준비할 때 술은 데우기만 하고 절대 끓이지 않도록 유의한다. 그렇지 않으면 증류주에 들어있는 알코올이 모두 날아가 풍미가 떨어진다.

이번 섹션에서는 플레이밍 칵테일 레시피도 몇 가지 소개하지만, 열을 가했을 때 알코올의 휘발성을 고려해 칵테일 주조 시 극도로 주의하길 바란다. 사실 플레이밍 칵테일은 전문가의 손에 맡기는 게 가장 좋다. 플레이밍 조주 기법은 56p를 참조한다.

머그잔, 특히 금이 가기 쉬운 유리 재질의 아이리시 커피 머그는 뜨거운 수돗물을 미리 채웠다가 핫 드링크가 준비되면 비워내는 걸 잊지 말자. 이렇게 하면 음료의 열기를 더 오래 유지할 수 있다. 여기서 소개하는 핫 드링크는 다채로운 스타일과 함께 불어오는 바람에 낙엽이 날리는 가을이나 눈 내리는 겨울의 끝자락에 우리 모두에게 편안하고 만족스러운 온기를 선사할 것이다.

아즈텍 에그노그 Aztec Eggnog

국경 너머 남쪽의 이국적인 칵테일로 식료품점에서 쉽게 살 수 있는 이바라(Ibarra)산 시나몬의 풍미가 가득한 멕시칸 초콜릿으로 만든다.

〈6잔 기준〉

에그노그 4컵

넛맥 가루 1ts

정향 가루 ½oz

달지 않은 코코아 파우더 2TBS

멕시칸 초콜릿 가루 ½컵

레포사도 테킬라 8oz (1컵)

멕시칸 초콜릿 셰이빙

큰 소스팬에 에그노그, 넛맥 가루, 정향 가루, 코코아 파우더를 넣고 잘 섞이도록 휘젓는다. 혼합물을 약불에서 끓을 때까지 가열한다. 끓지 않도록 유의한다. 멕시코 초콜릿 가루를 천천히 넣고 녹을 때까지 젓는다. 불을 끄고 테킬라를 넣은 후 젓는다. 따뜻하게 데운 6온스짜리 펀치 컵 또는 내열 머그잔에 따른 후 멕시칸 초콜릿 셰이빙을 뿌려 장식한다.

베리에이션: 테킬라 대신 좋아하는 버번, 럼 또는 브랜디로 대체해도 좋다.

불스 밀크 Bull's Milk

다크 럼 1½oz

코냑 ¾oz

뜨겁게 데운 우유 4oz

메이플 시럽 1ts

갓 갈은 넛맥 가루

따뜻하게 데운 내열 머그잔에 럼과 코냑을 따른다. 우유를 따르고 메이플 시럽을 더한 후 스터링한다. 넛맥 가루를 뿌려 완성한다.

카페 아마레토 Café Amaretto

아마레토 1oz

브랜디 ½oz

뜨거운 커피 6oz

휘핑크림

따뜻하게 데운 내열 머그잔에 아마레토와 브랜디를 따른다. 뜨거운 커피를 더하고 스터링한 후 휘핑크림을 올린다.

베리에이션: **이탈리안 커피**(Italian Coffee)는 브랜디와 아마레토를 각각 ¾oz씩 넣고 커피를 뜨거운 에스프레소로 대체한다.

카페 디아블로 Café Diablo

코냑 1oz
쿠앵트로 ½oz
정향 2알
긴 레몬 필 스트립 1줄
긴 오렌지 필 스트립 1줄
뜨거운 커피 6oz

소스팬에 커피를 제외한 모든 재료를 넣고 중불에서 자주 저어준다. 뜨거운 커피를 내열 머그잔에 따른 후 옆에 둔다. 소스팬의 가장자리에 기포가 올라오기 시작하면 긴 성냥을 사용해 알코올에 불을 붙인다. 커피가 담긴 머그잔에 따른다.

카페 루아얄 Café Royale

뜨거운 커피 8oz (1컵)
각설탕 1개
브랜디 ½oz
헤비 크림 1TBS

따뜻하게 데운 머그잔에 뜨거운 커피를 따른다. 숟가락에 각설탕을 올리고 브랜디에 적신다. 머그잔 테두리에 숟가락을 걸치고 브랜디에 적신 각설탕에 불을 붙인다. 불꽃이 꺼지면 브랜디에 적신 설탕을 커피에 넣고 젓는다. 크림을 올려 완성한다.

핫 애플 라즈베리 럼 사이더 Hot Apple-Raspberry Rum Cider

애플 사이더 8oz (1컵)
라즈베리 시럽 1oz
오렌지 제스트 1TBS
정향 2~3알
시나몬 가루 ¼ts
카다멈 가루 ¼ts
아이티 럼 1oz
휘핑 크림

시나몬 가루

작은 소스팬에 애플 사이더, 라즈베리 시럽, 오렌지 제스트, 정향, 시나몬 가루, 카다멈 가루를 섞는다. 표면에 김이 오를 때까지 열을 가한다. 끓이지 않도록 유의한다. 숟가락으로 정향을 걸러낸다. 뜨거운 혼합물을 따뜻하게 데운 내열 머그잔에 따른다. 럼을 넣고 스터링한다. 휘핑크림을 올리고 시나몬 가루를 뿌려 완성한다.

핫 버터드 럼 Hot Buttered Rum

전통적으로 핫 드링크 중 가장 인기가 많다. 어떤 이들은 물 대신 우유를 넣어 풍부함을 더한 베리에이션을 즐기기도 한다.

갈색 설탕 1ts

뜨거운 물 4oz

다크 럼 2oz

버터 1TBS

갓 간 넛맥 가루

따뜻하게 데운 내열 머그잔에 갈색 설탕과 뜨거운 물을 섞고 설탕이 녹을 때까지 젓는다. 럼을 따르고 위에 버터를 띄운다. 넛맥 가루를 뿌려 완성한다.

베리에이션: **핫 버터드 버번**(Hot Buttered Bourbon) 또는 **핫 버터드 컴포트**(Hot Buttered Comfort)는 럼을 버번위스키나 서던 컴포트로 대체한다.

핫 초콜릿 스팅어 Hot Chocolate Stinger

다크 크렘 드 카카오 1oz

페퍼민트 슈냅스 ½oz

핫초코 2oz

뜨거운 커피 3oz

휘핑크림

따뜻하게 데운 내열 머그잔에 크렘 드 카카오와 슈냅스를 따른다. 핫초코와 뜨거운 커피를 더하고 스터링한다. 위에 휘핑 크림 한 덩이를 올려 완성한다.

핫 자메이칸 Hot Jamaican

라임 슬라이스 1조각
정향 3알
심플 시럽 ½oz
갓 짠 라임즙 또는 주스 ½oz
다크 럼 2oz
끓인 물 4oz
시나몬 스틱 1개

라임 슬라이스에 정향을 꽂아 따뜻하게 데운 내열 머그잔에 넣는다. 심플 시럽, 라임즙, 럼을 따르고 스터링한다. 끓인 물을 붓고 시나몬 스틱으로 젓는다.

핫 마리 Hot Marie

다크 럼 ¾oz
브랜디 ¾oz
티아 마리아 ¼oz
뜨거운 커피 8oz (1컵)
취향에 맞는 설탕

따뜻하게 데운 내열 머그잔에 럼, 브랜디, 티아 마리아를 따른다. 뜨거운 커피와 설탕을 넣고 스터링한다.

아이리시 커피 Irish Coffee

1940년대 초 탄생한 클래식 핫 드링크인 아이리시 커피의 인기는 지금까지도 계속되고 있으며, 특히 성 패트릭의 날 즈음이 되면 그린 크렘 드 멘테 스플래시를 곁들여 즐길 수 있다. 아일랜드의 섀넌 공항에서 도착하는 승객을 위해 칵테일을 만들던 조 셰리단이 처음 선보였고, 우연히 미국인 기자였던 스탠튼 델라플레인이 여행객으로 왔다가 맛보게 되었다. 아이리시 커피에 홀딱 반한 스탠튼은 미국에 있는 동네 단골 바인 샌프란시스코의 부에나 비스타로 이 핫 드링크를 가져갔고, 그 이후 아이리시 커피는 바에서 가장 인기 있는 술로 자리 잡았다.

아이리시 위스키 1½oz

갈색 설탕 1ts

뜨거운 진한 커피 5~6oz

헤비 크림 또는 휘핑크림

따뜻하게 데운 아이리시 커피 글라스에 아이리시 위스키를 따르고 갈색 설탕을 더한 후 녹을 때까지 젓는다. 뜨거운 커피를 붓고 위에 크림을 천천히 띄운다. 젓지 않는다. 또는 위에 휘핑 크림 한 덩이를 얹는다.

자메이칸 커피 Jamaican Coffee

자메이칸 럼 1oz

티아 마리아 1oz

뜨거운 커피 6~8oz

휘핑크림

올스파이스 한 꼬집

따뜻하게 데운 내열 머그잔에 럼, 티아 마리아, 뜨거운 커피를 따르고 스터링한다. 위에 휘핑 크림을 얹는다. 올스파이스를 뿌려 완성한다.

멕시칸 커피 Mexican Coffee

골드 테킬라 ½oz

칼루아 또는 티아 마리아 ¾oz

갈색 설탕 1ts

뜨거운 커피 8oz (1컵)

휘핑크림

따뜻하게 데운 내열 머그잔에 테킬라, 칼루아, 갈색 설탕을 섞는다. 뜨거운 커피를 붓고 설탕이 녹을 때까지 젓는다. 위에 휘핑크림을 얹어 완성한다.

멀드 와인 Mulled Wine 다양한 과일과 향신료를 사용하는 멀드 와인 레시피는 수 세기 전으로 거슬러 올라간다. 까베르네 소비뇽이나 부르고뉴 와인이 가장 좋다. 알코올 향이 덜 나는 음료를 즐기고 싶다면 모든 재료를 최소한 10분 정도 함께 끓여 알코올이 대부분 날아갈 수 있도록 한다. 남은 와인은 스트레이너에 걸러 용기에 담고 뚜껑을 단단히 닫아 냉장 보관한다.

〈10~12잔 기준〉

드라이 레드 와인 750㎖ 2병

갈색 설탕 ½컵

정향 12알

시나몬 스틱 4개

오렌지 1개 (잘게 자른 제스트 형태로 준비)

레몬 1개 (잘게 자른 제스트 형태로 준비)

루비 포트 16oz (2컵)

브랜디 16oz (2컵)

큰 냄비(알루미늄 재질은 피한다)에 포트와 브랜디를 제외한 모든 재료를 넣고 가끔 저어주며 뭉근히 끓인다. 불을 줄이고 10분 정도 끓인다. 포트와 브랜디를 더하고 센 불로 짧게 열을 가한다. 큰 내열 그릇에 붓고 국자로 머그잔에 나눠 담는다.

베리에이션: **머들 사이더**(Mulled Cider)는 와인을 애플 사이더 10컵으로 대체하고 루비 포트를 뺀다.

리키 티키 토디 Riki Tiki Toddy

스파이스 럼 1½oz

드람부이 ½oz

그랑 마르니에 ½oz

꿀 1TBS

코코넛 밀크 1½oz

정향 가루 한 꼬집

끓인 물 4oz

휘핑크림

정향 3알을 꽂은 레몬 슬라이스 1조각

따뜻하게 데운 내열 머그잔에 럼, 드람부이, 그랑 마르니에, 꿀, 코코넛 밀크, 정향 가루를 넣고 섞는다. 끓인 물을 더하고 꿀이 녹을 때까지 스터링한다. 위에 휘핑크림 한 덩이를 얹는다. 정향을 꽂은 레몬 슬라이스로 장식하면 완성이다.

세비야 플립 Sevilla Flip
요즘 플립은 예전처럼 레드 핫 포커 또는 플립 아이언으로 뜨겁게 만들기보다 셰이킹 기법으로 주조해 얼음이 담긴 잔에 따라 즐기지만, 여기서는 전통적인 방식으로 만드는 핫 플립 레시피로 소개한다.

헤비 크림 1oz
설탕 ½ts
라이트 럼 1½oz
루비 포트 1½oz
갓 간 넛맥 가루

작은 소스팬에 크림과 설탕을 넣고 약한 불에 섞는다. 럼과 포트를 더하고 약불에 뭉근히 끓이며 가끔 젓는다. 따뜻하게 데운 내열 머그잔에 담고 위에 넛맥 가루를 뿌려 완성한다.

서던 차이 Southern Chai
향긋한 차이 티와 리큐어가 부드러운 조합을 이루며 오감에 따뜻함을 선사한다. 차이 티 농축액은 슈퍼마켓에서 쉽게 살 수 있다. 구하기 어렵다면 차이 티를 우려내 사용한다.

차이 티 농축액 8oz
우유 3oz
버번위스키 1oz
아마레토 ¼oz
쿠앵트로 ¼oz
정향 3알을 꽂은 레몬 웨지

작은 소스팬에 차이 농축액과 우유를 섞고 가끔 저으면서 뭉근히 끓인다. 따뜻하게 데운 내열 머그잔에 따른다. 버번위스키, 아마레토, 쿠앵트로를 더하고 가볍게 스터링한다. 레몬 웨지로 장식하면 완성이다.

스파이스 자메이칸 자바 Spiced Jamaican Java

캡틴 모건 스파이스 럼 ½oz
코냑 1oz
갈색 설탕 1ts
방금 내린 뜨거운 커피 8oz (자메이칸 블루 마운틴이면 더 좋다)
휘핑크림
갓 간 넛맥 가루

따뜻하게 데운 내열 머그잔에 럼, 코냑, 갈색 설탕을 섞는다. 뜨거운 커피를 붓고 스터링한다. 위에 휘핑크림을 얹고 넛맥 가루를 뿌려 완성한다.

톰과 제리 Tom and Jerry

1850년대 즈음 세인트루이스의 플랜터스 하우스 호텔에서 칵테일 믹솔로지의 창시자 중 한 명이자 이른바 칵테일 '선생'인 제리 토마스가 선보인 이후 추운 겨울 가장 인기 있는 클래식 핫 드링크로 자리 잡았다. 톰과 제리의 '배터(batter, 여러 재료로 미리 만들어진 혼합물)'는 전통적으로 한 번에 많이 만들어 둔 다음 잔에 나눠 담아 추위에 떠는 손님들에게 따뜻함을 선사했다. 많은 이들이 브랜디 대신 버번위스키를 넣어 즐긴다. 우유 맛이 너무 진할 것 같으면 물과 우유를 반반 섞어 보자. 인원이 많다면 아래 레시피에 그만큼 곱해 주조한다.

〈2잔 기준〉

흰자와 노른자를 분리한 계란 1개
다크 자메이칸 럼 2oz
브랜디 2oz
설탕 1TBS
시나몬 가루 한 꼬집
정향 가루 한 꼬집
올스파이스 한 꼬집
뜨거운 우유 12oz (또는 뜨거운 우유 6oz와 뜨거운 물 6oz)
갓 간 넛맥 가루

작은 그릇에 계란 노른자, 럼, 브랜디를 휘저어 섞는다. 계란 흰자, 설탕, 향신료를 서로 섞일 때까지 젓고, 노른자 혼합물과 합친다. 따뜻하게 데운 내열 머그잔에 골고루 나눠 담고 뜨거운 우유 또는 뜨거운 우유와 물을 섞은 혼합물을 부은 후 거품이 날 때까지 스터링한다. 넛맥 가루를 뿌려 완성한다.

와싸일 Wassail 영국의 전통적인 건강 음료로 보통 하드 애플 사이더와 스파이스 에일 또는 와인으로 만든다. 와싸일러가 손님들의 건강과 안녕을 기원하며 건배를 하고 와싸일 그릇 옆에서 '와스 하일(Wass hael)!' 또는 '건강하세요!'라는 말과 함께 덜어주며 축하 행사를 시작하는 관습이 있다. 13세기부터 이어진 와싸일의 긴 역사를 생각하면 엠버 에일 같은 다양한 에일에서부터 셰리, 브랜디, 심지어 구운 사과를 곁들이는 버전 등 수많은 베리에이션이 존재한다는 사실은 그리 놀랍지 않다.

〈6잔 기준〉

올스파이스 1ts

갓 갈은 넛맥 가루 1ts

다진 생강 ½ts

정향 가루 ½ts

갈색 설탕 ½컵

오렌지 1개 (즙과 스파이럴 형태로 다듬은 껍질)

레몬 1개 (즙과 스파이럴 형태로 다듬은 껍질)

뜨거운 물 8oz (1컵)

브라운 에일 32oz (4컵)

하드 애플 사이더 12oz (1½컵)

큰 냄비(알루미늄 재질은 피한다)에 향신료, 갈색 설탕, 오렌지와 레몬즙, 껍질, 뜨거운 물을 섞는다. 중불에서 자주 저으며 뜨거워질 때까지 익힌다. 에일과 사이더를 더하고 김이 오를 때까지 익힌다. 끓이지 않도록 유의한다. 따뜻하게 데운 내열 머그잔에 나눠 담는다.

위스키 핫 토디 Whiskey Hot Toddy 마음을 진정시켜주는 전형적인 핫 드링크로 보통 버번위스키를 쓰지만, 블렌디드 위스키나 럼 역시 잘 어울린다.

정향 3알을 꽂은 레몬 슬라이스

그래뉴당 또는 갈색 설탕 1ts

넛맥 가루 한 꼬집

버번위스키 1½oz

끓인 물 6oz

시나몬 스틱 1개

따뜻하게 데운 내열 머그잔에 정향을 꽂은 레몬 슬라이스를 넣는다. 설탕, 넛맥 가루, 버번위스키를 더한다. 끓인 물을 붓고 시나몬 스틱으로 젓는다.

펀치

펀치(Punches)는 많은 손님이 기분 전환용 칵테일을 넉넉하게 마시고 싶을 때 여유롭고 편안하게 파티를 열 수 있는 가장 이상적인 칵테일이다. 하지만 일부 펀치는 도수가 낮고 하와이안 펀치처럼 단조로움을 지니는 경향이 있어 칵테일의 맛과 향을 일정 수준으로 유지하기 어렵다는 딜레마에 맞닥뜨릴 수 있다. 제대로 된 레시피와 가장 신선한 재료에 몇 가지 유용한 팁을 더하면, 커다란 펀치 볼 한가득 세련미가 넘치면서도 기분 좋게 즐길 수 있는 칵테일을 대접할 수 있다.

펀치를 준비하는 데 도움이 될만한 몇 가지 주요 사항은 다음과 같다.
레시피 대부분이 편리함을 내세워 통조림 또는 냉동 주스를 사용하라고 하지만 가능한 한 신선한 재료를 쓰는 게 좋다. 그저 그런 펀치와 위대한 펀치를 가르는 차이가 거기서 나온다. 그리고 재료를 섞기 전에 모두 차갑게 칠링해 칵테일을 만들고 나서도 냉기가 유지될 수 있도록 한다. 일부 펀치는 편의상 미리 만들어 냉장 보관해 둘 수 있다.

탄산을 최대한 유지하기 위해 스파클링 재료는 항상 마지막에 첨가한다. 얼음도 마찬가지다. 펀치에 오래 담아 놓을수록 칵테일이 빨리 희석된다. 액체류 재료를 충분히 칠링했다면 커다란 얼음 한 덩이만 마지막에 넣으면 된다.

아이스 큐브, 즉 조각 얼음은 각각의 컵에 채우는 게 좋으며, 절대로 펀치 볼에 넣지 않도록 한다. 그렇지 않으면 너무 빨리 녹아서 펀치가 물처럼 묽어진다. 펀치에는 큰 얼음 블록이 더 적합하다. 작은 금속 팬, 그릇, 플라스틱 용기, 아니면 파티의 흥을 돋울 수 있게 번트 케이크 틀에 정수 물을 채우고 얼리면 필요한 얼음 덩어리를 쉽게 만들 수 있다. 얼음 블록과 링은 식용 꽃에서 시트러스 과일 조각, 베리에 이르기까지 얼음에 얼린 가니시 재료를 더하며 창의력을 선보일 좋은 기회다. 펀치를 자신의 취향에 맞게 조정하는 걸 두려워하지 말고 좋아하는 과일, 리큐어, 주스 등을 마음껏 추가해 보자. 모험 정신과 실험 정신을 발휘할 때이다.

펀치는 때에 따라 우아한 센터피스로도 쓸 수 있다. 아름답고 커다란 유리그릇 또는 화려하게 반짝이는 도자기 그릇은 알록달록한 칵테일과 동동 띄운 과일 조각을 뽐내는 데 이상적이다. 피처 칵테일의 경우 샹그리아를 채운 유리 피처보다 시각적으로 매력적인 건 없다. 더불어 저렴한 유리 펀치 컵을 작은 와인 잔처럼 더 세련된 글라스웨어로 바꾸는 것도 고려해 보자.

손님들은 6oz 들이 컵을 기준으로 두잔 이상 마실 가능성이 크므로 적절한 양을 계획하고 필요한 경우 칵테일을 리필할 수 있도록 예비 피처와 충분한 얼음을 준비하도록 한다.

어텀 펀치 Autumn Punch

⟨6oz 컵 18잔 기준⟩

드라이 레드 와인 750㎖ 1병
드라이 화이트 와인 750㎖ 2병
스위트 베르무트 3oz
드라이 베르무트 3oz
애플잭 1컵
시트러스 보드카 1컵
크랜베리 주스 1컵
심플 시럽 2oz
큰 얼음 블록 1개
슬라이스한 오렌지 1개
슬라이스한 레몬 1개

펀치 볼에 액체류 재료를 섞고 잘 젓는다. 뚜껑을 닫고 냉장고에 적어도 4시간 정도 넣어둔다. 서빙하기 전 볼에 얼음을 넣는다. 오렌지와 레몬 슬라이스를 펀치 위에 띄운다. 국자로 펀치 컵에 나눠 담는다.

봄베이 펀치 Bombay Punch

⟨5oz 컵 30잔 기준⟩

셰리 2컵
브랜디 2컵
애프리콧 리큐어 (또는 애프리콧 브랜디) 3oz
쿠앵트로 (또는 큐라소) 3oz
마라스키노 리큐어 3oz
큰 얼음 블록 1개
차가운 샴페인 750㎖ 1병
차가운 클럽소다 1ℓ
차가운 진저 에일 2컵
슬라이스한 레몬 1개
슬라이스한 오렌지 1개
민트 줄기 5~6개

탄산음료를 제외한 모든 액체류 재료를 펀치 볼에 따른다. 서빙하기 전 펀치 볼에 얼음을 넣고 샴페인, 클럽소다, 진저 에일을 붓는다. 레몬과 오렌지 슬라이스, 민트 줄기를 펀치 위에 띄운다. 국자로 펀치 컵에 나눠 담는다.

캐러비안 허리케인 Caribbean Hurricane

다채로운 트로피컬 주스의 강렬한 소용돌이가 베이스인 남태평양 스타일 펀치

〈6oz 컵 8잔 기준〉

라이트 럼 2컵

스파이스 럼 2컵

패션프루트 시럽 1컵

갓 짠 그레이프프루트즙 또는 주스 1컵

갓 짠 오렌지즙 또는 주스 1컵

파인애플 주스 1컵

갓 짠 라임즙 또는 주스 4oz

라임 에이드로 만든 아이스 큐브 4트레이 또는 일반 아이스 큐브

차가운 클럽소다 2컵

파인애플 웨지 8조각

식용 꽃 (보리지, 네스트리움, 오렌지꽃 등)

톨 허리케인 또는 하이볼 글라스 8잔을 칠링한다. 큰 피처에 액체류 재료를 따르고 잘 섞이도록 젓는다. 잔에 라임 에이드 얼음을 채우고 펀치를 따른 후 클럽소다를 붓는다. 파인애플 웨지와 꽃잎으로 장식하면 완성이다.

카디널 펀치 Cardinal Punch

〈6oz 컵 20잔 기준〉

다크 럼 4oz

갓 짠 레몬즙 또는 주스 4oz

심플 시럽 3oz

칠링한 드라이 레드 와인 750㎖ 2병

칠링한 샴페인 750㎖ 1병

스위트 베르무트 8oz(1컵)

큰 얼음 블록 1개

오렌지 휠 20조각

럼, 레몬즙, 심플 시럽을 셰이킹한다. 큰 펀치 볼에 스트레이너를 대고 따른다. 와인, 샴페인, 베르무트를 붓고 스터링한다. 30분 정도 차갑게 칠링한다. 얼음을 넣고 펀치 컵에 나눠 담는다. 오렌지 휠로 잔마다 장식한다.

샴페인 펀치 Champagne Punch
⟨5oz 컵 20잔 기준⟩

브랜디 1컵
트리플 섹 3oz
프란젤리코 4oz
칠링한 화이트 와인 750㎖ 1병
갓 짠 레몬즙 도는 주스 4oz
파인애플 주스 4oz
마라스키노 시럽 3oz
큰 얼음 블록 1개
칠링한 샴페인 750㎖ 3병
사과 슬라이스
딸기 슬라이스
오렌지 슬라이스

펀치 볼에 샴페인을 제외한 모든 액체류 재료를 따른다. 서빙하기 직전 펀치 볼에 얼음을 넣고 샴페인을 붓는다. 펀치 컵에 나눠 담고 과일 슬라이스로 장식한다.

시트러스 스파클러 펀치 Citrus Sparkler Punch
⟨5oz 컵 24잔 기준⟩

진 3컵
갓 짠 오렌지즙 또는 주스 2컵
프로즌 레모네이드 농축액 12oz (녹여서 사용)
파인애플 주스 6oz
갓 짠 그레이프프루트즙 또는 주스 6oz
갓 짠 라임즙 또는 주스 3oz
큰 얼음 블록 1개
차가운 클럽소다 2ℓ
슬라이스한 오렌지 1개
슬라이스한 라임 1개
슬라이스한 레몬 1개

펀치 볼에 클럽소다를 제외한 모든 재료를 넣는다. 서빙하기 직전 얼음을 넣고 클럽소다를 붓는다. 시트러스 슬라이스를 띄우고 펀치 컵에 나눠 담는다.

에퍼베센트 애프리콧 펀치 Effervescent Apricot Punch

⟨5oz 컵 30잔 기준⟩

냉동 오렌지 주스 농축액 ⅛컵
냉동 레몬 주스 농축액 ⅜컵
차가운 애프리콧 넥타 5컵
파인애플 주스 2컵
칠링한 무스카트 화이트 와인 750㎖ 1병
칠링한 라이트 럼 750㎖ 1병
큰 얼음 블록 1개
차가운 레몬-라임 소다 2ℓ
슬라이스한 오렌지 1개
슬라이스한 레몬 1개
마라스키노 체리 8~10개
꼭지를 따고 슬라이스한 딸기 3~4개

냉동 농축액을 해동한다. 펀치 볼에 레몬-라임 소다를 제외한 모든 액체류 재료를 넣고 섞는다. 서빙하기 직전 얼음을 넣고 소다를 붓는다. 과일 슬라이스, 체리, 딸기로 장식한 후 펀치 컵에 나눠 담는다.

피시 하우스 펀치 Fish House Punch   1732년 필라델피아에서 탄생한 미국의 클래식 펀치로 미국 1대 대통령이었던 조지 워싱턴이 즐겨 마셨다고 전해진다.

⟨5oz 컵 30잔 기준⟩

칠링한 라이트 럼 750㎖ 1병
칠링한 다크 럼 750㎖ 1병
칠링한 브랜디 750㎖ 1병
피치 브랜디 8oz (1컵)
심플 시럽 6oz
갓 짠 레몬즙 또는 주스 24oz (3컵)
큰 얼음 블록 1개
차가운 클럽소다 2ℓ
슬라이스한 오렌지 1개
슬라이스한 레몬 1개
민트 줄기 4~6개

펀치 볼에 클럽소다를 제외한 모든 액체류 재료를 따른다. 서빙하기 직전 얼음을 넣고 클럽소다를 붓는다. 시트러스 슬라이스와 민트 줄기를 띄워 장식한 후 펀치 컵에 나눠 담는다.

아이리시 에그노그 Irish Eggnog
날달걀을 쓰는 게 마음에 걸린다면 아래 레시피에서 계란과 우유를 가게에서 산 저온살균 에그노그 5컵으로 대체한다.
〈6oz 컵 8잔 기준〉

계란 4개
아이리시 위스키 6oz
아이리시 미스트 리큐어 2oz
바닐라 익스트랙 1ts
시나몬 가루 ½ts
올스파이스 ½ts
우유 4컵 (1쿼트)
갓 간 넛맥 가루

큰 그릇에 계란을 풀고 위스키, 아이리시 미스트 리큐어, 바닐라 익스트랙, 향신료를 넣는다. 우유를 천천히 붓고 잘 섞일 때까지 휘휘 젓는다. 아이리시 커피 글라스에 나눠 담고 넛맥 가루를 뿌린다.

레드 벨벳 펀치 Red Velvet Punch
〈6oz 컵 20잔 기준〉

크랜베리 주스 8컵
싱싱한 크랜베리 1컵
냉동 오렌지 주스 농축액 ⅜컵
냉동 파인애플 주스 농축액 ⅜컵
냉동 레몬 주스 농축액 ⅜컵
브랜디 16oz (2컵)
칠링한 샴페인 750㎖ 2병
오렌지 슬라이스 20조각

크랜베리 주스 2컵에 크랜베리를 넣고 얼린다. 냉동 주스 농축액을 해동하고 펀치 볼에 따른 후 나머지 크랜베리 주스 6컵과 브랜디를 섞는다. 서빙하기 직전 크랜베리 주스 얼음을 넣고 샴페인을 따른다. 펀치 컵에 나눠 담고 오렌지 슬라이스로 장식한다.

럼 펀치 Rum Punch

<5oz 컵 12잔 기준>

레몬 6개 (1컵 정도의 즙과 제스트 형태로 준비)

심플 시럽 6oz

다진 생강 2ts

골드 럼 750㎖ 1병

브랜디 750㎖ 1병

셰리 8oz (1컵)

끓인 물 6컵

큰 내열 유리 그릇에 레몬즙, 제스트, 심플 시럽, 다진 생강을 넣고 섞은 다음 머들링한다. 1시간가량 그대로 둔다. 재료가 모두 잠길 때까지 끓인 물을 충분히 붓는다. 꼼꼼히 스터링한 후 럼, 브랜디, 셰리, 남은 끓인 물을 모두 붓는다. 따뜻하게 데운 머그잔에 나눠 담는다.

샹그리아 Sangria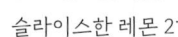

다채롭게 즐길 수 있는 와인 베이스의 샹그리아는 다양한 과일과 와인에 모두 어울리는 특징을 가지고 있으며, 미리 준비할 수 있다는 장점이 있다. 클래식 스페인 샹그리아는 380p를 참조한다. 여기서 소개하는 주조법은 모두 미티 헬미히의 《샹그리아, 즐겁고 신나는 레시피》의 오리지널 레시피이다.

리모나다 에스파냐 LIMONADA ESPAÑA

스페인에서 오랜 세월 가장 사랑받는 '리모나다'의 베리에이션이다. 기원전 200년부터 내려오는 고대 제조법에 따라 생산하고 블렌딩한 리큐르인 리코르 43을 첨가했다. 리코르 43은 43가지의 과일, 허브 성분을 함유하고 있으며, 전반적으로 바닐라 풍미가 강하다.

<5oz 컵 6잔 기준>

슬라이스한 레몬 2개

씨를 제거하고 슬라이스한 복숭아 2개

갓 짠 레몬즙 또는 주스 4oz

리코르 43 3oz

슈퍼파인 슈가 ¼컵

칠링한 드라이 레드 와인 750㎖ 1병 (리오하 와인이면 더 좋다)

차가운 클럽소다 12oz 짜리 1병

큰 유리 피처에 레몬과 복숭아 슬라이스를 섞는다. 레몬즙, 리코르 43, 설탕을 더하고 잘 섞이도록 젓는다. 와인을 따르면서 부드럽게 스터링한다. 냉장고에 2시간 정도 넣어둔다. 서빙하기 전 클럽소다를 붓고 천천히 스터링한다. 얼음을 채운 와인 고블렛 글라스에 과일 몇 조각이 딸려오도록 천천히 따른다.

샹그리-라 SANGRI-LA 클래식 샹그리아의 트로피컬 버전으로 열대 과일, 샴페인, 화이트 와인으로 만든다.

〈5oz 컵 12잔 기준〉

싱싱한 또는 냉동 파인애플, 깍둑썰기 형태로 3컵
잘 익은 바나나 1개 (껍질을 벗기고 슬라이스 형태로 준비한다)
슬라이스한 오렌지 1개
슬라이스한 라임 1개

사각 형태로 자른 코코넛 과육 ½컵 (또는 코코넛 밀크 2oz)
그랑 마르니에 3oz
칠링한 드라이 화이트 와인 750㎖ 1병
칠링한 브뤼 샴페인 750㎖ 1병

큰 유리 피처에 과일과 코코넛을 넣고 섞는다. 그랑 마르니에를 더하고 잘 섞이도록 젓는다. 화이트 와인을 따르면서 부드럽게 스터링한다. 냉장고에 2시간 정도 넣어둔다. 서빙하기 전에 샴페인을 붓고 손잡이가 긴 나무 숟가락으로 부드럽게 젓는다. 얼음을 채운 와인 글라스에 과일 몇 조각이 딸려오도록 나눠 따른다.

스파이스 페어 샹그리아 SPICED PEAR SANGRIA 과일, 향신료, 그리고 최음 효과로 악명 높은 시트러스 바닐라 풍미가 가득한 허벌 리큐어 다미아나의 맛과 향을 진하게 우려낸 샹그리아다.

〈5oz 컵 10잔 기준〉

속을 파내고 슬라이스한 서양배 2개
속을 파내고 슬라이스한 그래니 스미스 사과 2개
정향 20알

넛맥 가루 1ts
다미아나 리큐어 3oz
칠링한 드라이 화이트 와인 750㎖ 1병
칠링한 샴페인 750㎖ 1병

큰 유리 피처에 배, 사과, 정향, 넛맥 가루를 넣고 섞는다. 다미아나 리큐어를 더하고 잘 섞이도록 젓는다. 와인을 따르면서 부드럽게 스터링한다. 냉장고에 적어도 2시간, 가능하다면 하룻밤 정도 넣어둔다. 서빙하기 전 샴페인을 붓고 손잡이가 긴 나무 숟가락으로 잘 섞이도록 부드럽게 젓는다. 얼음을 채운 와인 글라스에 과일 몇 조각이 딸려오도록 천천히 나눠 따른다.

스트로베리 민트 샹그리아 STRAWBERRY MINT SANGRIA
〈5oz 컵 6잔 기준〉

슬라이스한 딸기 2컵
싱싱한 민트 잎 ½컵 (대략 20장 정도)
브랜디 2oz
칠링한 드라이 화이트 와인 750㎖ 1병
차가운 클럽소다 12oz짜리 1병

큰 유리 피처에 딸기, 민트, 브랜디를 섞는다. 와인을 따르면서 부드럽게 스터링한다. 냉장고에 적어도 2시간, 가능하다면 하룻밤 정도 넣어둔다. 서빙하기 전 클럽소다를 붓고 손잡이가 긴 나무 숟가락으로 잘 섞이도록 부드럽게 젓는다. 얼음을 채운 와인 글라스에 과일 몇 조각이 딸려오도록 천천히 나눠 따른다.

타임스 스퀘어 칵테일 Times Square Cocktail
〈8oz 컵 6잔 기준〉

서던 컴포트 10oz (1¼컵)
스위트 베르무트 2oz
그레나딘 시럽 4oz
칠링한 샴페인 또는 기타 스파클링 와인 5컵
오렌지 휠 6조각

서던 컴포트, 베르무트, 그레나딘 시럽을 함께 셰이킹한다. 큰 피처에 스트레이너를 대고 따른다. 샴페인을 더하고 부드럽게 스터링한다. 얼음을 채운 와인 글라스에 따르고 오렌지 휠로 장식한다.

슈터

특별한 장르에 속하는 슈터는 칵테일에 빠르고 쉽게 접근할 수 있다는 꽤 떠들썩한 평판을 가지고 있다. 일부는 간단하고 의도적으로 적당히 만들어 세련미가 약간 부족해 보이지만, 슈터(Shooters)라는 이름 그대로 액체로 만든 다이너마이트처럼 강렬함을 선사한다. 층층이 쌓여 우아함을 뽐내는 푸스 카페처럼 재료가 서로 완벽한 균형을 이루기도 하고, 꼭 그래야 하는 건 아니지만 한 모금씩 천천히 홀짝이며 즐기기에 좋은 슈터도 있다. 역설적이게도 슈터의 진화는 젤라틴에 띄운 증류주로 이어졌다. 완벽하게 간단하면서도 흘러내리지 않는 강렬하고 밝은 색감의 젤로샷은 슈터를 재미있게 즐기는 새로운 방법으로 명성을 얻었다. 여기서 소개할 다양한 슈터는 당신이 무엇을 선호하든, 저 멀고 넓은 세상에서 알게 된 모든 저속한 샷 글라스를 가져올 핑곗거리를 제공할 것이다.

애프터 파이브 After 5

- 칼루아 ½oz
- 아이리시 크림 리큐어 ½oz
- 페퍼민트 슈냅스 ½oz

칠링한 샷 글라스에 재료를 차례대로 따르고 한입에 털어 마신다.

B-52 층층이 쌓은 푸스 카페 스타일의 슈터 (레이어링 기법은 219p 참조)

칼루아 ½oz
아이리시 크림 리큐어 ½oz
그랑 마르니에 ½oz

푸스 카페 글라스 또는 셰리 글라스에 숟가락 뒷부분을 이용해 차례대로 천천히 레이어링 한다. 한입에 털어 마신다.

블루 아이드 블론드 Blue-Eyed Blonde 층층이 쌓은 푸스 카페 스타일의 슈터 (레이어링 기법은 219p 참조)

프란젤리코 ½oz
크렘 드 바나나 ½oz
블루 큐라소 ½oz

푸스 카페 글라스 또는 셰리 글라스에 숟가락 뒷부분을 이용해 차례대로 천천히 레이어링 한다. 한입에 털어 마신다.

브레인 해머리지 Brain Hemorrhage

피치 슈냅스 1½oz
베일리스 아이리시 크림 1½oz
그레나딘 시럽 몇 방울

칠링한 셰리 글라스에 피치 슈냅스를 따른다. 베일리스를 천천히 부으면서 응고시킨다. 그 위에 그레나딘 시럽을 몇 방울 떨어뜨린다. 한입에 털어 마신다.

버터볼 Butterball '버터리 건스(Buttery Guns)' 또는 '버터리 니플(Buttery Nipple)'로도 불린다.

보드카 ½oz
아이리시 크림 리큐어 ½oz
버터스카치 슈냅스 ½oz

칠링한 샷 글라스에 재료를 따르고 한입에 털어 마신다.

시멘트 믹서 Cement Mixer 라임즙이 아이리시 크림을 감쌀 수 있도록 하는 방법이 이 슈터 주조의 핵심이다.

아이리시 크림 리큐어 1oz
갓 짠 라임즙 또는 주스 1½ts

칠링한 샷 글라스에 재료를 따르고 10초 정도 놔뒀다가 한입에 털어 마신다.

칩 샷 Chip Shot
투아카 ¾oz
아이리시 크림 리큐어 ¾oz
뜨거운 커피 1oz

칠링한 샷 글라스에 재료를 차례대로 따르고 한입에 털어 마신다.

초콜릿 커버드 체리 Chocolate-Covered Cherry   푸스 카페 스타일의 샷
마라스키노 체리 1개
그레나딘 시럽 ½oz
칼루아 ½oz
아이리시 크림 리큐어 ½oz

칠링한 샷 글라스에 체리를 넣는다. 숟가락 뒷부분을 이용해 액체류 재료를 차례대로 천천히 레이어링한다. 젓지 않도록 유의한다.

클라이맥스 Climax
아마레토 ½oz
쿠앵트로 ½oz
크렘 드 바나나 ½oz
보드카 ½oz
크렘 드 카카오 ½oz
헤비 크림 1oz

얼음을 채운 셰이커에 재료를 넣고 힘차게 셰이킹한다. 칠링한 칵테일 글라스에 스트레이너를 대고 따른다.

코드리스 스크루드라이버 Cordless Screwdriver
오렌지 웨지
설탕
냉동실에서 칠링한 보드카 1oz

오렌지 웨지에 설탕을 묻힌다. 칠링한 샷 글라스에 보드카를 따르고 한입에 털어 마신 후 설탕을 묻힌 오렌지 웨지를 베어 문다.

프렌치 키스 French Kiss
푸스 카페 스타일의 슈터로, 같은 이름의 클래식 베르무트 칵테일과 혼동하지 말자.

아마레토 ½oz
크렘 드 카카오 ½oz
아이리시 크림 리큐어 ½oz

푸스카페 글라스 또는 셰리 글라스에 아마레토를 따른다. 숟가락 뒷부분을 이용해 차례대로 천천히 레이어링 한다. 술이 서로 섞이지 않도록 한다. 한입에 털어 마신다.

걸스카우트 쿠키 Girl Scout Cookie
페퍼민트 슈냅스 ¾oz
다크 크렘 드 카카오 ¾oz
헤비 크림 ½oz

얼음을 채운 셰이커에 재료를 넣고 힘차게 셰이킹한다. 칠링한 샷 글라스에 스트레이너를 대고 따른다. 한입에 털어 마신다.

그린 리자드 Green Lizard
그린 샤르트뢰즈 ¾oz
151프루프 럼 ¾oz

칠링한 샷 글라스에 샤르트뢰즈를 따른다. 151프루프 럼을 띄운다. 한입에 털어 마신다.

하버 라이트 Harbor Lights
브랜디 ¾oz
갈리아노 ¾oz

얼음을 채운 셰이커에 재료를 넣고 힘차게 셰이킹한다. 칠링한 샷 글라스에 스트레이너를 대고 따른다. 한입에 털어 마신다.

IRA
아이리시 위스키 1oz
아이리시 크림 리큐어 1oz

얼음을 채운 셰이커에 재료를 넣고 힘차게 셰이킹한다. 칠링한 샷 글라스에 스트레이너를 대고 따른다. 한입에 털어 마신다.

젤리 빈 Jelly Bean

- 블랙베리 브랜디 1oz
- 아니제트 1oz

얼음을 채운 셰이커에 재료를 넣고 힘차게 셰이킹한다. 칠링한 샷 글라스에 스트레이너를 대고 따른다. 한입에 털어 마신다.

가미카제 슈터 Kamikaze Shooter

대부분 로즈 라임 주스를 고집하지만, 갓 짠 라임즙을 쓰면 이 클래식 슈터의 풍미를 제대로 느낄 수 있다.

- 칠링한 보드카 ¾oz
- 쿠앵트로 (또는 트리플 섹) ¾oz
- 갓 짠 라임즙 또는 주스 ¾oz

얼음을 채운 셰이커에 재료를 넣고 힘차게 셰이킹한다. 칠링한 샷 글라스에 스트레이너를 대고 따른다. 한입에 털어 마신다.

키 라임 파이 Key Lime Pie

- 리코르 43 ½oz
- 로즈 라임 주스 (또는 갓 짠 라임즙) ½oz
- 하프 앤 하프 ½oz

얼음을 채운 셰이커에 재료를 넣고 힘차게 셰이킹한다. 칠링한 샷 글라스에 스트레이너를 대고 따른다. 한입에 털어 마신다.

레몬 드롭 슈터 Lemon Drop Shooter

- 레몬 웨지
- 설탕
- 냉동실에서 칠링한 시트론 보드카 2oz

레몬 웨지에 설탕을 묻힌다. 칠링한 샷 글라스에 보드카를 따르고 한입에 털어 마신 후 설탕을 묻힌 레몬 웨지를 베어 문다.

리퀴드 코카인 Liquid Cocaine

다양한 버전이 있지만 여기서는 슈터 두 종류를 소개한다.

리퀴드 코카인 #1

다크 럼 ½oz
루트 비어 슈냅스 ½oz
예거마이스터 ½oz
럼플 민즈 ½oz

얼음을 채운 셰이커에 재료를 넣고 힘차게 셰이킹한다. 칠링한 샷 글라스에 스트레이너를 대고 따른다. 한입에 털어 마신다.

리퀴드 코카인 #2

다크 럼 ½oz
럼플 민즈 ½oz
예거마이스터 ½oz
골드슐라거 ½oz

얼음을 채운 셰이커에 재료를 넣고 힘차게 셰이킹한다. 칠링한 샷 글라스에 스트레이너를 대고 따른다. 한입에 털어 마신다.

멜론 볼 슈터 Melon Ball Shooter

보드카 ½oz
미도리 리큐어 ½oz
파인애플 주스 ½oz

얼음을 채운 셰이커에 재료를 넣고 힘차게 셰이킹한다. 칠링한 샷 글라스에 스트레이너를 대고 따른다. 한입에 털어 마신다.

마인드 이레이저 슈터 Mind Eraser Shooter

칼루아 ¾oz
보드카 ¾oz
차가운 클럽소다 스플래시

칠링한 샷 글라스에 칼루아와 보드카를 따른다. 위에 클럽소다를 붓는다. 한입에 털어 마신다.

오트밀 쿠키 슈터 Oatmeal Cookie Shooter

버터스카치 슈냅스 ½oz
골드슐라거 ½oz
아이리시 크림 리큐어 ½oz

칠링한 샷 글라스에 슈냅스를 따른다. 다른 재료를 차례대로 천천히 레이어링 한다. 한입에 털어 마신다.

오르가즘 Orgasm

아마레토 ½oz
아이리시 크림 리큐어 ½oz
칼루아 ½oz

얼음을 채운 셰이커에 재료를 넣고 힘차게 셰이킹한다. 칠링한 샷 글라스에 스트레이너를 대고 따른다. 한입에 털어 마신다.

페퍼민트 패티 Peppermint Patty

크렘 드 카카오 ¾oz
페퍼민트 슈냅스 ½oz

칠링한 샷 글라스에 크렘 드 카카오를 따른다. 페퍼민트 슈냅스를 천천히 레이어링해 올린다. 한입에 털어 마신다.

피냐 살사 슈터 Piña-Salsa Shooter 상그리타 칵테일의 베리에이션

살사 소스 1TBS (중간 맛에서 매운맛까지 취향에 따라 선택)
파인애플 주스 ½oz
실버 테킬라 1oz
갓 짠 라임즙 또는 주스 ½oz
라임 웨지

칠링한 라지 샷 글라스에 액체류 재료를 차례대로 따른다. 한입에 털어 마신 후 라임 웨지를 베어 문다.

프레리 파이어 Prairie Fire

타바스코 소스 2~4대시

테킬라 1½oz

칠링한 샷 글라스에 타바스코 소스를 붓고 테킬라를 따른다. 한입에 털어 마신다.

퍼플 후터 Purple Hooter

보드카 ¾oz

샤보르 ¾oz

크랜베리 주스 ½oz

얼음을 채운 셰이커에 재료를 넣고 힘차게 셰이킹한다. 칠링한 샷 글라스에 스트레이너를 대고 따른다. 한입에 털어 마신다.

베리에이션: 보드카, 샤보르, 트리플 섹, 라임즙을 각각 ½oz로 맞춰 주조한다.

레드 스내퍼 슈터 Red Snapper Shooter

캐나디안 블렌디드 위스키 ¾oz

크랜베리 주스 ¾oz

아마레토 ½oz

얼음을 채운 셰이커에 재료를 넣고 힘차게 셰이킹한다. 칠링한 샷 글라스에 스트레이너를 대고 따른다. 한입에 털어 마신다.

루트 비어 슈터 Root Beer Shooter

갈리아노 ½oz

칼루아 ½oz

차가운 콜라 ¾oz

칠링한 샷 글라스에 재료를 따르고 한입에 털어 마신다.

러시안 퀘일루드 Russian Quaalude

- 프란젤리코 ¾oz
- 아이리시 크림 리큐어 ¾oz
- 보드카 ¾oz

얼음을 채운 셰이커에 재료를 넣고 힘차게 셰이킹한다. 칠링한 샷 글라스에 스트레이너를 대고 따른다. 한입에 털어 마신다.

베리에이션: **푸스 카페**(pousse-café)는 재료 양을 모두 ½oz로 줄여 맞추고 레이어링한다.

상그리타 Sangrita

클래식 멕시칸 체이서인 상그리타는 '약간의 피'라는 의미로 테킬라 샷을 털어 넣고 마시기에 완벽하게 맵고 톡 쏘는 풍미를 선사한다. 아래 레시피는 6잔 기준으로, 고급 테킬라 샷과 함께 체이서로 내기 충분하다. 상그리타를 미리 만들어 하룻밤 정도 차갑게 칠링하면 최고의 맛을 느낄 수 있다. 냉장고에 5일 정도 보관이 가능하다.

- 토마토 주스 6oz
- 갓 짠 오렌지즙 또는 주스 6oz
- 갓 짠 라임즙 또는 주스 2oz
- 그레나딘 시럽 ¼oz
- 그린 타바스코 또는 기타 취향에 맞는 핫소스 ½oz
- 우스터 소스 1ts
- 테킬라 1잔당 1½oz

뚜껑이 있는 유리병에 테킬라를 제외한 모든 재료를 넣고 섞는다. 뚜껑을 닫고 적어도 2시간 이상 칠링한다. 칠링한 샷 글라스에 혼합물 1½oz를 따르고 테킬라 1½oz 1잔과 함께 서빙한다. 테킬라로 건배하고 마신 후 바로 상그리타를 털어 넣는다.

사보이 호텔 Savoy Hotel
푸스 카페 스타일의 슈터

- 브랜디 ½oz
- 베네딕틴 ½oz
- 다크 크렘 드 카카오 ½oz

푸스 카페 글라스 또는 셰리 글라스에 브랜디를 따른다. 베네딕틴과 크렘 드 카카오를 숟가락 뒷부분을 이용해 차례대로 천천히 레이어링한다. 술을 섞지 않도록 한다. 한입에 털어 마신다.

스크리밍 오르가즘 슈터 Screaming Orgasm Shooter

- 보드카 ½oz
- 아마레토 ½oz
- 아이리시 크림 리큐어 ½oz
- 칼루아 또는 티아 마리아 ½oz

얼음을 채운 셰이커에 재료를 넣고 힘차게 셰이킹한다. 칠링한 샷 글라스에 스트레이너를 대고 따른다. 한입에 털어 마신다.

섹스 온 더 비치 슈터 Sex on the Beach Shooter

- 보드카 ¾oz
- 피치 슈냅스 ¾oz
- 갓 짠 오렌지즙 또는 주스 ½oz

얼음을 채운 셰이커에 재료를 넣고 힘차게 셰이킹한다. 칠링한 샷 글라스에 스트레이너를 대고 따른다. 한입에 털어 마신다.

실크 팬티 Silk Panties

- 보드카 1½oz
- 피치 슈냅스 ½oz

얼음을 채운 셰이커에 재료를 넣고 힘차게 셰이킹한다. 칠링한 샷 글라스에 스트레이너를 대고 따른다. 한입에 털어 마신다.

서퍼 온 애시드 슈터 Surfer on Acid Shooter

말리부 럼 ¾oz

예거마이스터 ¾oz

파인애플 주스 ½oz

얼음을 채운 셰이커에 재료를 넣고 힘차게 셰이킹한다. 칠링한 샷 글라스에 스트레이너를 대고 따른다. 한입에 털어 마신다.

터미네이터 Terminator

층층이 쌓은 푸스 카페 스타일의 슈터 (레이어링 기법은 219p 참조)

칼루아 (또는 티아 마리아) ½oz

아이리시 크림 리큐어 ½oz

삼부카 ½oz

그랑 마르니에 ½oz

보드카 ½oz

푸스 카페 글라스 또는 셰리 글라스에 숟가락 뒷부분을 이용해 차례대로 천천히 레이어링한다. 술을 섞지 않도록 한다. 한입에 털어 마신다.

투시 롤 Tootsie Roll

보드카 ½oz

크렘 드 카카오 ½oz

갓 짠 오렌지즙 또는 주스 ½oz

얼음을 채운 셰이커에 재료를 넣고 힘차게 셰이킹한다. 칠링한 샷 글라스에 스트레이너를 대고 따른다. 한입에 털어 마신다.

볼캐닉 블라스트 Volcanic Blast
층층이 쌓은 푸스 카페 스타일의 슈터 (레이어링 기법은 219p 참조, 플레이밍 기법은 56p 참조)

칼루아 ¼oz
쿠앵트로 ¼oz
라즈베리 시럽 ¼oz
파파야 주스 ¼oz
캡틴 모건 스파이스 럼 ¼oz
151프루프 럼 ½ts

내열 2oz 샷 글라스 또는 푸스 카페 글라스에 칼루아를 따른다. 숟가락을 잔 아래쪽으로 향하게 하고 재료를 각각 순서대로, 한 번에 하나씩 천천히 부으면서 레이어링한다. 151 럼에 조심스럽게 불을 붙이고 몇 초 동안 타도록 둔다. 불을 끄고 잔을 잠깐 식힌 후 마신다.

우 우 슈터 Woo Woo Shooter
보드카 ¾oz
피치 슈냅스 ¾oz
크랜베리 주스 ¾oz

얼음을 채운 셰이커에 재료를 넣고 힘차게 셰이킹한다. 칠링한 샷 글라스에 스트레이너를 대고 따른다. 한입에 털어 마신다.

젤로 샷

빠르고 강력한 것을 찾는 지속적인 탐구 속에서 젤로 샷(gelatin shooters)은 칵테일을 재미있게 즐길 수 있는 인기 있고 흥미로운 정답이 되었다. 알록달록하고 과일 향이 가득한 슈터인 젤로 샷은 다양한 젤라틴의 풍미와 증류주로 쉽게 만들 수 있다. 일단 기본 사항을 이해하면 좋아하는 칵테일은 뭐든 젤로 샷으로 변신이 가능하다.

기본 공식은 생각보다 쉽다. 젤라틴 포장 겉면 사용법에 필요한 물의 반을 당신이 선택한 리큐어로 대체하기만 하면 된다. 뜨거운 물에 젤라틴을 녹이고, 만져봐서 충분히 식은 후에 술을 첨가한다. 알코올을 너무 빨리 더하면 열기에 날아가 버린다. 이 레시피로 3oz 젤라틴 한 상자 기준으로 3~4명이 즐길 수 있는 젤로 샷 약 20잔을 만들 수 있다. 인원이 늘면 그만큼 계산해서 준비하면 된다.

젤로 샷을 서빙하는 몇 가지 방법도 살펴보자. 단순히 편평한 팬에 혼합물을 붓고 2인치 크기의 사각형 모양으로 자르거나 2oz 들이 파티 컵, 플라스틱 컵, 종이컵, 또는 젤로 샷이 쉽게 미끄러질 수 있도록 작은 종이컵인 딕시컵에 따른다. 아니면 우아하게 샷 글라스, 칵테일 글라스, 코디얼 글라스 등에 담을 수도 있다. 젤라틴을 신기한 모양의 쿠키 커터로 자르거나 얼음 틀에 부어 작지만 강렬한 맛을 내는 조각 형태로 만드는 재미있는 옵션도 있다. 이러한 레시피는 모두 미티 헬미히가 쓴웃음 터지는 재미에 대한 책 중 파티 샷 부분에서 소개한 독창적인 조주법이다.

코냑 코코 고고 Cognac Coco a-Go-Go
코냑, 고디바 초콜릿 리큐어, 스파클링 만다린 젤라틴, 오랑지나, 스파클링 오렌지 음료로 만들어 디저트에 가깝다.
〈6~8명, 35~40샷 기준〉
물 14oz (1¾컵)
스파클링 만다린 오렌지 젤라틴 (또는 오렌지 젤라틴) 6oz 한 박스
코냑 6oz
고디바 초콜릿 리큐어 (또는 크렘 드 카카오) 4oz
오랑지나 (또는 기타 스파클링 오렌지 음료) 6oz

라임 제스트 ¼컵 (선택사항)

작은 소스팬에 물을 끓인다. 중간 크기의 내열 그릇에 오렌지 젤라틴을 넣고 끓인 물을 붓는다. 젤라틴이 녹을 때까지 젓고 식힌다. 코냑, 고디바 리큐어, 오랑지나를 더하고 잘 섞일 때까지 스터링한다. 2oz 종이컵이나 플라스틱 컵 40개, 또는 플라스틱 아이스 큐브 트레이 3개에 따른 후 냉장고에 15분 정도 넣어둔다. 컵에 라임 제스트를 조금씩 뿌리고 응고될 때까지 4~6시간 정도 차갑게 칠링한다.

코스모티크 Cosmotique
코스모 칵테일의 말랑한 베리에이션으로, 사뭇 진지한 크랜베리 매니아가 있다면 크랜베리 보드카를 사용해도 좋다.
〈3~4명, 약 20샷 기준〉
끓인 물 8oz (1컵)
크랜베리 젤라틴 3oz 1개
보드카 5oz
갓 짠 라임즙 또는 주스 1oz
트리플 섹 (또는 기타 오렌지 리큐어) 1oz
리몬첼로 리큐어 1oz

작은 소스팬에 물을 끓인다. 중간 크기의 내열 그릇에 크랜베리 젤라틴을 넣고 끓인 물을 붓는다. 젤라틴이 녹을 때까지 젓고 식힌다. 보드카, 라임즙, 트리플 섹, 리몬첼로를 더하고 잘 섞일 때까지 스터링한다. 2oz 종이컵이나 플라스틱 컵 20개에 따르고 냉장고에 넣어 응고될 때까지 4~6시간 정도 차갑게 칠링한다.

에너자이저 The Energizer
슈터 장르에 걸맞은 젤로 샷이 최소한 하나쯤 필요할 때 가장 적당한 음료다. 탄산 에너지 음료인 레드 불과 생기발랄한 복숭아 맛이 나는 서던 컴포트를 가득 넣어 만든 순수한 액체형 다이너마이트로, 파티용으로 충분한 양의 강한 슬라이더를 만들 수 있다.
〈6~8명, 약 40샷 기준〉
물 16oz (2컵)
크랜베리 젤라틴 3oz 1박스
피치 젤라틴 3oz 1박스
서던 컴포트 8oz (1컵)
레드 불 에너지 드링크 8oz (1컵)

작은 소스팬에 물을 끓인다. 중간 크기의 내열 그릇에 크랜베리, 피치 젤라틴을 넣고 끓인 물을 붓는다. 젤라틴이 녹을 때까지 젓고 식힌다. 서던 컴포트와 레드 불을 더하고 잘 섞일 때까지 스터링한다. 2oz 종이컵이나 플라스틱 컵 40개, 또는 플라스틱 아이스 큐브 트레이 3개에 따른 후 냉장고에 넣어둔다. 응고될 때까지 4~6시간 정도 차갑게 칠링한다.

피냐 젤라타 Piña Gelata
피냐 콜라다의 모든 퇴폐미를 이 작은 슈터 한잔에 담았다. 태국 코코넛 밀크는 마트의 에스닉 푸드 섹션 또는 아시아 식료품점에서 찾을 수 있다.

〈4~6명, 약 20샷 기준〉

물 8oz (1컵)
파인애플 젤라틴 3oz 1박스
럼 5oz
타이 코코넛 밀크 1½ oz
파인애플 주스 1oz
갓 짠 라임즙 또는 주스 1oz
종이 칵테일 우산 10~20개

작은 소스팬에 물을 끓인다. 중간 크기의 내열 그릇에 파인애플 젤라틴을 넣고 끓인 물을 붓는다. 젤라틴이 녹을 때까지 젓고 식힌다. 럼, 코코넛 밀크, 파인애플 주스, 라임즙을 더하고 잘 섞일 때까지 스터링한다.

2oz 종이컵이나 플라스틱 컵 20개에 따른 후 냉장고에 넣어둔다. 응고될 때까지 4~6시간 정도 차갑게 칠링한다. 종이 칵테일 우산으로 장식한다.

무알코올 음료

지금부터 살펴볼 무알코올 칵테일은 신선한 과일즙과 넥타로 만든 상쾌한 묘약을 통해 알코올의 유혹을 자제하고 싶은 사람들을 위해 만들어졌다. 막 셰이킹이 끝나 서리가 어린 목테일을 칠링한 칵테일 글라스에 따르고, 매혹적인 가니시를 얹으면 증류주가 담겨 있는 것만큼이나 세련되고 만족스러워 보일 수 있다. 믹솔로지의 핵심은 재료뿐만 아니라 눈에 보이는 형태도 중요하다. 손님들은 칵테일과 같은 기법으로 만든 후 깔끔하고 적절한 칵테일 글라스에 담고 정당성을 부여하기 위해 가니시로 아름답게 장식한 음료를 감상하게 될 것이다. 사실 여기서 소개하는 무알코올 칵테일은 완벽하게 균형이 잡혀 있고 세심하게 혼합되어 있어서 주스 속의 알코올 기운이 많이 그립지 않을 것이다.

더불어 술을 마시지 않는 손님들이 탄산음료, 물, 차, 커피밖에 선택지가 없는 암울한 상황에 놓이지 않아도 된다. 대신 사려 깊고 통찰력 있는 호스트가 다른 술과 다름없이 우아하고 향긋한 무알코올 칵테일을 내올 것이다. 창조적인 믹솔로지의 새로운 물결은 증류주 베이스 일색이던 칵테일에 영향을 주었을 뿐만 아니라 갓 짠 과일즙, 이국적이면서도 친숙한 식물성 향미제, 셔벗, 시럽과 같이 독창적인 재료를 인퓨징한 다채로운 무알코올 엘릭서에 영감을 불어넣었다. 클래식한 스파이시 토마토 음료와 진한 초콜릿 칵테일은 물론 활력을 불어넣는 프라페, 셰이킹한 칵테일, 상쾌한 쿨러, 크리미한 스무디, 민트 하이볼 등 모든 음료가 여기 있다. 도수가 높은 칵테일을 마시는 사람들조차도 이 끝내주는 음료를 즐기게 될 거라고 장담한다.

애프리콧 목테일 Apricot Mocktail

애프리콧 넥타 2oz
갓 짠 레몬즙 또는 주스 ¾oz
갓 짠 오렌지즙 또는 주스 ¾oz
레몬 트위스트

얼음을 채운 셰이커에 재료를 넣고 힘차게 셰이킹한다. 칠링한 칵테일 글라스에 스트레이너를 대고 따른다. 레몬 껍질을 칵테일 위에서 비틀어 트위스트를 만든 후 넣는다.

바나나 모카 프라페 Banana Mocha Frappé

잘 익은 바나나 ½개 (슬라이스 형태로 준비)
커피맛 소프트 아이스크림 ¼컵
갓 짠 오렌지즙 또는 주스 3oz
초콜릿 시럽 1oz
바닐라 익스트랙 1ts
시나몬 가루 한 꼬집
카다멈 가루 한 꼬집
차가운 클럽소다 6oz
오렌지 슬라이스

블렌더에 크러시드 아이스 한 컵과 가니시를 제외한 모든 재료를 넣고 부드러워질 때까지 블렌딩한다. 하이볼 글라스에 따르고 오렌지 슬라이스로 장식한 후 빨대를 꽂아 서빙한다.

베리에이션: 몰트 향을 느끼고 싶다면 위 레시피에 몰트 파우더 2TBS을 더한다.

비치 브리즈 Beach Breeze

파인애플 주스 4oz
갓 짠 라임즙 또는 주스 2oz
크랜베리 주스 2oz
라임 웨지

얼음을 채운 하이볼 글라스에 액체류 재료를 따르고 스터링한다. 라임 웨지를 칵테일 위에서 짠 후 넣는다.

베르가못-베리 아이스티 Bergamot-Berry Iced Tea 많은 손님을 맞을 때 완벽한 무알코올 펀지인 베르가못-베리 아이스티는 향긋한 얼그레이 티와 블랙커런트 넥타로 만들어 진홍빛을 띤다. 블랙커런트 넥타는 마트나 천연 식료품점에서 쉽게 찾을 수 있지만, 붉은 포도 주스 또는 라즈베리 주스로 대신해도 좋다. 필요하면 하루 일찍 만든다. 〈4~6명 기준〉

물 6컵
얼그레이 티백 4개
오렌지 제스트 ¼컵 또는 2½인치 길이의 오렌지 껍질 스트립
싱싱한 민트 잎 ½컵
꿀 ½컵
민트 줄기

큰 소스팬에 물을 붓고 끓인다. 얼그레이 티백, 오렌지 제스트, 민트 잎을 더한다. 불을 끄고 꿀을 넣은 후 녹을 때까지 젓는다. 뚜껑을 닫고 15~20분 정도 재료를 푹 담가둔다. 큰 유리 피처에 스트레이너를 대고 따른다. 블랙커런트 넥타를 붓고 스터링한다. 냉장고에 넣어 식힌 후 얼음을 채운 하이볼 글라스에 따른다. 민트 줄기로 장식하면 완성이다.

실란트로 라임에이드 쿨러 Cilantro Limeade Cooler

싱싱한 실란트로 잎 6~8장
심플 시럽 1oz 또는 슈퍼파인 슈가 1TBS
갓 짠 라임즙 또는 주스 3oz
차가운 레몬-라임 소다 3~5oz
라임 웨지

하이볼 글라스에 실란트로, 시럽, 라임즙을 넣고 머들링한다. 잔에 얼음을 채우고 레몬-라임 소다를 부은 후 부드럽게 스터링한다. 라임 웨지를 칵테일 위에서 짠 후 넣는다.

베리에이션: **목 모히토**(Mock Mojito)는 실란트로를 민트 잎으로 대체한다.

초콜릿 시트러스 칵테일 Chocolate Citrus Cocktail 초콜릿 오렌지 마티니(chocolate-orange Martini)의 순한 베리에이션

갓 짠 탠저린즙 또는 주스 4oz
초콜릿 시럽 1TBS
바닐라 익스트랙 ¼oz
민트 줄기

얼음을 채운 셰이커에 탠저린즙, 초콜릿 시럽, 바닐라 익스트랙을 넣고 힘차게 셰이킹한다. 칠링한 칵테일 글라스에 스트레이너를 대고 따른다. 민트 줄기로 장식하면 완성이다.

베리에이션: 초콜릿 시트러스 쿨러(Chocolate Citrus Cooler)는 위 레시피대로 주조 후 얼음을 채운 하이볼 글라스에 스트레이너를 대고 따른다. 칵테일 위에 오렌지 음료를 뿌린다.

코코넛 피즈 Coconut Fizz
코코넛 셔벗을 구하기 어렵다면 차가운 타이 코코넛 밀크 2oz로 대체한다.
소프트 코코넛 셔벗 (또는 코코넛 젤라토) ½컵
갓 짠 라임즙 (또는 주스) 2oz
라즈베리 시럽 1oz
차가운 자메이칸 진저 비어 (또는 진저 에일) 3~4oz
라임 웨지
라즈베리 2~3알

셰이커에 코코넛 셔벗, 라임즙, 라즈베리 시럽을 넣고 얼음과 함께 힘차게 셰이킹한다. 얼음을 채운 하이볼 글라스에 스트레이너를 대고 따른다. 진저 비어를 붓고 부드럽게 스터링한다. 라임 웨지를 칵테일 위에서 짠 후 넣는다. 라즈베리를 칵테일 픽에 꽂아 장식한다.

큐컴버 레모네이드 Cucumber Lemonade
얇게 썬 오이 슬라이스 4~5조각 (잉글리시 큐컴버면 더 좋다)
갓 짠 레몬즙 또는 주스 3oz
심플 시럽 1oz
차가운 정수 물 6~8oz
레몬 필 스파이럴

하이볼 글라스에 오이, 레몬즙, 심플 시럽을 넣고 머들링한다. 잔에 얼음을 채우고 차가운 물을 부은 후 부드럽게 스터링한다. 레몬 필 스파이럴로 장식한다.

베리에이션: 거품이 이는 쿨러 버전은 물을 차가운 클럽소다 또는 레몬-라임 소다로 대체해서 주조한다.

퍼즈리스 네이블 Fuzzless Navel '퍼지 네이블(Fuzzy Navel)'의 순한 버전

피치 넥타 2oz
갓 짠 오렌지즙 또는 주스 5~6oz
라임 트위스트

얼음을 채운 하이볼 글라스에 액체류 재료를 따르고 스터링한다. 라임 껍질을 칵테일 위에서 비틀어 트위스트를 만든 후 넣는다.

진저 앤드 프레드 Ginger and Fred

갓 짠 그레이프프루트즙 또는 주스 2oz
갓 짠 오렌지즙 또는 주스 2oz
크랜베리 주스 1oz
차가운 진저 비어 또는 진저 에일 3~4oz
오렌지 슬라이스

과일즙과 주스를 셰이커에 넣고 얼음과 함께 힘차게 셰이킹한다. 얼음을 채운 하이볼 글라스에 스트레이너를 대고 따른다. 진저 비어를 붓고 부드럽게 스터링한다. 오렌지 슬라이스로 장식하면 완성이다.

진저 시트러스 칵테일 Ginger Citrus Cocktail

갓 짠 레몬즙 또는 주스 1oz
갓 짠 라임즙 또는 주스 1oz
갓 짠 오렌지즙 또는 주스 2oz
싱싱한 생강 슬라이스 3조각
설탕에 절인 생강 슬라이스

얼음을 채운 셰이커에 액체류 재료와 생강 슬라이스를 넣고 힘차게 셰이킹한다. 칠링한 칵테일 글라스에 스트레이너를 대고 따른다. 절인 생강 슬라이스로 장식하면 완성이다.

베리에이션: 위 레시피대로 주조 후 얼음을 채운 하이볼 글라스에 스트레이너를 대고 따른다. 진저 비어를 부어 완성한다.

진저 줄렙 Ginger Julep

싱싱한 민트 잎 6~8장
갓 짠 라임즙 또는 주스 ½oz
설탕 1ts
그레나딘 시럽 ¼oz
차가운 진저 에일 4~6oz
민트 줄기

차가운 콜린스 글라스에 민트 잎, 라임즙, 설탕, 그레나딘 시럽을 넣고 머들링한다. 잔에 얼음을 채우고 진저 에일을 붓는다. 민트 줄기로 장식하면 완성이다.

히비스커스-레몬그라스 아이스 티 쿨러 Hibiscus-Lemongrass Iced Tea Cooler
톡 쏘는 강렬한 풍미를 선사하는 아이스티로 선명한 색의 히비스커스와 달콤한 레몬그라스 시럽(73p)을 써서 만든다.

〈4잔 기준〉

끓인 물 6컵
히비스커스 티백 6개 (레드 징거 티)
시나몬 스틱 1개 (여러 조각으로 부숴 준비한다)
오렌지 1개 (제스트 형태로 준비한다)
레몬그라스 시럽 ½컵 (73p 참조)
레몬그라스 줄기 4개

큰 소스팬에 물을 붓고 끓인다. 불을 끄고 히비스커스 티백, 시나몬, 오렌지 제스트, 레몬그라스 시럽을 더한다. 뚜껑을 닫고 식을 때까지 재료를 푹 담가둔다. 얼음을 채운 하이볼 글라스에 스트레이너를 대고 따른다. 레몬그라스 줄기를 잔에 꽂아 장식한다.
참조: 레몬그라스 시럽은 직접 만드는 게 최고다. 얼음과 스파클링 미네랄 워터가 담긴 잔에 몇 스푼 더하면 더운 여름 갈증을 산뜻하게 해소시켜주는 음료가 된다.

아이스 모카 자바 Iced Mocha Java 더운 여름 오후의 열기가 몰아칠 때 훌륭한 카푸치노의 모든 특징을 가진 자바 커피가 시원하고 부드럽게 정신을 들게 한다.

초콜릿 시럽 2TBS
하프 앤 하프 3oz
시나몬 가루 한 꼬집
정향 가루 아주 약간

차가운 커피 또는 에스프레소 3oz
차가운 우유 2oz
민트 줄기
시나몬 스틱

칠링한 콜린스 글라스에 초콜릿 시럽, 하프 앤 하프, 시나몬 가루, 정향 가루를 넣고 잘 섞일 때까지 스터링한다. 잔에 얼음을 채우고 커피를 따른 후 부드럽게 젓는다. 에스프레소 머신 스티머 또는 블렌더를 빠르게 작동시켜서 차가운 우유에 거품을 낸다. 음료 위에 거품 우유를 붓고 민트 줄기와 시나몬 스틱으로 장식한다.

질 인 더 박스 Jill-in-the-Box

사과 주스 2oz
파인애플 주스 1oz
갓 짠 레몬즙 또는 주스 1oz
앙고스투라 비터스 2~4대시 (선택사항)

얼음을 채운 셰이커에 재료를 넣고 힘차게 셰이킹한다. 칠링한 칵테일 글라스 또는 얼음을 채운 올드 패션드 글라스에 스트레이너를 대고 따른다.

참조: 비터스는 알코올을 함유하고 있으므로 원한다면 제외한다.

레모네이드 Lemonade

갓 짠 레몬즙 또는 주스 2oz
심플 시럽 1TBS
차가운 정수 물 6~8oz
레몬 슬라이스

얼음을 채운 콜린스 글라스에 액체류 재료를 따르고 부드럽게 스터링한다. 레몬 슬라이스로 장식한다.

베리에이션: **라임에이드**(Limeade)는 레몬즙을 라임즙으로 대체한다.

레몬 베리 암브로시아 Lemon Berry Ambrosia

레몬 셔벗의 순수한 레몬 향과 '산 펠레그리노 아란치아타(San Pellegrino Aranciata)' 같은 스파클링 오렌지 음료에 어우러진 라즈베리 음료다.

레몬 셔벗 ½컵
싱싱한 또는 냉동 라즈베리 ½컵 (물에 헹궈 준비한다)
크랜베리 주스 2oz

차가운 스파클링 오렌지 음료 4~6oz
레몬 웨지

블렌더에 레몬 셔벗, 라즈베리, 크랜베리 주스를 넣고 부드러워질 때까지 블렌딩한다. 스파클링 오렌지 음료를 더하고 몇 초간 다시 블렌딩한다. 얼음을 채운 하이볼 글라스에 따르고 레몬 웨지로 장식한다.

망고 탱고 Mango Tango 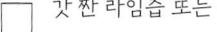 일요일 브런치에 잘 어울리는 과일 음료다. 열대의 정취를 제대로 느끼기 위해 바나나 시럽을 약간 더하기도 한다. 진저 시럽은 마트에서 구할 수 있지만, 역시 직접 만든 게 최고다(73p).

갓 짠 라임즙 또는 주스 2oz
진저 시럽 1oz
싱싱한 망고 ½컵 (막둑썰기한다)
싱싱한 파인애플 ½컵 (막둑썰기한다)
차가운 클럽소다 3~4oz
망고 슬라이스
파인애플 웨지

블렌더에 라임즙, 진저 시럽, 망고, 파인애플을 넣고 얼음 1컵과 함께 부드러워질 때까지 블렌딩한다. 칠링한 하이볼 글라스에 따른다. 클럽소다를 붓고 스터링한다. 망고 슬라이스와 파인애플 웨지로 장식한다.

멕시코코아 에그노그 Mexicocoa Eggnog 국경 너머 남쪽에서 온 칵테일인 멕시코코아 에그노그는 식료품점에서 쉽게 찾을 수 있는 이바라산 시나몬맛 멕시칸 초콜릿으로 만든다(베이스 증류주가 들어간 버전은 399p 참조).
〈4잔 기준〉
에그노그 4컵
넛맥 가루 1ts
정향 가루 ½ts
달지 않은 코코아 파우더 2TBS
멕시칸 초콜릿 가루 ½컵
멕시칸 초콜릿 셰이빙

큰 소스팬에 에그노그, 넛맥 가루, 정향 가루, 코코아 파우더를 넣고 잘 섞는다. 약불에서 중약불로 뭉근히 데우며 끓지 않도록 유의한다. 멕시칸 초콜릿 가루를 천천히 더하고 초콜릿이 녹을 때까지 젓는다. 불을 끄고 따뜻하게 데운 6oz 펀치 컵이나 내열 머그잔에 나눠 담는다. 멕시칸 초콜릿 셰이빙을 뿌려 장식한다.

오렌지에이드 Orangeade

갓 짠 오렌지즙 또는 주스 4oz

그레나딘 시럽 ¼oz

차가운 클럽소다 2oz

레몬 슬라이스

얼음을 채운 콜린스 글라스에 액체류 재료를 넣고 부드럽게 스터링한다. 레몬 슬라이스로 장식하면 완성이다.

파파야 바나나 레스토레이티브 Papaya Banana Restorative

파파야는 비타민과 미네랄이 풍부해 소화에 좋고 감기를 포함한 여러 질병 예방에 효능이 있다고 알려져 있다. 서리가 어린 긴 잔에 보기만 해도 건강한 파파야, 오렌지 셔벗, 신선한 과일 주스를 섞어 마시는 날보다 더 좋은 게 있을까?

잘 익은 파파야 ½개 (껍질을 벗기고 씨를 제거한 후 깍둑썰기해서 준비한다)

잘 익은 바나나 ½개 (껍질을 벗기고 슬라이스로 준비한다)

소프트 오렌지 셔벗 ¼컵

갓 짠 레몬즙 또는 주스 1oz

사과 주스 1oz

갓 짠 그레이프프루트즙 또는 주스 1oz

차가운 클럽소다 스플래시

블렌더에 재료를 넣고 부드러워질 때까지 블렌딩한다. 라지 하이볼 글라스에 따른다.

파라다이스 쿨러 Paradise Cooler

구아바 넥타 2oz

갓 짠 라임즙 또는 주스 2oz

파인애플 주스 1oz

갓 짠 오렌지즙 또는 주스 1oz

그레나딘 시럽 ½oz

오르가트 시럽 ½oz

차가운 클럽소다 2~3oz

라임 웨지

셰이커에 클럽소다를 제외한 모든 액체류 재료를 넣고 얼음과 함께 힘차게 셰이킹한다. 얼음을 채운 와인 글라스에 스트레이너를 대고 따른다. 클럽소다를 붓고 부드럽게 스터링한다. 라임 웨지를 칵테일 위에서 짠 후 넣는다.

피냐 운-콜라다 Piña Un-Colada

파인애플 주스 3oz

타이 코코넛 밀크 2oz

갓 짠 라임즙 또는 주스 1oz

으깬 파인애플 ¼컵

잘 익은 바나나 ½개 (껍질을 벗기고 슬라이스로 준비한다)

파인애플 웨지

블렌더에 크러시드 아이스 1컵과 가니시를 제외한 모든 재료를 넣고 부드러워질 때까지 블렌딩한다. 칠링한 와인 글라스에 따르고 파인애플 웨지로 장식한다.

핑크 그레이프프루트 Pink Grapefruit

갓 짠 그레이프프루트즙 또는 주스 6oz

그레나딘 시럽 1oz

페이쇼드 비터스 2대시 (비터스는 알코올을 함유하고 있으므로 선택사항)

레몬 슬라이스

얼음을 채운 콜린스 글라스에 액체류 재료를 따르고 부드럽게 스터링한다. 레몬 슬라이스로 장식하면 완성이다.

플럼 망고 라씨 Plum Mango Lassi

바닐라 요거트 ½컵

망고 넥타 2oz

망고 ½개 (껍질을 벗기고 씨를 제거한 후 깍둑썰기해서 준비한다)

아몬드 시럽 또는 오르가트 시럽 ¼ts

카다멈 가루 한 꼬집

정향 가루 한 꼬집

망고 슬라이스

블렌더에 망고 슬라이스를 제외한 모든 재료와 얼음 1컵을 넣고 부드러워질 때까지 블렌딩한다. 칠링한 와인 글라스에 따르고 망고 슬라이스로 장식한다.

라즈베리 팜플레무스 칵테일 Raspberry Pamplemousse Cocktail
좀 더 가볍게 즐기려면 오랑지나를 클럽소다로 대체한다.

갓 짠 그레이프프루트즙 또는 주스 4oz
라즈베리 시럽 1oz
차가운 오랑지나 또는 기타 스파클링 오렌지 음료 3~4oz
민트 줄기
라즈베리 2알

셰이커에 그레이프프루트즙과 시럽을 넣고 얼음과 함께 힘차게 셰이킹한다. 얼음을 채운 하이볼 글라스에 스트레이너를 대고 따른다. 오랑지나를 붓고 가볍게 스터링한다. 민트 줄기와 라즈베리를 칵테일 픽에 꽂아 장식한다.

로이 로저스 Roy Rogers
여전히 새로운 카우보이 스타일의 클래식 무알코올 칵테일

갓 짠 오렌지즙 또는 주스 2oz
그레나딘 시럽 ½oz
차가운 진저 에일 6oz
오렌지 슬라이스
마라스키노 체리

얼음을 채운 하이볼 글라스에 오렌지즙과 그레나딘 시럽을 따른다. 진저 에일을 붓고 부드럽게 스터링한다. 오렌지 슬라이스와 체리로 장식하면 완성이다.

셜리 템플 Shirley Temple
나중에 커서 미국 외교관이 된 1930년대 유명한 아역 배우 이름을 따온 칵테일

차가운 진저 에일 6~8oz
그레나딘 시럽 ¼oz
오렌지 슬라이스
마라스키노 체리

얼음을 채운 하이볼 글라스에 진저 에일과 그레나딘 시럽을 따르고 부드럽게 스터링한다. 오렌지 슬라이스와 체리로 장식한다.

스프링타임 스무디 Springtime Smoothie

망고 ½컵 (껍질을 벗기고 씨를 제거한 후 막둑썰기한다)
서양배 ½개 (껍질을 벗기고 씨를 제거한 후 막둑썰기한다)
큰 딸기 2개 (꼭지를 따고 슬라이스한다)
차가운 크랜베리 주스 4oz
갓 짠 레몬즙 또는 주스 1oz
딸기
민트 줄기

블렌더에 망고, 배, 딸기, 크랜베리 주스, 레몬즙을 넣고 부드러워질 때까지 블렌딩한다. 얼음을 채운 하이볼 글라스에 따른다. 딸기와 민트 줄기로 장식한다.

써머 쿨러 Summer Cooler

갓 짠 오렌지즙 또는 주스 1½oz
앙고스투라 비터스 몇 방울 (비터스는 알코올을 함유하고 있으므로 선택사항)
차가운 세븐업 4~6oz
오렌지 슬라이스

얼음을 채운 콜린스 글라스에 재료를 따르고 부드럽게 스터링한다. 오렌지 슬라이스로 장식하면 완성이다.

버진 바이트 오브 더 이구아나 Virgin Bite of the Iguana

쌉싸름한 블러디 메리(Bloody Mary)를 즐기고 싶지만, 증류주를 건너뛰고 싶은 사람들을 위해, 여기 생생한 풍미가 살아있는 칵테일을 소개한다. 매콤한 하바네로 페퍼 소스와 달콤한 멕시칸 오렌지 체리 토마토로 만들어 베어물기(bite)보다는 살짝 맛보는(nip) 것에 가깝다(증류주 베이스 버전은 315p 참조).

라임 웨지
코셔 소금
갓 짠 라임즙 또는 주스 1½oz
갓 짠 레몬즙 또는 주스 1oz
갓 짠 오렌지즙 또는 주스 1oz
토마토 주스 1oz
오렌지 체리 토마토 ½컵 (씻고 꼭지를 딴 후 반으로 자른다)

다진 마늘 1개
잘게 썬 스캘리언 1개
고수 줄기 3~4개
화이트 호스래디시 1ts
우스터 소스 2~3대시
골든 하바네로 페퍼 소스 ½ts
라임 웨지

라임 웨지로 칠링한 콜린스 글라스 테두리를 문지르고 소금을 묻혀 리밍한다. 블렌더에 가니시를 제외한 모든 재료와 얼음 ½컵을 넣고 부드러워질 때까지 블렌딩한다. 잔에 음료를 따르고 라임 웨지를 위에서 짠 후 넣는다.

버진 메리 Virgin Mary 콘트러리 메리(Contrary Mary)로도 불리는 클래식 블러디 메리의 저 알코올 스파이시 버전

차가운 토마토 또는 V8 주스 4oz
갓 짠 레몬즙 또는 주스 ½oz
우스터 소스 2~3대시
타바스코 소스 2~3대시
호스래디시 ½ts
셀러리 솔트 한 꼬집
흑후추 한 꼬집
취향에 맞는 소금
라임 웨지
셀러리 줄기

셰이커에 가니시를 제외한 모든 재료를 넣고 얼음과 함께 셰이킹한다. 얼음을 채운 하이볼 글라스에 스트레이너를 대고 따른다. 칵테일 위로 라임 웨지를 짠 후 넣는다. 셀러리 스틱으로 저을 수 있도록 장식하면 완성이다.

숙취 해소용 칵테일과 픽미업

> 만취 전에 두통이 먼저 온다면, 알코올 중독은 미덕이 될 것이다.
>
> — 새뮤얼 버틀러 (영국 작가)

당신은 너무 기분이 좋았던 나머지 지나치게 좋은 시간을 보낸 후 이제 숙취 해소제라 불리는 정의 내리기 어렵고, 신화에나 존재할 법한 사실 무근의 강장제를 찾고 있다. 증류주를 베이스로 한 숙취해소제가 과음한 다음 날 효과적인 부활제라는 전통적인 '해장술[21]' 신화에 대한 회의론적 관점에서 시작하는 게 최선이다. 술을 더 넣어 만든 해장술인 픽미업이 당신의 기분을 나아지게 할 거라는 생각은 고루하다. 소위 숙취해소제라 불리는 해장술은 실제로는 애초에 숙취를 유발했던 원인을 되살릴 뿐이다.

코프스 리바이버 같은 클래식 칵테일은 지속적인 만취 상태일 때 효과가 있다. 숙취는 과음 후의 상태이고, 해장술을 마시는 건 단순한 알코올의 재흡수에 지나지 않는다는 점을 고려하면 이 이론은 꽤 논리적이다. 두 번째 신화는 커피를 마시면 술

---

21 Hair of the Dog, 직역하면 '개의 털'이라는 의미로 먼 옛날 개에게 물렸을 때 그 개의 털을 상처에 대면 낫는다는 미신에서 유래해 '독은 독으로 다스린다'라는 뜻을 가진다. 또한 같은 이름의 칵테일도 있다. 여기서는 술로 인한 숙취를 술로 해장한다는 의미로 쓰였다.

이 깨고 제대로 일어나 걸을 수 있을 거라는 믿음이다. 실제로 커피는 각성 효과는 미미한 데 반해 탈수 증세가 심해져 결국 몸에 더 해롭다.

클래식 숙취 해소제는 보통 페르노나 압생트, 샴페인이나 비터스, 진저 에일 또는 맥주로 만든 탄산 칵테일을 포함하지만, 모든 사람은 자신이 선호하는 치료법을 가지고 있다. 어떤 이들은 아스피린과 물 한 잔을 마시고, 또 어떤 이들은 저녁 잠자리에 들기 전 전해질이 가득한 스포츠 음료를 마신다. 잔소리처럼 들리겠지만, 이런 방법은 알코올이 신체 내부의 수분을 빼앗아 영양분과 비타민 공급을 고갈시키고 억제제 역할을 하면서 숙취로 인한 영양실조와 탈수 증세를 겪게 한다.

예방에서 회복까지

적당히 마시고 스스로 페이스를 조절하는 지극히 당연한 슬기로움 외에 극심한 숙취를 피하는 최선은 예방적 단계 및 실용적인 지침을 따르는 것이다.

여기 고전적이고 진기한 몇 가지 치료법과 함께 유용한 팁을 소개한다. 간 해독을 돕기 위해 비타민B 복합체, 비타민C, 항산화제를 강화한다. 음주는 비타민B를 고갈시키므로 술을 마시기 전, 마신 후 자기 전, 다음 날 강력한 비타민B 복합체 (각각의 B 성분당 100밀리그램)와 비타민B-12를 먹으면 회복 효과가 나타날 수 있다.

술을 마시기 전 그리고 마시는 동안 식사를 하는 것이 중요하다. 특히 설탕 함량이 높은 음식일 경우 알코올 흡수가 느려진다. 술을 마시러 나가기 전 우유 한잔을 마시면 알코올이 체내에 미치는 영향을 늦출 수 있다.

물은 언제나 미리, 충분하게

칵테일과 칵테일 사이 물을 많이 마셔 수분을 공급해 주면 큰 도움이 된다. 경험상 좋았던 방법은 마신 술 한 잔당 물 한 잔을 마시는 것이다. 알코올은 이뇨 작용을 돕는다. 물을 자주 마셔 수분이 충분히 공급될수록 만취했던 기분도 나아진다.

칵테일을 고를 때는 신중하게

쓸데없는 데 지나치게 신경 쓰는 것처럼 들리겠지만, 일부 증류주는 다른 증류주보다 숙취 방지에 나을 때가 있다. 보드카나 실버 테킬라같이 독소와 불순물을 제거하는 연속 증류기로 생산한 증류주는 대부분 더 많은 성분을 함유하고 있는 코냑, 스카치위스키처럼 단식 증류기로 생산하는 증류주보다 숙취를 덜 유발할 가능성이 높다. 마찬가지로 위스키, 레드 와인, 흑맥주 대신 화이트 와인, 옅은 빛을 띠는 맥주, 진 같이 맑고 투명한 술을 마시면, 다음 날 아침 심한 숙취를 예방하는 데 도움이 된다.

자나 깨나 수분 보충

술을 마신 다음 날, 물을 많이 마시고 음식으로 손실된 영양분을 보충해 활력을 되찾도록 한다. 실온이나 따뜻한 물을 천천히 마시고, 하루가 지나면 더 많은 영양분을 섭취한다. 속에 뭐라도 넣을 준비가 되면 숙취해소제를 먹고, 소화가 잘 되는 날계란이나 오이와 함께 비터스, 페르노, 타바스코를 곁들여 탄산수를 섞은 좋은 식전주를 마신다. 꿀을 바른 소다 크래커와 민트 허브차는 느글거리는 속을 진정시키는 데 도움이 되는 또 다른 페어링이다.

숙취에 가장 좋은 음식은 과일과 채소, 특히 칼륨 함량이 높은 바나나 토마토 또는 훌륭한 해독제인 오트밀과 같은 탄수화물 함량이 높으면서도 가볍게 먹을 수 있는 음식과 양질의 닭고기나 콩 수프 등이 있다. 빵, 과일, 과일 주스 역시 모두 알코올을 연소하는 데 도움이 되는 과당의 좋은 공급원이다. 유제품과 정크푸드는 물론 피하도록 한다.

잠을 자자

숙면은 숙취 해소를 위한 최고의 방법이다. 충분한 휴식을 취하고 큰 자극을 피하도록 한다.

숙취 해소용 음료 레시피 참고

사실 가장 현명하게는 건강한 음료 및 무알코올성 또는 저알코올성 치료법을 선호하라고 제안하지만, 여기 소개하는 숙취 해소용 음료와 픽미업은 순한 허브차, 탄산이 이는 클래식 음료, 전통적으로 강력하고 독한 숙취 해소제까지 모든 레시피를 담고 있으므로 참고한다.

---------- 해독을 돕는 모던 토닉 ----------

조금씩 들이켜 마시는 녹차부터 과일과 채소를 섞어 갓 짜낸 즙까지, 숙취 해소를 위한 자연적 접근법은 전통적인 '코프스 리바이버'보다 몸에 부담이 훨씬 적다. 집에 착즙기가 있다면 적극적으로 활용할 좋은 기회다. 숙취로 인한 메스꺼움을 가라앉히는 효과로 알려진 싱싱한 펜넬(회향) 뿌리나 생강과 바질의 건강한 조합을 시도해 보자. 아니면 신선한 당근 주스나 오이, 또는 고추, 당근, 오렌지를 함께 갈아 만든 주스로 수분을 보충한다. 에키나세아와 인삼 역시 각종 주스에 더하면 훌륭한 회복제 역할을 한다.

박하과에 속하는 페릴라(perilla), 즉 차조기 잎을 넣어 만든 우메보시 매실 절임은 일본의 대표적인 해장 음식이다. 유리병에 담긴 이 조합은 아시아 식료품점이나 천연식품 매장에서 찾아볼 수 있다. 짜게 절인 우메보시의 특성을 이용해 몸이 흡수한 알코올을 반대로 배출하는 원리다. 매실 절임과 차조기 잎을 함께 입에 넣고 매실 ¼조각, 차조기 잎 한 줄기 정도가 녹을 때까지 물고 있는 게 가장 효과적이다. 이후 한 시간 동안 나머지를 쭉 빨아 먹는다.

오렌지 주스와 진저가 들어간 아이스 그린 티 Iced Green Tea with Orange Juice and Ginger 천연 노화 방지제인 녹차와 싱싱한 생강의 조합은 속을 편하게 하고, 비타민C가 풍부한 오렌지 주스가 더해져 진정 효과를 준다.

물 1½컵
녹차 티백 1개
싱싱한 생강 2~3조각 (얇게 썰어서 준비한다)
갓 짠 오렌지즙 또는 주스 2oz
차가운 클럽소다 2~3oz (선택사항)

작은 소스팬에 물을 붓고 끓인다. 불을 끄고 티백과 생강을 넣는다. 뚜껑을 닫고 5분 정도 우러나도록 담가 둔다. 냉장고에 넣거나 사용하기 전 충분히 식힌다. 얼음을 채운 하이볼 글라스에 스트레이너를 대고 따른다. 오렌지 주스를 더하고 위에 클럽소다를 부은 후 스터링한다.

페퍼민트 티 Peppermint Tea
소화를 돕고 두통을 완화하는 허브 치료제이다. 따뜻하게 만들어 한 모금씩 홀짝이거나 차갑게 만들어 아이스티로 즐겨도 좋다. 어떤 이들은 싱싱한 로즈마리에 진정 효과가 있다고 주장하기도 한다. 원한다면 페퍼민트 티에 한 숟가락 정도 추가해 보자.

물 1½컵
싱싱한 페퍼민트 잎 2ts (또는 말린 페퍼민트 잎 1ts)

작은 소스팬에 물을 붓고 끓인다. 불을 끄고 페퍼민트 잎을 넣는다. 뚜껑을 닫고 5분 정도 우러나도록 담가 둔다. 따뜻하게 데운 내열 머그잔에 스트레이너를 대고 따른다.

---------- **간단한 방법** ----------

진저 에일, 콜라, 비터스를 더한 클럽소다부터 가벼운 맥주 한잔, 플루트 잔에 담긴 거품이 이는 샴페인에 이르기까지, 피로 회복에는 속을 진정시키고 상쾌한 청량감을 선사하는 탄산음료만 한 것이 없다.

바보타주 Barbatoge
차가운 샴페인 3~5oz
브랜디 ¼oz
쿠앵트로 몇 방울
칠링한 샴페인 플루트 글라스에 샴페인을 천천히 따른다. 브랜디와 쿠앵트로를 더한다.

비터스 앤 소다 Bitters and Soda
페이쇼드 비터스, 언더버그, 앙고스투라 비터스 등을 쓰면 된다. 어떤 이들은 얼음을 빼고 즐기기도 한다.
차가운 클럽소다 4~6oz
앙고스투라 비터스 (또는 기타 비터스) 2~3대시
얼음을 채운 콜린스 글라스에 클럽소다를 따른 후 비터스를 더하고 가볍게 스터링한다.

캄파리 앤 오렌지 주스 Campari and Orange Juice
캄파리 비터스에 비타민C가 풍부한 오렌지 주스를 더해 입안 가득 청량감을 선사한다. 속을 편하게 하는 좋은 약이기도 하다.
캄파리 1oz
갓 짠 오렌지즙 또는 주스 2oz
차가운 클럽소다 5~6oz
얼음을 채운 올드 패션드 글라스에 캄파리와 오렌지즙을 따른다. 클럽소다를 붓고 스터링한다.

✎ 나라에서 내 간을 묻을 안전한 장소를 찾기 전까진 죽을 수 없다.

— 필 해리스(밴드 리더이자 코미디언)

---------- 전통적인 해장술 ----------

블랙 벨벳 Black Velvet 스타우트와 샴페인을 동량으로 해서 만드는 블랙 벨벳은 거품이 이는 '치유'의 술로 1861년 앨버트 공을 기리며 탄생했다.

차가운 기네스 6oz
차가운 브뤼 샴페인 6oz

칠링한 맥주잔 또는 샴페인 플루트에 스타우트와 샴페인을 천천히 따른다. 젓지 않는다.

블러디 메리 Bloody Mary 토마토 주스는 자연스러운 선택이다. 비타민 C와 칼륨으로 가득해 이 클래식 숙취 해소제에 쉽게 배어든다. 물론 보드카를 뺀 '버진 마리(Virgin Mary)'가 해장술로는 더 어울리겠지만 말이다.

보드카 1½oz
토마토 주스 4oz
갓 짠 레몬즙 또는 주스 ½oz
호스래디시 ¼ts
타바스코 소스 2~3대시
우스터 소스 2~3대시
레몬 웨지
셀러리 스틱

셰이커에 가니시를 제외한 모든 재료를 넣고 얼음과 함께 힘차게 셰이킹한다. 얼음을 채운 하이볼 글라스에 스트레이너를 대고 따른다. 레몬 웨지로 잔 테두리를 문지르고 칵테일 위에서 짠 후 넣는다. 셀러리 스틱으로 장식하면 완성이다.

불 샷 Bull Shot 블러디 불(Bloody Bull)에서 토마토 주스를 뺀 베리에이션으로 '해장술'의 전통에서 오랫동안 숙취를 다스리는 효과로 소문나 있다. 보드카 대신 진 베이스로 만들기도 한다.

보드카 (또는 진) 2oz
차가운 소고기 육수 또는 부용[22] 4oz
갓 짠 레몬즙 또는 주스 ¼oz
우스터 소스 2~3대시
타바스코 소스 1~2대시

22   Bouillon, 고기나 채소를 끓여 만든 육수로 맑은 수프나 소스 용으로 사용한다.

레몬 웨지

셰이커에 액체류 재료를 넣고 얼음과 함께 힘차게 셰이킹한다. 얼음을 채운 하이볼 글라스에 스트레이너를 대고 따른다. 레몬 웨지를 칵테일 위에서 짠 후 넣는다.

페르네 브랑카 칵테일 Fernet Branca Cocktail

술을 잔뜩 마신 다음 날 아침 숙취 해소용으로 마시기 좋은 칵테일 중 하나로 두통을 가라앉혀 주는 검은빛에 쌉싸름한 페르네 브랑카가 들어간다.

진 1oz
페르네 브랑카 ½oz
스위트 베르무트 ½oz

얼음을 채운 셰이커에 재료를 넣고 힘차게 셰이킹한다. 칠링한 칵테일 글라스에 스트레이너를 대고 따른다.

호스 넥 Horse's Neck

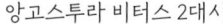
앙고스투라 비터스 2대시
레몬 필 스파이럴
버번위스키 2oz
베네딕틴 1oz
차가운 진저 에일 3~5oz

칠링한 하이볼 글라스를 비터스로 스월링한다. 잔에 얼음을 채우고 레몬 필 스파이럴을 넣는다. 버번위스키와 베네딕틴을 따른다. 진저 에일을 붓고 부드럽게 스터링한다.

핑크 진 Pink Gin

인도의 대영제국 초기 시절 탄생한 클래식 숙취 해소용 칵테일로, 속을 가라앉히는 효과가 있어 영국군 장교들에게 인기가 많았다. 전통적으로 셰리 글라스에 만들며 보통 물 한잔을 함께 서빙한다.

앙고스투라 비터스 (또는 페이쇼드 비터스) 4~5oz
차가운 진 2½oz
레몬 트위스트

칠링한 셰리 글라스 또는 칵테일 글라스에 비터스를 따르고 스월링한 후 비운다. 진을 따르고 레몬 트위스트로 장식하면 완성이다.

코프스 리바이버

코프스 리바이버(Corpse Reviver, 죽은 자를 되살아나게 한다는 뜻)는 원래 활력을 불어넣는 '픽미업' 같은 숙취 해소용 칵테일로 만들어졌다. 매우 미심쩍은 주장이지만 도수가 높고 강렬한 풍미의 조합을 고려하면 이름값을 하는 건 확실하다. 엄밀히 말하면 세 가지 다른 술을 동량으로 만드는 칵테일은 모두 코프스 리바이버로 볼 수 있다.

코프스 리바이버 #1

브랜디 ¾oz
애플잭 ¾oz
스위트 베르무트 ¾oz

얼음을 채운 믹싱 글라스에 액체류 재료를 넣고 스터링한다. 칠링한 칵테일 글라스에 스트레이너를 대고 따른다.

코프스 리바이버 #2

브랜디 ¾oz
페르네 브랑카 ¾oz
화이트 크렘 드 멘테 ¾oz

얼음을 채운 믹싱 글라스에 액체류 재료를 넣고 스터링한다. 칠링한 칵테일 글라스에 스트레이너를 대고 따른다.

코프스 리바이버 #3

진 ¾oz
스웨디시 펀치 ¾oz
쿠앵트로 ¾oz
갓 짠 레몬즙 또는 주스 ¾oz
페르노 (또는 그 밖에 아니스 리큐어) 2대시

얼음을 채운 믹싱 글라스에 액체류 재료를 넣고 스터링한다. 칠링한 칵테일 글라스에 스트레이너를 대고 따른다.

---

23 Swedish punsch, 스웨덴에서 보드카에 설탕 시럽, 레몬, 육두구 등을 넣어 만든 펀치로, 일반 펀치와 구분해 'punsch'로 쓴다.

씨 캡틴스 스페셜 Sea Captain's Special 전통적인 해장술로 실로 대단한 효험이 있다.

각설탕 1개 (또는 설탕) ½ts
앙고스투라 비터스 3~4oz
버번 또는 라이 위스키 2½oz
차가운 브뤼 샴페인 3~4oz
압생트 또는 페르노 2대시

올드 패션드 글라스에 비터스로 각설탕을 적신다. 각설탕을 잘게 부수고 아이스 큐브를 더한다. 버번위스키를 따르고 그 위로 샴페인을 천천히 붓는다. 압생트를 띄워 완성한다.

서퍼린 바스터드 Sufferin' Bastard
1940년대 선보인 클래식 해장술로 원래 카이로에 있는 셰퍼드 호텔 바텐더이자 이 칵테일을 선보인 조 시칼롬이 '서퍼링 바 스튜어드(Suffering Bar Steward)'라고 불렀었다. 매우 강렬한 '숙취 해소용' 서퍼린 바스터드는 진저 에일, 비터스, 민트를 추가해 어느 정도 목적에 맞는 칵테일로 거듭났다.

버번위스키 1oz
진 1oz
갓 짠 라임즙 또는 주스 ¼oz
앙고스투라 비터스 몇 방울
차가운 진저 에일 3~4oz
민트 줄기

셰이커에 버번, 진, 라임즙, 비터스를 넣고 얼음과 함께 힘차게 셰이킹한다. 얼음을 채운 콜린스 글라스에 스트레이너를 대고 따른다. 진저 에일을 붓고 민트 줄기로 장식한다.

써드 레일 Third Rail
다크 럼으로 만든 코프스 리바이버 스타일의 칵테일

다크 럼 1oz
애플 잭 1oz
브랜디 1oz
페르노 몇 방울

얼음을 채운 믹싱 글라스에 재료를 넣고 스터링한다. 칠링한 칵테일 글라스에 스트레이너를 대고 따른다.

---------- 달걀이 들어간 픽미업 ----------

달걀은 소화가 잘되는 영양소를 손쉽게 추가할 수 있어 다양한 해장술에 쓰이는 전통적인 재료였다. 날달걀은 자신의 재량껏 사용하도록 한다.

아이오프너 Eye-Opener

럼 바르반크르 2oz
오렌지 큐라소 몇 방울
애프리콧 브랜디 몇 방울
그레나딘 시럽 1ts
달걀 노른자 1개

얼음을 채운 셰이커에 재료를 넣고 힘차게 셰이킹한다. 칠링한 칵테일 글라스에 스트레이너를 대고 따른다.

모닝 애프터 Morning After

페르노 2oz
삼부카 1ts
달걀 흰자 1개
차가운 클럽소다 1~2oz

셰이커에 클럽소다를 제외한 재료를 모두 넣고 얼음과 함께 힘차게 셰이킹한다. 얼음을 채운 올드 패션드 글라스에 스트레이너를 대고 따른다. 클럽소다를 붓고 부드럽게 스터링한다.

프레리 오이스터 Prairie Oyster

전통적인 숙취 해소용 칵테일 중에 가장 매력이 덜한 조합이 틀림없다. 나는 프레리 오이스터가 쓴 약이 몸에 좋다는 전제하에 만든 칵테일이라고 생각한다. 일부 베리에이션은 브랜디 1½oz, 카이엔 후추 약간, 셀러리 솔트 한 꼬집을 더하기도 한다.

달걀 1개
우스터 소스 1ts
소금 한 꼬집
흑후추 한 꼬집
타바스코 소스 2~3대시

칠링한 올드 패션드 글라스에 달걀을 깨 넣는다(노른자는 터트리지 않는다). 우스터 소스, 소금, 후추, 타바스코 소스를 더한다. 한입에 털어 마신다.

ㄱ

가미카제 슈터　Kamikaze Shooter　422
가미카제 칵테일　Kamikaze Cocktail　319
가이아나 럼　Guyana rums　249
가향 와인　aromatized wines　386
갈리아노　galliano　236
감멜 딩스크　GAMMEL DANSK　229
갓파더　Godfather　349
걸스카우트 쿠키　Girl Scout Cookie　421
게네베르　genever　172
고디바 리큐어　godiva liqueur　237
고릴라 팃　Gorilla Tit　264
골드 럼　gold rums　245
골드 마티니　Gold Martini　185
골드바서　goldwasser　237
골드핑거　Goldfinger　319
골든 던　Golden Dawn　185
골든 릴레 마티니　Golden Lillet Martini　264
골든 캐딜락　Golden Cadillac　214
골든 피즈　Golden Fizz　184
교토 칵테일　Kyoto Cocktail　189
99 바나나　99 Bananas　234
구겐하임　Guggenheim　186
구아바리셔스 다이키리　Guavalicious Daiquiri　262
그라나다 브라질레이라　Granada Brasileira　257
그라스 스커트　Grass Skirt　186
그라파　Grappa　113
그랑 마르니에　grand marnier　237
그랑 크뤼　GRAND CRU　144
그래스호퍼　Grasshopper　214
그랜드 로열 피즈　Grand Royal Fizz　184
그레나딘 시럽　Grenadine syrup　49
그레이 구스　Grey Goose　309
그레이하운드　Greyhound　319
그린 데빌　Green Devil　186
그린 러시안　Green Russian　331
그린 리자드　Green Lizard　421
그린 스파이더　Green Spider　331
그린 플래시　Green Flash　264
글레이버　glayva　237

글레이버　Glayva　237, 339
글렌모렌지　Glenmorangie　336
긴조 슈 98
깁슨　Gibson　195

ㄴ

나마 99
나마자케 99
나시오날　Nacional　270
너티 마티니　Nutty Martini　322
너티 아이리시맨　Nutty Irishman　217
네그로니　Negroni　395
네그로니 칵테일　Negroni Cocktail　198
네버 온 선데이　Never on Sunday　162
네빈스　Nevins　360
네이비 그로그　Navy Grog　270
네이키드 마티니　Naked Martini　193
넥타린 드림　Nectarine Dream　295
노브 크릭　Knob Creek　337
노일리 프랏　NOILLY PRAT　387
노첼로　nocello　239
논빈티지　NONVINTAGE, NV　144
뉴올리언스 사제락　New Orleans Sazerac　367
뉴요커　New Yorker　360
뉴욕 사워　New York Sour　371
뉴욕 칵테일　New York Cocktail　360
뉴잉글랜드 아이스티　New England Iced Tea　268
뉴포트 쿨러　Newport Cooler　197
니고리 벨리니　Nigori Bellini　102
니고리자케 99
니커보커　Knickerbocker　194

ㄷ

다미아나　damiana　236
다이긴조 슈 98
다이너마이트　Dynamite　152
다이키리 데 피냐　Daiquiri de Piña　261
다크 럼　dark rums　246
다크 앤 스토미　Dark and Stormy　259
담락　Damrak　173

대용량 민트 줄렙 Mint Juleps for a Crowd 359
댄싱 레프러콘 Dancing Leprechaun 347
더 바루조 The Barujo 122
더 제이크 The Jake 301
더블 스탠다드 사워 Double Standard Sour 371
더비 Derby 348
더체스 Duchess 214
더티 딕스 다운폴 Dirty Dick's Downfall 198
더티 마티니 Dirty Martini 193
더티 보드카 마티니 Dirty Vodka Martini 329
던 Dawn 179
데보네어 칵테일 Debonair Cocktail 348
데스 바이 초콜릿 Death by Chocolate 213
데스 인 더 걸프 스트림 Death in the Gulf Stream 180
데스 인 디 애프터눈 Death in the Afternoon 154
데이지 Daisy 42
덴마크의 반 고흐 Van Gogh, from Denmark 171
델모니코 넘버 1 Delmonico Number 1 180
델타 Delta 348
뎁스 밤 Depth Bomb 129
뎁스 차지 Depth Charge 94
도그 노즈 Dog's Nose 94
도미니칸 럼 dominican republic rums 249
도쿄 메리 Tokyo Mary 315
도쿄티니 Tokyotini 104
돌로민트 Dolomint 181
듀보네 DUBONNET 387
듀보네 루즈 Dubonnet Rouge 388
듀보네 맨해튼 Dubonnet Manhattan 355
듀보네 블랑 Dubonnet Blanc 388
듀보네 칵테일 Dubonnet Cocktail 392
드라이 롭 로이 Dry Rob Roy 364
드라이 마티니 Dry Martini 192
드라이 맨해튼 Dry Manhattan 355
드라이 화이트 포트 Dry white port 384
드람부이 Drambuie 236, 339
드래곤플라이 Dragonfly 182
드림 Dream(브랜디) 129
드림 Dream(샴페인) 156
드림시클 Dreamsicle 213
디아볼라 칵테일 Diabola Cocktail 392
디저트 힐러 칵테일 Desert Healer Cocktail 180
디프로매트 Diplomat 392

ㄹ

라 돌체 비타 La Dolce Vita 161
라 봄바 La Bomba 288
라 콩가 La Conga 288
라 플로리디타 칵테일 La Floridita Cocktail 267
라 호야 La Jolla 132
라가불린 Langalvulin 336
라거 앤드 라임 Lager and Lime 94
라거 앤드 블랙 Lager and Black 94
라무르 L'Amour 189
라우흐비어 Rauchbier 88
라이트 럼 light rums 245
라이트 비어 Light beer 88
라임에이드 Limeade 439
라즈베리 민트 마티니 Raspberry Mint Martini 324
라즈베리 팜플레무스 칵테일 Raspberry Pamplemousse Cocktail 443
라프로익 Laphroaig 336
랑데부 Rendezvous 201
러브 포션 Love Potion 320
러스티 네일 Rusty Nail 365
러시안 베어 Russian Bear 324
러시안 캐딜락 Russian Cadillac 325
러시안 퀘일루드 Russian Quaalude 325, 426
러시안 피즈 Russian Fizz 312
런던 드라이 진 London dry gin 171
런던 스페셜 London Sepcial 155
런던 포그 London Fog 215
럼 생거리 Rum Sangaree 274
럼 스위즐 Rum Swizzle 275
럼 앤 토닉 Rum and Tonic 274
럼 쿨러 Rum Cooler 274
럼 펀치 Rum Punch 415

한글	영문	페이지
레드 벨벳 펀치	Red Velvet Punch	414
레드 스내퍼 슈터	Red Snapper Shooter	425
레드 아이	Red Eye	96
레드 와인 쿨러	Red Wine Cooler	382
레모네이드	Lemonade	439
레몬 독	Lemon Dog	326
레몬 드롭	Lemon Drop	320
레몬 드롭 슈터	Lemon Drop Shooter	422
레몬 베리 암브로시아	Lemon Berry Ambrosia	439
레몬 탑	Lemon Top	94
레이디 다이애나	Lady Diana	189
레이디 맥베스	Lady Macbeth	161
레이디 비 굿	Lady Be Good	132
레판토	Lepanto	112
레포사도	Reposado	281
로사도 샹그리아	Rosado Sangria	381
로얄 진 피즈	Royal Gin Fizz	166
로열 스마일 칵테일	Royal Smile Cocktail	135
로열 진 피즈	Royal Gin Fizz	184
로열 팜 칵테일	Royal Palm Cocktail	274
로우볼	Lowball	43
로이 로저스	Roy Rogers	443
로제	ROSÉ	144
로즈 마티니	Rose Martini	203
로지타	Rosita	295
로코	Rocco	203
로코 파드레	Loco Padre	288
록 앤 라이	Rock and Rye	241, 339
롤리팝	Lollipop	215
롭 로이	Rob Roy	364
롱아일랜드 아이스티	Long Island Iced Tea	268
루 드 리볼리	Rue de Rivoli	368
루드 코스모폴리탄	Rude Cosmopolitan	296
루비 마티니	Ruby Martini	324
루비 포트	Ruby port	384
루이스빌 스팅어	Louisville Stinger	356
루트 비어 슈터	Root Beer Shooter	425
룩소소바	Luksusowa	306
리 밀러스 프로비셔	Lee Miller's Frobisher	161
리모나다 에스파냐	LIMONADA ESPAÑA	415
리모나야	Limonnaya	309
리버티 칵테일	Liberty Cocktail	132
리저브	RESERVE	144
리츠 75	Ritz 75	166
리츠	Ritz	165
리치	Rich	144
리코르 43	licor 43	238
리퀴드 심포니	Liquid Symphony	221
리퀴드 코카인	Liquid Cocaine	214, 215, 423
리큐어 브랜디	liqueur brandies	238
리큐어	liqueurs	207
리키	Rickey	44
리키 티키 토디	Riki Tiki Toddy	404
리틀 콜로넬	Little Colonel	348
리틀 프린세스	Little Princess	394
릴레	LILLET	388
릴레 루즈	Lillet Rouge	388
릴레 블랑	Lillet Blanc	388
릴레 소다	Lillet and Soda	393
릴레 칵테일	Lillet Cocktail	394
릴리	Lily	394
립 프로그	Leap Frog	182

한글	영문	페이지
마닐라 호텔 민트 줄렙	Manila Hotel Mint Julep	359
마다가스카르 무드 시프터	Madagascar Mood Shifter	289
마데이라	Madeira	383
마라가	Maraga	383
마라스키노	maraschino	239
마르	Marc	114
마르살라	Marsala	383
마르티네즈	Martinez	196
마르티니크 럼	Martiniquea rums	249
마미 테일러	Mamie Taylor	356
마이 만다린 프롬 하바나	My Mandarin from Havana	270

마이 타이 Mai Tai 268
마이애미 아이스티 Miami Iced Tea 268
마이크 콜린스 Mike Collins 351
마인드 이레이저 Mind Eraser 216
마인드 이레이저 슈터 Mind Eraser Shooter 423
마일드 에일 Mild ale 89
마젤란 Magellan 172
마타도르 Matador 289
마티니 Martini 190
만다린 나폴레옹 mandarine napoléon 239
만다린 마티니 Mandarine Martini 196
만다린 패션 Mandarin Passion 269
만자니야 Manzanilla 385
망고 마르가리타 Mango Margarita 291
망고 사케 사워 Mango Sake Sour 101
망고 탱고 Mango Tango 440
맥클랜드 칵테일 McClelland Cocktail 216
맨해튼 MANHATTAN 353
머드슬라이드 Mudslide 321
머들 사이더 Mulled Cider 404
머들링 민트 줄렙 Muddled Mint Julep 358
멀드 와인 Mulled Wine 404
멀티플 오르가즘 Multiple Orgasm 294
메리 위도우 Merry Widow 216, 394
메이든스 프레이어 Maiden's Prayer 196
메이커스 마크 Maker's Mark 338
메즈칼 Mezcal 281
메즈칼 벅 Mezcal Buck 302
메탁사 Metaxa 114
메탁사 사이드카 Metaxa Sidecar 133
메트로폴리탄 Metropolitan 133, 321
멕시칸 마드라스 Mexican Madras 294
멕시칸 뮬 Mexican Mule 294
멕시칸 커피 Mexican Coffee 403
멕시칸 플래그 Mexican Flag 221
멕시칸 피즈 Mexican Fizz 161
멕시코코아 에그노그 Mexicocoa Eggnog 440
멕시콜라 Mexicola 294

멜론 마르가리타 Melon Margarita 291
멜론 볼 Melon Ball 320
멜론 볼 슈터 Melon Ball Shooter 423
멜론 알렉산더 Melon Alexander 216
모닌 시럽 50
모닝 애프터 Morning After 456
모모카와 모히토 Momokawa Mojito 102
모스크바 뮬 Moscow Mule 321
모카 민트 Mocha Mint 217
모히토 Mojito 269
목 모히토 Mock Mojito 435
몬타나 Montana 134
몬테카를로 임페리얼 Monte Carlo Imperial 162
몬테카를로 하이볼 Monte Carlo Highball 162
몰트 리커 Malt liquor 88
몽키 글랜드 Monkey Gland 197
문라이트 Moonlight 130
문샷 Moonshot 197
물랑 루즈 Moulin Rouge 217
미도리 midori 239
미드나잇 칵테일 Midnight Cocktail 133
미들톤 베리 레어 레드브레스트
Midleton Very Rare Redbreast 334
미라벨 mirabelle 118
미모사 Mimosa 162
미스트 Mist 43
미시시피 미스트 Mississippi Mist 360
미첼라다 Michelada 95
미카도 Mikado 134
민트 마티니 Mint Martini 331
민트 줄렙 Mint Julep 357
민트 컨디션 Mint Condition 356
밀라노 Milano 197, 216

ㅂ

바나나 다이키리 Banana Daiquiri 261
바나나 모카 프라페 Banana Mocha Frappé 434
바라쿠다 Barracuda 150, 253
바렌예거 BÄRENJÄGER 232

바베이도스 럼 Barbadian rums 248
바보타주 Babotage 451
바비 번스 Bobby Burns 343
바이올렛 샴페인 다무르
Violet Champagne d'Amour 167
바이트 오브 더 이구아나 Bite of the Iguana 283
바인브란트 Weinbrand 115
바카디 칵테일 Bacardi Cocktail 252
바톤 스페셜 칵테일 Barton Special Cocktail 121
바통 Batonnet 379
바하마 마마 Bahama Mama 252
반더훔 Van der Hum 236
발레 루스 Ballet Russe 312
발렌시아 Valencia 141
발렌시아 루아얄 Valencia Royale 167
발리 하이볼 Bali Highball 175
밤부 Bamboo 390
밴더빌트 Vanderbilt 140
밴시 Banshee 210, 252
뱀피로 Vampiro 301
버드 오브 파라다이스 Bird of Paradise 283
버뮤다 하이볼 Bermuda Highball 122
버번 라 크렘 Bourbon à la Crème 344
버번 밀크 펀치 Bourbon Milk Punch 345
버번 벅 Bourbon Buck 244
버번 스위즐 Bourbon Swizzle 345
버번 슬링 Bourbon Sling 345
버번 크러스타 Bourbon Crusta 344
버진 메리 Virgin Mary 445
버진 바이트 오브 더 이구아나
Virgin Bite of the Iguana 444
버진 아일랜드 럼 virgin island rums 250
버터 토피 Buttered Toffee 212
버터볼 Butterball 419
버터핑거 Butterfinger 212
벅 Buck 41
벅샷 BUCKSHOT 233
베네딕틴 D.O.M. BÉNÉDICTINE D.O.M. 233
베르가못-베리 아이스티
Bergamot-Berry Iced Tea 435

베르무트 wermut 386
베르무트 카시스 Vermouth Cassis 396
베스파 Vespa 328
베스퍼 마티니 Vesper Martini 206
베이 브리즈 Bay Breeze 253, 312
베일리스 아이리시 크림 Baileys irish cream 232
벤트 네일 Bent Nail 342
벨라, 벨라 Bella, Bella 176
벨리니 Bellini 149
벨몬트 브리즈 Belmont Breeze 342
벨몬트 스테이크스 Belmont Stakes 312
벨베데레 Belvedere 307
벨벳 부두 Velvet Voodoo 277
벨벳 해머 Velvet Hammer 224
벳시 로스 Betsy Ross 122
보드카 303
보드카 김렛 Vodka Gimlet 328
보드카 마티니 Vodka Martini 329
보드카 토닉 Vodka Tonic 328
보모어 Bowmore 337
보사 노바 Bossa Nova 256
보스턴 사워 Boston Sour 371
보스턴 칵테일 Boston Cocktail 176
보일러메이커 Boilermaker 93, 343
보점 카레서 Bosom Caresser 123
보치 볼 Bocci Ball 212
복 BOCK 88
본 드라이 보드카 마티니
bone-dry Vodka Martini 329
볼레로 Bolero 255
볼캐닉 블라스트 Volcanic Blast 429
볼케이노 Volcano 167
봄베이 벨리니 Bombay Bellini 149
봄베이 칵테일 Bombay Cocktail 123
봄베이 펀치 Bombay Punch 410
봄베이와 봄베이 사파이어
Bombay and Bombay Sapphire 171
부쉬밀 Bushmills 334
부아시에르 BOISSIÈRE 386

INDEX

색인

461

분재 마르가리타　Bonsai Margarita　285
불 샷　Bull Shot　452
불스 밀크　Bull's Milk　399
뷰 카레　Vieux Carré　369
뷰티 스팟　Beauty Spot　175
브라스 몽키　Brass Monkey　313
브라운 에일　Brown ale　89
브라질 럼　Brazilian rums　248
브랑카 멘타　BRANCA MENTA　229
브랜디 리키　Brandy Rickey　126
브랜디 사워　Brandy Sour　127
브랜디 생거리　Brandy Sangaree　126
브랜디 샴페인 칵테일　Brandy Champagne Cocktail 151
브랜디 슬링　Brandy Sling　126
브랜디 알렉산더　Brandy Alexander　124
브랜디 줄렙　Brandy Julep　125
브랜디 카시스　Brandy Cassis　124
브랜디 코블러　Brandy Cobbler　125
브랜디 크러스타　Brandy Crusta　125
브랜디드 마데이라　Brandied Madeira　390
브랜디드 포트　Brandied Port　124, 391
브램블　Bramble　176
브레이브 불　Brave Bull　285
브레인 해머리지　Brain Hemorrhage　419
브레인스톰 칵테일　Brainstorm Cocktail　343
브롱스 칵테일　Bronx Cocktail　177
브루클린 칵테일　Brooklyn Cocktail　346
브리가둔　Brigadoon　372
블라니 스톤　Blarney Stone　342
블랑 드 누아　Blanc de Noirs　144
블랑 드 블랑　Blanc de blancs　144
블랙 데빌　Black Devil　254
블랙 러시안　Black Russian　313
블랙 벨베틴　Black Velveteen　93
블랙 벨벳　Black Velvet　93, 150, 452
블랙 솜브레로　Black Sombrero　284
블랙 앤 탄　Black and Tan　92
블랙 위도우　Black Widow　254

블랙베리 브랜디　blackberry brandy　238
블랙잭　Blackjack　123
블러디 마리아　Bloody Maria　284
블러디 메리　Bloody Mary　314, 315, 452
블러디 브루　Bloody Brew　93
블렌디드 아이스크림 칵테일　Blended Ice cream　124
블루 그래스 칵테일　Blue Grass Cocktail　346
블루 마르가리타　Blue Margarita　293
블루 말린　Blue Marlin　255
블루 먼데이　Blue Monday　176
블루 문　Blue Moon　284
블루 샤크　Blue Shark　285
블루 샴페인　Blue Champagne　150
블루 아이드 블론드　Blue-Eyed Blonde　419
블루 엔젤　Blue Angel　212
블루 하와이안　Blue Hawaiian　254
블리자드　Blizzard　343
B&B　210, 232
B-52　210, 419
비너스　Venus　206
비숍　Bishop　379
비아 베네토　Via Veneto　141
비어 버스터　Beer Buster　92
비유 럼　vieux rums　246
비치 브리즈　Beach Breeze　434
비치콤버　Beachcomber　253
비터　Bitter　89
비터스 앤 소다　Bitters and Soda　451
비트윈 더 시츠　Between the Sheets　123, 254
비피터　Beefeater　171
비피터 크라운 주얼　Beefeater Crown Jewel　171
빈티지　VINTAGE　144

ㅅ

사라토가 칵테일　Saratoga Cocktail　137
사보이 호텔　Savoy Hotel　427
사우스 오브 더 보더　South of the Border　297
사워　Sour　45
사이드카　138

사제락 Sazerac 366
사케 레몬 드롭 Sake Lemon Drop 104
사케 마티니 Sake Martini 325
사케 코스모 Sake Cosmo 103
사케 콜라다 Sake Colada 103
사케티니 Saketini 104
산토리 야마자키 Suntory Yamazaki 339
산토리 칵테일 Suntory Cocktail 327
산토리 하쿠슈 Suntory Hakushu 339
산토리 히비키 Suntory Hibiki 339
삼부카 sambuca 242
상그리타 Sangrita 426
샌디 Shandy 96
샌디 가프 Shandygaff 96
샌디 콜린스 Sandy Collins 351
샌프란시스코 칵테일 San Francisco Cocktail 222
생거리 Sangaree 44
생츄어리 Sanctuary 396
샤르트뢰즈 CHARTREUSE 233
샴록 Shamrock 368
샴페인 줄렙 Champagne Julep 153
샴페인 코스모 Champagne Cosmo 153
샴페인 쿨러 Champagne Cooler 152
샴페인 펀치 Champagne Punch 412
샹그리-라 SANGRI-LA 416
샹그리아 Sangria 415
샹그리아 블랑카 Sangria Blanca 381
샹보르 CHAMBORD 233
서던 불 Southern Bull 285
서던 차이 Southern Chai 405
서던 컴포트 southern comfort 242, 339
서던 컴포트 맨해튼 Southern Comfort Manhattan 355
서던 컴포트 사워 Comfort Sour 371
서퍼 온 애시드 슈터 Surfer on Acid Shooter 428
서퍼린 바스터드 Sufferin' Bastard 455
세븐 앤 세븐 Seven and Seven 368
세비야 Seville 203
세비야 플립 Sevilla Flip 405

섹스 온 더 비치 Sex on the Beach 327
섹스 온 더 비치 슈터 Sex on the Beach Shooter 427
센터르베 Centerbe 235
센티나리오 Centenario 258
셜리 템플 Shirley Temple 443
셰리 생거리 Sherry Sangaree 396
셰이디 레이디 Shady Lady 296
소울 키스 Soul Kiss 368
솔티 도그 Salty Dog 325
솔티 치와와 Salty Chihuahua 296
솜브레로 Sombrero 223
쇼트 퓨즈 Short Fuse 296
쇼팽 보드카 Chopin vodka 306
수즈 suze 242
슈냅스 schnapps 242
슈터 Shooters 418
스네이크 바이트 Snake Bite 93
스매시 Smash 44
스모키 마티니 Smoky Martini 194
스미노프 바닐라 트위스트 Smirnoff Vanilla Twist 309
스와상 네프 Soixante-Neuf 158
스위즐 Swizzle 45
스위트 맨해튼 Sweet Manhattan 354
스위트 앤 사워 시럽 72
스카치 맨해튼 Scotch Manhattan 355
스카치 미스트 Scotch Mist 365
스카치 벅 Scotch Buck 344
스카치 생거리 Scotch Sangaree 365
스카치 스위즐 Scotch Swizzle 345
스카치 에일 Scotch ale 89
스카치 올드 패션드 Scotch Old-Fashioned 363
스카치 크러스타 Scotch Crusta 344
스칼렛 오하라 Scarlett O'Hara 365
스콜피온 Scorpion 275
스크루드라이버 Screwdriver 326
스크리밍 오르가즘 Screaming Orgasm 222
스크리밍 오르가즘 슈터 Screaming Orgasm Shooter 427

INDEX 색인

463

스키니 디퍼 Skinny Dipper 222
스타우트 Stout 89
스타우트 생거리 Stout Sangaree 96
스타우트 앤드 블랙 Stout and Black 94
스터럽 컵 Stirrup Cup 140
스톤 펜스 Stone Fence 140
스톨리치나야 Stolichnaya 307
스트레가 strega 242
스트로베리 다이키리 Strawberry Daiquirib 261
스트로베리 마르가리타 Strawberry Margarita 291
스트로베리 민트 상그리아
STRAWBERRY MINT SANGRIA 417
스트로베리 테킬라 71
스팅어 사워 Stinger Sour 371
스파이스 럼 코코 마티니
Spiced Rum Coco Martini 276
스파이스 애플 마티니 Spiced Apple Martini 311
스파이스 자메이칸 자바 Spiced Jamaican Java 406
스파이스 페어 상그리아
SPICED PEAR SANGRIA 416
스파클링 상그리아 Sparkling Sangria 381
스패니시 플라이 Spanish Fly 302
스프링타임 스무디 Springtime Smoothie 444
슬로 스크루 Sloe Screw 223
슬로 진 sloe gin 242
슬로 진 피즈 Sloe Gin Fizz 223
슬로 테킬라 Sloe Tequila 297
슬로우 컴포터블 스크루
Slow Comfortable Screw 326
슬리퍼리 니플 Slippery Nipple 223
슬링 Sling 44
시멘트 믹서 Cement Mixer 419
시슬 칵테일 Thistle cocktail 364
시카고 Chicago 153
시카고 칵테일 Chicago Cocktail 128
시타델 Citadelle 172
시트러스 스파클러 펀치 Citrus Sparkler Punch 412
시트러스 애프로디지액 Citrus Aphrodisiac 258
시트론 스파클러 Citron Sparkler 154
실란트로 라임에이드 쿨러
Cilantro Limeade Cooler 435

실버 불렛 Silver Bullet 203
실버 피즈 Silver Fizz 184
실크 스타킹 Silk Stocking 297
실크 팬티 Silk Panties 427
싱가포르 슬링 Singapore sling 205
써드 레일 Third Rail 455
써머 쿨러 Summer Cooler 444
씨 브리즈 Sea Breeze 326
씨 캡틴스 스페셜 Sea Captain's Special 455

ㅇ

아과르디엔테 Aguardiente 113
아네호 Añejo 281
아네호 럼 añejo rums 246
아니스와 아니제트 ANIS AND ANISETTE 231
아도니스 Adonis 389
아드벡 Ardbeg 336
아드보카트 Advocaat 230
아라크 Arak 232
아르마냑 Armagnac 111
아르젠타리움 ARGENTARIUM 232
아르카디아 Arcadia 175
아마레토 AMARETTO 231
아마레토 사워 Amaretto Sour 209
아마레토 알렉산더 Amaretto Alexander 209
아마로 몬테네그로 AMARO MONTENEGRO 229
아말피 칵테일 Amalfi Cocktail 341
아메르 피콘 AMER PICON 227
아메르 피콘 칵테일 Amer Picon Cocktail 389
아메리카노 Americano 389
아메리칸 뷰티 American Beauty 119
아메리칸 플라이어 American Flyer 150
아몬티라도 Amontillado 385
아발란체 Avalanche 174
아베르나 AVERNA 229
아보카도 마르가리타 Avocado Margarita 292
아시안 메리 Asian Mary 101
아우룸 AURUM 232

아이 드림 오브 지니 마티니
I Dream of Jeanie Martini 266

아이리시 맨해튼 Irish Manhattan 355

아이리시 미스트 irish mist 238

아이리시 벅 Irish Buck 344

아이리시 샴페인 칵테일
Irish Champagne Cocktail 155

아이리시 실레일라 Irish Shillelagh 350

아이리시 에그노그 Irish Eggnog 414

아이리시 커피 Irish Coffee 402

아이스 모카 자바 Iced Mocha Java 438

아이스 비어 Ice beer 88

아이스 아이리시 커피 Iced Irish Coffee 350

IRA 421

아이오프너 Eye-Opener 456

아이티 럼 Haitian rums 248

아이티언 쿨러 Haitian Cooler 265

아즈텍 에그노그 Aztec Eggnog 399

아카풀코 Acapulco 251, 283

아틀란틱 브리즈 Atlantic Breeze 251, 353

아페롤 APEROL 227

안달루시아 Andalusia 390

알곤킨 Algonquin 341

알렉산더 Alexander 174

알리제 드 프랑스 ALIZÉ DE FRANCE 231

알카자르 Alcazar 148

알폰소 Alfonso 148

알폰소 스페셜 칵테일 Alfonso Special Cocktail 209

암브로시아 Ambrosia 148

압생트 Absinthe 211, 230

앙고스투라 아로마틱 비터스 ANGOSTURA
AROMATIC BITTERS 226

앙티브 Antibes 174

애비 칵테일 Abbey Cocktail 174

애프리콧 목테일 Apricot Mocktail 434

애프리콧 브랜디 apricot brandy 116, 238

애프리콧 칵테일 Apricot Cocktail 121

애프터 파이브 After 5 418

애플 마티니 Apple Martini 311

애플 브랜디 apple brandy 116

애플 브랜디 하이볼 Apple Brandy Highball 120

애플 샹그리아 쿨러 Apple Sangria Cooler 379

애플 스위즐 Apple Swizzle 120

애플잭 applejack 116

앨라배마 Alabama 119

앨라배마 슬래머 Alabama Slammer 209, 341

앰배서더 Ambassador 251

앱솔루트 308

어텀 펀치 Autumn Punch 410

어피니티 Affinity 364

언더 라거 Under lagers 88

A.J. 119

에너자이저 The Energizer 431

에브리바디스 아이리시 Everybody's Irish 349

S.S 맨해튼 S.S Manhattan 352

에스프레소 마티니 Espresso Martini 318

에이전트 오렌지 Agent Orange 311

에이지드 럼 aged rums 246

에일 플립 Ale Flip 92

에퍼베센트 애프리콧 펀치
Effervescent Apricot Punch 413

에페르네 Épernay 156

엑스트라 드라이 마티니 Extra-Dry Martini 192

엔젤 페이스 Angel Face 120

엔젤스 블러시 Angel's Blush 220

엔젤스 키스 Angel's Kiss 220

엔젤스 팁 Angel's Tit 210

엘 디아블로 El Diablo 287

엘 프레지덴데 El Presidente 274

엠버 에일 Amber ale 89

예거마이스터 JÄGERMEISTER 229

옐로 패롯 칵테일 Yellow Parrot Cocktail 224

옐로우 버드 Yellow Bird 278

옐로우 피버 Yellow Fever 331

오 커런트 사이드카 Au Currant Sidecar 121

오드비 eaux-de-vie 117

오렌지 마티니 Orange Martini 322

오렌지 블라썸 Orange Blossom 199

오렌지 비터스와 피치 비터스

ORANGE AND PEACH BITTERS　227
오렌지 사케 미모사　Orange Sake Mimosa　102
오렌지 주스와 진저가 들어간 아이스 그린 티
Iced Green Tea with Orange Juice and Ginger　450
오렌지 카이피로스카　Orange Caipiroska　313
오렌지에이드　Orangeade　441
오롤로소　Oloroso　385
오르가즘　Orgasm　424
오르가트 시럽　49
오리엔탈　Oriental　199
오리엔탈 칵테일　Oriental Cocktail　348
오리지널 코스모폴리탄　Original Cosmopolitan　317
오버프루프 럼　Overproof Rums　247
오번　Oban　336
오스텐드 피즈　Ostend Fizz　134
오우드 게네베르　oude genever　172
오키드　Orchid　199
오트밀 쿠키　Oatmeal Cookie　217
오트밀 쿠키 슈터　Oatmeal Cookie Shooter　424
오팔 네라　opal nera　239
오하이오　Ohio　163
올드 라제　Old Raj　172
올드 산 후안　Old San Juan　271
올드 에일　Old ale　89
올드 쿠반　Old Cuban　163
올드 톰 진　Old Tom gin　171
올드 패션드　Old Fashioned　362
올드 패션드 맨해튼　Old-Fashioned Manhattan　355
올림픽　Olympic　134
와싸일　Wassail　407
와일드 터키 리큐어　Wild Turkey Liqueur　339
용 게네베르　jonge genever　172
우 우 슈터　Woo Woo Shooter　429
우니쿰　UNICUM　229
우드워드　Woodward　372
우드포드 리저브　Woodford Reserve　337
우우　Woo Woo　331
우조　ouzo　240
운터베르크　UNDERBERG　229

울트라 드라이 깁슨　ultra-dry Gibson　195
워드 에이트　Ward Eight　370
워싱턴 칵테일　Washington Cocktail　396
워터멜론　Watermelon　330
워털루　Waterloo　370
월넛 마티니　Walnut Martini　328
월도프 칵테일　Waldorf Cocktail　369
월리 웰뱅어　Wally Wallbanger　370
웨스트 인디아 펀치　West Indian Punch　277
웻　Wet　173
위도우스 키스　Widow's Kiss　141
위보로바　Wyborowa　306
위스키　whiskey　332
위스키 리키　Whiskey Rickey　372
위스키 사워　Whiskey Sour　371
위스키 피즈　Whiskey Fizz　372
위스키 핫 토디　Whiskey Hot Toddy　407
이스턴 맨해튼　Eastern Manhattan　355
이스트 인디아　East India　129
이즈 파리 버닝?　Is Paris Burning?　131
이탈리안 커피　Italian Coffee　400
익센트릭 올드 패션드　Eccentric Old-Fashioned　363
인디고 존스　Indigo Jones　393
인터내셔널 칵테일　International Cocktail　131
일라이저 크레이그　Elijah Craig　338
일렉트릭 레니네이드　Electric Leninade　317
임페리얼 진　Imperial Gin　187

ㅈ

자메이카 글로우　Jamaica Glow　187
자메이카 럼　Jamaican rums　249
자메이칸 마티니　Jamaican Martini　267
자메이칸 커피　Jamaican Coffee　403
자바 럼　Java rums　250
자키 클럽　Jockey Club　188
재패니즈 피즈　Japanese Fizz　351
잭 다니엘　Jack Daniel's　338
잭-인-더-박스　Jack-in-the-Box　132

저지 릴리 Jersey Lily 221
점핑 젤리빈 Jumping Jellybean 159
제이드 Jade 267
제임스 본드 James Bond 159
제임슨 1780 리저브 Jameson 1780 Reserve 334
젠 큐컴버 Zen Cucumber 105
젠틀맨 잭 Gentleman Jack 338
젤로 샷 gelatin shooters 430
젤리 빈 Jelly Bean 422
젯 블랙 Jet Black 187
조니 워커 Johnny Walker 336
조지 디켈 George Dickel 338
조지아 민트 줄렙 Georgia Mint Julep 359
존 콜린스 John Collins 351
좀비 Zombie 278
주니퍼 루아얄 Juniper Royale 160, 188
주니페로 Junipero 172
주브로카 바이슨 그라스 Zubrowka Bison Grass 309
주이담 Zuidam 173
주피터 칵테일 Jupiter Cocktail 188
준마이 슈 98
줄렙 Julep 43
쥬얼 오브 더 나일 Jewel of the Nile 187
지나 Gina 184
진 리키 Gin Rickey 184
진 슬링 Gin Sling 185
진 앤 씬 Gin and Sin 182
진 앤 토닉 Gin and Tonic 182
진 앤 핑크 Gin and Pink 201
진 줄렙 Gin Julep 184
진 피즈 Gin Fizz 184
진저 시트러스 칵테일 Ginger Citrus Cocktail 437
진저 앤드 프레드 Ginger and Fred 437
진저 줄렙 Ginger Julep 438
진저 피즈 Ginger Fizz 159
질 인 더 박스 Jill-in-the-Box 439

ㅊ

차이나 마티니 CHINA MARTINI 228
차팔라 Chapala 286
찰리 채플린 Charlie Chaplin 127
처칠 다운스 쿨러 Churchill Downs Cooler 347
체리 브랜디 cherry brandy 238
체리 블로섬 Cherry Blossom 128
체리 코블러 Cherry Cobbler 178
체리 피커 Cherry Picker 286
첼시 사이드카 Chelsea Sidecar 178
초콜릿 마르가리타 Chocolate Margarita 292
초콜릿 마티니 Chocolate Martini 316
초콜릿 만다린 마티니 Chocolate Mandarin Martini 316
초콜릿 시트러스 칵테일
Chocolate Citrus Cocktail 436
초콜릿 시트러스 쿨러 Chocolate Citrus Cooler 436
초콜릿 아몬드 Chocolate Almond 213
초콜릿 커버드 체리 Chocolate-Covered Cherry 420
치나 CYNAR 228
치나 콜라 Cynar Cola 392
친자노 비앙코 CINZANO BIANCO 387
친자노 엑스트라 드라이 CINZANO EXTRA DRY 387
칩 샷 Chip Shot 420

ㅋ

카디널 펀치 Cardinal Punch 411
카디널 Cardinal 198
카라 스포사 Cara Sposa 213
카르파노 CARPANO 387
카사노바 Casanova 152, 346
카사블랑카 Casablanca 257
카샤 Cachaca 113
카스트로 쿨러 Castro Cooler 257
카이피로스카 Caipiroska 313
카이피리냐 Caipirinha 256
카이피리시마 Caipirissima 257
카이피테트라 Caipitetra 257
카페 디아블로 Café Diablo 400
카페 로마노 Café Romano 213

카페 루아얄　Café Royale　400	켄터키 콜로넬　Kentucky Colonel　352
카페 아마레토　Café Amaretto　399	켄터키 피즈　Kentucky Fizz　352
카푸첼로　Capucello　235	코냑 코코 고고　Cognac Coco a-Go-Go　430
카프리 칵테일　Capri Cocktail　177	코네마라　Connemara　335
칼루아　kahlúa　238	코드리스 스크루드라이버　Cordless Screwdriver　326, 420
칼루아 토레아도르　Kahlua Toreador　132	코머더어 칵테일　Commodore Cocktail　347
칼리세이　CALISAY　227	코먼웰스　Commonwealth　347
칼바도스　calvados　116	코블러　Cobbler　41
칼바도스 카　Calvados Car　127	코스모티크　Cosmotique　431
캄파리　CAMPARI　228	코스모폴리탄　Cosmopolitan　317
캄파리 샴페인 칵테일 Campari Champagne Cocktail 151	코스타 델 솔　Costa del Sol　179
캄파리 소다　Campari and Soda　391	코코 샤넬　Coco Chanel　179
캄파리 앤 오렌지 주스 Campari and Orange Juice　451	코코넛 그로브　Cocoanut Groove　258
	코코넛 럼　69
캄파리 쿨러　Campari Cooler　391	코코넛 리큐어　234
캐나디안 맨해튼　Canadian Manhattan　355	코코넛 피즈　Coconut Fizz　436
캐나디안 올드 패션드　Canadian Old-Fashioned　363	코파바나나 다이키리　Copabanana Daiquiri　263
캐나디안 칵테일　Canadian Cocktail　346	코프스 리바이버　Corpse Reviver　128, 454
캐딜락 마르가리타　Cadillac Margarita　292	코프스 리바이버 No.3　Corpse Reviver No.3　154
캐러비안 루아얄　Caribbean Royale　152	콜린스　Collins　41
캐러비안 밀리어네어　Caribbean Millionaire　256	콜헤이타 포트　Colheita port　384
캐러비안 선셋　Caribbean Sunset　177	쿠바 럼　Cuban rum　248
캐러비안 진저 징　Caribbean Ginger Zing　259	쿠바 리브레　Cuba Libre　259
캐러비안 피즈　Caribbean Fizz　151	쿠반 사이드카　Cuban Sidecar　259
캐러비안 허리케인　Caribbean Hurricane　411	쿠반 스페셜　Cuban Special　259
캡틴 모건 스파이스드 럼 Captain Morgan Spiced Rum 247	쿠아렌타 Y 트레스　CUARENTA Y TRES　236
	쿠앵트로　COINTREAU　234
캥거루　Kangaroo　329	쿨러　Cooler　42
컨템포러리 김렛　Contemporary Gimlet　183	쿼츠　Quotes　306
컨템포러리 스팅어　Contemporary Stinger　139	퀘이커스 칵테일　Quakers Cocktail　137
컴파드레　Compadre　286	퀴멜　kümmel　238
케이마나　Caymana　234	퀴베　CUVÉE　144
케이프 코더　Cape Codder　316	퀸 엘리자베스 와인　Queen Elizabeth Wine　222
케케 비치　keke beach　238	큐라소　CURAÇAO　236
켄터키 사이드카　Kentucky Sidecar　352	큐컴버 레모네이드　Cucumber Lemonade　436
켄터키 샴페인 칵테일 Kentucky Champagne Cocktail 160	큐컴버 마르가리타　Cucumber Margarita　293
	크렘 드 카카오　CRÈME DE CACAO　235
켄터키 스팅어　Kentucky Stinger　356	크라운 로열　Crown Royal　339
켄터키 오렌지 블라썸　Kentucky Orange Blossom　352	크랜베리 코스모폴리탄　317

크러스타 Crusta 42
크레망 CRÉMANT 144
크렘 다나나 Crème d'ananas 235
크렘 드 누아요 Crème de noyaux 235
크렘 드 누아제트 Crème de noisette 235
크렘 드 마틸레 Crème de myrtille 235
크렘 드 만다린 Crème de mandarine 235
크렘 드 멘테 CRèME DE MENTHE 235
크렘 드 뮈르 Crème de mûre 235
크렘 드 바나나 CRèME DE BANANE 234
크렘 드 바이올렛 Crème de violette 236
크렘 드 카시스 Crème de cassis 235
크렘 드 카페 CRÈME DE CAFÉ 235
크렘 드 페슈 Crème de pêche 235
크렘 드 프랑부아즈 Crème de framboise 235
크렘 드 프레즈 Crème de fraise 235
크렘 드 프루넬 Crème de prunelle 235
크렘 리큐어 CRÈME LIQUEURS 234
크렘랴프스카야 초콜릿
Kremlyovskaya Chocolate 309
크리스탈 컴포트 Crystal Comfort 236
크리스탈바이젠 Kristalweizen 90
크림 셰리 Cream sherry 385
크림 에일 Cream ale 89
크림슨 Crimson 179
클라이맥스 Climax 420
클래식 김렛 Classic Gimlet 183
클래식 네그로니 Classic Negroni 198
클래식 다이키리 Classic Daiquiri 260
클래식 롭 로이 Classic Rob Roy 364
클래식 마드라스 Classic Madras 316
클래식 마르가리타 Classic Margarita 290, 291
클래식 마티니 Classic Martini 192
클래식 맨해튼 Classic Manhattan 354
클래식 사제락 Classic Sazerac 367
클래식 스팅어 Classic Stinger 139
클래식 스페인 샹그리아
Classic Spanish Sangria 380
클래식 탠커레이 Classic Tanqueray 171

클래식 테킬라 샷 Classic Tequila Shot 286
클레어몬트 Claremont 363
클론다이크 쿨러 Klondike Cooler 350
클리어 초콜릿 마티니 Clear Chocolate Martini 316
키 라임 마티니 Key Lime Martini 188
키 라임 파이 Key Lime Pie 422
키르 Kir 381
키르 루아얄 Kir Royale 160
키르슈 kirsch 117
킹스 페그 King's Peg 158

E

타우니 포트 Tawny port 384
타이거스 밀크 Tiger's Milk 140, 276
타이달 웨이브 Tidal Wave 276
타이푼 Typhoon 166
타임스 스퀘어 칵테일 Times Square Cocktail 417
탈라모어 듀 Tullamore Dew 334
태즈메이니안 트위스터 칵테일
Tasmanian Twister Cocktail 204
탠커레이 넘버 텐 Tanqueray No. TEN 171
터미네이터 Terminator 428
테키니 Tequini 300
테킬라 Tequila 279
테킬라 고스트 Tequila Ghost 298
테킬라 모킹버드 Tequila Mockingbird 298
테킬라 사워 Tequila Sour 299
테킬라 선라이즈 Tequila Sunrise 299
테킬라 칵테일 Tequila Cocktail 297
테킬라 캄 디거 Tequila Clam Digger 284
테킬라 콜라다 Tequila Colada 298
테킬라 피즈 Tequila Fizz 298
테킬라티니 Tequilatini 299
템테이션 칵테일 Temptation Cocktail 349
토레아도르 Toreador 301
토바고 코코넛 플립 Tobago Coconut Flip 277
토스티드 아몬드 Toasted Almond 223
톨 드링크 Tall Drink 45
톰 콜린스 Tom Collins 204

INDEX

색인

469

톰과 제리 Tom and Jerry 406
투시 롤 Tootsie Roll 428
튤립 칵테일 Tulip Cocktail 141
트라피스트 에일 Trappist ale 90
트래디셔널 서던 스타일 민트 줄렙 Traditional Southern-Style Mint Julep 358
트래디셔널 카페 스타일 압생트 Traditional Café-Style Absinthe 211
트루아 리비에르 Trois Rivières 349
트리니다드 럼 trinidad rums 249
트리플 섹 Triple sec 236, 242
트윈 힐스 Twin Hills 369
티아 마리아 Tia Maria 235, 242
티키티니 Tikitini 276
티후아나 스피드볼 Tijuana Speedball 300
티후아나 택시 Tijuana Taxi 300

ㅍ

파나마 칵테일 Panama Cocktail 124
파라다이스 Paradise 135
파라다이스 쿨러 Paradise Cooler 441
파라디스 Paradis 163
파르페 아무르 또는 파르페 다무르 parfait amour 240
파리스 레인보우 Paris Rainbow 221
파리지앵 칵테일 Parisian Cocktail 200
파스티스 pastis 240
파인 앤 댄디 Fine and Dandy 349
파인애플 럼 Pineapple Rums 68
파인애플 쿨러 Pineapple Cooler 382
파인애플 플러티니 Pineapple Flirtini 164
파커루 Parkeroo 395
파크 레인 Park Lane 371
파파 헤밍웨이스 다이키리 Papa Hemingway's Daiquiri 262
파파야 마르가리타 Papaya Margarita 293
파파야 바나나 레스토레이티브 Papaya Banana Restorative 441
파파야 시트론 칵테일 papaya Citron Cocktail 322
팔로 코르타도 Palo cortado 385
패션 Passion 164

패션 칵테일 Passion Cocktail 200
팬암 Pan-Am 302
퍼즈리스 네이블 Fuzzless Navel 437
퍼펙트 롭 로이 Perfect Rob Roy 364
퍼펙트 마티니 Perfect Martini 193
퍼펙트 맨해튼 Perfect Manhattan 354
퍼프 Puff 44
퍼플 패션 Purple Passion 324
퍼플 후터 Purple Hooter 425
펀치 Punch 241, 408
펄 다이버 마티니 Pearl Diver Martini 323
펄 드 브리예 pearle de brillet 241
펄 마티니 Pearl Martini 103
펄 프롬 이파네마 Pearl from Ipanema 271
펄 하버 Pearl Harbor 323
페드로 콜린스 Pedro Collins 271
페라리 Ferrari 393
페르네 브랑카 FERNET BRANCA 228
페르네 브랑카 칵테일 Fernet Branca Cocktail 453
페르노 pernod 240
페르노 칵테일 Pernod Cocktail 218
페어 드림 Pear Dream 135
페이쇼즈 비터스 PEYCHAUD'S BITTERS 227
페일 에일 Pale ale 89
페일 크림 Pale cream 385
페퍼민트 스틱 Peppermint Stick 218
페퍼민트 티 Peppermint Tea 450
페퍼민트 패티 Peppermint Patty 424
펠리니 Fellini 156
포그혼 Foghorn 182
포스 오브 줄라이 Fourth of July 220
포터 Porter 89
포트 생거리 Port Sangaree 395
폴 몰 Pall Mall 200
폴라 베어 Polar Bear 325
폴로네이즈 Polonaise 137
푸스 카페 Pousse-Café 43, 219, 220, 426
푸아 윌리엄스 poire williams 241

푸아 윌리암스 샴페인 칵테일
Poire Williams Champagne Cocktail 165
푸아 윌리암스 피즈 Poire Williams Fizz 361
푸아르 윌리암스 poire williams 118
푸에르토리코 럼 Puerto Rico rums 249
푼 테 메스 네그로니 Punt e Mes Negroni 198
푼다도르 Fundador 112
푼테메스 PUNT E MES 229, 387
풀케 Pulque 282
프라우다 Pravda 309
프란젤리코 frangelico 236
프랑부아즈 소바쥬 Framboise Sauvage 118
프레디 퍼드퍼커 Fudpucker 287
프레리 오이스터 Prairie Oyster 456
프레리 파이어 Prairie Fire 425
프레스비테리언 Presbyterian 344
프레즈 루아얄 Fraises Royale 157
프레지덴테 Presidente 273
프렌치 125 French 125 158
프렌치 69 French 69 158
프렌치 75 French 75 158
프렌치 76 French 76 158
프렌치 95 French 95 158
프렌치 마티니 French Martini 318
프렌치 샴페인 칵테일
French Champagne Cocktail 157
프렌치 셔벗 French Sherbet 157
프렌치 커넥션 French Connection 130
프렌치 키스 French Kiss 157, 393, 421
프렌치 트라이컬러 French Tricolor 220
프렌치 트위스트 French Twist 349
프로스트바이트 Frostbite 287
프로즌 다이키리 Frozen Daiquiri 261
프로즌 마타도르 Frozen Matador 289
프로즌 머드슬라이드 Frozen Mudslide 322
프로즌 민트 줄렙 Frozen Mint Julep 358
프로즌 워터멜론 다이키리
Frozen Watermelon Daiquiri 261
프로즌 프루트 다이키리 Frozen Fruit Daiquiri 261
프루트 위트 비어 Fruit wheat beers 90

프리스코 사워 Frisco Sour 371
프리크니스 칵테일 Preakness Cocktail 361
프릭클리 아가베 Prickly Agave 295
프린스 에드워드 Prince Edward 364
프린스 오브 웨일즈 Prince of Wales 165
플라밍고 Flamingo 181
플라이슈만스 Fleischmann's 172
플라잉 Flying 156
플라잉 스코츠맨 Flying Scotsman 364
플랜터스 펀치 Planter's Punch 273
플럼 망고 라씨 Plum Mango Lassi 442
플로럴 허브 보드카 70
플로리다 Florida 181
플로리다 스페셜 Florida Special 264
플리머스 진 Plymouth gin 171
플립 Flip 42
피그 리프 피즈 Fig Leaf Fizz 318
피나 콜라다 Piña Colada 272
피나 콜라다 누에바 Piña Colada Nueva 272
피냐 살사 슈터 Piña-Salsa Shooter 424
피냐 운-콜라다 Piña Un-Colada 442
피냐 젤라타 Piña Gelata 432
피네리토 Pinerito 273
피노 Fino 385
피노 마티니 Fino Martini 194
피비 스노우 Phoebe Snow 135
피스코 브랜디 Pisco brandy 114
피스코 사워 Pisco Sour 136
피스코 사이드카 Pisco Sidecar 136
피스코 펀치 Pisco Punch 136
피시 하우스 펀치 Fish House Punch 413
피즈 Fizz 42
피치 다이키리 Peach Daiquiri 261
피치 마르가리타 Peach Margarita 291
피치 브랜디 peach brandy 239
피카소 Picasso 135
피카소 마티니 Picasso Martini 195
피콘 칵테일 Picon Cocktail 389
피콘 피즈 Picon Fizz 395

471

피터 히어링 peter heering 240
피프스 에비뉴 Fifth Avenue 220
필스너 Pilsner 88
핌스 넘버 원 pimm's no.1 241
핌스 컵 Pimm's Cup 218
핌즈 로얄 Pimm's Royal 164
핑크 그레이프프루트 Pink Grapefruit 442
핑크 레모네이드 Pink Lemonade 323
핑크 마티니 Pink Martini 201
핑크 스콰렐 Pink Squirrel 218
핑크 아몬드 Pink Almond 361
핑크 진 Pink Gin 200, 453
핑크 팜플레무스 Pink Pamplemousse 201
핑크 페티시 Pink Fetish 323
핑크 프람부아즈 드림 Pink Framboise Dream 164

허브세인트 Herbsaint 366
헤어리 네이블 Hairy Navel 214
헤페바이젠 Hefeizen 90
호놀룰루 Honolulu 186
호놀룰루 룰루 Honolulu Lulu 266
호벤 아보카도 Joven abocado 280
호스 넥 Horse's Neck 344, 350, 453
혼조조 슈 98
화이트 러시안 White Russian 330
화이트 스파이더 White Spider 331
화이트 와인 스프리처 White Wine Spritzer 382
화이트 초콜릿 마티니 White Chocolate Martini 3 17
화이트 클라우드 White Cloud 330
후플라 Hoopla 131
히비스커스-레몬그라스 아이스 티 쿨러
Hibiscus-Lemongrass Iced Tea Cooler 438
히트웨이브 Heatwave 265

ㅎ

하바나 레인보우 Havana Rainbow 221
하바나 사이드카 Havana Sidecar 265
하버 라이트 Harbor Lights 421
하버드 칵테일 Harvard Cocktail 130
하버드 쿨러 Harvard Cooler 130
하비 월뱅어 Harvey Wallbanger 319
하이랜드 파크 Highland Park 336
하이랜드 플링 Highland Fling 364
하이볼 Highball 43
핫 드링크 Hot Drinks 397
핫 마리 Hot Marie 402
핫 버터드 럼 Hot Buttered Rum 401
핫 버터드 버번 Hot Buttered Bourbon 401
핫 버터드 컴포트 Hot Buttered Comfort 401
핫 애플 라즈베리 럼 사이더
Hot Apple-Raspberry Rum Cider 400
핫 자메이칸 Hot Jamaican 402
핫 초콜릿 스팅어 Hot Chocolate Stinger 401
핫팬츠 Hot Pants 288
핸드릭스 Hendrick's 173
허니문 Honeymoon 130
허리케인 Hurricane 266